LE

PEINTRE-GRAVEUR

PAR

J. D. PASSAVANT.

LE
PEINTRE-GRAVEUR

PAR

J. D. PASSAVANT.

CONTENANT

L'HISTOIRE DE LA GRAVURE SUR BOIS, SUR MÉTAL ET AU BURIN
JUSQUE VERS LA FIN DU XVI. SIÈCLE.

L'HISTOIRE DU NIELLE AVEC COMPLÉMENT DE LA PARTIE
DESCRIPTIVE DE L'ESSAI SUR LES NIELLES
DE **DUCHESNE AÎNÉ.**

ET

UN CATALOGUE SUPPLÉMENTAIRE AUX ESTAMPES DU XV. ET XVI.
SIÈCLE DU PEINTRE-GRAVEUR
DE **ADAM BARTSCH.**

TOME QUATRIÈME.

· LEIPSIC,
RUDOLPH WEIGEL.
1863.

CONTENU DU TOME QUATRIÈME.

VII.
Suite du Catalogue des estampes allemands du XVI. Siècle.
École de Franconie et de Saxe.

Les petits maîtres des écoles de Nuremberg et de la basse Allemagne.

Maîtres bas Allemands du XVI. Siècle.

Maîtres allemands et Graveurs sur cuivre et sur bois de différentes périodes du XVI. Siècle.

SUITE

DES

MAÎTRES ALLEMANDS ET NÉERLANDAIS

DU XVIᵉ. SIÈCLE.

SUPPLÉMENT

AU

PEINTRE-GRAVEUR DE ADAM BARTSCH.

VOL. VII—X.

VII.

SUITE DU CATALOGUE

DES ESTAMPES ALLEMANDES

DU XVIe. SIÈCLE.

École de Franconie et de Saxe.

Lucas Cranach, le vieux.
(Bartsch VII. p. 273.)

Cet artiste d'un grand talent naquit en 1472 à Cronach dans le diocèse de Bamberg et, selon l'usage de l'époque, fut appelé Cranach, du lieu de sa naissance. Il est encore incertain si le nom de sa famille était celui de „Sunder" comme on s'est plu à le dire puisque le fait qu'un certain „Johannes Sunderus Cranacensis" qui se trouve inscrit sous la date du 22. Mai 1556 dans les registres d'immatriculation de l'université de Wittemberg, ne prouve point que notre artiste ait été membre de cette famille et sur sa pierre tumulaire on ne trouve que le nom de Lucas Cranach. Depuis 1506 on le voit au service de l'électeur de Saxe, Frédéric III., à Wittemberg; en 1519 il est membre du Conseil et devient Bourgmestre en 1537. En 1550 il se transféra à Weimar d'où il partit cependant la même année avec son gendre, le Dr. Ch. Brück surnommé Pontanus, pour se rendre à Augsbourg selon le désir qui lui en avait été exprimé par l'électeur Jean Frédéric qui s'y trouvait prisonnier. Il y resta jusqu' à la mise en liberté de ce prince et retourna avec lui à Weimar en 1552 pour y mourir un an après à l'âge de 81 ans.

Lucas Cranach se montra toujours très-industrieux pour la propagation de son art et maintenait auprès de lui un certain nombre d'élèves ou plutôt de compagnons-ouvriers pour copier surtout ses

nombreux portraits de hauts personnages, entre autres ceux des électeurs Frédéric le Sage et Jean I. le Constant et il livra, seulement
en 1533, soixante petits portraits sur bois de chacun d'eux à l'électeur
Jean Frédéric, sans compter les nombreux portraits du Dr. Luther et
des autres coryphées du temps de la réforme qui sortirent de son atelier pour être distribués dans toutes les parties du globe. Il avait
en outre un magasin de livres et de papier et acheta même en 1520
une pharmacie pour laquelle il obtint un privilége de l'électeur. Le
nombre des tableaux qu'il a peints est très-considérable et n'est sur-
passée que par le chiffre des gravures sur bois qui lui sont attribuées.
Il n'est pas encore prouvé qu'il ait gravé lui-même sur bois. Si nous
en jugeons d'après ses nombreuses occupations, il est permis de croire
qu'il n'a manié le couteau qu'à titre d'essai; d'ailleurs les gravures
marquées de son monogramme sont d'une taille très-inégale et très-
variée. On pourrait cependant en excepter les planches imprimées
en or[1]) et les clairs-obscurs de deux planches qui auraient pu d'autant
plus aisément être gravés par lui que ces derniers portent la date de 1506.

---

1) Voir plus haut dans la partie historique de cet ouvrage, le passage d'une
lettre de Conrad Peutinger d'Augsbourg de l'an 1508 où il est fait mention d'estampes imprimées en or et en argent et représentant des chevaliers armés, par
le peintre de la Cour de l'électeur. L'impression en or était déjà connue par les
typographes allemands dans le XVe. Siècle et nous voyons, en 1482, Erhard Rat-
dolt de Venise orner, pour quelques exemplaires du moins, son édition d'Euclide
avec une dédicace imprimée en or au verso de la première feuille de ce livre.
(V. Brunet, Manuel du libraire, Ed. de 1861 II. vol. 2de partie. 1088.) dont un exemplaire sur vélin se conserve à la Bibliothèque impériale de Paris.
Il ne semble point qu'aucune de ces impressions sur métal représentant des
chevaliers en armure, de l'époque du vieux Cranach, se soit conservée jusqu'à
nos jours. M. Heberle de Cologne possède néanmoins une impression en argent
sur papier rouge qui, à guise d'écusson de la Bibliothèque de l'électeur Jean Frédéric I.
le Magnanime (né en 1503 mort en 1554), se trouvait collée à l'intérieur d'une
couverture de livre du XVIe. Siècle. Cette pièce représente, à gauche, l'électeur
demi-figure tenant une épée de la droite et de la gauche l'écu de ses armes; dans
le haut des ornements de feuillage: à droite sa femme Sibylle tenant devant elle
l'écusson de ses armoiries; aux côtés, des colonnes ornées supportant un cintre. Dans
des cartouches au bas, trois lignes d'impression pour chaque gravure, et à côté du portrait de l'électeur à droite l'initiale P ayant à gauche un T et que l'on peut prendre pour
la marque du graveur sur bois P. T. L'impression en argent est pleine et les
détails du dessin sont ménagés sur le papier du fond. Le style correspond parfaitement avec celui du vieux Cranach et il n'y a point de doute que le dessin
ne lui appartienne. L'impression nette et tranchée des marges prouve que l'on
s'est servi d'une planche de métal et que l'impression en or à été exécutée de la

Quant aux monogrammes dont il s'est servi nous trouvons, à côté des simples initiales L. C. ou de ces deux lettres entrelacées, la marque d'un serpent ailé qui, d'après les récentes recherches de Schuchardt, appartiendrait au vieux Cranach si les ailes sont perpendiculaires, et à Lucas Cranach le jeune, second fils de notre artiste, si elles ont une direction plus horizontale. Ce dernier, né en 1515, vivait également à Wittemberg avec la dignité de Sénateur. Sa manière ressemble beaucoup à celle de son père, quoiqu'un peu plus faible. Il mourut en 1586.

Nous aurons souvent occasion, dans notre catalogue des gravures sur bois de Cranach, de restituer au fils plusieurs pièces attribuées jusqu'ici au père. Il resterait cependant encore beaucoup à faire pour tracer une division complète des deux oeuvres, car Lucas le jeune n'a point seulement exécuté beaucoup de gravures sur bois que nous n'avons point indiquées, mais a fait des dessins pour ce genre de travail. Nous pouvons attendre à ce sujet un catalogue complet par Schuchardt qui a déjà écrit un excellent livre intitulé „Vie et oeuvres de Lucas Cranach le vieux", Leipsic 1851, auquel nous avons emprunté les détails de notre esquisse biographique et qui nous a fourni en même temps des indications pour notre catalogue. Pour ne point faire de répétitions inutiles nous nous sommes maintefois contenté de renvoyer nos lecteurs à cet ouvrage. On trouve également beaucoup de notices précieuses dans le travail posthume de Joseph Heller: Vie et ouvrages de Lucas Cranach. 2ᵈᵉ Ed. augmentée, Nuremberg 1854 in 8°, et nous avons fait usage de ces notices quand elles nous ont paru offrir des garanties suffisantes d'autorité.

Gravures sur Cuivre.
(Observations à Bartsch.)

1. **La pénitence de St. Jean Chrisostome.** Cette pièce est une des plus finies du maître, tandis que les autres sont traitées d'une manière très legère.

2. Ces deux portraits des ducs de Saxe, d'après Schuchardt et

---

même manière que le font à présent les relieurs pour les ornements en or de la couverture des livres. Cette pièce mesure, H. 3 p. 2 l. 3 p. 6 l. On en trouve un facsimile dans les „Contributions de H. Lempertz à l'histoire du commerce de la librairie" etc. Cologne 1860 8. Série. (Voir aussi les archives de Naumann VII. p. 97.)

d'autres autorités, représentent l'électeur Frédéric III. le Sage et son frère Jean I. le Constant.

3. **Un duc de Saxe implorant St. Barthélemi.** Ce portrait est également celui de Frédéric III. et non, comme le dit Bartsch, de l'électeur Ernest.

4. **Albert de Mayence.** Bartsch dit que ce portrait est une copie de la gravure sur cuivre d'Albert Durer (No. 102). L'estampe actuelle en diffère cependant beaucoup et se rapproche davantage du tableau du maître dans la Galerie de Berlin, sauf que dans ce dernier les mains manquent.

Additions à Bartsch.

7. **L'électeur Frédéric III.** C'est le même portrait que celui qui se trouve sur la pièce No. 2. des deux électeurs; demi-figure vêtue de fourrures et sur la tête une calotte, sous une ouverture cintrée portant l'écusson d'armoiries. Signée des initiales L. C. 1509 près du serpent ailé. H. 4 p. 8½ l. L. 3 p. 3 l. (Schuchardt No. 3.)

8. **Martin Luther en habit de moine de l'ordre de St. Augustin.** Demi-figure un peu tournée vers la gauche et la main gauche posée sur la poitrine. Dans la marge du bas on lit: Aeterna ipse mentis simulacra Lutherus exprimit at vultus cera Lucae.

Près du millésime la marque du serpent. H. 6 p. 3 l. (sans la lettre 5 p. 6 l.) L. 4 p. 4½ l. (Schuchardt No. 7.)

9. **Jean Bugenhagen.** Ce prédicateur de Wittemberg est représenté ici à mi-corps un peu tourné vers la gauche et tient un livre ouvert des deux mains. A mi-hauteur du fond à droite, la marque du serpent. Au bas une marge blanche de 5 l. H. 4 p. 9 l. L. 9 p. 4 l. Dans le haut l'inscription en caractères mobiles. Viva imago etc.; au bas 20 vers latins Conjugis ut protegat etc. (Brulliot Table gén. p. 663. No. 1470.)[1]

---

1) D'après cette description on ne saurait décider s'il s'agit d'une gravure sur cuivre ou sur bois, quoique Brulliot ajoute avoir trouvé cette pièce dans la collection de gravures du Conseiller Cretz.

Gravures sur bois.

Remarques à Bartsch.

3. Repos en Egypte. Dans la collection du roi de Saxe se trouve un exemplaire colorié de cette pièce que, selon la tradition, lé'lecteur Jean Frédéric le Magnanime aurait peint lui-même pendant sa captivité à Augsbourg. La pièce porte l'adresse de H. Guldenmann qui l'aura sans doute gravée. (Frenzel p. 107. Note.)

37—48. Le martyre des Douze Apôtres. Ces gravures se trouvent également dans l'ouvrage intitulé. „Der heiligen XII. Aposteln ankunfft, beruff, glauben, lere, leben und seliges sterben etc. Durch Johannem Pollicarium, Prediger zu Weissenfels. Gedr. zu Wittemberg durch Georgen Rhawen Erben 1549 in fol." Dans cet ouvrage on trouve encore les gravures suivantes de Lucas Cranach: La Création, la Résurrection, St. Paul demi-figure, et les 12 Apôtres sur des piédestaux comme ornement de titre. (R. Weigel Kunstcatalog No. 9932.)

49—55. Les quatre evangélistes avec St. Paul, St. Pierre et St. Jacques. D'après Schuchardt ces sept gravures sur bois appartiennent à Lucas Cranach le jeune. Nous sommes entièrement de son avis et nous reviendrons à ces estampes quand il s'agira de la Bible de 1542.

74. La bataille de St. Ulrich. Cette pièce n'est point de Lucas Cranach ayant été exécutée d'après un dessin de Hans Burgmair.

79—111. Hortulus animae. Voyez Heller p. 194—206 sur les différentes éditions de ce livre, puis dans les archives de Naumann pour 1855, p. 208, la mention de l'ouvrage intitulé „Ein ser andechtig Cristenlich Buchlein aus hailigen Schrifften un Lerern von Adam von Fulda in teutsch reymenn gesetzt." Pet. in 8., où se trouve le premier emploi de 7 de ces gravures. Le poète se nomme lui-même sur la première page „Wolff Cyclop von Czwickaw der freyen Kunst Magister." Les gravures représentent. 1. La Trinité. 2. La Création d'Ève. 3. l'Annonciation. 4. L'entrée de J. C. dans Jérusalem. 5. Le Crucifiement. 6. Le Christ descendant aux Limbes. 7. Les armoiries de Saxe.

113. Vénus accompagnée de l'Amour, 1505. On en trouve des exemplaires en clair-obscur de deux planches.

114. Le Jugement de Pâris. Cette estampe représente plutôt

la légende selon laquelle le Chevalier Guillaume d'Albonach présente à Alfred le Grand, roi d'Angleterre, ses trois filles nues afin qu'il choisisse une d'elles pour épouse.

133. Jean Guillaume duc de Saxe, indiqué par erreur comme le portrait de Jean Ernest. L'habillement et la pose de la figure correspondent parfaitement à ceux du premier de ces deux princes dans le livre généalogique de Berlin. Cette pièce appartient à Lucas Cranach, le jeune.

143. Portrait du duc George de Saxe. Les premières épreuves portent le nom de ce prince et les secondes épreuves ont le serpent ailé que ne montrent point les premières.

144. Portrait de Christian Bruck surnommé Pontanus. H. 6 p. 11 l. L. 6 p. D'après Schuchardt cette pièce appartiendrait au jeune Cranach. Un autre portrait du même personnage porte l'inscription suivante:

IMAGO CHRISTIANI PONTANI JVRIVM DOCTORIS E VIVIS
SVBLATI GOTHAE ANNO 1567 DIE APRIL. 18.
Sans marque.

151. Ce prétendu portrait de Luther serait, d'après Heller p. 220, celui de George d'Anhalt et portrait sur d'anciens exemplaires l'inscription: Effigies Illustrissimi Principis Georgii Principis in Anhalt Comitis Ascaniæ etc. Ad vivum exemplar expressa, anno aetatis eius XLV. Christi vero MDLIII.

152. Les reformateurs Luther et Huss. Cette pièce est trop médiocre pour qu'on puisse l'attribuer à Cranach.

Additions à Bartsch.

156. Josué. Il est assis, en armure complète, sur une pierre et tient de la main droite un sceptre qu'il appuie sur le genou, tandis que la gauche, pendante, soutient un casque. Pièce non signée. H. 5 p. 1 l. L. 5 p. 4 l.

On trouve cette gravure sur bois dans les éditions de 1533, 1541, 1545 et 1547 de la Bible de Wittemberg, toutes imprimées par Hans Luft. (Schuchardt p. 193 No. 3.)

157. Abigail. Elle est assise à gauche près d'un arbre ayant à côté d'elle un petit chien. A un hallebardier debout sur le devant elle

présente de la main gauche une gourde. A la droite du bas, les initiales L. C. 1509. avec le serpent sur une tablette. Les armoiries se trouvent en haut sur l'arbre. H. 9 p. 3 l. L. 6 p. 2 l. Les anciennes épreuves portent en haut l'inscription: Historie von Abigail Samuel aus 25. Cap. Au bas les vers:

Zu Nabal König David sandt,
Lies freimudlich bitten um Proviant etc.

On en trouve encore des exemplaires en clair-obscur de deux planches; les épreuves récentes ont des bordures linéaires saillantes. (Schuchardt No. 121. Bartsch No. 122.)

158. Le Sauveur. Demi-figure tournée vers la droite. Il donne la bénédiction et tient de la main gauche une petite croix. A gauche la signature avec le millésime 1553. Quelques épreuves portent en outre l'indication suivante imprimée: „Die Gestalt des Leibes unsers Herrn Jhesu Christi aus Nicephoro" etc. avec une vue de la ville de Wittemberg. Gr. in-fol. D'après la date on devrait attribuer cette pièce à Lucas Cranach le jeune. A Gotha.

159. Le Christ laisse venir à lui les petits enfants. Au milieu le Christ debout embrasse le petit enfant qu'il porte sur le bras gauche et pose la main droite sur la tête d'un autre qui lui est présenté par une femme à gauche. Sans marque. H. 3 p. 10 l. L. 2 p. 7. Cette pièce se trouve au verso du titre de la seconde édition (1548) de l'Hortulus animæ. R. Weigel. Voyez aussi son Kunstcatalog No. 9932 et 12,858.

160. Le Christ en croix. A ses côtés la Vierge et St. Jean tandis que la Madeleine tient embrassé le pied de la croix. A droite trois soldats. H. 4 p. 2 l. L. 2 p. 10.

Cette pièce médiocre se trouve sur le titre du livre suivant: Resolutiones disputationum de indulgentiarum virtute F. Martini Luther etc. 1518.

Comme aussi à la fin du livre „Von den guten Werken D. M. L. 1520." (Schuchardt No. 136.)

161. Passional Christi et Antichristi. 26 pièces. H. 4 p. 4 l. L. 3 p. 7 l. On en trouve diverses éditions et plusieurs copies. La première édition est de 1521 de 14 feuilles et de 26 compositions qui contrastent les vertus divines du Sauveur avec les actes de son vicaire sur la terre. Chaque estampe est accompagnée d'une inscription au bas de la feuille. La seconde édition fait voir sur le onzième feuillet le portement de croix au lieu du Sauveur qui

montre le chemin aux saintes femmes. La troisième édition est en latin et a pour titre Antithesis figurata vitæ Christi et Antichristi. Le onzième feuillet porte également la composition qui se trouve dans la seconde édition. Il existe également une édition en bas-allemand intitulée: „Das Passional Christi und Antichristi. Wittenberg. Anno 1526." (Voyez Weigel Kunstcatalog No. 17,473.) On trouvera dans Schuchardt p. 240 No. 104 et Heller p. 206 des détails ultérieurs sur les autres éditions ainsi que sur les copies de ce livre.

162. Le Christ ressuscité. Il est debout sur les nuages, entouré d'Anges, et tient de la gauche l'étendart de la croix tandis qu'il bénit de la droite. A la gauche du bas, des petits anges enterrent un cadavre. H. 5 p. L. 3 p. 11 l.

Les premières épreuves ont été employées pour le titre du livre suivant: Ein Deutsch Theologia das ist ein edlles büchlein etc. Gedruckt zu Wittenberg durch Joannem Grunenburg 1518.

La seconde édition est de 1520. En troisième lieu on trouve cette gravure dans le livre déjà cité: „Der heiligen XII Apostel Ankunft etc. durch Pollicarium 1549." (Schuchardt No. 94 Heller No. 97.)

163. L'enfer. Les démons entraînent des damnés nus dans les flammes et les tourmentent. On lit sur un cartouche volant: „Wir haben in unseren leben nicht wollen die hymlische leiter steigen etc." H. 16 p. 6 l. L. 11 p. 7 l.

Cette estampe appartient au livre de la Trinité ou Himmelstates de St. Bonaventure. B. No. 78. Stuttgart.

164. Le couronnement de la Vierge. La Vierge est soutenue dans les airs par plusieurs anges, six autres planent plus bas. A côté de la Trinité on voit d'autres anges avec la balance, un livre etc. A gauche plusieurs groupes de Chérubins, Séraphins, Trônes, Dominations et Principautés; vis-à-vis, des prophètes, des patriarches, des apôtres, des martyrs et des vierges. Cette pièce porte les doubles armoiries de Saxe et le dessin en est excellent. H. 14 p. 6 l. L. 10 p. 4 l.

165. Le Christ en croix adoré par George Spalatin. Ce dernier est en demi-figure. Au bas l'inscription: Christo Salvatori Dno. Pl. Max. Georgius Spalatinus Peccator. Suivent dix distiques;

Quas tibi peccator pro tanto munere gratias.

Solvere Christo potest quod tibi ferre sacrum etc.

H. 5 p. 11 L. 4 p. 1 l. (avec la lettre H. 9 p. 11 l.; Schu-chardt No. 102.)

166. St. Jean Baptiste, St. Maurice et Ste. Ursule. St. Jean est assis au milieu entre deux colonnes; à droite, St. Maurice; à gauche, Ste. Ursule. Ces trois Saints se trouvent dans un réliqueaire sur lequel est assise la Vierge avec l'enfant accompagnée de deux Saints. H. 5 p. 6 l. L. 2 p. 8 l. D'après Heller No. 88. c'est une pièce médiocre. (Schuchardt No. 81.)

167. L'Hagiologe de Wittemberg de l'an 1509. 119 pièces avec la gravure du titre et la vue de l'église du Château, au verso. Sur le premier feuillet on voit la gravure représentant l'élec-teur Frédéric et son frère Jean (Bartsch No. 2) et au-dessus l'in-scription: Dye Haigung des hochlobwurdigen heiligthums der Stifftkirchen aller heiligen zu Wittenberg. In fine Gedruckt in der Churfürstlichen Stat Wittenbergk anno Tausent funffhundert und neun. 4°.

Toutes les reliques sont distribuées, dans le livre, en huit séries. Le dessin, surtout lorsqu'il y a des figures, rapelle la manière de Lucas, de sorte qu'une partie au moins de ces gravures doit lui appartenir. On trouvera à ce sujet de plus amples détails dans l'ouvrage de Schu-chardt pp. 255—269 et dans Heller pp. 172—194. Die Stift-kirche p. 212 No. 265.

168. La papauté 1545. Dix compositions satyriques sur les papes avec des vers du Dr. Luther. Il est prouvé que Lucas Cra-nach a fait le dessin de ces gravures, par une lettre adressée le 3 Juni 1545 à Amsdorf par Luther dans laquelle celui-ci dit que Lucas Cranach s'est comporté dans la représentation de la naissance du pape comme un „peintre grossier" et il ajoute, le 15 du même mois, „Je m'efforcerai, si Dieu me donne vie, que Lucas le peintre remplace par une autre gravure cette composition indécente". Voici les titres de ces pièces:

a. Monstrum Romæ inventum, mortuum in Tiberi anno 1490.

b. Ortus et origo Papæ.

c. Regnum Satanæ et Papæ. 2 Thess. 2.

d. Hic papa obediens S. Petro honorificat regem.

e. Conradinus Conradi III. Imperatoris filius, Siciliæ et Neapo-lis Rex a Clemente IV. Papa capite truncatus.

Accipe nunc Papæ insidias et crimine ab uno disce omnes.

   f.   Papa dat concilium in Germania.

   g.   Papa doctor Theologiæ et magister fidei.

   h.   Digna merces papæ satanissimi et Cardinalium suorum.

   i.   Hic oscula pedibus papæ figuntur.

   k.   Cette pièce n'a point de titre mais porte au bas une inscription de quatre lignes.

Voyez pour les détails Schuchardt pp. 248—255.

169.   Un joûteur se dirigeant vers la droite. Il appuie sur le genou un bâton de commandement et porte sur son brassard les lettres KLVE. A droite un rocher couronné d'un château fort, à gauche un arbre auquel pendent deux écussons de Saxe. Au bas la marque L. C. 1506. H. 6 p. 6 l. L. 4 p.

Cette pièce forme pendant avec la gravure de Bartsch No. 123.

170.   Le siége de Wolfenbuttel par les troupes de Saxe, de Brunswick et de Hesse en 1542.

Huit pièces appartenant à une seule et même série. On trouve sur la cinquième la marque du serpent. Chaque gravure mesure H. 12 p. 9 l. L. 9 p. 10 l. et 10 p. 6 l. Sur les trois premières feuilles une vue de la ville assiégée où une tour est renversée à droite. Les autres portent imprimées les indications suivantes:

   a.   Der Reisige Zeyg; en haut, der Stadt Braunschweig Jager.

   b.   Da fallen die bawern beym Sluckenherd heraus — au bas; Die Churfürsten Schanz.

   c.   Der Landgraffen Schanz.

   d.   En haut à gauche — Der Landtgraff — à droite: Des Landgraffen ortalerey; au bas: Des Landtgraffen lager.

   e.   Des Churfürsten ortalerey.

   f.   Au dessus d'un Cavalier: Der Churfürst.

   g.   Au dessus d'un cercle de gens de guerre on lit: Knechte.

   h.   Des Landtgraffen oberster hauptmann uber die Knechte; au bas: Sachsenlager.

Le seul exemplaire connu de cette série se trouve à Munich où elle passe pour représenter le siége de Frankenhausen en 1525. (Sch. p. 285.)

171.   L'art de la lutte de Fabien d'Auerswald. Les armoiries de Saxe se trouvent au dessus du titre suivant:

Ringer Kunst funf und achtzig Stücke, zu ehren Kurfurstliche Gnaden zu Sachsen etc. durch Fabian von Auerswald zugericht. MDXXXIX. — La plupart des gravures sans signature, mais tout-à fait dans le style de Lucas Cranach. H. 9 p. 5 l. L. 6 p. 8 l.

La préface commence ainsi :

Zu ehren und unterthänigem gefallen, dem durchl. u. hochgeb. Fursten u. herrn Johannen Friderichen, herzog zu Sachsen und Kurfürsten etc. habe ich Fabian von Auerswald für mich genommen die alte Ehrliche u. adeliche Kunst des Ritterschimpffs des Ringens etc.; et termine :

Sonderlich die weil ich nun mehr ein alter verlebter man, denn ich bin im vierhundert und zweyundsechsigsten jar geboren und hab solche meine arbeit nach Christi unsers lieben herrn geburt 1537 jare zu Wittemberg verfertigt.

Sur la troisième feuille on lit :

Guter Gesell nicht verzage,
bis keck un ring wol die Wage;

puis on trouve le portrait de Fabien d'Auerswald demi-figure, la tête découverte et vêtu de fourrures par dessus un justaucorps à fleurs, tenant sur le bras gauche l'écusson de ses armoiries, à deux lions passant et pour cimier une rencontre de taureau. A droite la marque du serpent ailé, mais dans le genre de celui de Cranach le jeune (les ailes abaissées). En haut l'inscription : Fabian von Auerswald. Viennent ensuite sur chaque feuillet deux lutteurs, avec des explications au-dessus et dont l'un représente toujours l'auteur. On lit sur le dernier feuillet : „Gedruckt zu Wittenberg durch Hans Lufft MDXXXIX. (Schuchardt No. 135. Heller p. 214 No. 270.)

Portraits. Figures entières.

172. L'électeur Jean Frédéric de Saxe. Figure en pied vêtue des ornements électoraux et tenant l'épée des deux mains. En haut à gauche, les armoiries avec les glaives; au bas Hans Guldenmund 1544.

Il en existe une copie de la même grandeur par Hans Liefrink, formsnyder zu Antwerpen.

173. Le même. Figure en pied, richement vêtue et portant

un petit manteau à l'espagnole garni de fourrures; sur la tête une petite barrette à plumes et au cou une chaîne. Le duc est un peu tourné vers la droite, la main gauche à la garde du poignard et la droite posée sur le pommeau de l'épée. Au bas la marque de Cranach le jeune. (Schuchardt No. 153ᵃ.)

Il existe une copie de cette pièce avec les grandes armoiries de Saxe et, au bas, à gauche la marque du serpent avec le millésime de 1546. Au haut l'inscription: Von Gottes Gnaden Johann Friedrich etc., et la signature Herrn Daubmann. H. 12 p. 3 l. L. 8 p. 2 l.

174. Le Comte Albert de Mansfeld. Figure en pied avec le petit manteau court à l'espagnole, sur la tête une petite barrette à plumes, la main gauche à la garde de l'épée et la droite un peu élevée. A la droite du haut les armoiries des Mansfeld, au bas le serpent ailé avec la suscription suivante:

Warhaftige Conterfet Graff Albrechts zu Mansfeld. H. 12 p. L. 8 p. (Schuchardt No. 155.)

175. Dr. Martin Luther. Figure entière un peu tournée vers la droite avec un pardessus sans manches, en fourrures; il tient des deux mains un livre fermé. Au bas quelques indications de paysage. Les armoiries de Luther se trouvent à la gauche du haut; au bas la marque du graveur. Suscription: „Martinus Luther, Doctor. Du côté droit de l'estampe on lit: Doctor Martinus Luther, der Mann Gottes, abconterfect in seiner teglichen hauskleidung etc. bey Christian Rödinger." H. 12 p. 6 l. L. 8. p. 1 l. (Schuchardt No. 157.)

176. Le même. Figure entière vêtue d'ornements sacrés et tenant des deux mains un livre fermé. A la gauche du haut les armoiries, à droite le millésime 1546. Suscription: Des erwurdigen herrn Doctoris Martini Lutheri christlicher Abschied aus der Welt. Anno MDXLVI. Au côté gauche de l'estampe une courte biographie en 82 vers. H. 12 p. 9 l. L. 8 p. 1 l. (Schuchardt No. 158.)

177. Mélancthon. Figure en pied tournée à droite. A la gauche du haut les armoiries de Mélancthon, au bas la marque du graveur et le millésime 1546. Suscription: Des Achtbaren, hochgelarten herrn D. Philippi Melancthonis warhaftige abconterfehung mit besonderem fleiss gemacht zu Wittenberg. Signature: Magdeburgk, Christian Roe-

diger. Pendant de la pièce précédente ou mieux du No. 175.
H. 12 p. 6 l. L. 3 p. 1 l.

178. Le même. Grande figure debout vêtue d'ornements sacerdotaux, un peu tournée à droite et tenant de la main droite un petit
rouleau. En haut à gauche les armoiries; au bas la signature de
Cranach le jeune. Suscription: Imago clarissimi viri D. Philippi Melanthonis, singulari diligentia Wittenbergæ.
H. 12 p. 6 l. L. 8 p. (Schuchardt No. 161.)

Portraits demi-figures, et en buste.

179. Frédéric III. dit le Sage. Demi-figure coiffée
d'une résille, tenant un chapelet et la main droite posée sur
l'appui d'une fenêtre cintrée, en haut et à côté de laquelle les
écussons d'armoiries. Au bas 16 vers commençant ainsi: Hertzog
Friedrich bin ich genannt etc. Copie médiocre d'après la
gravure sur cuivre No. 7. mais intéressante en ce qu'elle donne le
nom du personnage que Heller, en parlant du No. 7., prend pour Albert de Saxe. H. 5 p. 11 l. L. 4 p. 6 l. (Schuchardt No. 164.
Au verso de cette pièce on trouve souvent le portrait de Luther en
moine de St. Augustin No. 8.)

180. Le même. Représenté de la même façon tourné à gauche.
Pièce de cinq pouces carré avec une inscription autour. En haut:
Jhesus. Hic nobile principum decus etc. au bas: Obser-
vantissimus litteralissimi Maecenas etc.

Une copie de 1510 porte une autre inscription latine. Une seconde a la date de 1515.

181. Le même en buste, presque aussi grand que nature, avec
les doubles armoiries de Saxe. H. 10 p. 5 l. L. 9 p. 4 l. (Schuchardt No. 167.)

182. L'électeur Jean I. dit le Constant. Pendant du
No. précédent. Au bas l'inscription: Johann der Erst, Chur-
furst und hertzog zu Sachsen; puis 36 vers en trois colonnes:
Nach meines lieben bruders end etc.

183. Jean Frédéric I. le Magnanime. Demi-figure avec
les ornements électoraux et entourée de 14 écussons d'armoiries
dans une large bordure. Pièce non signée et sans millésime.
H. 6 p. L. 4 p. 9 l. Sans bordure H. 4 p. 4 l. L. 3 p. 5 l. Au

bas six vers latins. Et patris et patrui famam virtutibus
aequat etc. (Schuchardt No. 170.)

184. Le même. Pièce entièrement semblable à la précédente
mais plus en petit. En haut trois écussons d'armoiries et un égal
nombre en bas avec les mêmes vers latins que ci-dessus. H. 4 p. 1
l. L. 3 p. 4 l. On la trouve imprimée au revers du titre de l'écrit
suivant:

Epitaphium des Erwurdigen herrn und Vaters Martin Luthers etc. Wittenberg 1546. (Schuchardt 171.)

185. Le même. Portrait en buste un peu plus petit que nature et presque de face. La marque du graveur et le millésime se
voient à gauche au-dessus de l'épaule de la figure. Inscription : Wahr-
haftige abcontrafactur Johanns Friedrichs des alten,
herzog von Sachsen etc. Wie er jetzund in seinem ge-
fengnis vnd elend angesehen ist. Gott trost jn mit gnaden durch Christum unsen Seligmacher. Amen.
Au bas: Zu Wittenberg bei Jörg Formschneider 1551.
H. 10 p. 3 l. L. 8 p. 1 l. (Schuchardt Mo. 172.)

186ª. Le même. Portrait en buste vu de face un peu tourné
vers la gauche, vêtu de fourrures et ayant sur le liseret de la chemise la
lettre S brodée plusieurs fois. En haut à gauche l'écusson avec les
glaives; à gauche celui à la feuille de rue. H. 12 p. 1 l. L. 9 p. 9 l.
Heller p. 238 No. 608 décrit cette pièce, mais d'après une petite
copie qui se trouve dans les gravures de la collection Derschau B. 21.
(R. Weigel, Kunstcatalog No. 20452.)

186ᵇ. Le même. Demi-figure un peu tournée vers la gauche;
sur la joue gauche on voit clairement la cicatrice de la blessure que
Jean Frédéric reçut à la bataille de Mühlberg. De la main droite il
tient une paire de gants et porte un anneau à l'index de la main
gauche. En haut à gauche l'écusson de ses armoiries divisé en cinq
compartiments. H. 5 p. 11 l. L. 4 p 9 l. Les anciennes épreuves
portent en haut l'inscription :

Des durchleuchten hochgebornen Fursten und herrn
herrn Johann Friedrich etc. conterfact im 49. Jar seines
alters vnd funfften seines gefengknis anno 1551 etc.

On en trouve aussi des épreuves avec une inscription latine, ayant
au bas huit vers latins de Paul Eber. (Heller p. 217 No. 277ª)

187. Le même. Demi-figure avec une petite barrette; dans
les mains il tient un livre posé sur l'appui d'une fenêtre. En haut à

droit les armoiries de Saxe. Pièce carrée de 6 p. Inscription: Von
Gottes gnaden Johans Friedrich der Elter etc. anno 1553.
Au bas sur deux colonnes 24 vers: beschau diss loblich ange-
sicht etc. (Schuchardt No. 173.)

188. Sibylla de Clèves, femme de l'électeur Jean Frédéric.
Demi-figure assise, les mains posées l'une dans l'autre et tenant un
livre. Le bonnet retroussé de fourrure et l'habillement sont les
mêmes que sur le tableau de Weimar. On lit sur le fichu ALS IN ERN.
En haut à droite, les armoiries de la famille; à demi-hauteur à gauche,
le serpent ailé. Inscription:

Epitaphium oder Grabschrift der durchlauchtigsten
hochgebornen Fürstin Sibylla etc.
Au-bas et sur le côté des vers:
EIN hertzogin bin ich geborn etc.
terminant par le millésime 1554. H. 6 p. L. 4 p. 9 l. (Schuchardt No. 174.)

Heller dit que les premières épreuves ont des inscriptions latines:
Effigies Sibyllae conjugis natae ex illustrissima ducum
Juliacensium Familia, Anno 1551. Au bas le vers:
Me quoque felicius quondam florente marito etc.

On en trouve également des épreuves avec le millésime de MDLIIII
et avec une traduction latine des vers allemands cités plus haut.

189. La même. Demi-figure avec les mains l'une dans l'autre,
coiffée d'une résille et d'un petit bonnet. En haut à gauche, les armoiries
de Juliers. H. 6 p. 6 l. L. 5 p. Inscription:
Von Gottes Gnaden Sibylla etc. Au bas: Ach Gott wend
bald mein elend etc. (Schuchardt No. 175.)

190. Le duc Jean Ernest de Saxe. Portrait en buste; la
tête couverte d'un chapeau à plumes et un peu tournée à droite. En
haut le nom et les titres, au-bas la signature Wolfgang Heussler.
On en trouve des épreuves récentes, sans le serpent ailé à droite, dans
la collection Derschau. H. 12 p. 2 l. L. 10 p. (Schuchardt No. 176.)

191. Christian II. roi de Danemarck. Démi-figure sous
un arc dont les colonnes ou supports portent onze écussons. Le roi
est vêtu d'une tunique avec large collet en fourrure, et barrette en
tête. L'index de la main droite est un peu élevé. Au bas une tablette avec l'inscription:
Christiernus 2ᵉ. Dei grā. Danie Suetie, Norvegie rex
etc. Dux Slesviceñ, Holsatie, Stormarie et Ditmersie, Comes, Oldenborg etc.

IV.

Avec la marque du serpent ailé et le millésime 1523. H. 6 p.
3 l. L. 4 p. 5 l. (Schuchardt No. 177.)

192. Le même. Demi-figure en habit de fourrures, ornée de
l'ordre de la Toison d'or et coiffée d'un large chapeau, sous un arc
soutenu par quatre colonnes sur lesquelles Mars à gauche, Vénus
et l'Amour à droite tiennent un cartouche portant les noms et les titres
du roi comme dans la pièce précédente, mais avec une orthographe
différente. Au-dessus de la tête la dade de 1523 et la marque du serpent ailé en bas à gauche sur le piédestal de la colonne.

193. Luther sous la figure de „Gentilhomme George". Portrait en buste un peu tourné vers la gauche et de grandeur presque
nature, tête nue avec barbe. Pièce non signée. H. 10 p. 7 l. L. 7 p. 9 l.
Suscription: Imago Martini Lutheri eo habitu expressa quo
reversus est ex pathmo Wittenbergam Anno Domini 1522.
Souscription de 13 lignes: Quaesitus toties etc. Belle pièce et bien
gravée. (Schuchardt No. 179.)

Dans la collection de S. M. le roi de Saxe. On en trouve un
facsimile gravé dans les illustrations du livre de Schuchardt. R. Weigel dans son Kunstcatalog No. 24018, en cite également une épreuve.

194. Luther comme moine de l'ordre de St. Augustin.
Demi-figure avec la tonsure, tournée à droite et ayant devant elle un
livre ouvert vu seulement en partie. Au-dessus de sa tête plane le
St. Esprit. Le millésime 1520 est gravé sur la colonne de droite
qui soutient l'arc sous lequel est placée la figure. H. 7 p. 7 l.
L. 4 p. 7 l. Au-bas l'inscription:
Doctor Martinus Luther zu Wittenberg 1520.

La partie supérieure, avec l'Esprit saint, est gravée sur une planche
séparée et on trouve des épreuves sans ce détail. Il y a également plusieurs copies de cette pièce. (Voyez Schuchardt p. 312 No. 181.)

195. Le docteur Martin Luther. Demi-figure vue de face,
un peu tournée vers la droite, la tête nue, le bras droit appuyé sur
une table et tenant des deux mains un livre fermé. Vers le milieu
du haut, à gauche, la marque du serpent ailé. H. 5 p. 4 l. L. 4 p.
Les anciennes épreuves portent la Suscription:
VIVA IMAGO REVERENDI VIRI. D. MARTINI |
Lutheri singulari diligentia Vitebergæ depicta |
ANNO MDXLVI.
Et au-bas: Epitaphium Reverendi viri Domini Martini
Lutheri Theologiae doctoris inscriptum Monumento.

Ensuite, à gauche et à droite, des vers latins au nombre de 18 lignes et terminant avec le millésime ANNO MDXLVIII. (Heller p. 223 No. 295.)

196. Le même. Portrait en buste avec une barrette et à l'entour l'inscription: Martinus Luther, Doctor aetatis suae LXIII. On trouve cette pièce au verso du titre de l'ouvrage intitulé: Etliche brieffe des Erwürdigen Herrn D. Martini Lutheri selger gedechtnus. Pièce ronde, sans marque, de 3 p. 11 l. de diamètre et, sans la bordure, 3 p. (Schuchardt No. 183.)

Il existe une copie de cette gravure, mais portant seulement dans la bordure l'inscription: Martinus Lutherus Doctor. On la trouve au verso du livre intitulé: Zwo schöne und tröstliche predigt D. Martini Lutheri etc. Wittenberg 1546, et dans l'opuscule: Von christlichen Abschied aus diesem tödlichen Leben des Erwürdigen Herrn D. Martini Lutheri bericht etc. Wittenberg 1546. Copie en contrepartie et plus petite. 1 p. 11 l. de diamètre.

197. Le même. Demi-figure avec une robe garnie de fourrures et tenant un livre dans les mains. A droite un crucifix et, en haut à gauche, les armoiries de Luther. Pièce non signée. H. 5 p. 4 l. L. 5. p. 2 l. (Schuchardt No. 186.)

198. Le même. Pièce absolument semblable à la précédente, mais sans le crucifix. Au-dessus de l'épaule à droite, la marque du serpent ailé et au bas l'inscription:

Sic oculos Luthere tuos sic ora ferebas
Verius at mentem scripta tuam referunt.
H. 5 p. 4 L. 4 p. (Schuchardt No. 187.)

199. Le même. Portrait en buste, près de trois quarts de nature, un peu tourné vers la gauche; au-dessus de l'oeil gauche une petite verrue: à droite, au-dessus de l'épaule, on trouve la marque du serpent ailé. H. 10 p. 3 l. L. 8 p. 2 l. Suscription: D. Martinus Luther. Souscription:

Epitaphium D. Mart. Luth.
Martini Luthers Leib nit weit
Von hie, beym Stuel begraben leit etc.
Heller décrit ce bon portrait avec une suscription allemande et au-dessous l'adresse: Zu Wittenberg bey Jörg Formschneider 1551; ce qui doit se rapporter à une épreuve postérieure. (Schuchardt No. 188.)

200—201. Luther et Catherine de Bora. Portraits en

2*

buste, un peu plus que moitié de nature. Au bas l'adresse: W. Resch, Formschneider zu Nuremberg, 1530.

Ces deux pièces semblent avoir été gravées d'après des dessins exécutés en 1528 et qui se trouvent dans le cabinet des gravures à Berlin.

202. George Rhaw. Portrait en buste avec un bonnet plat et un vêtement doublé de fourrures. Pièce ronde de 3 p. 8 l. de diamètre y comprise la bordure, avec l'inscription:

Georgius Rhavus, typographicus Wittemb. Anno aetatis suae LIII.

et au-dessous quatre vers:

Qui jussit studio, studia et monumenta piorum etc.

Ce portrait attribué à Lucas Cranach se trouve sur l'avant dernier feuillet de l'Hortulus animae, imprimé par Rhaw. (Schuchardt No. 193.)

203. Schweyger, Conseiller impérial. Demi-figure. Pièce signée du monogramme de L. Cranach, accompagné du millésime 1537. Fol.

Épreuve coloriée dans la Collection du roi de Saxe. (Voyez Frenzel, Collection de gravures de Fréd. Auguste II. etc. Leipsic 1854 p. 107.)

204. Janus Cornarius, Doct. Med. Demi-figure vue de face, un peu tournée vers la droite. Le personnage est coiffé d'un chapeau, tient un rouleau de la main droite et pose la gauche sur une table. A demi-hauteur de l'estampe, à gauche, la marque du serpent ailé. H. 5 p. 4 l. L. 4 p. (Heller No. 290 ª).

205. Gaspard Cruciger. Portrait en buste, tourné vers la gauche, la tête découverte, avec une longue barbe et vêtements sacerdotaux. Il tient des deux mains un livre ouvert et appuie le bras droit sur une table. Sur ce meuble, à gauche, le serpent ailé. H. 5 p. 3 l. L. 4 p. 1 l. Les vieilles épreuves portent l'inscription:

Viva imago Doctissimi viri, Gasparis Crucigeri, Sacrae Theologiae doctoris.

Au bas huit vers latins. Hauteur avec l'inscription 8 p. (Heller No. 291.)

206. Laurent Dürnhofer. Demi-figure vue de face, la tête nue et à barbe fourchue. Il tient des deux mains un livre fermé. A mi-hauteur, la marque du serpent ailé. H. 6 p. 9 l. L. 5 p. 3 l. On en trouve des épreuves avec l'inscription: Bis tria lustra etc. M. Johann Molitor. (Heller No. 292.)

207. Jacques Milich. Buste vu presque de face, un peu tourné à droite. Il tient des deux mains un livre fermé sur la couverture duquel on lit: Ecclesiast. 38 Honora medicum propter necessitatem creavit illum Altissimus. A mi-hauteur à gauche, le serpent ailé. H. 5 p. 10 l. L. 4 p. 6 l.

Écussons d'armoiries.

208. Les armoiries électorales de Saxe. L'écusson repose à terre, tourné de face. L'écu du milieu porte les glaives et se trouve entouré de dix écussons plus petits. Près des lambrequins sur le terrain et sur deux arbres à côté de l'écu, on voit des petits anges. H. 4 p. 9 l. L. 3 p. 11 l.

Les premières épreuves de cette pièce se trouvent sur le dernier feuillet de l'Hagiologe de Wittenberg de 1509. On l'a imprimé ensuite au verso du titre de l'ouvrage intitulé: Epitome Andreae Carolostadii: de impii iustificatione etc. Lipsiae apud Melch. Lotherium Anno Dni. MDXIX.

209. Les armoiries de l'Électorat de Saxe. L'écusson central est entouré de dix autres écussons plus petits. H. 8 p. L. 6 p. Cette pièce se trouve sur le titre du livre sur l'art de la lutte par Fabien d'Auerswald.

210. Les armoiries de l'électorat de Brandebourg. Au-dessous, dans un arabesque, la Rose et la Croix de Luther avec les initiales M L. Dans le coin à gauche, le monogramme de L. Cranach. gr.-4°.

Ces armoiries se trouvent dans l'ouvrage de Joh. Agricola intitulé: Historia des leidens unsers lieben herrn vnd heiland Jesu Christi, nach den vier Evangelien. Berlin 1543. fol.

Friedlaender en fait mention dans son Histoire de l'Imprimerie. Berlin 1834, p. 18.

211. Les armoiries des Scheurl et Tucher. Elles sont supportées par quatre femmes richement vêtues et dont la coiffure est ornée de plumes d'autruche. Au-dessus on lit sur deux lignes: HIC SCHEURLINA SIMUL TUCHERINAQ. SIGNA REFULGENT | QUE DOCTOR GEMINI SCHEURLE PARENTIS HABES. H. 6 p. 1 l. L. 4 p. 8 l.

Cette pièce se trouve en premier lieu dans le petit livre latin du Dr. Scheurl de Nuremberg, sur les prérogatives du clergé et des choses appartenant à l'Église, publié en 1511 à Leipsic par Wolfgang de Munich, aux dépens de G. Keller. in-4°. Cette pièce qui se trouve au verso du dernier feuillet est bien gravée. Les nouvelles épreuves ne sont point nettes.

Ornements de titres.

212. David et Goliath. Sur la bordure inférieure est représentée la victoire de David sur Goliath. Le héros juif lève son cimeterre des deux mains pour couper la tête du géant. A la bordure de gauche, un château fort sur un rocher; à celle de droite, une ville sur une hauteur au pied de laquelle se trouve le monogramme entrelacé L. C. Au haut, un fronton. H. 5 p. 10 l. L. 4 p. 2 l.

Employé depuis 1532 jusqu'à 1542, dans plusieurs éditions publiées par G. Rhaw et Nic. Schirlentz à Nuremberg. (Heller No. 309. Schuchardt No. 145.)

213. Le joueur d'épinette. Il est représenté sur la bordure du bas. A droite et à gauche, des piédestaux supportant des pilastres. En haut, un fronton. Au-dessus de l'épaule du personnage, le serpent ailé. H. 6 p. 3 l. L. 4 p. 3 l.

Employé pour deux opuscules de Luther: Verlegung des Alcoran bruder Reichardi etc. etc. durch Hans Lufft 1542, 4°. et Von den Juden und jren Lügen, par le même, édition de 1543, 4°. Heller No. 310 et Schuchardt No. 147, mais celui-ci ne croit pas que la gravure ait été faite d'après Cranach, d'autant plus que la marque du serpent y a été apposée après coup.

214. L'imprimerie. Elle se trouve en bas à gauche, et tout près, une grue et des grenouilles; plus loin un homme portant sur l'épaule un bâton auquel sont suspendues des volailles. Au côté gauche, un homme tenant une coupe et entouré d'abeilles; au-dessus de lui, un hibou au milieu d'un cercle d'oiseaux. A droite, un ours posant la patte sur un boeuf, un cerf qui s'élance etc. En haut un Phénix. Dans l'ouvrage intitulé: Ein Sermon von dem unrechten Mammon etc. 1522. Le listel inférieur porte la marque $\mathbf{G}$, monogramme de l'imprimeur Jean Grunenburg de Wittenberg. Schuchardt No. 137.

215. Deux monstruosités. La première porte une tête d'âne sur un corps couvert d'écailles; la seconde, une tête de moine encapuchonnée sur le corps d'un pourceau. La première figure, mal gravée, a servi ensuite à dénoter le Pape dans les compositions satyriques. La dernière est d'un bon dessin et bien gravée. H. 5 p. 5 l. L. 3 p. 6 l. Les deux figures se trouvent dans l'opuscule:

Deutung der zwo grewlichen Figuren Bapstesels zu Rom und Monchkalbs zu Freyburg in Meyssen. Wittenberg 1523. (Schuchardt No. 138.)

116. Pilastres et colonnes corinthiennes. Elles supportent un cintre avec huit têtes d'anges. Au milieu du bas, un crucifix entouré d'anges. Aux côtés un d'eux tient un anneau fixé au pied des colonnes. Titre de l'ancien Testament en allemand du Dr. Luther, Wittemberg 1523. (?) (Schuchardt No. 139.)

117. Le roi Alfred le grand d'Angleterre et le Chevalier d'Albonach avec ses filles. A gauche, le roi endormi est assis près d'un arbre et près de lui, mais de l'autre côté, son cheval. Le vieux chevalier le réveille avec une baguette pour lui faire choisir une de ses trois filles nues. En haut plane un petit Amour qui décoche une flèche au roi Alfred. Bordure de titre du livre: Vertrag zwischen den löbl. Bund zu Schwaben und den Zweyen hauffen und versamlung der bawrn am bodensen vnd Alzew. Wittenberg 1525.

Schuchardt No. 140, qui fait encore mention d'une copie médiocre de 1540.

118. Le prophète Habacuc. A gauche un roi est assis sur son trône ayant près de lui, à droite, trois conseillers. Habacuc, debout devant le monarque, lui parle avec énergie. Derrière le prophète, une foule de peuple et trois guerriers en armure complète. H. 4 p. 6 l. L. 5 p. Cette pièce se trouve sur le titre du livre intitulé:

Der Prophet Habacuc ausgelegt durch Mart. Luther 1526. (Schuchardt No. 141.)

119. Les deux prophètes et la Trinité. Cette dernière composition se trouve au haut; à gauche, un prophète avec un livre sous le bras; à droite, un autre prophète tenant un livre des deux mains. Au-dessus, la Vierge et St. Joseph adorant l'enfant Jésus nouveau né. A côté et à gauche, les armoiries de Luther; à droite celles de Melancthon. Près du devant, dans un petit écusson, les initiales de l'imprimeur: N S. H. 6 p. 3 l. L. 4 p. 5 l. Cette bordure se trouve dans plusieurs opuscules de Luther et de ses amis, p. e. dans les suivants:

Epistel des Propheten Jesaia 1526. — Unterricht der Visitatoren an die Pfarhern etc. Wittenberg 1528. (Schuchardt No. 142.)

120. Les apôtres à la source. Au bas, une source à laquelle plusieurs apôtres et autres étanchent leur soif. Les autres listels sont formés d'un paysage montagneux avec figures dont une se dirige vers un château sur la hauteur à gauche, tandis qu'au bas on en voit deux autres en conversation. Bordure de titre de l'opuscule:

Von der Sunde widder den heiligen Geist. Ein Sermon 1529.

121. Hérodiade avec la tête de St. Jean Baptiste. Elle tient cette tête sur un plat; à droite le bourreau et le corps du précurseur. Au haut Hérode à table et au bas la danse d'Hérodiade. Bordure de titre pour le livre intitulé:

Auf das vermeint Keiserliche Edict ausgangen im 1531 jare etc. Glosa D. Mart. Luthers. Wittenberg 1531.

Il est douteux que cette pièce puisse être attribuée à L. Cranach. (Schuchardt No. 144.)

122. La prostituée de Babylone. Elle est assise sur le monstre à sept têtes. Au bas, un empereur ayant a ses côtés un moine et une religieuse agenouillés. Cette composition se trouve au verso du titre de l'ouvrage intitulé:

Das Zwelffte Capitel Daniels. Wittemberg 1546. H. 4 p. 5 l. L. 3 p. 1 l. (Schuchardt No. 146.)

123. Quatre cerfs. Trois cerfs et une biche se voient sur la bordure d'en bas. Aux coins du haut, un homme et une femme terminés en queue de poisson. Employé pour le titre du livre suivant:

Auff des Königs zu Engelland lesterschriffts titel. Mart. Luthers Antwort. MDXXVII. H. 6 p. 3 l. L. 4 p. 5 l. Bamberg.

---

1 5 4 0

Lucas Cranach, le jeune.

Nous avons déjà dit plus haut que cet artiste naquit en 1515 et mourut en 1586 et que, ressemblant beaucoup à son père quant au style de ses compositions, il est cependant beaucoup plus faible que lui de dessin et de caractère. Nous avons aussi fait observer qu'il marquait aussi ses oeuvres d'un serpent ailé, dont les ailes ne sont point perpendiculaires mais plutôt couchées. Dans le catalogue que nous venons de donner de l'oeuvre de son père, nous avons déjà eu occasion d'indiquer des pièces qui paraissaient plutôt devoir être attribuées au fils et ceci doit toujours être le cas quand les gravures portent une date postérieure à 1553, qui est celle de la mort du vieux Cranach. On pourrait croire que le jeune Cranach a seulement fourni des dessins pour la gravure sur bois, sans avoir gravé lui-même, si l'on tient compte du paiement à lui fait, par Jean Aurifaber, pour deux dessins des armoiries de Mecklembourg qu'il fit exécuter ensuite par un graveur sur bois et dont nous aurons occasion de parler de nouveau sous les Nos. 43 et 44.

D'après Heller on doit encore attribuer au jeune Cranach les pièces suivantes.

Gravures sur bois.

1. Le Sauveur. Il est vu de face donnant la bénédiction de la la main droite et tenant de la gauche une croix. En haut, à gauche, le millésime 1533 et le serpent ailé. H. 14 p. 4 l. L. 10 p. 8 l. (Heller No. 821.)

2. Paysage avec une rivière et un château sur un rocher. Monogramme et millésime de 1586.

3—7. Cinq portraits d'une suite de 34 pièces publiées sous le titre suivant:

Illustrium ducum Saxoniae effigies ab Anno 842 ad annum 1563. Wittembergae 1563. per Gabrielem Schnellholtz.

H. 5 p. 10 l. L. 4 p. 1 l. Bartsch No. 136—140. Heller est d'avis que ces 34 pièces appartiennent au jeune Cranach.

8. Jean Frédéric I. Demi-figure absolument semblable au No. 136 de Bartsch. La barrette est seulement plus noire et les hachures de la table n'arrivent pas jusqu' à la main gauche. H. 5 p. 1 l. L. 4 p. 3 l. (Heller No. 825.)

9. Sibylle de Clèves, femme de l'électeur Jean Frédéric I. Dans la même position que celle de la figure No. 137 de Bartsch. La table est couverte de hachures parallèles et porte, à gauche, le monogramme I R avec un couteau de graveur. H. 6 p. 1 l. L. 4 p. 2 l. (Heller No. 831.)

10. **Jean Frédéric II.** Reproduction du No. 138 de Bartsch. A la gauche du bas, près de la table, le monogramme I. R. avec le couteau de graveur. H. 5 p. 10 l. L. 4 p. 1 l. (Heller No. 831.)

11—39. **Vingt neuf portraits de princes de Saxe.** Demi-figures la plupart vues de face et derrière des tables. H. 6 p. L. 4 p. 2 l. (Heller No. 836—864.)

40. **Jean Forster.** Portrait en buste vu de face, un peu tourné vers la gauche, la tête découverte, avec une longue barbe et tenant un livre des deux mains. A la droite du haut, le serpent ailé accompagné du millésime 1556. A la gauche du bas, la marque du graveur sur bois Hans Bocksberger. H. 6 p. 11 l. L. 5 p. 6 l. (Heller No. 865.)

41. **Philippe Melancthon.** Portrait en buste tourné à droite, la tête nue avec un vêtement de fourrures. Au-dessus de l'épaule, à gauche, la marque du serpent ailé et la date de 1556. Médaillon de 2 p. 9 l. de diamètre dans une bordure carrée avec têtes d'anges dans les coins et un rinceau de fruits suspendu aux côtés, et où l'on voit, à droite, la marque du graveur, un trèfle couché sur une tablette. H. 4 p. 4 l. L. 2 p. 7 l. (Heller No. 867.)

Additions.

42. **La Bible.** (Das ist die gantze heilige Schrift, Deutsch auffs neu zugericht D. Mart. Luth. Gedruckt zū Leipsig durch Nicolaum Wolrab. MDXLII.) gr. in-fol.

Cette bible contient les gravures sur bois suivantes, en partie d'après les dessins du jeune Cranach et dont nous avons déjà eu l'occasion de parler à propos des No. 49—55 de Bartsch.

a. **Titre de l'ancien testament.** Ce titre représente, en douze compartiments disposés autour du titre ci-dessus imprimé en rouge, l'histoire de la création jusqu'à l'expulsion de nos premiers parents du paradis terrestre. Et plus particulièrement: En haut et du côté droit, les six jours de la création; au bas, en quatre compartiments, la création d'Ève, ses fiançailles avec Adam, le premier péché et quand ils se cachent tous deux devant le Seigneur; enfin à gauche leur expulsion du paradis et Adam et Ève se livrant au travail. H. 12 p. 5 l. L. 7 p. 9 l. Au verso sont imprimées les armes de Saxe. H. 9 p. 7 l. L. 6 p.

b. **La création d'Ève.** A l'arrière plan et près d'un bois on voit représenté en petit: la création d'Adam, le péché originel, Adam et Ève se cachant devant le Seigneur, puis leur expulsion du paradis. Cette gravure se trouve devant le livre de la Genèse. H. 9 p. 7 l. L. 5 p. 10 l.

c. **Le passage de la mer rouge.** A la droite du haut, une composition en petit représente Moïse recevant les tables de la loi. Gravure de mêmes dimensions que la précédente; devant le livre de l'Exode.

d. **Le Seigneur apparaissant à Moïse dans le buisson ardent.** Au fond à droite, le Sacrifice d'Aaron. Mêmes dimensions. Devant le Lévitique.

e. **Moïse dans le désert s'adresse au peuple d'Israël.** Au fond le serpent d'airain. Mêmes dimensions; devant le livre des Nombres.

f. **Moïse lisant au peuple le livre de la loi.** Sur la montagne du fond, la sépulture du législateur. Mêmes dimensions. Devant le Deutéronome.

g. **Josué.** Il est debout, en armure complète et son casque posé à terre, devant les tentes d'Israël. Mêmes dimensions. Devant le livre de Josué.

h. **Deux juges d'Israël.** Tous deux sont en armure complète et l'un d'eux s'avance vers l'autre en lui parlant, tête nue. On lit, vers le haut, en caractères mobiles: **Zween aus den Richtern Israel.** Titre du livre des Juges et de mêmes dimensions que les pièces précédentes.

i. **Les parents de Samuel**, comme l'indique la suscription. Composition où un homme et une femme se donnent la main. Dans le fond, à droite, on voit cette dernière agenouillée devant l'autel du temple où est assis le grand prêtre. Titre du 1. livre de Samuel; de même dimension que les autres ci-dessus.

k. **Le roi David.** Il est assis sur un trône à gauche et reçoit des mains d'un de ses courtisans un chapeau princier. A ses pieds une harpe. Dans le fond le roi protège un homme renversé à terre et qu'un autre frappe d'une massue. Titre du 2. livre de Samuel; mêmes dimensions que pour le 1er.

l. **David et Abisag.** Le vieux roi est assis à gauche sur son trône et étend son sceptre vers Abisag agenouillée devant lui et qui lui est recommandée par un de ses conseillers. Dans le fond, à droite, les ruines d'un château sur un rocher devant lequel défile un corps d'armée. Titre du 1er livre des Rois. Dimensions comme ci-dessus.

m. Jacob et ses fils. Il est assis à droite avec sa femme devant sa maison et écoute le petit Benjamin debout devant lui. Derrière celui-ci, à gauche, on voit les autres fils de Jacob. En haut et en caractères mobiles, l'inscription: Jacob vnd seine Söhne. Titre de la première partie des Chroniques. Dimension des pièces précédentes.

n. Darius fait rebâtir le temple de Jérusalem. Sur le devant, à une table, on distribue aux Juifs l'argent du trésor de Babylone. Titre du livre d'Esdras. Mêmes dimensions.

o. Job entouré de ses amis. Il est assis à gauche, devant ses quatre amis et sa femme debout à droite, et déplore ses malheurs. A gauche, dans le lointain, un château détruit et en flammes. Titre du livre de Job, de la même grandeur que ci-dessus.

p. David, à genoux, tourné vers la droite. Devant lui gît une harpe et il lève les yeux au ciel, vers la droite, où le Seigneur lui apparaît dans les nuages. Titre des Psaumes; mêmes dimensions.

q. Salomon assis sur son trône. Six degrés, avec un égal nombre de lions de chaque côté, y conduisent. Titre des Proverbes de Salomon; mêmes dimensions que les pièces précédentes.

r. Bordure du titre: Die Propheten alle Deutsch. Doc. Mart. Luther. MDXLI. En haut, Dieu le père assis sur son trône au-dessus du Paradis terrestre où l'on voit Adam et Ève près de l'arbre de la science. A droite, l'Immaculée conception et Jésus ressuscité triomphant du démon et de la mort. En bas à gauche, un damné précipité dans l'enfer; à droite, Jésus crucifié versant, de la plaie du côté, un torrent de sang sur un homme nu auquel St. Jean Baptiste indique le Christ. Cette gravure sur bois porte autour l'inscription suivante:

Uns ist ein Kind geboren, Ein Son ist uns gegeben etc. Jesaia am Neunten Cap.

H. 10 p. 8 l. L. 6 p. 4 l. Pièce très-bien gravée. On en trouve une copie avec quelques changements dont le principal est que le damné, à gauche, est vu de dos. Le titre en caractères mobiles est le suivant:

Die Propheten alle Deutsch, D. Mart. Luth. gedruckt zu Wittemberg durch Hans Lufft MDXLIII.

H. 9 p. 3 l. L. 5 p. 10 l.

Une seconde copie où, dans la partie supérieure, Moïse, reçoit du Seigneur les tables de la loi, porte la date de 1552 et n'a point d'inscription autour. H. 9 p. 2 l. L. 6 p. 1 l.

s. **Le prophète Isaïe.** Dieu le père est assis sur un trône élevé entouré de six chérubins. Le prophète se voit deux fois debout devant le trône. La première fois un petit ange lui purifie les lèvres au moyen du charbon ardent, une seconde fois le prophète parle au peuple. H. 9 p. 7 l. L. 5 p. 10 l.

t. **Le prophète Jérémie.** Il est agenouillé au milieu de l'estampe et vu de dos. En haut l'Éternel, près duquel on aperçoit un paquet de verges et une marmite, dirige ses rayons vers le prophète. La pièce est entourée d'une bordure à guise d'arabesque. H. 9 p. 6 l. L. 5 p. 10 l.

u. **Le prophète Ezéchiel.** En haut vers la droite est assis l'Éternel sur son trône; au-dessous de lui on voit le chariot de feu attelé des quatre animaux symboliques. A gauche le prophète, debout dans une attitude d'étonnement et de vénération. Bordure en style d'arabesque et mêmes dimensions que de la pièce précédente.

v. **Le prophète Daniel.** Le personnage qui apparait à Nabuchodonosor est vêtu d'une riche tunique courte; sa tête, qui atteint les nuages, porte une couronne et il tient un sceptre à la main. A gauche et au fond d'une salle, Daniel explique au roi son rêve. Le ciel est couvert d'étoiles. H. 9 p. 7 l. L. 5 p. 8 l. Cette composition est une imitation de celle de la gravure sur bois du maître SSP de 1534.

w. **Le prophète Hosée.** Il est debout et instruit le peuple à droite qui est en partie assis. Dans le fond le crucifiement et la résurrection du Christ. H. 4 p. 9 l. L. 5 p. 9 l.

x. **Le prophète Joel.** Il est debout à droite sur une terrasse et parle au peuple assemblé en nombre sur une des places de la ville. A gauche dans le fond, la descente du St. Esprit et la prédication de Saint Pierre. Mêmes dimensions que ci-dessus.

y. **Le prophète Amos.** Le prophète parle à un Lévite qui sort à droite d'une ville. A gauche dans le fond, on le voit qui contemple, près d'un grand feu, l'Éternel armé de deux lances. Mêmes dimensions.

z. **Le prophète Obadie.** Il est debout à droite et prophétise près d'un fleuve devant deux hommes qui l'écoutent. Mêmes dimensions.

aa. **Le prophète Jonas.** A gauche il est précipité du vaisseau et englouti par la baleine. A droite on le voit rejeté à terre par le monstre. Dans le fond il est assis sous le calebassier où lui apparaît le Seigneur. A droite la ville de Ninive. Mêmes dimensions.

bb. Le prophète Michée. Il est debout en conversation avec des hommes de tout rang qui sortent de la porte d'une ville. A droite, dans le fond, la nativité du Christ. Mêmes dimensions.

cc. Au livre de Nahum. Sur le port d'une ville plusieurs personnes de haut rang se voient assemblées. Ce sont de Ninivites qui préparent une expédition contre la Judée. A gauche, un négociant embarque des marchandises sur un vaisseau. Mêmes dimensions.

dd. Le prophète Habacuc. Il est debout, faisant des rémontrances à un roi assis sur son trône et entouré de ses conseillers. Sur une place du fond couverte de magnifiques édifices, on voit une troupe nombreuse de gens de guerre. Mêmes dimensions. (Voyez No. 116.)

ee. Le prophète Sophonias. On le voit, près des fossés d'une ville, en conversation avec des Lévites et des personnages de haut rang. Dans le fond à gauche, une vue du Mont Thabor et des apôtres se dispersant pour prêcher l'évangile au monde entier.

ff. Le prophète Aggée. Il est debout, en conversation avec deux anciens, assis et tourné vers le peuple qui se trouve à droite sous un grand arbre. Dans un très-beau paysage, se trouve une ville près d'un rocher.

gg. Le prophète Zacharie. Il est debout au milieu, tourné vers la droite et en conversation avec des personnages qui sortent des portes d'une ville. A gauche, des hommes et des femmes l'écoutent. Dans le fond, l'entrée du Christ à Jérusalem, et dans le ciel, trois visions. Mêmes dimensions.

hh. Le prophète Malachie. Il est debout sur le pont qui conduit à une ville et parle aux citoyens de l'endroit. Derrière lui un pasteur tient un agneau. Dans le paysage du fond la vocation de St. Pierre par le Christ; mêmes dimensions que les pièces précédentes.

ii. Bordure du titre „Dass Newe Testament D. Martini Luth. MDXLI." Elle contient dix petites compositions; l'Annonciation, la Nativité et le Baptème de Jésus dans la partie supérieure; aux côtés, la Transfiguration, le Crucifiement, la Mise au tombeau et la Résurrection; enfin, au bas, l'Ascension, la Descente du St. Esprit et le Jugement dernier. H. 11 p. 6 l. L. 7 p.

kk. L'évangéliste St. Matthieu. Il est assis, à gauche, devant un pupitre et écrit sur une table. Derrière à droite, l'ange; en haut, le St. Esprit. H. 9 p. 8 l. L. 5 p. 10 l. (Bartsch No. 49.)

ll. **L'évangéliste St. Marc.** Il est assis à droite, écrivant sur un pupitre. Sur le devant le lion ailé est couché. En haut à droite, le Christ dans une gloire tenant l'étendart de la Croix. Mêmes dimensions. (Bartsch No. 50.)

mm. **L'évangéliste St. Luc.** Il est assis à gauche, écrivant dans un livre. A ses côtés est couché le boeuf ailé. En haut, à gauche, la Vierge avec l'enfant Jésus dans une gloire de nuages. Mêmes dimensions. Cette gravure est encore employée comme titre des Actes des apôtres. (Bartsch No. 51.)

nn. **L'évangéliste St. Jean.** Il est assis à droite, près d'un rocher, dans l'acte d'écrire et lève les yeux vers le haut, où la Ste. Trinité lui apparaît dans une gloire. A gauche l'aigle. La pierre sur laquelle l'évangéliste est assis porte le serpent ailé de Cranach le jeune avec le millésime 1547. Mêmes dimensions que les pièces précédentes. Cette gravure est reproduite de nouveau devant les Épîtres du Saint. (Bartsch No. 52.)

oo. **L'apôtre St. Paul.** Il est assis à droite près d'une table écrivant une épitre. A ses pieds on voit deux glaives. Au coin de gauche se trouve la marque de Cranach le jeune. Mêmes dimensions. Cette pièce est reproduite devant l'épitre de S. Paul aux Romains. (Bartsch No. 53.)

pp. **L'apôtre St. Pierre.** Il écrit assis à une table; une grande clé pend à ses côtés. Derrière lui une fenêtre à vitres rondes. Mêmes dimensions. Titre de la première Épitre de St. Pierre. (Bartsch No. 54.)

qq. **L'apôtre St. Jacques.** Il est assis au milieu de l'estampe et vu de face près d'une table où se trouve un encrier dans lequel il trempe sa plume. Derrière lui, un berceau de vigne. Mêmes dimensions que les précédentes et servant de titre aux épitres du Saint. (Bartsch No 55.)

On trouve encore dans cette bible 26 compositions appartenant à l'Apocalypse de St. Jean. Mais elles sont pour la plûpart très-médiocres et de mauvaise taille et nous ne croyons point, en conséquence, devoir les attribuer à Lucas Cranach, quoique la manière soit celle de son école. Sur la 25e de ces gravures réprésentant la chute de Gog et de Magog on voit écrit, sur les murs d'une ville, le mot **WIEN** avec la remarque en marge:

Das sind die Türken die von den Tattern herkommen und die roten Juden heissen.

Chacune de ces gravures mesure H. 4 p. 2 l. L. 2 p. 10 l.

43. **Les armoiries de Mecklembourg** sans cimier et ayant deux lions pour supports. Pièce non signée et de 2 p. 7 l. en carré.

44. **Les mêmes.** En bas à gauche, se trouve la marque du serpent ailé avec les ailes couchées. H. 5 p. 6 l. L. 3 p. 11 l.

Ces deux armoiries sont employées dans le „Mecklenbürgische Kirchenordnung" de 1552 et 1557 imprimé par Hans Lufft à Wittemberg in 4°. Dans le 5e vol. des Registres de Mecklembourg p. 228 on trouve la mention des dépenses faites par Jean Aurifaber dans un voyage à Wittemberg et, après le Kirchenordnung en entier, l'indication suivante:

Dem Lucas Maler von zweien wappen m. g. f. zu reissen 17 gr. 22½ ß.

Dem Formschneider von beiden wappen zu schneiden . . . . 4 ℔. 6 ß.

HB.   HB   HB

Hans Brosamer.
(Bartsch VIII. p. 455.)

Ce maître était peintre et graveur sur cuivre et sur bois. On ne sait point au juste la date de sa naissance, cependant quelques uns la fixent à 1506. Selon toute apparence il était originaire de Fulda, à tout événement il y vécut de 1536 et 1550. Il passa les dernières années de sa vie à Erfurt. D'après une communication de C. Becker dans le Kunstblatt de 1836 p. 180, cet écrivain a vu sur une miniature de Brosamer représentant M. Hunold, Chanoine de St. Sévère à Erfurth, agenouillé devant un crucifix, la notice suivante sur la marge de cette pièce:

„Hans Brosamer pinxit qui ⊖ peste 1552."

Ce qui voudrait dire que notre artiste mourut en 1552 de la peste à Erfurth. Il existe néanmoins une grande gravure sur bois représentant l'histoire de Bethsabée, signée du Monogramme HB 1554, accompagné de la marque MB suivie du couteau de graveur et qui porte l'adresse Gedruckt zu Erffurt bei Hans Cubitzer. On en pourrait conclure que l'inscription sur la miniature est fautive ou qu'elle est susceptible d'une autre interprétation.

Quant aux tableaux de Brosamer on en connait très peu qui se soient conservés jusqu'à nos jours. La plupart sont tellement dans la manière et le style de Lucas Cranach que l'on pourrait croire que celui-ci a été le maître de Brosamer. Nous mentionnerons les suivants:

Dans la collection de tableaux de M. l'architecte Weyer à Cologne. Un tableau sur bois représentant Jésus qui appelle à lui les enfants. Composition avec un grand nombre de personnages et d'un dessin un peu faible. A la partie supérieure, le monogramme ℍB et le millésime 1550.

Une sainte famille avec Ste. Catherine d'Alexandrie. Même catalogue sous le No .43 et attribué a Lucas Cranach, mais la morbidesse du dessin et la forme arrondie des têtes ne nous laissent aucun doute que ce tableau ne doive également être attribué à Brosamer.

Le tableau d'une Charité romaine qui se trouvait dans la collection de feu M. Kraenner de Ratisbonne est traité absolument de la même manière.

Le portrait sur bois de Philippe, Landgrave de Hesse, signé Hans Brosamer, Formschneider zu Erffordt, nous prouve que cet artiste à gravé lui-même sur bois. Sa taille est nette, un peu maigre mais se distingue, surtout par la bonne entente du dessin, de celles des gravures d'après ses compositions taillées par d'autres maîtres.

Le monogramme ℍB de notre graveur à été également employé par quelques uns de ses contemporains, entre autres par Hans Baldung Grün, ce qui a induit Bartsch à attribuer à ce dernier quelques-unes des compositions de Brosamer ou vice versa. L'énergie dans le style et l'exécution qui distinguent Hans Baldung Grun sont telles qu'il est facile de ne point le confondre avec Brosamer et nous en trouverons la preuve lorsque nous aurons l'occasion d'examiner le catalogue de Bartsch. Mais Brosamer s'est servi également d'autres monogrammes où, aux lettres initiales de son nom il ajoute tantôt un ꝺ tantôt un ꝯ sur la ligne transversale du H, ce qui n'a été observé jusqu'ici que par Rumohr et Thiele qui ont cru y voir dessiné un petit pain.

Dans les collections on attribue ordinairement ce monogramme à Jacques Binck. Nous l'avons trouvé sur plusieurs pièces, entre autres sur une gravure au burin représentant Jean de Henneberg, Abbé de Fulda, avec une ligne d'inscription qui termine comme suit:

... Ad imaginem dominacionis sue Johannes Brosamer sue D. clientulus faciebat anno MDXXXVI; puis le monogramme ℍ𝔹 de manière à lever toute espèce de doute sur la signification de cette marque. Cette pièce est traitée avec beaucoup plus de délicatesse et d'esprit qu'une répétition postérieure mentionnée par Bartsch No. 23 et qui porte la date de 1541.

Observations à Bartsch.

Gravures sur cuivre.

1. **La Création d'Ève.** Cette pièce qui porte la date de 1550 appartient, comme Bartsch l'a remarqué, à la Bible de Wittemberg de 1558. Il paraitrait néanmoins que, bien longtemps auparavant, Hans Brosamer se soit exercé à faire des dessins de gravures sur bois pour des Bibles. C'est ainsi que nous trouvons dans le Kunstcatalog de R. Weigel sous le No. 17897 l'indication suivante, d'une **Biblia dat ys de gantze heilige Schrifft Sassesch corrigeret na der lesten vordüdeschinge Mart. Luth. Gedrucket tho Magdeborch dorch Michael Lotter 1536. fol.**, avec plusieurs gravures sur bois de G. Leigel et H. Brosamer.

Le même Catalogue No. 6789 nous donne la Bible suivante comme étant également de Brosamer: „Biblia Veteris Testamenti et Historiæ, Artificiosis picturis effigiata. Biblische Historien, Kunstlich Fürgemalet Franc. Apud Hermanum Gulfericum Anno MDLIII." (142 pièces pour la plupart copies en petit d'après la célèbre bible de Holbein.) Il reste encore à faire des recherches plus précises sur ces bibles que l'on appelle de Brosamer.

6. **Ste. Famille avec Ste. Anne.**
7. **St. Jérôme dans le désert.**
15. **Le palefrenier et la sorcière.**
Ces trois pièces appartiennent à Hans Baldung Grün quoiqu'il ne les ait signées que du monogramme ℍ𝔹

13. **Un prédicateur en chaire.** Cette pièce est d'une taille nette mais un peu raide comme celle du portrait de Philippe de Hesse et doit par conséquent avoir été gravée par Brosamer lui-même. La gravure suivante en forme le pendant:

13ᵇ. **Le Dr. Martin Luther en chaire.** On le voit à droite dans une chaire prêchant à trois femmes assises devant lui dont la première a un enfant auprès d'elle; à gauche plusieurs-hommes. Au bas le monogramme ᛒᛒ. Pièce carrée de 4 p. 9 l. A Dresde.

Additions à Bartsch.

23. **A d a m e t È v e s o u s l ' a r b r e d e l a s c i e n c e d u b i e n e t d u m a l.** Adam est vu de dos et étend la main droite vers la pomme que lui présente Ève vue de face et qui reçoit de la main gauche une seconde pomme que lui offre le serpent. Dans le fond boisé on aperçoit un boeuf couché et un cerf. A la droite du bas, une pierre montrant un espace en blanc sur lequel, sans doute plus tard, devait être inscrit le monogramme du graveur. H. 4 p. 3 l. L. 2 p. 10 l.

Cette pièce, très-fraiche d'impression, se trouve dans la collection de Berlin.

24. **J é s u s s u r l a b a r q u e p e n d a n t l ' o r a g e.** Il se trouve à droite; sur le rivage dans le lointain, une ville. Sur le devant le monogramme. Pièce ronde de 1 p. 3 l. de diamètre. Cat. Sternberg II. No. 1030.

25. **L e j o u e u r d e l u t h.** Jeune homme assis vu de face et jouant du luth. A la droite du bas, le monogramme ᛒᛒ sur un couteau de graveur et le millésime 1537. H. 5 p. 3 l. L. 3 p. 11 l. Wolfegg.

27. **U n e K e r m e s s e.** Au milieu du paysage, un fleuve couvert de bateaux dont celui plus près du spectateur est orné et porte un homme assis près d'une femme. Sur les bords du fleuve, des groupes de promeneurs. Sur un grand bateau à droite se trouve le monogramme du maître. Pièce ronde de 3 p. 2 l. de diamètre. Cat. Evans 1857 No. 184.

28. **Q u a t r e s c r â n e s.** Copie d'après B. Beham (Bartsch No. 28) d'abord dans le sens de l'original et avec une tablette à la droite du haut portant le monogramme, puis en contrepartie avec le monogramme à gauche. A Berlin.

29. **P o r t r a i t d e J e a n d e H e n n e b e r g,** Abbé de Fulda en 1536. Buste vu de trois quarts et tourné à gauche. Il porte un surtout de damas et deux chaînes. Dans les coins du haut deux écussons d'armoiries sans inscriptions. Dans le fond à gauche on lit; A e t a t i s 3 3.

Souscription: Reverendo ac illustri principi et Dno Joann̄q elect̄u et confirmato ecclesie Fulden̄ dive auguste archi-cancellario ze comiti et Dno in Hennenberg ze ad imaginem dominacionis sue Johannes Brosamer sue D. clientulus faciebat Anno MDXXXVI; ensuite le 2ᵈ des monogrammes ci-dessus. Pièce encore plus finement et plus délicatement gravée que le No. 23. H. 6 p. 10 l. L. 4 p. 7 l. — Berlin — Copenhagen.

Gravures sur bois.

16. Création d'Ève. A gauche deux lapins, sur le devant un porc-épic. A gauche, sur le tronc de l'arbre au-dessus d'Adam, le monogramme usuel avec la date de 1549. H. 3 p. 11 l. L. 5 p. 4 l. Berlin.

17. Bethsabée au bain. Elle se fait laver les pieds par une servante; une autre derrière elle indique, vers la gauche du haut, David qui regarde. Devant elle, une source à laquelle boit un fou mais qui en est empêché par un jeune homme qui le tire par la manche. A gauche, derrière Bethsabée, trois femmes debout, richement vêtues. Dans le fond, à droite, le palais du roi. A la droite du bas, sur une tablette, le monogramme ⅄B 1554 suivi de la marque ⋏B du graveur, au-dessus d'un couteau de graveur. Le tout est contenu dans une bordure ornée sur fond noir. Au bas l'adresse: Zu Erffurt bey Hans Bebitzer. Suscription: Die Schöne historia von dem König David etc. A la gauche du haut, quatre petits génies soutiennent une tablette avec l'inscription: Als David yetzund müssig war etc. Cette gravure est composée de 9 pièces. H. 30 p. 3 l. L. 42 p. Gotha. Dresde.

18. Le baptème de Jésus. St. Jean Baptiste, vu de dos, est agenouillé et baptise le Sauveur au moyen d'un petit vase. Celui-ci a les bras croisés sur la poitrine. En haut, Dieu le père, et le St. Esprit qui descend sur le Christ. Dans le lointain, une ville près de l'eau. A la droite du bas, le second monogramme. H. 4 p. 3 l. L. 5 p. Cette pièce semble appartenir à un livre de sermons. — Berlin.

19. St. Jean Baptiste en prison. A gauche deux de ses disciples lui demandent ce qu'on doit penser du Christ. On voit celui-ci

dans le lointain, entouré d'une foule de gens. A la droite du bas, le second monogramme. Cette pièce est de même dimension que la précédente et semble appartenir au même livre.

20. Le Centurion de Capharnaüm. Le Christ avec les apôtres et une foule de gens sort de la ville et le Centurion, suivi de cinq soldats, s'avance vers lui à gauche pour lui demander la guérison de son serviteur. A droite sur la montagne, le Christ bénit un homme agenouillé devant lui. A la droite du bas, le second des monogrammes.

21. La dernière Cène. Sur le devant à gauche, un apôtre tient, avec le vase à vin, un verre vers lequel l'apôtre de droite tend la main. Le monogramme est sur le siège de ce dernier. H. 4 p. 9 l. L. 4 p. 11 l. Cette pièce appartient à un livre allemand: Anleitung zur Beichte.

22—25. Les quatre évangélistes de 1536. Tous quatre de mêmes dimensions et appartenant au même livre. H. 4 p. 5 l. L. 3 p. 1 l.

— 22. St. Matthieu. Il est assis, à gauche, écrivant dans une chambre. A droite est assis l'ange, et au-dessus plane le St. Esprit. Pièce non signée.

— 23. St. Marc. Il est assis à gauche, feuilletant un livre posé sur un pupitre au-dessous d'un crucifix; en haut le St. Esprit. Au bas, le lion couché, vu de face. A droite, une tablette marquée HB 1536. Dans le fond à gauche, vue d'une ville.

— 25. St. Luc. Il est assis, à gauche, près d'une table et peint la Vierge qui lui apparaît dans le fond à droite. A la droite du devant, le boeuf; au milieu du bas une tablette avec le monogramme surmonté du millésime de 1536.

— 25. St. Jean. Il est assis au milieu du paysage, sous deux arbres, et écrit, tout en regardant à droite le Christ qui lui apparaît dans les nuages. A la droite du bas, l'aigle et le monogramme.

26—27. Les apôtres St. Pierre et St. Paul. Figures debout largement drapées, la première tournée à droite, la seconde à gauche et couronnées d'un nimbe à guise de rayons. Signé au bas du monogramme HB. H. 4 p. 9 l. L. 1 p. 11 l.

28. Ste. Elisabeth de Thuringe. Elle est assise et file au milieu de cinq autres fileuses. A gauche, les armes de Thuringe au lion et, au-dessous, le monogramme. En haut sur une banderole S. ELISABETH. H. 6 p. 10 l. L. 5 p. 4 l. Coll. Albertine à Vienne.

29. L'apocalypse de St. Jean. 21 pièces dont la dernière est marquée. BH Elles appartiennent à une bible imprimée à Wittemberg par Hans Lufft. (Brulliot Dict. I. No. 962.)

30. Un homme qui prie. Il est agenouillé dans sa chambre à coucher et lève les mains en priant. Dieu lui apparaît dans les nuages au-dessus d'un paysage qu'on voit par la fenêtre ouverte. Le monogramme se trouve au-devant de la figure. Pièce carrée de 4 p. 9 l.

31. Le landgrave Philippe de Hesse. Demi-figure vue de trois quarts tournée vers la gauche; en armure, coiffée d'un chapeau à plumes et posant la main gauche sur le pommeau de l'épée. A la droite du haut, l'écusson d'armoiries du prince. Suscription:

Von Gotts gnaden Philips Landtgraffe zu hessen, Grave zu Catzennelebogen, Dietz, Ziegenhayn vnd Udda etc.

Au bas:

Hans Brosamer Formschneider zu Erfordt. H. 12 p. 3 l. L. 3 p. 9 l. Gotha. On en trouve un facsimile dans l'ouvrage de R. Weigel, „Gravures sur bois des maîtres en renom" No. 59.

32. Le même. Demi-figure tournée à gauche. Il porte moustache, la tête est coiffée d'un chapeau à plumes et un médaillon suspendu à une chaîne orne sa poitrine. Dans les coins du haut, deux écussons et au milieu, une tablette avec le second des monogrammes. Suscription en caractères mobiles:

Rebus Alexandro similis, virtute Philippo.
Talis post tria bis lustra Philippus erat.
H. 5 p. 4 l. L. 3 p. 7 l. Berlin.

33. George Sturtz. M. D. à Erfurt. Il est vu de trois quarts et regardant vers le haut à gauche. Il tient une lettre des deux mains. A la gauche du bas, le second des monogrammes. Suscription:

Talia Sturtiades Georgius ora ferebat
Quadraginta ferens et vitae quatuor annos.
H. 4 p. 9 l. L. 3 p. 6 l. et avec la suscription 9 p. Employé probablement dans un livre. Berlin.

34. Le poète Eobanus Hessus. Demi-figure vue de face et tournée à droite. Il a une forte barbe; la tête est couverte d'une barrette et il pose les deux mains sur l'appui qui se trouve devant. A la gauche du haut, le second chiffre. Suscription: Anno Aetatis 45. Suscription en caractères mobiles:

Lustra novem numerans Eobanus tempora vitae.
Hessus adhuc firmo robore talis eram.
H. 5 p. 4 l. L. 3 p. 7 l.

Sur l'exemplaire de Berlin on trouve au verso un petit poème latin intitulé:

Eximio viro D. Joanni WALTHERO jurium doctori. Principali Conciliario etc. amico singulari suo. Eob. H. S. avec la date MDXXXIII Mense Sept.

35. Hans Sachs 1545. Portrait en buste vu de face. Il porte une forte barbe; la tête est couverte d'une barrette et il tient de la main gauche un papier roulé. Il a les bras appuyés sur une table qui porte l'inscription: 1545. HANS SACHS N. ALTER 51. JAR. H. 11 p. 9 l. L. 10 p. 5 l.

Cette gravure sur bois, non signée, se trouve reproduite dans l'ouvrage de Derschau avec l'observation, résultant d'une ancienne note manuscrite, que Hans Brosamer avait envoyé ce portrait en don au poète de Nuremberg, à l'occasion de son 51. anniversaire.

36. Deux hommes debout, tenant des instruments astronomiques. Le premier est vêtu à l'orientale; le second porte le costume du 16e Siècle. Au milieu Folivm Populi. A côté de la figure de gauche, le troisième des monogrammes ci-dessus.

Cette gravure se voit au titre du livre de Pierre Apiano Folium populi etc. Ingolstadt 1533. Au verso du titre, on trouve l'écusson de Jean Guillaume de Taubenburgk, aux trois pannelles, qui paraît également avoir été gravé par Brosamer.

Le maître ⟩⟨⟩⟨⟩⟨⟩⟨
Gravures sur bois.

1. La sépulture de Jacob. Le monogramme se trouve sur la bière où on lit également le nom de JACOB &. A gauche, sur deux pierres tumulaires, les noms de ABRAHAM et ISAC. H. 4 p. 4 l. L. 5 p. 1 l.

Cette pièce appartient à une suite de gravures, avec sujets de l'ancien testament, qui la plupart portent la signature de Brosamer et qui ont sans doute été faites pour une Bible.

(Voyez Brulliot Dict. I. No. 2979.)

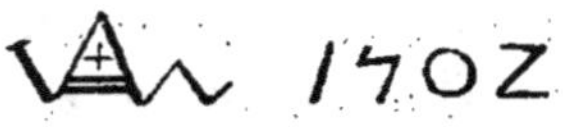

Gravures sur bois.

Ce graveur sur bois, un peu inexpérimenté, nous a donné deux feuilles gravées sur bois qui portent évidemment le cachet de l'école de Cranach, ce qui nous a engagé à leur donner place ici.

1. Le crucifiement avec les deux larrons; à gauche la Vierge, St. Jean et trois saintes femmes. A droite quatre Cavaliers, et, à leurs pieds, un petit démon renversé. La signature est à la droite du bas. H. 15 p. L. 10 p. 8 l.

2. Même sujet. La Vierge évanouie est soutenue à gauche par St. Jean et trois saintes femmes. A droite trois Cavaliers avec deux cadavres étendus aux pieds de leurs chevaux, et trois autres hommes d'armes derrière les saintes femmes et dont un à cheval tient la lance avec l'éponge. H. 14 p. 8 l. L. 10 p. 6 l. (Brulliot Dict. I. 3209 et III. No. 354.)

E A 1506.

(Bartsch VI. p. 416.)

On ne connait de cet artiste que la pièce mentionnée par Bartsch représentant une femme assise qui tient un écusson d'armes où est représenté un paon. Nous en avons fait mention ici pour observer que le style de cette composition nous révèle un élève de Lucas Cranach. Le maniement du burin a de la finesse, mais le dessin est médiocre. C'est probablement quelque essai de gravure sur cuivre.

(Bartsch VII. p. 542.)

Ce maître dont le nom est encore inconnu appartient également à l'école de Lucas Cranach. Son travail a de la finesse, mais il n'est pas toujours correct de dessin. Bartsch ne décrit que la première de ses gravures mais d'une façon incomplète.

1. La Vierge et l'enfant Jésus. Elle est assise, près d'un arbre, dans un paysage et embrasse le petit Jésus qui est vu de dos.

Elle est tournée vers la gauche, la tête ceinte d'une gloire au-dessus de laquelle est suspendue une couronne. A la gauche du bas, une tablette sans la signature qui se trouve cependant vers le milieu de la partie inférieure de l'estampe. H. 2 p. 11 l. L. 2 p. 7 l.

2. La jeune dame et le chevalier. Elle est assise à gauche sous un arbre et tient sur les genoux un épagneul de Bologne, tandis qu'elle parle à un cavalier debout devant elle. Celui-ci tient de la main gauche une longue lance. Dans le fond à droite, un château-fort; à gauche un moulin. Au milieu du bas, sur une tablette arrêtée avec un poignard, la marque $\mathcal{NS}$ H. 4 p. 2 l. L. 2 p. 7 l.

Cette gravure sur cuivre, d'une taille très-délicate, porte l'empreinte de l'école de Lucas Cranach.

3. La femme debout sur un chapiteau. Elle est vue de face, se portant en avant et les cheveux épars. De la main gauche elle tient un oeillet et, de la droite, la draperie légère qui la recouvre. Les lettres N S semblent suspendues au chapiteau orné d'une tête de bélier. H. 3 p. 6 l. L. en haut 1 p. 1 en bas 1 l. (?)

Cette pièce se rapproche du style d'Albert Durer. (Brulliot Dict. II. No. 2146.) Il est par conséquent douteux qu'on puisse l'attribuer au même maître que celui des deux gravures sur cuivre ci-dessus.

ℚ 1534—1539.

(Bartsch IX. p. 17.)

Les gravures sur cuivre de ce maître se rapprochent, pour la composition et le dessin, de celles de Lucas Cranach, mais elles sont dures et raides de taille et portent les dates de 1534 et 1539 avec le monogramme ci-dessus qui semble formé de C et G.

Additions à Bartsch.
Gravures sur cuivre.

11. Adam. Il est tourné à droite, vu de profil, et tient de la main droite la pomme, de la gauche une feuille pour couvrir sa nudité. Dans le fond, des arbres et sur le tronc, à gauche, le mono-

gramme avec la date de 1536. H. 2 p. 4 l. L. 1 p. 5 l. Paris. — Cette petite pièce aura sans doute pour pendant une Ève, que l'on n'a pas encore retrouvée.

12. Le crucifiement. La figure du Sauveur est plus grande que celle des autres. La Madeleine embrasse le pied de la croix. A droite se trouve la Vierge à genoux soutenue par St. Jean. A gauche un soldat ayant une lance et un bouclier sur l'épaule avec la signature et la date de 1538. Derrière celui-ci le Centurion à cheval et la foule du peuple. H. 3 p. 9 l. L. 2 p. 9 l. — Berlin.

13. La Vierge. Elle est debout sur le croissant, la tête ornée d'une couronne, le sceptre en main et portant sur le bras gauche l'enfant Jésus qui tient une fleur. A la gauche du bas, le millésime 1536; à droite, la signature. H. 2 p. 6 l. L. 1 p. 6 l. Coll. Albertine.

14. La pénitence de St. Jean Chrysostome. A gauche sur un rocher est assise Ste. Geneviève tenant sur ses genoux l'enfant nu. Dans le fond, à droite, une ville dans un endroit élevé et dans le paysage, St. Jean marchant sur les pieds et sur les mains. Sur une tablette au milieu du bas, la signature et, au-dessus, la date de 1536. H. 2 p. 3 l. L. 3 p. 11 l. — Dresde.

15. Vénus. Elle est assise à gauche, appuyée à un arbre et tient devant elle le petit Cupidon endormi. A droite, un paysage avec une ville. Au milieu du bas une tablette avec la signature et le millésime de 1536. H. 2 p. 3 l. L. 3 p. 11 l. — Paris.

16. Mutius Scaevola (?). Il est accompagné de trois autres personnages et tient la main gauche dans le feu. Signé du monogramme avec la date de 1538. Pièce ovale H. 3 p. 7 l. L. 2 p. 10 l. — Munich.

17. Le porte-drapeau. Il tient de la main droite le drapeau élevé, à gauche un château fort; à droite, sur une pierre, un couteau portant le monogramme et la date de 1537 à rebours. H. 2 p. 8 l. L. 1 p. 10 l.

18. Le baiser. Un jeune homme barbu, vu de trois quarts, est debout à droite près d'une dame richement vêtue qu'il prend par les épaules pour l'embrasser. Elle est vue presque de dos et porte un chapeau richement orné. Dans le fond un paysage montagneux avec une rivière. A la gauche du bas la date de 1535; à droite la signature. Pièce ovale H. 2 p. 7 l. L. 2 p. 1 l. — Coll. Albertine.

19. Même sujet. Un jeune homme, coiffé d'un chapeau à plumes et debout, embrasse une jeune femme vue presque de dos, la

tête tournée de profil à gauche. A la droite du haut le monogramme et au-dessus la date de 1539. Traité dans la manière des petits maîtres de Nuremberg. H. 3 p. 4 l. L. 2 p. 1 l. — Francfurt a/M.

20. Le fou amoureux et la vieille femme. Un homme coiffé d'un bonnet de fou porte à gauche la main sous la robe d'une jeune femme; à droite une vieille le frappe de sa quenouille. Dans le fond un paysage. On voit à la droite du haut les lettres suivantes: O. M. Æ. M. S. F. M. C. Æ. F. puis la signature avec la date de 1535. H. 2 p. 2 l. L. 1 p. 11 l. — Londres.

21. Allégorie. Un hippocampe s'entortille autour d'un sceptre au-dessus duquel est une cigogne tenant dans le bec un serpent. Au-dessus, dans un écusson, la devise CEDANT ARMA TOGÆ et dans un médaillon l'inscription PELLITVR. E. MEDIO SAPIENTIA etc. Le médaillon est soutenu par deux enfants et entouré d'un ornement de feuillage. Au bas une tablette avec le monogramme et la date de 1535. H. 2 p. 9 l. L. 3 p. 11 l. — Berlin.

22. Portrait d'une dame. Demi-figure vue de profil et tournée à droite. Elle est coiffée d'un chapeau à plumes et tient un oeillet de la main droite. Dans le fond deux châteaux sur de hautes montagnes près d'un fleuve. A droite sur l'appui, la signature. Pièce ovale H. 2 p. 8 l. L. 2 p. 2 l. — Berlin — Bâle.

23. 12 feuilles de gravures sur bois dans la manière d'Aldegrever (Bartsch 160—171), chacune avec un cavalier et une dame. A la droite du haut le monogramme et la date de 1539. Le No. 1 a deux porte-flambeaux, le No. 12 un tambour et un fifre; sur tous les autres un cavalier et une dame. H. 3 p. 4 l. L. 2 p. Voyez Rumohr et Thiele: Histoire de la collection d'estampes à St. Petersbourg.

24. Frise avec le buste d'Alexandre le Grand. Au milieu un médaillon avec la tête de „Alexander magnus primus rex", soutenu à droite par un demi-homme ailé coiffé d'un casque, à gauche par une femme de même. Des rinceaux remplissent le reste de l'espace. Au-dessous du médaillon le monogramme et l'année 1536. H. 1 p. 6 l. L. 7 p.

25. Frise avec le Satyre. Il est assis au milieu de la frise et tient suspendu un petit écusson sur lequel on voit le monogramme et la date de 1537. Le Satyre saisit par la queue deux demi-centaures qui veulent le frapper de leurs massues. Les rinceaux de chaque côté terminent en masque. Fond noir. H. 1 p. 7 l. L. 7 p. 2 l. — Berlin, Bâle, Munich.

26. **Ornement.** Deux petits Amours tiennent, au bas, un vase qui porte au milieu le monogramme et le millésime 1536. L'ornement de feuillage qui s'élève du vase termine en triangle. Fond blanc. H. 4 p. 3 l. L. 1 p. 1 l.

27. **Ornement au dauphin.** Une tête de bélier, un dauphin, un masque sont reliés par un rinceau de feuillages. H. 3 p. 2 l. L. 1 p. 5 ½ l. Cat. Ackermann No. 324.

28. **Chapiteau** d'ordre composite avec un peu de fût sur lequel on lit le monogramme surmonté du millésime 1535. H. 2 p. 2 l. L. 1 p. 9 l. — Munich.

29. **Chapiteau corinthien.** Sur le fût une tablette avec le monogramme surmonté de la date 1535. H. 1 p. 9 l. L. 1 p. 8 l. — Dresde.

∘F C∘Z∘

Gravures sur bois.

On trouve cette signature sur un **deux de glands** et dans une banderole, au-dessus d'un lion tenant un écusson avec marque d'imprimeur. Le **deux de feuilles** porte les armoiries de Saxe aux glaives croisés et à la feuille de rue et, dans une troisième carte, sur un écusson tenu par un petit ange, les insignes des mineurs, le marteau et le pic. D'où il résulte que ce jeu de cartes est originaire de Saxe et qu'il était destiné en principe pour les mineurs. Du reste toutes les figures portent l'empreinte de l'école de Lucas Cranach. Le Cabinet de Paris possède 31 cartes de ce jeu de toutes les couleurs du 2 au 10 avec sousvalet, premier valet et roi. Il y manque les as et probablement les dames ce qui porterait tout le jeu à 56 cartes. (Hist. of playing cards. London 1848, p. 236.) H. 3 p. 8 l. L. 2 p. 3 l. On en trouve un facsimile dans l'ouvrage intitulé: Jeux de cartes, Tarots etc. par la Société des bibliophiles français. Paris 1844. (pl. 92—95.) Ce jeu parait être de 1511.

Eberhard Altdorffer (?).

C'est au conseiller archiviste Lisch de Schwerin que nous devons d'avoir découvert le nom de cet artiste. Il a démontré qu'il était peintre de cour du duc Henri le pacifique de Mecklembourg et son nom se trouve porté sur les livres de comptes du duché, de 1512 et 1550. Altdorffer paraît avoir joui a un haut degré de la faveur de son maître et l'accompagna en 1512 dans le voyage que ce prince fit pour le mariage de sa soeur Catherine avec le duc Henri de Saxe-Freiberg à Wittemberg. Ce fut alors qu' Altdorffer connut Lucas Cranach ce qui est prouvé par l'influence que celui-ci eut sur sa manière. En 1516 Altdorffer peignit le tableau du maître autel pour la chapelle du Sang sacré à Sternberg, mais ce tableau fut détruit en 1741 par un incendie. Il peignit plus tard un grand nombre d'écussons d'armoiries dans le château de Stavenhagen.

La position particulière d'Altdorffer à la cour de Mecklembourg ressort particulièrement de ses fonctions au tournoi de 1513, où il donna à tous les jouteurs des cimiers burlesques, laissant cependant au plus puissant de tous, le Conseiller Nicolas Marschalk, sa devise particulière de la Sirène.

Plus tard, en 1552, notre maître se désigne lui-même dans une lettre au jeune duc Jean Albert de Mecklembourg comme „itz bawmeister", fonctions qu'il remplissait à l'instar d'Albert Altdorffer à Ratisbonne, qui était peut-être son parent.

Le monogramme ci-dessus que Wiechmann-Kadow[1]), dans les archives de Naumann II, p. 179, attribue avec raison à Eberhard Altdorffer se trouve entre autres sur les gravures suivantes:

Le Tournoi de 1513.

Le quatrième titre de la Bible de Lubeck de 1534: De Propheten alle Dudesch.

Et le second monogramme sur la composition de l'arche d'alliance dans la Bible de Lubeck de 1533.

Il n'est point prouvé que Eberhard Altdorffer ait gravé lui-même

---

1) Voyez également l'ouvrage de Wiechmann-Kadow: „Die Mecklenburgischen Formschneider des 16. Jahrhunderts. Schwerin 1858, p. 15.

et nous devons considérer sa signature comme celle du compositeur et du dessinateur des pièces que nous allons décrire.

Gravures sur bois.

1—75. Sujets de l'ancien et du nouveau testament. On les trouve dans l'édition de la Bible, en bas-allemand, imprimée pour la première fois à Lubeck en 1533, puis reproduits, au nombre de 38, dans le Nouveau Testament imprimé in-8° à Rostock 1540, par Ludwig Dietz.

1. **Titre.** Au milieu, on lit le titre suivant:

Die Biblie uth der Uthlegung Doctoris Martini Luthers yn dath dudesche vlitich uthgestellet etc. In der Keyserliken Stadt Lübeck by Ludowich Dietz gedrücket MDXXXIII.

Ce titre est imprimé au milieu d'un carré. Du bas et au milieu s'élève jusqu'à la partie supérieure un gros arbre au pied duquel on voit un homme nu (le premier homme?); et debout, à gauche, un personnage-coiffé d'un turban et représentant l'ancien testament ou la loi; vis-à-vis, à droite, St. Jean Baptiste indique Jésus Crucifié ou la Grâce. A la gauche du haut, le Péché originel et au-dessus, Moïse recevant les tables de la loi. A la droite, l'enfant Jésus avec une croix vient vers la Vierge agenouillée et, au-dessous du crucifix, se trouve la Résurrection et le triomphe du Christ sur le démon et la mort. H. 10 p. L. 7 p. 2 l.

Cette pièce est d'une belle taille et d'un bon dessin dans le style de Lucas Cranach et même de formes plus nobles dans le nu. Elle n'est point signée.

Elle a été également employée pour le titre du Nouveau Testament et a même été reproduite avec divers changements pour d'autres titres de Bibles qui tous sont traités dans la manière de Lucas Cranach.

Dans le texte même on trouve les 74 gravures sur bois suivantes qui appartiennent toutes à l'ancien testament quand le contraire n'est point spécialement indiqué. H. 5 p. 3 l. L. 5 p. 8 l.

2. **Le déluge universel.** L'arche, qui ressemble à une caisse, flotte sur l'eau. On y voit les lettres D. K. N. (Der Kasten Noe) 1530. Sur le devant, des cadavres d'hommes et d'animaux noyés.

3. **L'échelle de Jacob.** Elle s'élève à droite.

4. **Le songe de Pharaon.** Il est couché dans un lit à gauche près duquel on voit un jeune homme (Joseph?) debout. Paysage à gauche avec un champ de blé et du bétail.

5. **L'autel des sacrifices** avec des cornes aux quatre coins et portant en haut à gauche le monogramme &

6. **L'arche d'alliance** avec deux Chérubins.

7. **Les pains de proposition.** H. 5 p. 8 l. L. 5 p.

8. **Le chandelier aux sept branches.** H. 5 p. 8 l. L. 5 p.

9. **La draperie brodée de chérubins.**

10. **Les ais du tabernacle.**

11. **La piscine probatique.**

12. **L'autel des sacrifices.**

13. **Les ais entrouverts.**

14. **Le parvis sans les tabernacles.**

15. **Aaron.** Il est debout dans une salle richement ornée. H. 9 p. 6 l. L. 6 p. 8 l.

16. **Josué.** Il est assis sur un rocher, en armure complète et tenant de la main gauche son casque, tandis qu'il appuie la droite sur sa longue épée. H. 6 p. 8 l. L. 7 p.

17. **Le passage du Jourdain.** L'arche d'alliance portée par deux lévites est entourée d'une foule.

18. **Les murs de Jéricho renversés.**

19. **Josué fait pendre cinq rois ses ennemis.**

20. **Josué en prières.** Le soleil s'arrête. Cinq guerriers sur le devant.

21. **Le combat aux flambeaux.** Dans le fond trois corps d'armée avec des torches; on combat sur le devant.

22. **Sampson déchirant le lion.**

23. **Sampson tuant les philistins avec une mâchoire d'âne.**

24. **Sampson enlevant les portes de Gades.**

25. **Sampson trahi par Dalila.**

26. **Sampson renverse les colonnes du temple des Philistins.**

27. **Saül sacré roi.**

28. **Sacre de David.**

29. **David tue Goliath.**

30. Saül et ses fils se donnent la mort.

31. David voit Bethsabée dans le bain.

32. Mort d'Absalon.

33. Le temple de Salomon; il ressemble à un château moresque.

34. Le temple de Salomon avec ses parvis.

35. Les colonnes d'airain.

36. Un vase pour les sacrifices.

37. La mer d'airain.

38. Salomon sur son trône.

39. Le prophète Isaïe. Dieu le père est assis dans le ciel sur un trône entouré de chérubins dans une espèce de château. Au-dessous le prophète auquel un ange purifie les lèvres avec un charbon ardent. A gauche, le peuple en prière; à droite des gens qui s'enfuient.

40. Nabuchodonosor, couché dans son lit, voit en songe le géant aux pieds d'argile.

41. Les trois parties du Monde, l'Europe, l'Asie et l'Afrique, représentées par des animaux symboliques. Daniel Chap. VII.

On a employé pour le titre du nouveau Testament dans la Bible de Lubeck la même gravure sur bois que pour celui de l'ancien Testament, en changeant seulement l'imprimé. Les gravures sur bois intercalées dans le texte de cette partie mesurent H. 4 p. 11 l. L. 3 p. 4 l. Ce sont les suivantes.

42. St. Mathieu. Il est assis à gauche, écrivant devant une table. Au-dessus plane le St. Esprit. Devant lui un ange debout.

43. St. Marc. Il est assis à gauche, vu de profil et tient un livre où il écrit en l'appuyant sur le genou. Devant lui repose le lion; au-dessus plane le St. Esprit.

44. St. Luc. Il est assis à gauche, écrivant sur une table sur laquelle se trouve un crucifix. Devant lui est couché le boeuf.

45. St. Jean. Il est assis à gauche dans un paysage très-boisé et lève les regards vers le Christ qui lui apparaît. Devant lui, l'aigle perche sur un tronc d'arbre.

46. St. Paul. Il est assis dans une salle et vient de donner à un messager son Épître aux Romains. Devant lui deux épées à terre.

47. St. Paul. Il est debout près d'un arbre appuyé sur une épée et donne son Épître aux Corinthiens à un jeune homme armé.
Cette gravure est reproduite devant l'Épître aux Colossiens.

48. St. Paul. Il sort de la porte d'une ville posant la main

gauche sur son épée et donne son épître aux Galates à un lansquenet qui se hâte de partir.

49. St. Paul. Il est assis dans une salle et de profil à gauche, écrivant dans un livre. Au-dessus de lui, le St. Esprit et, devant, deux épées sur le terrain. Cette pièce se trouve devant la première épître à Timothée.

50. St. Pierre. Il s'avance sous une porte tenant une grande clé sur l'épaule gauche et de la main droite un livre; à côté de lui un petit chien.

51. St. Jacques. Il s'avance dans un paysage, tenant un bourdon et lisant dans un livre. A droite un saule.

Compositions pour l'Apocalypse de St. Jean.

52. Le Chandelier à sept branches. St. Jean est prosterné de son long sur le terrain et prie. Chap. I.

53. L'Éternel avec l'Agneau divin. Tout à l'entour des gens en prière. Chap. IV.

54. (Dans l'exemplaire que nous avons sous les yeux, cette pièce manque.)

55. Un ange donnant la communion. Quatre autres domptent les vents. Chap. VII.

56. St. Jean devant l'Autel. En haut l'Éternel. Au-dessous des anges avec des trompettes. Chap. VIII.

57. Grêle de feu sur la terre. Un ange sonne la première trompette.

58. Montagne de feu dans la mer. Un ange avec la seconde trompette.

59. L'étoile d'Absynthe dans les fleuves. Un ange sonne la troisième trompette.

60. Voix de l'Aigle criant VÆ! VÆ!

61. Les monstres sortant de l'abîme. Des cadavres gisent sur le terrain. Un ange avec la trompette.

62. Les cavaliers montés sur des lions tuent la troisième partie des hommes. En haut les quatre anges déliés et un autre sonnant la sixième trompette.

63. St. Jean avale le petit livre qui lui est donné par l'ange. Chap. X.

64. Le dragon dans une salle, gardé par les deux témoins. Chap. XI.

65. La femme aux deux ailes d'aigle et le dragon à sept têtes. Chap. XII.

66. La Bête à sept têtes, à gauche, adorée par des hommes à droite; au-dessus la seconde bête à tête de bélier. Chap. XIII.

67. L'Agneau divin entouré d'Anges. Au-dessous une ville renversée. Chap. XIV.

68. Les Anges moissonnent et vendangent; à droite le grain; à gauche les raisins. Chap. XIV.

69. Au bas, le dragon. Dans le haut, les anges versent les coupes de la colère. Chap. XV.

70. La prostituée de Babylone sur la bête à sept têtes. Au bas, le peuple en adoration. Chap. XVI.

71. La meule précipitée dans la mer. Une ville en flammes. Chap. XVIII.

72. La Bête à sept têtes précipitée dans l'abîme. Des combattants dans les nuages. Chap. XIX.

73. L'ange enchaîne le dragon pour mille ans. Chap. XX.

74. Gog et Magog.

75. L'ange montre à St. Jean la nouvelle Jérusalem. Ils sont debout à gauche, sur un rocher. Chap. XXI.

76. Le grand tournoi. Il est composé de trois feuilles (à moins que l'on en découvre encore d'autres). Sur celle du milieu on voit, dans le fond, une maison aux fenêtres garnies de tapis avec des dames richement vêtues, tandis qu'une foule de gens se sont établis pour mieux voir sur le toit d'un auvent devant lequel deux chevaliers rompent une lance. Ce que l'on remarque de plus singulier dans cette pièce sont les cimiers des casques qui, dans deux occasions différentes, représentent une cigogne coiffée d'un chapeau et portant un râteau sur l'épaule et, dans une autre, une Sirène à queue double (précisément comme celle de la marque du libraire Marschalk de Rostock). Au-dessous, sur une tablette, se trouve le premier des monogrammes ci-dessus.

Sur la seconde feuille, de droite, qui porte en haut le millésime 1513, on voit à gauche deux groupes de chevaliers qui, armés de lances et d'épées, combattent non corps à corps, mais en deux phalanges serrées, ce qui ressemble beaucoup à la composition de Cranach (Bartsch No. 124) du tournoi de 1506.

Sur la feuille de gauche, on retrouve encore les cimiers burlesques déjà mentionnés; entre autres, une famille de cigognes sur leur nid, un singe grimaçant qui se regarde dans un miroir, un pot de bière avec une brochette de saucisses etc. Sur le devant, l'arène est entourée d'une palissade derrière laquelle on voit une bande de musiciens, de gens d'armes, d'hommes, de femmes et d'enfans. Les trois feuilles mesurent H. 8 p. 4 l. L. 33 p. 4 l.

Cette pièce appartient au Prof. Deecke de Lubeck et se trouvait collée dans un exemplaire de la Saxonia, Cologne 1519, mais sans appartenir à ce livre.

77. Annonce d'un Port de fortune (Lotterie, Glückshafen) qu'un bourgeois de Rostock nommé Eler Lange avait établi dans cette ville pendant la foire de Pentecôte 1518.

Cette pièce, carré long in-fol., est divisée en plusieurs compartiments dont celui du haut (4 p. 6 l. en hauteur) représente le tirage de la lotterie par un jeune garçon assis entre deux urnes d'où il extrait les numéros; à ses côtés la magistrature et un employé enrégistrent les tirages dans un livre. De l'autre côté, on voit des musiciens pour annoncer au peuple la sortie d'un lot. Ensuite viennent, sur trois listels, la représentation des vingt quatre lots consistant en coupes et tasses d'argent, fourrures, draps, damas etc. Pièce non signée, mais traitée absolument dans le même style que le tournoi ci-dessus. L'unique exemplaire connu se trouve à la Bibliothèque de l'Université à Rostock.

78. Titre à la femme avec un démon. En haut, une femme tenant un petit enfant est montée sur un cheval ailé; vis-à-vis d'elle un démon chevauchant un monstre à tête d'éléphant. Aux côtés, des colonnes, des armes et des arabesques. Au bas, deux enfants combattant des monstres. Pour les livres, in-folio, de Nicolas Marschalk de Rostock intitulés: Institutiones Reipublicae militaris 1515. Annales Herulorum 1521 etc.

79. Cavalier armé de toutes pièces. Un détail singulier de cette gravure sur bois est le bonnet de fou gisant à terre avec des lunettes sur une des oreilles. Pièce in fol., dans le livre ci-dessus mentionné: Institutiones Reip. mil.

80. Portrait en buste d'un homme d'armes avec épée et hallebarde. H. 5 p. 3 l. L. 3 p. 7 l. Dans le même ouvrage.

81. Portrait du duc Henri in-fol. oblong. (Voyez Lische, „Du peintre Erhard Gaultrap," dans le 21 vol. des Annales pour l'Histoire du Mecklembourg.

$\bigwedge$. **1540—1543.**

(Bartsch. IX p. 68.)

Depuis l'observation de Bartsch que Christ attribue ce monogramme à un artiste nommé Martin Treu sur lequel il n'existe point
de notices, on a cherché en vain le nom du maître auquel il appartient. Le style de ses gravures sur cuivre ressemble beaucoup à celui
de Brosamer, quelque-fois aussi à celui d'Aldegrever. Il semble appartenir à l'école de Saxe.

Additions à Bartsch.
Gravures sur cuivre.

10. **L'enfant prodigue.** Il garde les pourceaux. Au milieu
du haut le monogramme. C'est le No. 8 d'une suite de 12 pièces.
Voyez Bartsch Nos. 3—14.

16. **Un homme vu par le dos** etc. Cette pièce marquée
1542, No. 2, appartient indubitablement à la suite donnée par Bartsch
sous les Nos. 24—35, et paraît en former le No. 3, puisque quelques-
unes de ces pièces portent d'autres Nos. avec le millésime de 1543.
La gravure suivante semble au contraire appartenir à la série sous les
Nos. 15—23.

Un couple dansant. Un homme tenant une femme par la
main danse avec elle vers la gauche; ils sont tous deux vus de profil.
La femme lève la main droite et semble chanter. A la gauche du haut,
le No. 4. A droite, le monogramme. — Francfort s/M.

22. **La paysanne importune.** Une paysanne veut embrasser un paysan qui s'en défend; il pose la droite sur la garde de
son épée. En haut le No. 8; à droite le monogramme. — Francfort s/M.

23. **L'homme ivre.** Une femme tient la tête d'un paysan qui
vomit. A droite un homme debout embrasse une femme et lui passe
la main sous la jupe. A gauche la marque et le No. 10. Berlin —
Paris.

Bartsch ne connaissait que 7 pièces de la série (15—23) des
paysans dansants. Celles que nous venons de décrire forment les Nos.
3, 8 et 10 de cette suite composée de 12 pièces.

43. **Un joueur de cornemuse et un fifre.** Ils jouent

assis et tournés à droite. Dans le fond une haie formée de claies. A la droite du haut, le monogramme. H. 2 p. 4 l. L. 1 p. 6 l. C'est sans doute le No. 1 de la suite de Bartsch 15—23. — A Paris.

44. Le riche épulon. A gauche se trouve Lazare. Dans le fond on voit le mauvais riche en enfer et Lazare dans le sein-d'Abraham. A la droite du haut, le monogramme et la date de 1540. H. 1 p. 3½ l. L. 1 p. 10 l. Coll. Meyer No. 1066.

45. Trois couples de paysans et paysannes. Le premier groupe s'embrasse; dans le second l'homme porte la main sous la jupe de la femme; le vieux couple du troisième groupe se tient embrassé. A la gauche du haut, la marque et la date de 1540. H. 1 p. 4 l. L. 3 p. 1 l. Berlin.

46. Les deux soldats et la femme. Deux soldats, richement vêtus, sont assis à côté d'une femme très-ornée sur les genoux de laquelle l'un deux s'est endormi, tandis que le plus jeune à gauche l'embrasse. En haut sur un couteau le monogramme et la date de 1540. Médaillon entouré d'un rinceau de feuillage. H. 3 p. 1 l. L. 2 p. 8 l. Paris.

47. Un fou conduisant une femme. Ils sont tous deux persécutés par des bourdons. Le fou tient un hibou sur le poing. Pièce marquée du monogramme, de l'année 1542 et du No. 4.

C'est sans doute la pièce No. 16 de Bartsch à l'exception que celle-ci porte le No. 2.

48. Têtes d'homme et de femme. Celle de l'homme est vue de profil tournée vers la gauche; celle de la femme est vue de trois quarts. Aux côtés, des arabesques avec deux enfans. Pièce marquée du chiffre accompagné du millésime 1540.

49. Tête de femme vue de trois quarts tournée à droite. Aux côtés, des figures d'homme et de femme dans un rinceau de feuillage. Pièce signée comme au No. 46 et cintrée. Diamètre 3 p. 10 l., rayon 2 p. 7 l. (Voyez Coll. Cigognara et le premier siècle de la Calcographie par Zanetti p. 133.)

50. Gaine pour deux couteaux. Vers le milieu un médaillon représentant un couple amoureux. Le chiffre et la date 1540 dans le coin à gauche. H. 6 p. 9 l. L. du haut 2 p. 11 l., du bas 1 p. 2 l. Bamberg.

51. Ornement dans deux demi-cercles. Au milieu du premier, une tête d'homme vue de profil tournée à gauche, à côté d'une tête de femme vue de trois quarts. De chaque côté, une figure

d'enfant, le reste se trouvant couvert d'arabesques. Dans le milieu du second demi-cercle, une tête de femme vue de trois quarts et, de chaque côté, une figure d'homme et de femme terminant en rinceaux. On voit le monogramme dans le premier demi-cercle. Diamètre 3 p. 10 l., rayon 2 p. 8 l. Cat. Evans de Londres 1857 p. 190.

HM. 1543—1550.

(Bartsch IX. p. 79.)

On n'a pu encore découvrir jusqu'ici le nom de ce graveur et la conjecture selon laquelle il s'appellerait Henri Meyer, manque de fondement solide; son style est celui de Lucas Cranach tandis que sa manière s'approche de celle de Brosamer et il faut en conséquence le placer dans l'école Saxonne de Franconie. Il a travaillé de 1543 à 1550. Bartsch ne connaissait de lui que trois pièces, nous en pouvons ajouter douze autres.

Dans le cabinet de Dresde on trouve une copie des Trois paysans d'Albert Durer (Bartsch No. 86), qui est signée du monogramme ci-dessus avec la date de 1528, mais il n'est pas probable que cette pièce appartienne à notre artiste dont la période d'activité tombe plus tard et dont la manière, du reste, diffère beaucoup de celle de cette copie.

Additions à Bartsch.

Gravures sur cuivre.

4. Loth et ses filles. A gauche dans le fond, Sodome en flammes. En bas à droite, le monogramme. H. 1 p. 10 l. L. 2 p. 8 l. Cat. Otto No. 514.

5—8. Quatre vertus cardinales. Figures assises dans des médaillons de 1 p. 7 l. de diamètre. — Berlin.

Probablement le maître aura également gravé les trois autres pièces qui doivent compléter la série.

— 5. FIDES. Figure nue ailée tenant de la main droite le calice avec l'hostie et une verge de la main gauche. Le chiffre est au bas.

— 6. CHARITAS. Cette figure, également ailée, est vue de face

et tient sur chaque genou un enfant. Pièce signée du monogramme
de l'artiste.

—7. JVSTICIA. Elle est assise sur les nuages et vue de profil,
tenant la balance de la main gauche et de la droite l'épée. Au bas,
sur une tablette, le chiffre accompagné du millésime 1550.

—8. PRVDENCIA. Figure ailée vue de profil et tournée vers
la droite. Elle tient de la main gauche un miroir et de l'autre un
serpent. Le monogramme se trouve au bas.

9. Le baiser et la mort. Un cavalier venant de la gauche
embrasse une jeune femme et lui donne un baiser. Derrière eux la
Mort avec le sablier et la faux. Pièce signée du monogramme avec
la date de 1550. H. 2 p. 11 l. L. 2 p. — Berlin. — Oxford.

10. Une dame. Elle est vue de profil tournée à droite, richement vêtue et la tête couverte d'un chapeau à plumes. Elle lève la
main gauche comme pour parler. Derrière elle une plante. Le chiffre
est à droite. H. 2 p. 9 l. L. 1 p. 8 l. — Berlin.

11. Un cavalier. Il porte au côté une longue épée et sur la
tête un chapeau orné de deux plumes. Il se tourne vers la gauche
dans l'acte de parler. Le chiffre est à droite. Cette pièce forme pendant avec la précédente. H. 2 p. 10 l. L. 1 p. 10 l. — Berlin.

12. Le cavalier et la fille d'auberge. Il est assis et
reçoit d'une fille, vue de profil, un grand verre avec du vin. Derrière,
une plante. Le chiffre est à la droite du haut. H. 2 p. L. 1 p. 5 l.
— Berlin.

13. La Courtisane. Un cavalier porte la main sur le sein
d'une fille tandis que celle-ci prend de l'argent sur une table et, de
la main gauche, donne une bourse à une vieille femme derrière elle.
Demi-figures entre deux colonnes supportant un arc de feuillages. Le
chiffre se voit sur la table. H. 1 p. 10 l. L. 2 p. 9 l. — Berlin.
— Oxford.

14. Un concert de trois exécutants. A gauche, un homme
vu de profil joue du luth; vis-à-vis de lui un autre plus vieux joue du
violon, tandis qu'au milieu le plus jeune chante d'après la musique
notée. Sur la table du premier plan on voit une caisse à luth et
deux livres de musique. Demi-figures. La marque avec la date de
1543 est à la gauche du haut. H. 1 p. 10 l. L. 2 p. 8 l. — Berlin,
Oxford, Dresde.

15. Une partie de cartes. Un homme, assis à une table,
étend ses cartes pendant que la jeune femme vis-à-vis prend une des

siennes pour jouer. Le chiffre se voit sur la table au dessus du
millésime 1543. Pièce ronde de 4 p. 9 l. de diamètre. — Oxford.

Gravures sur bois.

Le maître FM paraît également avoir fourni des dessins aux graveurs sur bois, s'il n'a pas gravé lui-même. Brulliot Dict. I. 2415 et
III. Sup. No. 282, mentionne quelques pièces avec son monogramme
qu'il attribue à un maître inconnu.

1. Une suite de compositions tirées du nouveau Testament et
dont une porte la marque de Jost Amman. H. 2 p. 2 l. L. 2 p. 9 l.

2. Portrait d'un électeur, debout et couronné, tenant de
la droite un étendart, de la gauche un bouclier à l'aigle. A ses pieds
un lion et, des deux côtés, un petit génie avec un écusson. Pièce
cintrée et entourée d'une bordure. H. 4 p. 11 l. L. 3 p. 1 l.

3. Compositions de l'histoire de Saxe. Ces pièces très-
médiocres sont entourées de bordures et accompagnées de quatre lignes
de vers en allemand. H. 9 p. 6 l. L. 5 p. 6 l.

Peter Gottland, 1548 — 1572.
(Bartsch IX. p. 233.)

Nous devons aux recherches de Schuchardt dans son ouvrage
sur Lucas Cranach et aux communications par lui faites dans les archives de Naumann I. p. 86, d'apprendre que le monogramme ci-dessus appartient au peintre et graveur Pierre Roddelstet de Gottland,
élève du vieux Lucas Cranach et déjà établi en 1548 à Weimar, où
cette année même, il reçut un paiement pour certains travaux exécutés par lui. Ceci ressort de la mention sur un régistre contenant
les nominations faites par le duc, „que Pierre Gottland a été
„nommé pour trois ans peintre de la Cour, à partir de 1553, mardi
„avant la fête de St. Jacques". Il vivait encore en 1572, mais la date
de sa mort nous est inconnue.

Son style révèle à première vue un élève de Lucas Cranach,
comme le démontrent quelques uns de ses tableaux, revêtus de son

monogramme et qui se conservent tant à la Cathédrale de Jena que dans l'église de Buttelstadt près de Weimar. Ces gravures sur cuivre ressemblent à celles de L. Cranach, sauf plus de régularité dans les hachures. Il a également fourni des dessins pour gravure sur bois quoiqu'il n'en ait pas exécutées lui-même, comme il appert d'un portrait du duc Jean Guillaume avec son monogramme et la date de 1549, mais avec l'indication: Wolfgang Stthurmer, Formschneider zu Leipsig. (Voyez Schuchardt, Vie et Oeuvres de L. Cranach p. 249.)

Additions à Bartsch.
Gravures sur cuivre.

7. **L'enfant Jésus à cheval, domptant la Papauté.** Sous la figure d'un Saint George libérateur de la jeune vierge, le Christ enfant, monté sur un puissant coursier, vient délivrer l'église, des erreurs de la Papauté. Il enfonce l'étendart de la croix dans le corps d'un monstre à trois têtes, celles d'un pape, d'un turc et d'un enfant. De la blessure sortent des serpents. A droite, une église renversée avec l'inscription: Collapsa ecclesia Papae. Dans un des caveaux de l'édifice on aperçoit plusieurs documens avec le titre de ABLAS BRIF et, à côté, un moine à tête d'animal et un cardinal. Dans le fond, la ville de Wittenberg où l'on voit une princesse à genoux en prière et à côté d'elle un agneau. A la droite, Dieu le père avec le Christ, puis une inscription de deux Lignes: Bestia sacra triceps etc. 1552. Le chiffre est à la droite du bas. H. 5 p. 4 l. L. 7 p. 3 l.

8. **La Vierge dans un paysage.** Elle est assise, tournée à droite, sur un banc et tient devant elle l'enfant Jésus dont une draperie couvre le corps. Celui-ci pose le pied sur un serpent dont il perce la tête avec le bâton d'une croix. A gauche, un enfant en prière, avec l'écusson de Saxe. Au second plan, le baptême de Jésus et, à droite, Adam et Ève sous l'arbre de la science. A la gauche du haut, l'inscription: Also sagt Got. Gen. 3 etc. 1566. Pièce non signée. H. 3 p. L. 5 p. 10 l.

9. **St. Christophe.** Il s'avance vers la gauche, à travers l'eau, tenant des deux mains un tronc d'arbre. L'enfant Jésus sur ses épaules bénit de la main droite et tient de la gauche un globe. Dans

le fond à gauche, l'hermite tourné vers la droite. Pièce non signée.
H. 4 p. 4 l. L. 3 p. 1 l. — Dresde.

10. **Jean Frédéric le jeune, duc de Saxe.** Demi-figure
tournée vers la droite, la tête couverte d'une petite barrette ornée
d'une plume et tenant de la main droite une fleur. En haut, dans
un fronton supporté par des colonnes, un petit génie tient l'écusson
des armes de Saxe. Sur une tablette au bas, l'inscription: Von Gottes gnaden Johans Friedrich des Jungen etc. A gauche,
sur l'appui, le millésime 1562, surmonté du chiffre. H. 6 p. 9 l. la
tablette incluse L. 5 p.

11. **Jean Frédéric le moyen, Jean Guillaume et Jean
Frédéric le jeune, ducs de Saxe.** Trois demi-figures placées
l'une à côté de l'autre et, toutes trois, couvertes chacune d'une petite
barrette à plumes. Le plus jeune est au milieu sous un arc. Dans
le fond les armes de Saxe. Un petit génie arrose la plante de rue
qui s'élève d'un vase. Le chiffre se trouve sur l'appui à gauche.
Au bas, les noms et les titres des trois princes. H. 5 p. 7 l. L. 4 p. 5 l.

12. **Nicolas d'Amsdorf, Evêque de Naumbourg.** Buste
vu de face, vêtu de fourrures avec capuchon, dans une niche. A gauche,
au-dessus de l'épaule, le chiffre. Au bas, l'inscription:

Cum ter quinque suae numeraret lustra senectae.

Amsdorfus talis vultu habituque fuit.

A. C. 1558. — H. 6 p. 6 l. L. 5 p.

Gravures sur bois.

1. **Jean Frédéric le moyen, Jean Guillaume et Jean
Frédéric le jeune, ducs de Saxe.** Trois demi-figures, avec petites barrettes rondes ornées de plumes, richement vêtues de fourrures. Dans le fond une église. En haut, sur une partie transversale, le chiffre. Cette pièce médiocre se trouve sur le titre (verso)
du 9e livre d'une édition des oeuvres de Luther par Christian Rödi-
ger de Jena 1566.

2—4. **Les mêmes.** Ces trois fils de Jean Frédéric I. sont
représentés en pied, sur 8 p. 10 l. de hauteur, et chaque feuille porte
le monogramme du maître. Sur la gravure représentant le duc Jean
Guillaume on trouve l'adresse déjà citée de Wolfgang Stthurmer,
Formschneider zu Leipsig, et au-dessus de chaque figure l'in-

scription: **Wahraftige Contrafeyt** etc., avec le nom de chacun des princes et la date de MDXLIX.

G L . ⬜ 1523—1540.
G r a v e u r s u r b o i s.
(Bartsch VII. p. 487.)

Ces deux monogrammes ont été attribués à un certain Gott-fried Liegel, qui aurait gravé d'après Lucas Cranach et ses propres dessins. Jusqu'ici la première de ces assertions ne repose que sur des conjectures, la seconde est plus fondée, car il appartient évidemment à l'école de Lucas Cranach. D'après Heller (Lucas Cranach's Leben und Werke p. 139), notre artiste vivait encore à Wittenberg en 1545.

On doit lui attribuer la plupart des compositions d'après l'ancien Testament signées du second des monogrammes ci-dessus; tandis que les sujets du nouveau Testament traduit par Luther et imprimé à Wittemberg par Michel Lotter en 1527, ont été exécutés d'après les dessins de Lucas Cranach. Ceci ressort de la lettre de Emser qui, chargé par le duc George de Saxe de traduire le nouveau Testament imprimé à Dresde par Wolfgang Stöckel in-fol., s'adressa à Lucas Cranach pour avoir, au prix de 40 Thalers, les „Formen der figuren" et que ce dernier lui envoya en conséquence. Les compositions de l'Apocalypse, jusqu'aux Nos. 27 et 28, se trouvent également dans cette première traduction catholique romaine de la Bible et dont le titre, très-bien imprimé, a une bordure gravée sur bois marquée MDXXVII, avec les initiales ∘ G ∘ L ∘ (Voyez Heller, Vie de Cranach p. 139.)

Autant qu'il est à notre connaissance, on ne trouve, avec les initiales G L, que les dates de MDXXIII et MDXXVII, quoique les bois de ces gravures aient été employés pour la Bible de Wittemberg et surtout pour l'édition du Vieux Testament de 1560. Le Saint Luc, décrit par Bartsch IX. p. 487, appartient à la suite des quatre évangélistes dans le Nouveau Testament de Wittemberg de l'an 1527.

Un maître bien différent et plus médiocre que notre artiste, est George Lang de Nuremberg, qui s'est également servi des initiales L. G. Nous avons de lui le portrait de l'empereur Rudolphe II, en pied, tourné à droite. Derrière la table à gauche, un ange tient une couronne. Suscription:

Rudolphus der ander von Gottes gnaden Romischer Kayser etc. Au bas:

Gedruckt zu Nurnberg durch Georg Lang, Formschneider.

H. 12 p. L. 9 p. 3 l. — Berlin. — Brulliot Dict. II. No. 1036, fait mention d'une gravure sur bois, avec la même signature, représentant Adolphe baron de Schwarzenberg, figure entière, avec la prise de Raab le 18 Mars 1598.

Gravures sur bois.

Brulliot Dict. II. No. 1035 cite les pièces suivantes marquées G. L. dans la Bible traduite par Emser, avec le titre suivant:

Das naw Testament nach lawt der Christliche Kirchen bewerte text corrigirt und widerumb zurecht jebracht mdxxvij. Gedruckt zu Dresden durch Wolfgang Stöckel in-fol.

1. Gravure du titre avec la date de MDXXVII. 2. La Vierge assise sur un trône et entourée des apôtres. 3. La Sainte Trinité. 4. Les apôtres se dispersant pour prêcher l'évangile. 5. La Conversion de St. Paul. 6. Les quatres Anges enchaînant les vents. Apoc. Ch. VII.

Le même Brulliot attribue à Gottfried Liegel (Dict. I, No. 2183) le monogramme ⟨₲⟩, qui se trouve sur certaines gravures de la „Biblia das ist die ganze heilige Schrift. Deutsch D. Mart. Luther. Wittenberg, gedruckt durch Hans Lufft 1561, fol. et Bartsch IX, p. 434, en fait également mention comme se trouvant dans une autre bible de Wittemberg, Edit. de 1560, mais pense, avec raison, qu'elles appartiennent à un autre maître inconnu.

Le maître du monogramme ci-dessus appartient à l'école de Lucas Cranach et a fourni, pour diverses éditions de la Bible de Wittenberg, des dessins qui ont été exécutés par plusieurs graveurs sur bois et dont quelques unes des gravures portent la date de 1562 et 1565.

On ne sait rien de plus sur cet artiste qui, sans être très-distingué, appartient cependant aux meilleurs maîtres qui se sont formés dans l'école de Cranach le jeune.

Gravures sur bois.

1. **David sacré roi par Samuel.** Dans un ovale entouré d'ornements. Dans la partie supérieure, deux petits génies; au bas un écusson avec le signe tenu par deux cigognes. Le monogramme du dessinateur est à gauche; celui du graveur avec le couteau et la date de 1562, à droite. H. 5 p. 9 l. L. 4 p. 2 l. — Berlin.

2. **Judith et sa servante.** Le monogramme du dessinateur se trouve à gauche.

3. **Hérodiade reçoit la tête de St. Jean Baptiste.** Demi-figures. A gauche, le monogramme et la date de 1565.

4. **La Véronique.** Figure entière. Le chiffre est à la droite du bas. Ces trois dernières pièces, gr. 8°, sont indiquées dans le Catalogue Sternberg sous le No. 1411.

5. **Compositions de la vie de J. C.** H. 4 p. 2 l. L. 5 p. Bartsch IX. 425, et Brulliot Dict. I. 3193, en portent le nombre à 21. Les pièces suivantes, qui se trouvent dans un livre de prières allemand, semblent appartenir à la même suite.

a. **L'annonciation.** L'ange vient de la gauche. La Vierge est agenouillée devant un prie-Dieu à droite; au-dessus d'elle le St. Esprit. Le chiffre se trouve sur le prie-Dieu.

b. **Le Christ bénit un enfant.** Il est debout, à la droite, et se baisse pour bénir un petit enfant debout devant lui. Onze apôtres l'entourent. La marque est au milieu du bas.

c. **Jésus parlant à ses apôtres.** Il est debout au milieu d'eux et se tourne, à droite, vers l'apôtre St. Pierre. A gauche, cinq autres apôtres. Le monogramme est sur une pierre aux pieds de St. Pierre.

d. **Le Christ conversant avec ses apôtres.** Il est debout à gauche et tourné de profil à droite, où se trouvent onze des apôtres. Sur un tronc d'arbre coupé, on voit le monogramme.

6. **Le Christ parle à un Théologien.** Dans le fond, à travers l'ouverture d'une porte, on voit le baptême de Jésus. Dans la chambre, près d'une table à droite, St. Pierre endormi. A la gauche du haut, le monogramme du dessinateur; à droite, celui du graveur sur bois ⒼE H. 4 p. 2 l. L. 5 p.

7. **Les trois Maries au tombeau du Christ.** L'ange leur apparaît à l'entrée du sépulcre. Sur le second plan, Jésus sous la figure d'un jardinier apparaît à la Madeleine. Sur une pierre carrée à la gauche du bas, le monogramme de notre maître avec la date de 1562, et, à droite, celui du graveur sur bois ⒼE avec le couteau. H. 4 p. 2 l. L. 5 p. Cette pièce se trouve dans la bible allemande in folio, publiée en 1569, par Sigismond Feyerabend à Francfort s/M.

XX   XX   XX   ꝯ   ⊚   **1522—1545.**

(Bartsch IX. p. 427.)

Nous avons de ce maître quelques gravures sur cuivre et plusieurs bois pour lesquels, sans doute, il n'a fait que donner les dessins. Le style de son dessin, aussi bien que la manière révélée par les gravures sur bois que nous avons de lui et qui se trouvent dans un livre de sermons imprimé par George Rhau de Wittemberg, nous démontre clairement qu'il appartient à l'école du vieux Cranach. Une de ses premières gravures sur cuivre, signée du No. 1 des monogrammes ci-dessus, porte la date de 1522, ce qui indiquerait l'époque de sa première activité. Le travail en est un peu grossier comme c'est également le cas pour ses gravures sur bois. Sur celles-ci on voit les quatre autres monogrammes, composés d'un A et d'un W entrelacés, avec ou sans le trait enroulé qui se trouve aussi quelquefois seul.[1]) Le directeur Frenzel cite de lui quelques gravures sur bois contenant des sujets de la Bible, imprimées en couleur et qui se conservent dans le cabinet de Dresde.

---

1) Ce monogramme ressemble beaucoup à celui d'Antoine de Worms, avec cette différence que la lettre A n'a point le trait horizontal.

Gravures sur cuivre.

1. St. Jean Baptiste. Il est vu de face, la tête tournée à droite et montrant, de la droite, l'agneau sur un livre qu'il tient sur le bras gauche. Une queue de lion pend de la peau qui lui sert de vêtement. Fonds de paysage. A la gauche du haut, sur une tablette, le premier des monogrammes ci-dessus. Cette pièce est à l'eau forte. H. 3 p. 6 l. L. 2 p. 6 l. Bibliothèque de Liége.

2. St. André. Il tient sur le bras gauche la croix de son martyre et de la droite un livre. Près de l'apôtre, à droite, est agenouillé un jeune homme qui tient l'extremité d'une banderole sur laquelle on lit à rebours l'inscription: 𝕺𝖗𝖆 𝖕𝖗𝖔 𝖒𝖊 𝕾𝖆𝖓𝖈𝖙𝖊 𝕬𝖓𝖉𝖗𝖊𝖆. Le chiffre se trouve aux pieds du saint. Pièce ronde de 1 p. 9 l. de diamètre. (Voyez Brulliot Dict. I. No. 766.)

3. Un homme nu assis dans une caverne. A côté de lui, la mort. A la droite du bas, sur une pierre, le premier des monogrammes ci-dessus surmonté du millésime 1526. H. 5 p. 1 l. L. 3 p. 10 l. (V. Brulliot etc.)

———————

Gravures sur bois.

3. La nativité. La Vierge et St. Joseph adorent l'enfant nouveau né. Cette pièce est marquée du 4e des monogrammes ci-dessus. H. 4 p. 3 l. L. 5 p. 2 l.

4. Hérode ordonnant le massacre des innocents. Il est assis à droite; à gauche est représentée la nativité. La gravure est signée du troisième des monogrammes ci-dessus. H. 4 p. 3 l. L. 5 p. 2 l.

Ces deux gravures sur bois, avec deux autres décrites par Bartsch, appartiennent à un livre de Sermons publié par George Rhau à Wittemberg en 1538—1543, et intitulé:

Kurtze Auslegung der Episteln und Evangelien durch Antonium Corvinum. Selon Frenzel (Kunstblatt 1825 p. 103), on trouve dans cet ouvrage trente compositions bibliques dont le cabinet de Dresde possède des épreuves en couleur, comme nous l'avons déjà indiqué ci-dessus.

5. La résurrection. Le Christ est vu de face, élevant la main droite et tenant de la gauche l'étendart de la croix, tandis qu'il foule aux pieds le démon et la mort. Derrière lui on voit une espèce de table. Sur une tablette à la droite du bas, le second des monogram-

mes ci-dessus. Au verso de l'exemplaire que nous avons sous les yeux, on trouve une note en caractères allemands. H. 3 p. 9 l. L. 2 p. 6 l.

Nagler dans son ouvrage: „Die Monogrammisten" etc. p. 662 No. 1486, mentionne plusieurs autres ouvrages du maître. On pourra consulter ce qu'il dit à ce sujet.

$\boxed{S\ \mathcal{S}}$ 1534. $\mathcal{P}$

On trouve du maître avec le premier de ces monogrammes une gravure sur bois dans un livre de sermons, comme il ressort du texte imprimé au revers de l'épreuve que nous avons devant nous. A en juger par le style et la manière, il appartiendrait à l'école du vieux Cranach. Nous ne saurions décider si le second des monogrammes ci-dessus appartient au même artiste. Il se trouve sur la représentation d'une bataille entre les Israélites et les Chananéens et qui porte également le chiffre de Jost Amman, le dessinateur de la composition dont notre maître paraît avoir été seulement le graveur.

Gravure sur bois.

1. **Le rêve de Nabuchodonosor.** Sur le devant, à gauche, on voit la figure colossale d'un monarque dont la tête couronnée se perd dans les nuages. Dans le fond, s'élève un superbe palais, surmonté d'une coupole, et dans lequel on aperçoit Nabuchodonosor dans son lit auquel le prophète Daniel explique le rêve. Dans le fond un riche paysage montagneux. Du même côté, dans un carré, le monogramme du maître et, un peu plus vers le milieu, la date de 1534. H. 4 p. 1 l. L. 5 p. 6 l.

Nous avons déjà fait mention d'une reproduction de cette pièce, en contrepartie et plus en grand, qui se trouve dans la Bible de Wittemberg de 1542 et dont presque toutes les compositions appartiennent au jeune Cranach.

Appendix.

2. **Combat contre les Chananéens.** La bataille sévit au premier plan. Dans le fond, à droite, une division de l'armée avec trompettes. A la droite du bas on voit le second des monogrammes ci-dessus et, dans un écusson au milieu, la marque de Jost Amman I o A. Cette pièce se trouve dans l'édition de la Bible allemande donnée en 1569 par Siegmund Feyerabend à Francfort s/M. H. 4 p. L. 5 p. 2 l.

CE 1561.

Bartsch (IX, p. 425) mentionne sous le No. 1. comme appartenant à ce graveur très-médiocre, une histoire de J. C. en 21 feuilles à propos de laquelle nous nous contenterons d'observer qu'une de ces gravures porte la date de 1561 et que l'exemplaire de Berlin a un texte allemand au verso. Ces gravures appartiennent probablement à quelque Bible allemande. [1])

Ces gravures, ainsi que d'autres travaux du même genre et tirés de l'ancien testament, ont été exécutés par notre maître d'après un dessinateur de l'école de Lucas Cranach qui s'est servi du monogramme. Nous devons par conséquent le considérer comme un graveur sur bois de cette école.

Appendice à Bartsch.

3. **Le jeune David sacré roi par Samuel.** Dans un ovale entouré d'ornements. A la partie supérieure, deux enfants ailés; au bas, deux cigognes et, au milieu, un écusson avec une marque d'imprimeur. Ensuite vient le monogramme du dessinateur mentionné plus haut, puis à droite celui du graveur avec la date de 1562. H. 5 p. 9 l. L. 4 p. 2 l.

1) Selon une communication de Wiechmann Kadow, Archives de Naumann I. p. 126, une grande partie de ces gravures se trouvent dans les ouvrages suivants: Luthers Postille, Wittemberg 1570; Ecks Postille, Ingolstadt 1573; Bible de Luther, Wittemberg 1573.

4. **Histoire romaine.** Deux feuilles in-8vo, avec le monogramme du graveur et le chiffre de Jean de Gourmont.

5. **Un arbre généalogique.** Il est tenu par un homme couché. Le monogramme est à gauche. Au verso, un texte bohémien. (Cat. Sternberg II. No. 1416.)

6. **Dix Vertus et un cavalier.** Dix de ces gravures que notre maître exécuta d'après les dessins du monogrammiste

se trouvent dans l'ouvrage de Gabriel Schechtholtz à Wittemberg 1569, intitulé:

Wahrhafftige, Schöne Figuren der fuhrnehmsten christlichen Tugenden, welcher sich ein jeder Mensch in seinem ganzen Leben bevleissen soll. 4°.

Ce sont les vertus suivantes: la Foi, l'Espérance, la Charité, la Crainte de Dieu, la Patience, la Prévoyance, la Chasteté; enfin un chevalier couronné de lauriers et tenant une bannière de la main gauche.

Cette dernière pièce mesure. H. 4 p. 6 l. L. 3 p. 1 l. La Justice est du maître au monogramme G (Voyez Archives de Naumann I, p. 126.)

George Scharffenbergk de Görlitz.
(Bartsch IX. p. 439.)

Ce graveur sur bois travaillait en 1574 à Francfort sur l'Oder, où il était employé probablement par l'imprimeur Hans Eichers et ensuite par Thurneisser de Berlin après que celui-ci eût fondé dans cette ville une grande imprimerie. Il écrit à ce dernier que le maître de chapelle de l'électeur (de Brandebourg) lui avait donné la commission de graver son portrait. Des neuf gravures que lui donne Bartsch, 7 se trouvent dans une édition de Bâle de la Cosmographie de Seb. Munster, de 1628, et portent en partie les dates de 1569 et 1572. Son monogramme, mais plus en petit, se trouve également sur quelques pièces de la Danse des Morts à Bâle. Ce sont 37 gravures à deux figures publiées par Ulrich Fröhlich. Bâle 1588.

Additions à Bartsch.
Gravures sur bois.

10. **Un turc.** Demi-figure à guise de portrait. De la droite il tient un bouclier et de la gauche une arme qu'il appuie sur la hanche. A gauche, le premier des chiffres ci-dessus. (Brulliot Dict. II. No. 1103.)

11. **Vue de la Ville de Görlitz** (vers 1565). Pièce en **4** feuilles. (Voyez le Cat. de l'évêque Schneider de Dresde No. 299.)

_____

(Bartsch VIII. p. 22.)

Aux 12 copies à l'eau forte de ce maître, d'après le martyre des 12 Apôtres par Lucas Cranach mentionnées par Bartsch, on en doit ajouter une 13e qui est la suivante.

13. **Le martyre de l'Apôtre St. Paul.** Il est étendu décapité sur le terrain et deux jets de sang sortent de la blessure. Dans le fond deux cavaliers et la foule du peuple. Le chiffre est à la partie supérieure de l'estampe dans un écusson. Pièce à l'eau forte. H. 6 p. L. 4 p. 7 l. — Munich — Wolfegg.

_____

Les petits maitres des écoles de Nuremberg et de la basse Allemagne.

BB   BP.

Barthélemi Beham.[1]

(Bartsch VIII. p. 81.)

Ce maître distingué naquit en 1502 à Nuremberg, comme le prouve l'empreinte d'un ancien médaillon avec son portrait et l'inscription: BARTOLMS BEHAM ALT. XXIX. AN. XXXI. D'après les notices de Neudorffer il a été, avec Pencz et Hans Sebald Beham, un élève d'Albert Durer et cet écrivain ajoute: „Barthel à peint le duc „Guillaume de Bavière qui le tenait en-grande faveur et qui, pour „l'avancer dans la connaissance de son art, lui fit faire à ses frais le „voyage d'Italie où il mourut, encore garçon, en 1540". Sandrart de son côté mentionne que Barthélemi Beham fit le voyage d'Italie où il travailla à Rome et à Bologne sous la direction de Marc Antoine Raimondi et qu'il y grava plusieurs planches que celui-ci faisait passer pour les siennes. Cette observation paraît fondée et nous aurons à y revenir quand nous parlerons de l'oeuvre du maître de Bologne, dans lequel on trouve des pièces dans le style italien, il est vrai, quand à la composition et au dessin, mais qui dans la manière appartiennent à l'école allemande. Nous citerons en particulier

---

1) Il semblerait qu'il y ait eu un autre artiste du nom de Barthélemi Beham, peintre de la cour du duc Guillaume IV. de Bavière et qui vivait à Munich. A tout événement nous trouvons souvent des tableaux qui lui sont attribués et qui diffèrent à tel point dans le style de celui du Beham de Nuremberg, que nous ne saurions les attribuer à ce dernier. A notre connaissance, ces tableaux ne Portent point de monogramme mais sont quelquefois signés du nom en entier Bartomae Behem.

les suivantes. 1. La jeune femme arrosant une plante. B. No. 383. Non seulement le maniement du burin, mais le jet des draperies rappelle ici la manière de Barthélemi Beham. 2. La femme aux deux éponges. B. No. 373. 3. L'homme et la femme aux boules. B. No. 377. On peut croire que Beham exécuta ces gravures en Italie quand il était encore jeune et qu'il y étudiait sous la protection du duc Guillaume de Bavière. Il habita plus tard l'Allemagne comme nous le prouvent la composition allégorique de 1525, avec l'inscription: „Der Weltlauf". B. No. 39, et le portrait d'Erasme Balderman de Nuremberg en 1535. Il retourna en Italie comme on le voit par la mort qui l'y frappa, à peine dans sa 38e année, en 1540.

Gravures sur cuivre.
Observations à Bartsch.

12. Cléopâtre. Il s'en trouve des épreuves sans la date de 1524, mais avec l'inscription: CLEOPATRA. — Berlin.

23. Triton et Néréide. Brulliot croit cette gravure d'Alb. Altorfer. (?) Table Gén. p. 30, No. 10.

28. Les quatre têtes de mort. Il en existe une copie dans le même sens que l'original de Hans Brosamer, signée en haut HB

30. L'enfant et le chien 1525. Les premières épreuves portent la date de 1524. — Paris.

62. Portrait de Louis, duc de Bavière. Le tableau à l'huile qui a servi d'original pour la gravure, se trouve avec beaucoup d'autres portraits de princes de Bavière à Schleisheim. D'après l'inscription, le duc Louis y est peint à l'âge de 37 Ans, ce qui fixe la date du tableau à 1532.

Additions à Bartsch.

65. La Vierge et l'enfant. Elle est vue de face, assise sur un bloc de pierre et tient devant elle l'enfant Jésus vu presque de dos. Celui-ci n'a point d'auréole et pose sa main gauche sur l'épaule de sa mère dont la tête est entourée d'une gloire à rayons qui s'étendent sur presque tout le fond. Elle est coiffée d'un voile et un large

manteau lui enveloppe la jambe. Le terrain à droite est semé de petits cailloux. Pièce non signée, mais entièrement dans le style des travaux italiens du maître et très-finement exécutée. H. 5 p. 5 l. L. 4 p. 1 l. Coll. du duc d'Aremberg à Bruxelles.

66. St. Severin. Il est debout un peu tourné vers la droite, revêtu des ornements pontificaux et tenant de la droite sa crosse, de la gauche un petit modèle d'église. Autour de l'auréole on lit: S?. SIVERINVS. Pièce non signée. H. 2 p. 11 l. L. 1 p. 8 l. Biblioth. imp. de Vienne.

67ᵃ. Une Sibylle. Elle est assise à droite et tournée à gauche vers un enfant qui tient un flambeau. D'après Raphaël. Pièce non signée. H. 2 p. 5 l. L. 1 p. 8 l. — Berlin.

67ᵇ. La femme en méditation. Jeune femme assise tournée vers la droite et tenant un livre sur les genoux. A la droite du haut, un rayon de livres; au dessous un vase avec des fleurs. On lit au bas: COGNITIO DEI. Cette pièce paraît être une copie de Raphaël, mais non une reproduction de l'estampe de Marc Antoine, dans laquelle on observe plusieurs différences. Le vase de fleurs et la taille sont tout-à-fait dans la manière de Beham. H. 3 p. 5 l. L. 2 p. 5 l. — Francfort s/M. (Bartsch vol. XIV. p. 334, No. 445 en décrit une copie en contrepartie. Copie B.)

68ᵃ. Lucrèce. Elle est debout, nue, les cheveux épars, la tête un peu tournée à gauche et dans l'acte de se percer avec un grand poignard. Elle porte la main gauche à sa tête; dans le fond à droite un lit, avec ses rideaux; à gauche, une fenêtre et au-dessous sur un banc une arbalète. Pièce non signée. H. 3 p. L. 1 p. 8 l.

68ᵇ. La dame au sceptre. Elle s'avance vers la gauche tenant de la main gauche un sceptre. A droite un tronc d'arbre desséché. Pièce non signée, sur fond obscur et ronde de 1 p. 7 l. de diamètre. — Berlin.

69. Huit enfants qui dansent, divisés en quatre couples. A droite un autre enfant joue de la cornemuse. Fond obscur, sans signature. H. 1 p. 2 l. L. 3 p. 2 l. Musée Germanique.

70. Sept enfants dont deux, à gauche, chevauchent des dadas, tandis qu'une biche, dont trois petits reposent dans un coin, saisit le vêtement du troisième. A droite deux autres enfants. Fond obscur, sans signature. H. 1 p. 5 l. L. 3 p. 1 l. Mus. Germ.

71. Dix enfants. Ils jouent ensemble; le troisième enfant, à gauche, tire le quatrième par son vêtement; le septième saute à travers

un cerceau; le dernier à droite tient en dansant deux cuillières. A la gauche du haut, le millésime 1524. H. 2 p. L. 1 p. 6 l. (?) — Paris.

72. Le paysan dansant et la paysanne. Celle-ci est tournée à gauche, et regarde en dehors, à moitié cachée par lui. A la gauche du haut, le millésime 1524. H. 2 p. L. 1 p. 6 l. — Paris.

73. Un Amour. Il est baissé vers la droite et tient un rinceau de feuillage. A la droite du haut, la date de 1521. Pièce non signée. H. 2 p. L. 1 p. 9 l. — Paris.

74. Un cheval. Il galoppe vers la droite. Pièce non signée sur fond obscur. Ovale alongé. H. 10 l. L. 1 p. 1 l. Coll. Albertine à Vienne.

75ᵃ. Ornement au vase. Deux petits Amours tiennent au milieu un vase par les anses; près de celui de droite le millésime 1525. H. 11 l. L. 1 p. 8 l. Cat. Drugulin No. 2281.

75ᵇ. Ornement à la femme ailée. Une demi-figure de femme avec des ailes tient des deux côtés, par leurs longues queues, deux volatiles qui ressemblent à des coqs. H. 10 l. L. 2 p. Coll. Albertine à Vienne.

76. Ornement à la Cuirasse. Elle se trouve au milieu; aux côtés deux petits génies tiennent un rinceau de feuillage. H. 10 l. L. 2 p. Coll. Albertine à Vienne.

77. Montant d'ornement. Dans l'arabesque est assise une figure à longues oreilles, jambes de lion et grande queue, avec les bras terminées en feuillage. H. 1 p. 3 l. L. 1 p. Coll. Albertine. Cat. Drugulin No. 2280.

78ᵃ. Montant d'ornement. Au bas, le torse d'un homme à longues oreilles terminé au bas par des feuillages et ayant pour bras des rinceaux; aux côtés, deux enfants ailés qui posent chacun une main sur son épaule. Au-dessus de la tête de l'homme est une touffe de feuilles ayant de chaque côté une corne d'abondance couronnée d'un cigne. Fond noir et sans signature. H. 1 p. 11 l. L. 1 p. 5 l. — Francfort s/M.

78ᵇ. Les armoiries de Baumgartner de Hohenstein. Ce sont les mêmes décrites par Bartsch sous le No. 57, mais avec cette différence qu'elles n'ont point d'inscription et portent en haut à gauche un sablier, à droite un cadran solaire, au bas un crâne et un écusson chargé de trois étoiles. H. 2 p. 7 l. L. 1 p. 11 l. On en trouve de très-bonnes épreuves récentes.

79. Les armoiries de Melchior Pfinzing. L'écu porte

deux ânes saillants, timbré de deux heaumes dont celui de gauche a pour cimier un des ânes du champ, l'autre une couronne entre deux cornes, avec la souscription: Melchior Pfinczing, Probst zu S. Alban, dechent S. Victor. Pièce ronde de 1 p. 11 l. de diamètre. — Paris.

Appendice.

On attribue encore à B. Beham la pièce suivante que nous n'avons point vue.

79 b. Une Vénus où Nymphe assise à laquelle un Satyre offre des joyaux. Dans la collection de Gotha. Voyez le Kunstblatt de 1853 p. 215.

ISB ISP

Hans Sebald Beham.
(Bartsch VIII. p. 112.)

Neudorffer dans ses notices écrites en 1546 dit que cet artiste naquit à Nuremberg en 1500. D'après Sandrart il était le cousin (et non le neveu) de Barthélemi Beham dont il imita non seulement la manière avec beaucoup de talent, mais copia même plusieurs estampes et de telle façon que, formé à l'école d'Albert Durer, il paraît avoir plutôt saisi le style italien de son parent après avoir peut-être, comme lui, visité l'Italie. Ses tableaux peints avec beaucoup de délicatesse sont peut-être aussi rares que ses excellentes miniatures, mais en revanche il nous a laissé plusieurs petites gravures d'un bon dessin et d'une taille très-soignée, sans compter les dessins fournis par lui aux graveurs sur bois. A cause de sa vie déréglée il se vit contraint de quitter sa ville natale pour se fixer à Francfort où il acquit en 1540 le droit de bourgeoisie et cumula, avec sa profession de graveur, celle d'aubergiste. D'après Neudorffer il mourut en 1550. L'assertion de Husgen que notre artiste, par suite de ses déréglements se noya dans le Mein, paraît denuée de tout fondement; à tout événement il n'est point fait mention de cette circonstance ailleurs que dans son livre.

Observations à Bartsch.

Gravures sur cuivre.

31. **L'enfant prodigue quitte la maison paternelle.** On trouve de cette estampe trois états:

1ère. Épreuve. Avant les contre-tailles sur la poitrine et la jambe gauche du père.

2de. Avec ces contre-tailles.

3e. La terrasse sous les arbres a, dans l'ombre, des traits croisés au lieu des hachures simples dans les deux premiers états.

33. **L'enfant prodigue réduit à garder les troupeaux de pourceaux.** On reconnait une bonne copie exécutée dans le même sens que l'original à la suscription où les deux mots:

VENTREM

LVCE

se trouvent exactement l'un au-dessus de l'autre, tandis que la seconde ligne déborde comme suit

VENTREM

LVCE

dans la copie.

78. **Lucrèce assise avec la date de 1519.** Second état; au côté droit se trouvent des bâtisses.

94. **Combat entre des Centaures.** On en trouve une copie en contrepartie, sans monogramme sur la tablette, et une autre également en contrepartie d'Alaert Claas et signée de son chiffre.

112. **Leda 1548.** Les premières épreuves portent dans l'inscription: COMPRECSV, les secondes COMPRESSA.

113—120. **Les sept planètes.** On en trouve des copies sans le monogramme. Nous ne connaissons néanmoins de ces copies que les Nos. 116, 117, 118 et 120.

129—136. **Les Vertus.** On en connait trois états différents.

138. **La Patience.** Les premières épreuves n'ont point de nuages là où planent les deux anges.

139. **La Fortune.** On a une copie de cette pièce du maître au monogramme D^{Y}B 1566. H. 5 p. L. 1 p. 10 l. — Berlin.

144. **La Mélancolie 1539.** On en trouve trois états.

1. Avant le millésime et la tablette avec le monogramme.

2. Avant le millésime mais avec la tablette.

3. Avec le millésime.

195. Le joueur de cornemuse 1520. C'est une pièce à l'eau forte sur acier ou sur fer.

202. Le soldat amoureux 1521. Pièce à l'eau forte sur fer.

211. Enfant assis endormi. Une copie en contrepartie porte le monogramme de Jacques Binck. Pièce ronde de 1 p. 8 l. de diamètre. — Berlin.

212. Le bouffon et les deux couples amoureux. On en trouve une copie signée R. K. F. — Paris.

214. Le bouffon et les baigneuses. Il existe une copie signée également R. K. F. — Paris.

217. Les quatre chevaux. On en trouve une copie qui porte le monogramme ISB au lieu ISP

224. Vignette à l'aigle. On en trouve une copie en contrepartie. Coll. Detmold.

Additions à Bartsch.

260. La Vierge et l'enfant Jésus. Elle est assise sur un tertre, vue presque de face, les pieds tournés vers la gauche et tient sur les genoux l'enfant Jésus qui a une pomme à la main. A gauche un arbre sec, à droite une haute montagne. Le monogramme est à la gauche du bas et, à droite, se trouve la date de 1520. Cette pièce à l'aspect d'une gravure sur bois. H. 5 p. 6 l. L. 3 p. 10 l. Collection Albertine.

Le Blanc dans son Manuel de l'amateur etc., décrit sous le No. 18 une pièce à l'eau forte absolument semblable et signée ISB sans le millésime. H. 3 p. 1 l. L. 2 p. 6 l. — Paris.

261. Un ecclésiastique. Tête chauve sans barbe, tournée à droite. Il est debout et lit dans un livre. A gauche de la tête, le monogramme. Pièce à l'eau forte. H. 3 p. 5 l. L. 2 p. 5 l. — Paris. (Le Blanc No. 82.)

262. Autre ecclésiastique. Tête également chauve sans barbe. Il est debout tourné vers la gauche et lit dans un livre ouvert. A la droite de la tête se trouve le chiffre. Pièce à l'eau forte. H. 3 p. 4 l. L. 2 p. 3 l. (Le Blanc No. 82.)

263. Autre ecclésiastique debout. Tête chevelue avec barbe. Il croise les mains sous le manteau qui lui couvre les épaules et se tourne vers la gauche où croit un grand roseau à côté duquel

se trouve le monogramme. Pièce à l'eau forte. H. 2 p. 5 l. L. 2 p. 3 l.
(Le Blanc No. 83.)

264. L a J u s t i c e. Elle est assise, nue, et tient de la main
droite l'épée, de la main gauche la balance. Figure vue de dos ayant
à ses pieds l'empereur Néron. Le chiffre est à la droite du bas.
H. 3 p. L. 2 p. — Munich.

265. L a F o r c e. Elle est assise, tournée à gauche, sur un lion
qui regarde à droite. On lit au haut FORTEZA VIRTVS. A la gauche
du bas le monogramme; à droite la date de 1524. H. 2 p. L. 1 p. 3 l.
— Berlin. — Coll. Albert. — Paris.

266. F r i s e d ' o r n e m e n t. Au milieu, une demi-figure d'homme
barbu avec ailes et cornes et tenant des rinceaux; deux demi-figures
de femmes ailées à longues oreilles tenant également des rinceaux.
En haut à gauche le monogramme ℋSP H. 7 l. L. 4 p. 11 l. —
Paris — Berlin. R. Weigel.

267. A u t r e f r i s e d ' o r n e m e n t. Un enfant, dont on ne voit
que la partie inférieure du corps, se glisse à travers l'ouverture circulaire d'un ornement. Aux côtés, deux cigognes lui becquettent le derrière. Le chiffre est en haut. H. 1 p. 9 l. L. 2 p. 3 l. (?) — Paris.

268. A r a b e s q u e. Au bas, une Sirène avec du feuillage au lieu
de bras. Au-dessus d'elle, un vase avec deux coupes et des rinceaux
qui terminent en tête d'enfant. Fond blanc et sans monogramme.
H. 2 p. 9 l. L. 1 p. (?) — Paris.

269. U n e g a î n e d e p o i g n a r d. Dans la partie supérieure,
la figure de Mars debout; au bas des ornements de feuillage. A la
droite du haut le monogramme surmonté du millésime 1520. H. 5 p. (?)
— Paris.

270. A r m o i r i e s d ' A l b e r t d e B r a n d e b o u r g. L'écu est
surmonté d'un chapeau de Cardinal avec la crosse et l'épée. En
haut l'inscription: ALBRECH VON GOTIS GNADEN .... BVRG-
GRAF ZV NVRNBERG VND FVRST ZV RVGEN. Pièce non signée.
H. 3 p. 9 l. L. 2 p. 3 l. (?) — Paris.

271. T r o i s p e t i t e s a r m o i r i e s d a n s d e s m é d a i l l o n s,
sur fond noir et placées l'une à côté de l'autre.

a. Écu à la licorne, timbré d'un heaume ayant pour cimier une
demi-licorne entre deux trompes d'éléphants.

b. Écu écartelé avec petit écusson en coeur, timbré de trois
heaumes ayant pour cimier, le premier deux cornes passées dans une
couronne, le second un vol entier, le troisième un bonnet avec une roue.

c. L'écu porte une bande; il est timbré d'un heaume ayant pour cimier deux demi-vols. Le monogramme au P est à la droite du bas. H. 1 p. 1 l. L. 3 p. 1 l. — Paris.

Dans cette pièce l'écusson central paraît avoir été gravé en contre-partie puisque dans une épreuve postérieure de la même pièce, on le trouve, d'une taille plus grossière, placé en sens contraire.

Gravures sur bois.

Remarques à Bartsch.

1 — 73. Sujets de la bible. La première édition de cette suite parut en 1535 avec le titre suivant: Biblisch Historien figurlich furgebildet Durch den wolberumpten Sebald Behem von Nurenberg. ℋℬ In fine Franckfurt bei Christian Egnolff Im MDXXXV. 8°., cinq feuilles d'impression avec 82 figures. C'est sans doute celle que Bartsch nous donne pour la seconde n'en ayant point connu la date. La seconde édition est in-4° de 10 feuilles, imprimée en 1536. La troisième, en latin, a pour titre: Historiae magno artificio depictae et utilitatis publicae causa latinis epigrammatibus a Georgio Aemylio illustratae. ℋℬ Ce titre se trouve dans un encadrement avec des sujets de la vie de Moïse. A la fin on lit: Im Jahrzahl 1539 in-4°., 13½ feuilles avec 82 gravures sur bois. (Voyez Heller: Zusätze p. 24.) Bartsch fait encore mention d'une édition latine de la même année avec le même titre.

74 — 83. Les premiers patriarches, leurs femmes et leurs enfants. Une de ces pièces, avec trois figures debout et quelques enfants dont l'un lève un petit marteau pour frapper sur une cloche, porte les lettres suivantes ꟼ ƧℋA et sur la marge inférieure l'adresse: „In Nurnberg bey Lucas Mair Formschneyder“. Voyez Brulliot Dict. II, No. 2334. La dernière feuille avec la Mort a le monogramme avec la date de 1533 où 1535.

92 — 120. Les visions de l'Apocalypse de St. Jean. L'édition mentionnée par Bartsch porte sur le titre la date de MDXXXIX. On en trouve une autre intitulée: Imaginum in Apocalypsi Johannis Descriptio cum enarratione vera,

pia et apta etc. Autore Georgio Amelio Francoforti Chri-
stianus Egenolphus excudebat 1540. 4°.

125—127. L'histoire de l'enfant prodigue. Cette suite
se compose de quatre pièces. 1°. Le départ. 2°. La vie déréglée.
3°. La garde des pourceaux. 4°. Le retour. H. 7 p. 9 l. L. 12 p.
On en trouve des épreuves dans l'ouvrage de Derschau.

132—138. Les religieux. Suite de cinq pièces d'après Bartsch
et de huit d'après Heinecken. Beham a également gravé à l'eau forte
les Nos. 133, 134 et 135. Voyez notre catalogue Nos. 261—263.

139. Un religieux. Cette figure représente St. Pierre et les
anciennes épreuves portent au verso le titre suivant:

Ein gesprach zwischen Sanct Peter und dem Herrn
von des Jetzigen Weldelauff. Mehr ein gesprach zwischen ein Waldtbruder und ein Engel von dem heym-
lichen gericht Gottes. Hans Sachs. Zu Nurnberg truckts
Georg Merckel bey der Kalkhutten. 4ff. 8°.

140—158. Livre de dessins („Das Khunst und Lehrbuchlein“). Ce petit livre de 27 feuillets contient 1. Des Cirkels und
lineals gerechtigkeid, vbung und gebrach mit geometri-
schen figuren. 2. Menschen angesichter etc., et quelques figures
parmi lesquelles on remarque Vénus et l'Amour, un Cupidon courant
vers la gauche; ces deux pièces sont marquées du chiffre avec le millésime
1546. — Un paysan et une paysanne. — Deux arabesques avec bordures, la première représentant une demi-figure d'homme coiffée d'un
grand bonnet et qui termine en feuillage, dans une guirlande de laurier;
la seconde avec un lion ayant dans la gueule un anneau à guise de
marteau de porte, entouré également de feuillage dans une couronne
de laurier — 8° oblong. La dernière partie contient la manière de
dessiner correctement les chevaux avec les figures de trois chevaux
différents dans un carré à neuf compartiments, et deux autres feuilles
avec quatre têtes de chevaux chacune. Cette dernière partie parut
plus tard en 1528 à Nuremberg. On connait de l'ouvrage en entier
sept éditions.

La première est de 1546 avec le titre suivant:

Das Kunst und Lehrbuchlein Sebalden Behams, ma-
len und reissen zu lernen nach rechten proportionen,
mass und abtheylung des Cirkels. Angebnden Mahlern
und Kunstbaren Werkleuten dienlich HSB zu Frankfurt
bei Christian Egenolff 1546. 4°.

- Les trois éditions suivantes du même ouvrage ont paru en 1552, 1565 et 1566. Viennent ensuite celle de 1582, mentionnée par Bartsch, et une autre de 1594 toutes deux imprimées par les héritiers de Chr. Egenolff et, enfin, une dernière de l'an 1605 publiée par Vincent Steinmeyer de Francfort. Celle-ci à 28 feuillets.

165. **La fontaine de jouvence.** On en trouve des épreuves avec l'adresse: **Albrecht Elvekendon Illuminist zu Nurnbergk.**

169. **Fête militaire en l'honneur de Charles Quint.** Cette gravure sur bois a cinq feuilles et non point quatre seulement.

170. **Marche de soldats avec leurs femmes.** Les épreuves plus récentes portent l'adresse: „Imprimé à Nuremberg par Pierre Steinbach". — Berlin.

Additions à Bartsch.
Gravures sur bois.

172. **Adam et Ève.** Ils se tiennent debout sous l'arbre de la science du bien et du mal. Adam prend la pomme qu' Ève lui présente tandis que celle-ci, de la main droite, en reçoit une autre du serpent. Sur le haut de l'arbre on voit une tête de mort. Derrière Adam se voit un cerf couché; près de l'arbre un hérisson et à droite un perroquet. On lit dans la marge du bas: **Als Gott der Herr, Ein Schöpffer himeln und erden etc. Gedruckt zu Nurnberg durch hans Weygel, Formschneider.** H. 14 p. sans l'inscription de 1 p. L. 9 p. 6 l. Belle pièce sans signature. — Berlin et Francfort s/M., en clair obscur de deux planches et manquant d'inscription.

Copie A dans le sens de l'original; la queue du hérisson n'est point ombrée. Pièce médiocre.

Copie B en contrepartie; clair obscur d'une mauvaise taille.

173. **Le jugement de Salomon et la femme adultère.** Deux compositions sur la même feuille, séparées par une colonne. Chacune d'elles porte en haut, sur une tablette, une inscription latine, de deux lignes avec la date de 1539 sur la base de la colonne, mais sans monogramme. H. 2 p. 4 l. L. 6 p. 3 l. — Francfort s/M.

On trouve une reproduction de cette gravure dans le „Livre de dessin" publié par Vincent Steinmeyer en 1620.

174. **Le festin d'Hérodiade.** Dans une salle du fond on

voit le tétrarque à table. Salomé vient de la droite avec la tête de
St. Jean sur un plat. Sur le premier plan huit couples dansants et
près de celui de droite, la Mort. Tout-à-fait sur le devant un joueur
de violon près d'un arbre. Pièce non signée et d'une belle exécution.
H. 14 p. 4 l. L. 9 p. 11 l.

175. St. Pierre. Il est assis, en vêtement de pèlerin, près
d'un arbre et tourne la tête vers la droite ayant un livre devant lui.
A la droite du haut le chiffre au P. On trouve cette pièce sur le
titre du livre suivant:

Ein gesprech zwischen Sanct Peter und dem Herrn
von der jetzigen Weldtlauff etc. Hans Sachs. 4°. H. 3 p.
3 l. L. 2 p. 5 l. — Bamberg.

176. St. Jérôme. Il est agenouillé entre des rochers adorant un crucifix fixé sur une pierre. Au premier plan, le lion buvant
à une source. Dans le fond une chapelle et, au-dessus du lion, une
tablette avec le chiffre. H. 8 p. 4 l. L. 5 p. 9 l.

177. Chronica. Beschreibung und gemeine Anzeyge
vonn aller Welt Herkommen, Fürnamen, Lannden, Stende,
Eygenschafften, Historien, Wesen, Manier, Sitten, An und
Abgang etc. Gedruckt zu Frankenfort am Meyn bey Chr.
Egnolffen 1535 in August mon. In fol. La plupart des gravures
sur bois de cet ouvrage sont d'après H. S. Beham tandis que d'autres
sont des reproductions des compositions bibliques de Holbein.

178. Die Belagerung der Insel und Stadt Rodis anno
1522. Sur le devant les armées turques sur terre et sur mer attaquent
et assiègent la ville. Dans le fond, une troupe de guerriers chrétiens.
A la droite du bas se trouve le millésime et au-dessous le monogramme P. Plusieurs inscriptions explicatives se lisent sur des cartouches. Fol oblong. Coll. Albert.

179. Le siége de Wolfenbuttel 1542. 4°. (Voyez le
Blanc, Manuel, No. 466.)

180. Das Babstum mit seinen Gliedern gemalet und
beschrieben. La première édition est in-8vo et contient 67 gravures sur bois; la seconde in-4° en a 74. Les mêmes bois ont servi
plus tard à l'ouvrage intitulé:

Der erst und andere Theil des Buches ..... D. M. Luther's 2. Th. Eisleben. U. Gaubisch 1564, 1565 fol. — (Le
Blanc, Manuel, Nos. 467—540.)

181—187. Les Planètes. Ces sept pièces sont bien exécutées

et tout-à-fait dans la manière de H. S. Beham mais ne portent aucune signature. L'adresse sur la première pièce, entre deux vers: Albrecht Glockendon Illuminist Prima Augusti 1531, se rapporte probablement à l'auteur des rimes puisque Neudörfer dit de lui: „Ce Nicolas (Glockenthon) avait un frère nommé Albrecht bon enlumineur et une espèce de demi-poète, si l'on en juge par les vers dont il illustrait les histoires et les tableaux."

— 181. Le Soleil avec les vers suivants:

Die Sonne uber alle Planeten schein
Recht freundlich seien die Kinder mein.
In 365 tagen behent
Durchlauffe ich die firmament.

Entre ces vers l'inscription:

Albrecht Glockendon Illuminist Prima Augusti 1531.

Le Soleil est représenté sous la figure d'un roi traîné vers la gauche dans un char à deux chevaux. Des jeunes gens s'exercent à la lutte, à la course, au disque, à l'escrime. Sur le balcon à droite des chanteurs et un roi et une reine qui contemplent ce spectacle.

— 182. Saturne. En haut les vers:

Saturnus, alt, kalt vnd vnreyn
Boshafftig sind die Kinder mein
Ich kan die Zwelf Zeychen
In dreyssig jaren wol erreychen.

Saturne est porté sur un chariot traîné par deux dragons et dévore un enfant. Au bas des édifices, à gauche une tuerie de pourceaux, à droite un homme est dans les ceps devant une prison.

— 183. Luna dans un char traîné par deux jeunes filles.

Luna kind man nicht zemen kan
Ihre kind sind niemand unterthan etc.

Au bas, sur le devant, des hommes nus qui pêchent; dans le paysage un joueur de gobelets.

— 184. Mars; il est armé et se dirige vers la gauche dans un chariot traîné par deux loups.

Mars kinder machen manchen hass
Wissen nit wie, warumb und wass etc.

Scènes de guerre dans un paysage; dans un bois à gauche, des cavaliers. A droite des soldats enlèvent des bestiaux; au premier plan ils maltraitent des paysans.

— 185. Mercure. Il se dirige à gauche dans un chariot traîné par deux coqs.

Mercurius kind sind freudenreich
An behendigkeit ist niemand gleich etc.

Au bas les arts et les sciences. Sur le devant, à gauche, un sculpteur et deux dessinateurs. A droite un joueur d'orgue; plus en arrière un astronome et un médecin; dans une maison à gauche un peintre.

— 186. Jupiter. Il est porté vers la gauche sur un char traîné par deux paons. Un petit génie lui offre de l'or sur un plat.

Jupiter tugenthafft und gut
Mein kind weiss zuchtig wolgemut etc.

Au bas à droite, un Pape assis couronne un empereur agenouillé devant lui. A droite, un juge prononce une sentence. Une chasse dans le fond.

— 187. Vénus. Elle se dirige sur un char traîné par deux colombes et sur lequel l'Amour, les yeux bandés, décoche une flèche sur un coeur.

Venus kind sind frölich gern
Bullschafft liebt im ful als auff erden etc.

Sur le devant, à gauche, un couple faisant de la musique, un autre s'embrasse au milieu de l'estampe et, à droite, on voit des hommes et des femmes dans un bain.

On trouve des épreuves plus récentes de ces estampes sans les rimes. Les premières mesurent H. 13 p. 5 l. L. 8 p. 9—11 l. — Gotha, Berlin.

188. Les douze mois. Vignettes pour un Calendrier de 1527. Sans chiffre, mais tout-à-fait dans la manière de H. S. Beham. H. 1 p. 1 l. L. 3 p. 1 l. — Berlin, Stuttgart.

Ces gravures sur bois se retrouvent dans le Kalender mit allen astronomischen Haltungen — Astrolabium, Tetragonon. Durch den wolerfarenen D. Erich Rösslin new an tag gegeben. Frankfurt a. M. bey Chr. Egenolph 1533. 4°. (Voyez R. Weigel Kunstcat. No. 14798.)

a. Januar (Jenner). Deux cavaliers et une dame assis à table. A gauche, un poêle où se chauffe une femme qui montre le derrière.

b. Februar (Hornung). Deux hommes dans la cour d'une métairie. Un autre fend du bois.

c. Marcius (Mertz). Un homme abat un arbre; un autre ensemence un champ.

IV.

6

d. April. Une femme trait une vache; à gauche une autre fait du beurre.

e. May. Une partie de plaisir sur l'eau.

f. Juni (Brachmonat). La tonte des brebis.

g. Juli (Heumonat). La fenaison.

h. Augustmonat. Des femmes sassent le blé. On distribue des aliments et de la boisson.

i. September (Herbstmonat). Un paysan laboure son champ. Derrière lui un semeur.

k. October (Weinmonat). A gauche un homme foule des raisins dans une cuve.

l. November (Wintermonat). On bat le chanvre.

m. December (Christmonat). On tue les pourceaux. Au verso de la feuille se trouvent les années bissextiles et les autres de 1527 à 1539 ce qui prouve que l'ouvrage a paru en 1527.

189ª. Un jeu de cartes avec figures. On y trouve les quatre couleurs: Feuille, Clochette, Gland et Coeur, numerotées chacune de I à X en chiffres arabes et romains avec les quatre figures de Roi, Dame, premier et second valet, en tout 56 cartes. Les couleurs sont toujours indiquées à la partie supérieure, excepté pour l'As de feuille où un fou tient un oeuf et le fait boire à un autre plus petit. Chaque carte mesure H. 3 p. 4 l. L. 2 p. 1 l. On trouve à Wolfegg le jeu entier imprimé en feuilles contenant de 4 à 6 cartes chacune.

189ᵇ. Autre jeu de cartes à figures de quatre couleurs Gland, Rose, Pampre et Grenade de I à X avec roi, premier et second valet, en tout 52 cartes. H. 3 p. 7 l. L. 2 p. 5 l. — Bartsch décrit de ce jeu le II et le III de Gland sous les Nos. 159 et 160.

190. L'Envie et l'Avarice. Suscription: Eyn schone history von den Neytzigen und den Geytzigen. Au-dessous de Jupiter dans les nuages, est assis un roi qui fait exécuter une sentence sur deux hommes assis dans les ceps. On a déjà arraché un oeil à l'un, tandis qu'un bourreau fait à l'autre la même opération. Au bas trois colonnes de vers. Arianus beschreibt ein Fabel etc. In fine: H. S. S. et au-dessus: Bey Hans Wandereisen. Pièce non signée. H. 6 p. 7 l. L. 10 p. 4 l. — Berlin.

191. Les princes de l'empire, réunis autour de l'empereur. Ils sont assis dans une salle au milieu de laquelle se tient un homme debout qui a quelque ressemblance avec Luther. A droite

des spectateurs et des gardes. Reproduit dans le livre d'estampes publié en 1620 par V. Steinmeyer de Francfort s/M. 4° oblong.

192. **Le couple amoureux près d'une porte.** Près d'une porte à ogive est assis un homme qu'une femme, placée à son côté, embrasse. Pièce non signée mais d'une taille fine et spirituelle. H. 2 p. 11 l. L. 2 p. 1 l. — Berlin.

193. **Un couple assis.** Un cavalier est assis sur un banc à côté d'une dame à laquelle il adresse la parole en lui posant la main sur l'épaule. A droite un arbre sec; à gauche un second arbre avec des feuilles. Pièce non signée. H. 3 p. L. 2 p. 3 l. — Berlin.

194. **Six femmes debout.** Elles sont placées l'une à côté de l'autre; la première à gauche, à peine couverte d'une peau, contemple une tête de mort qu'elle porte de la main droite tandis que de la gauche elle tient une pomme; la troisième a un peigne, la cinquième une espèce de lys et la dernière couverte d'une armure tient un marteau et un clou. Pièce non signée. H. 7 p. 4 l. L. 14. 4 l. — Berlin.

195. **Six femmes au bain.** A gauche est assise une femme très grasse; à droite une autre se lave les cheveux, elle est vue presque de dos ayant à ses côtés deux enfants assis à terre. Au-dessus d'elle un homme regarde par la fenêtre. Pièce mal exécutée, sans signature. La femme à droite et les deux enfans sont empruntés à la belle estampe mentionnée par Bartsch No. 167. H. 8 p. 3 l. L. 9 p. 4 l. On en trouve des épreuves récentes dans l'ouvrage de Derschau No. 80.

196. **Les fileuses.** Sur le devant sont assises deux fileuses dont une se défend avec sa quenouille contre les agaceries d'un homme. Dans le fond à gauche, deux couples près d'une table et deux autres couples d'amoureux plus vers la droite. Un homme se chauffe près d'un poêle et derrière lui se tient un joueur de cornemuse. Sur le devant, deux couples qui dansent etc. Pièce non signée, mais certainement de H. S. Beham, sur deux feuilles. H. 12 p. 9 l. L. 18 p. 5 l. Musée germanique.

197. **Sept musiciens.** A droite deux joueurs de flûte. A gauche des joueurs de luth, de basson et des chanteurs. Sans bordure H. 1 p. 3 l. L. 3 p. Dans le livre d'estampes de Steinmeyer 1620.

198. **Fête de paysans** en 6 feuilles mesurant chacune H. 6 p. 5 l. L. 14 p. 4 l. La composition ouvre avec des paysans assis à table; puis viennent deux fifres et, derrière eux, des couples qui dan-

6*

sent où s'embrassent; une haie formée avec des claies se trouve derrière les figures dans toutes les feuilles. L'exemplaire que nous avons
sous les yeux ne porte ni chiffre ni date et on ne peut même deviner
si la suite est complète. Sur chacune des divisions on lit des vers
burlesques de Hans Sachs[1]). Sur la première feuille on trouve une étable
en ruines avec un puits derrière et un cochon sur le devant; un peu
vers la gauche on voit une table couverte de plats et de verres à laquelle sont assis cinq paysans avec autant de paysannes. Un garçon
porte une oie rôtie sur un plat. Sur le devant un paysan se dé-
charge et derrière lui un jeune homme embrasse une femme assise
près de lui. A l'extrémité de la table à droite est assis un chien.
En haut quatre vers:

> Eine mals ich auff ein kerhwey kam
> Gehn Megeldorff da ich vernam
> In einem grossen Wirtes Hauss
> Die Pawren lebten ihm Sauss.

Sur la seconde feuille, les deux fifres; ensuite deux couples dansants vers la droite. Les vers au-dessus de chaque couple donnent
leurs noms, leur pays et tout ce qui les concerne; chacune des feuilles
suivantes contient trois couples dansants, dont deux s'embrassent. Sur
une des feuilles, un curé danse avec une femme; au-dessus d'eux on lit:

> Darnach der Pfarher von Schweinav
> Der tantzet mit des Mesners Fraw
> Von Schniglingen, die hat er lieb
> Viel schwatzens er am reyen trieb.

Ces gravures traitées avec beaucoup de feu, dans la manière de
H. S. Beham, se trouvent, dans un exemplaire colorié, en possession
du Dr. Detmold à Hanovre.

On en trouve également une copie ou une reproduction avec
quelques différences dans l'ouvrage de Derschau Nos. 86 et 86ᵇ. On
n'y voit point l'épisode du Curé, ni le chien au bout de la table, mais,
en plus, un groupe de jeunes paysannes près d'une table et dont la
plus avancée est invitée à danser par un jeune paysan. Les figures
sont un peu plus petites que dans l'original et la taille en est raide
et dure, les inscriptions manquent.

---

1) On les retrouve dans la collection de ses poésies Nuremberg 1589. Livre
1ᵉ 5ᵉ Partie f. 3977 avec six strophes chacune de quatre vers en plus que sur la
gravure et avec d'autres différences. On lit à la fin MDXXVIII am 15. Tage
Martij.

199. Un couple de paysans. L'homme court vers la gauche avec la femme qui lève la main gauche. Celle-ci, vue de face, tient une bourse.

200. Le paysan et la vieille. Il est debout sur le devant et tient une boîte, tandis qu'il parle à une vieille femme à sa droite qui porte un panier d'oeufs.

201. Le paysan et le dominicain. Un vieux paysan reçoit d'un dominicain à droite qui est assis sur un panier d'oeufs qu'il couve, un oeuf d'où sort un poulet. Un essaim de mouches bourdonne autour de la tête burlesque du moine.

Ces trois gravures in-fol. ne portent point de chiffre, mais sont d'un excellent travail et dessinées dans la manière de H. S. Beham.

202. Un paysan. Il porte un chapeau à larges bords, de larges manches et une sacoche au côté droit. Il lève la main gauche dans l'acte de parler. Sur le terrain quelques verres. H. 2 p. 7 l. L. 2 p. 5 l. Pièce reproduite dans la publication de Steinmeyer 1620.

203. Chevaux sur trois feuilles 4° obl. On les trouve dans l'ouvrage intitulé:

Hippiatria sive Marescalia Laurentii Rusii ad Nicolaum Sancti Hadriani diaconum Cardinalem in qua praeter variorum morborum plurima ac saluberrima remedia etc. Lutetiae apud Chr. Wechel sub scuto Basilensi 1532.

Ces chevaux sont bridés et accompagnés d'inscriptions françaises; plusieurs appartiennent à un bon maître français et trois à H. S. Beham avec son monogramme et sont semblables à ceux qui se trouvent dans le livre de dessin. Ce sont les suivants:

a. Cheval dirigé à gauche avec la tête courbée vers le bas. Sur le titre.

b. Cheval également dirigé à gauche, la tête vers la droite.

c. Cheval dirigé vers la droite. Ces deux dernières gravures se trouvent sur une seule feuille au verso de la Table des matières. (R. Weigel Kunstcat. No. 18409.)

204. Ornement. Un mascaron entouré d'une guirlande et de feuillages entremêlés, avec deux enfans au côté. Au milieu de la marge du bas le monogramme. H. 3 p. 1 l. L. 7 p. Coll. Albertine.

205. Autre ornement. Un crâne de boeuf au milieu; aux côtés des feuilles d'acanthe avec deux cornes d'abondance d'où sortent des rinceaux. Au bas dans une bordure large de 8 l. le mono-

gramme avec la date de 1545. Pièce au contour sur fond ombré. H. 4 p. 5 l. L. 7 p. 5 l. — Brunswick.

206. Une demi-figure d'homme couronné. Avec une barbe de feuillage et des bras formés de rinceaux fleuris au milieu de feuillages; il est entouré d'une guirlande de lauriers. Bordure de 9 l. Pièce marquée du chiffre du maître. H. 4 p. 1 l. L. 6 p. 11 l. — Brunswick.

207. Même composition, mais dans un carré avec bordure de 4 l. Le monogramme est au bas. Pièce carrée de 4 p. 1 l.

Ces quatre gravures d'ornements ont dû appartenir à quelque édition du „Livre de dessin" de Beham et elles ont été reproduites dans le livre d'estampes de Vincent Steinmeyer 1620, déjà cité.

Jacques Binck de Cologne.
(Bartsch VIII. p. 249.)

On doit placer la date de la naissance de ce peintre et graveur au commencement du XVI. Siècle. Quelques uns le font naître néanmoins en 1490, tandis que d'autres reculent cette date jusqu'à 1504. Il était de Cologne comme nous le prouve l'inscription sur sa gravure du Saturne d'après Rosso, IOCOBVS BINCK COLONIENSIS 1530. Il a dû se former à Nuremberg, si nous en jugeons par ses nombreuses copies d'après Albert Durer, Barthélemi et Sebald Beham et avoir, par le fait, amélioré sa manière comme le démontrerait le St. Jérôme de Bartsch No. 22 très-inférieur de style et de composition à ses travaux postérieurs. Ses premières gravures datent de 1525 et 1526, et paraissent avoir été exécutées en Allemagne. Il visita plus tard l'Italie où, selon Sandrart, il aurait étudié sous Marc Antoine et même travaillé pour ce maître. Sandrart tombe cependant à ce sujet dans une erreur quand il prend le maître au monogramme I. B. pour Jacques Binck. Ce fut sans doute pendant son séjour en Italie qu'il copia le massacre des Innocents de Raphaël d'après la gravure de Marc Antoine et les Divinités du Rosso d'après Jacopo Caraglio et acquit ainsi la manière des artistes de ce pays. On croit même qu'il a visité l'Italie une seconde fois, puisqu'on lui attribue une grande gravure représentant un tournoi qui eut lieu aux environs du palais papal sous le règne de

Pie IV. dont l'avénement date de 1559. Mais quoique cette pièce à l'eau forte porte le monogramme **IGB** fecit, elle est d'un dessin trop faible pour que nous puissions la lui attribuer. On doit réfléchir, du reste, que Jacques Binck se trouvait déjà depuis 1544 au service de Christian III. roi de Danemarck, qu'il ne laissa qu'en 1551, au mois de Juillet, quand il eut son congé définitif après avoir accepté, en 1547, un emploi, avec salaire annuel, à la Cour d'Albert de Brandebourg et s'être fixé avec sa femme et ses enfants à Koenigsberg où il mourut en 1568 ou 1569.

Tout ceci résulte d'une notice ayant pour objet la demande faite par une duchesse de Mecklembourg de la copie en plâtre des portraits du Margrave Albert et de sa femme et à laquelle on fit la réponse suivante, 26 Août 1569:

„Quant aux portraits en plâtre de notre prince défunt et de sa „femme, nous regrettons de ne pouvoir donner à V. A. une réponse „favorable puisque Bincke qui avait ces choses en main est mort, il „n'y a point longtemps" etc.

Nous empruntons ces détails sur les dernières années du maître aux communications de M. le Dr. Hagen dans le Musée du Dr. Kugler 1835 Nos. 7 et 8 et qui se trouvaient déjà en partie mentionnés dans les „Nouvelles Miscellanées" de Meusel p. 1021.

Nous croyons devoir encore ajouter ce qui suit, tiré du même auteur. La duchesse Dorothée de Prusse écrivait le 15 Mai 1544 à son frère le roi Chrétien III. de Danemarck pour le remercier, en son propre nom comme en celui de son mari, de lui avoir cédé son „portraitiste Jacques Bincke" qui n'était pas resté inoccupé puisqu'il avait exécuté, pour deux médailles qu'elle lui envoyait, les portraits de son mari et celui de son père etc. „Mais que Jacques Bincke, „malgré toute sa bonne volonté, ne pouvait encore retourner près de lui, „parce qu'il avait encore quelques travaux en main et que, par consé„quent, elle le priait de l'excuser en ne le frappant point de sa dis„grâce" etc.

Il résulte de ceci que Jacques Binck était aussi graveur en creux et à cette époque au service de Christian III. comme peintre de la Cour de Danemarck. On trouve ensuite des lettres du roi, en 1546 et 1547 temps pour hâter le retour de notre maître en même temps que d'autres du Margrave de Brandebourg pour demander à son beau-frère de prolonger le congé de l'artiste, afin de lui permettre de terminer le portrait de sa femme, „soeur de V. M. et ceux de plusieurs jeunes

„seigneurs et dames de la Cour." — „Il exprime également ce désir au
„nom du roi Sigismond Auguste de Pologne qui avait fait commencer
„la construction d'un somptueux palais à Wilna en Lithuanie, qu'il comp-
„tait faire orner de plusieurs portraits" etc.

Le roi se refuse néanmoins à toutes ces instances et écrit, le 10
Juni 1547, à Jacob Binck même pour lui exprimer le mécontentement
qu'il ressentait de son absence et pour lui enjoindre de retourner immédiatement à Copenhague. Cet ordre du roi demeura sans résultat puisqu'à
cette époque la princesse Dorothée mourut et que le Margrave chargea
notre artiste de lui dessiner un monument. En Octobre 1548, nous
trouvons Jacques Binck à Dresde pour y assister, en sa qualité d'employé à la cour de Danemarck, comme témoin aux noces du prince, et
probablement à l'occasion de son passage pour se rendre à Anvers
afin d'y faire exécuter le monument en question. Au demeurant, Binck
pendant son sejour dans les Pays-Bas travailla sans relâche pour le
service du roi et lui dessina des forteresses, des redoutes, des ouvrages
de fortification, des jardins etc., travaux qu'il croyait devoir être favorable-
ment accueillis par le souverain. Il y ajoute l'esquisse d'un monument
pour le père du roi, Frédéric I. de Danemarck, et passant à son retour par
la ville de Crempe, dans le Holstein, qui devait être fortifiée, il semble
avoir appliqué à cette localité les connaissances techniques qu'il avait
acquises aux Pays-Bas, puisque le roi écrit en date du 11 Mai 1550
au Conseil de Crempe. „Nous avons un occasion de faire visiter les
„lieux par notre architecte Martin Bussart et notre peintre Jacques
„Binck et de faire dessiner le plan ci-joint démontrant la manière dont
„les fortifications doivent être construites."

Quelle que soit la variété des talents dont notre artiste paraît
avoir été doué il est cependant douteux qu'il ait été en même temps
graveur sur bois comme on l'a affirmé tout récemment. Une lettre
en date du 3 Octobre 1549, adressée par le roi Christian à notre
maître qui se trouvait alors à Anvers, semble prouver le contraire. Le
roi y dit entre autres:

„Comme la Bible doit être sous peu imprimée à Copenhague, nous
„désirons que tu dessines notre portrait sur le bois ci-joint et d'une
„bonne manière, comme tu le sais très-bien faire, aussi bien que nos
„armoiries, en ayant soin de les faire tailler par des gens compétents,
„si tu en peux trouver là où tu es."

Si Jacques Binck avait été lui-même graveur sur bois, le roi l'aurait sans doute chargé de tailler ces bois sans avoir recours à d'autres

On trouve, il est vrai mentionné dans le Kunstcatalog de R. Weigel No. 19449, l'ouvrage suivant:

Folium populi. Instrumentum hoc a Petro Apiano iam recens inventum etc. In disem newen Instrument das die form und gestalt hat eines blats werden durch den Sonnenscheyn in der gantzen welt gefunden die gemaine stunden des Tages etc. Lateinisch u. Deutsch. Ingolstadt 1533, folio;

avec la notice que dans cet ouvrage se trouvent trois gravures sur bois de Jacques Binck, entre autres sur le titre deux figures d'hommes debout tenant en main des instruments d'Astronomie et marquées du chiffre du maître, accompagné du couteau de graveur. Cependant après avoir vu ce livre, il résulte que le monogramme en question est celui de Hans Brosamer qui, on le sait, ressemble beaucoup à celui de Jacques Binck et qui, par conséquent, peut être facilement pris pour le chiffre de ce dernier.

Remarques à Bartsch.

1. **Adam.** On en trouve une reproduction ou une bonne copie en contrepartie avec le monogramme à rebours.

11. **Le massacre des innocents** d'après Raphaël. C'est une copie exacte de l'original de Marc Antoine B. No. 20, mais avec moins de franchise dans le dessin et plus de maigreur dans la taille.

26—45. **Les divinités de la fable.** Aux vingt estampes décrites par Bartsch nous en devons encore ajouter une vingt-unième. Une vieille femme nue a, devant elle et à ses pieds, cinq animaux: un lion, un ours, un cerf, une chèvre et un coq. Pièce sans inscription et sans numéro. H. 7 p. 9 l. L. 3 p. 10 l. (R. Weigel Cat., Meyer No. 737.)

48. **La Vénus** No. 48, pour une gaîne est le pendant du No. 88.

53. **La femme assise sur un globe.** Heller croit y voir une Fortune. Le chiffre du maître est à la gauche du haut.

65. **Le tambour et les deux soldats.** On en trouve une copie en contrepartie signée ꓭ 1529. (Brulliot Dict. II. p. 192.)

80. **Vignette aux deux génies cuirassés.** Une copie en contrepartie, non signée, porte la date de 1525.

81. **Vignette aux quatre génies avec un cheval.** Cette pièce est une copie de celle de Barthélemi Beham No. 59.

89. François I. roi de France. On trouve de ce portrait une gravure sur bois plus grande ayant, à la droite du haut, l'écusson couronné aux trois fleurs de lys. Sans inscription comme sans signature. H. 12 p. 4 l. L. 9 p. 10 l. — Berlin.

94. Reiners, V. H. La pièce décrite par Bartsch est une copie; l'original est en contrepartie, la tablette avec l'inscription est à gauche et le chiffre ↳B à droite. De la même grandeur, mais d'un plus beau modèle et d'une exécution plus fine.

95. Jacques Binck. La copie de Hondius porte l'inscription: Jacobus Binckius germ. pict. et sculp. etc.

96. Portrait d'un jeune homme. C'est le portrait de l'artiste lui-même fait au miroir comme le prouve la ressemblance avec la pièce précédente.

Additions à Bartsch.

98. Deux des fils de Noé. Copie en contrepartie de la gravure de Marc Antoine d'après Michel Ange B. No. 464. Pièce non signée. H. 6 p. L. 4 p. 5 l.

99. David vainqueur de Goliath. Il est vu de face et les épaules couvertes d'un manteau, tenant de la gauche la tête de Goliath et de la droite une épée appuyée à l'épaule. Dans le fond à droite un groupe de plantes. Le chiffre accompagné de la date 1530 est au haut de l'estampe qui est traitée dans le style italien. H. 2 p. 6 l. L. 1 p. 7 l. M. Brit. — Berlin, Munich.

100. St. Joseph conduisant l'enfant Jésus. La marche est vers la gauche; St. Joseph tient sur l'épaule deux branches avec des fruits et conduit de la main droite l'enfant Jésus qu'il tient par le bras gauche; à ses pieds quelques outils de menuisier. Le monogramme est à la gauche du haut. H. 3 p. L. 2 p. 1 l. Coll. Detmold.

101. Le Christ en croix. Longin lui perce le côté d'une lance. A mi-hauteur de l'estampe, le monogramme. H. 5 p. 1 l. L. 4 p. (Heller Zusätze p. 30.)

102. Le crucifiement. Copie d'après M. Schongauer No. 25. La Vierge est à gauche et le monogramme au milieu du bas. H. 7 p. 1 l. L. 5 p. 6 l. — Berlin.

103. La descente de croix et quatres petites compo-

sitions. La grande composition du milieu montre le corps du sauveur pleuré par les Saintes femmes; au haut se trouve le chiffre. Neuf petits compartimens ont les sujets suivants. En haut au milieu, le Christ, en croix entre la Vierge et St. Jean, dans deux médaillons au côté, le Couronnement d'épines et la Sépulture; plus bas dans les médaillons des côtés, la Fuite en Egypte, la Circoncision, à droite; à gauche, le Christ dans le temple et le Portement de croix. Enfin, dans le coins du bas à gauche, le Serpent d'airain; à droite une femme pleurant sur deux cadavres. Au milieu de ces compositions principales se trouvent, en haut, les symboles des évangélistes et aux côtés les douze apôtres. Cette pièce est traitée dans le style allemand. H. 6 p. 9 l. L. 5 p. 1 l. — Berlin, Paris.

104. La Vierge aux sept douleurs. Au milieu du haut, la mère de douleurs, le coeur percé de sept glaives et tenant sur ses genoux le corps de son fils; au milieu, la composition principale représente le Crucifiement et aux côtés plusieurs petits sujets; la Circoncision, le Christ au jardin, la Flagellation, le Couronnement d'épines, le Christ depouillé de ses vètements et le Christ attaché à la croix. Dans la bordure ornée se trouvent encore dans des médaillons, à gauche Noé bafoué par Cham et le Sacrifice d'Abraham. Le chiffre est audessous du sujet de la Circoncision. H. 6 p. L. 4 p. Coll. Albertine.

105. L'enfant Jésus dans l'acte de bénir. Il est assis tenant un globe de la main gauche. Le monogramme est à la droite du haut. H. 1 p. 6 l. L. 1 p. 1 l. Collection Albertine.

106. Une tète de Christ. Elle est vue de face, couronnée d'épines et un peu baissée vers la droite. Au haut, à droite le monogramme accompagné du millésime 1526. H. 2 p. L. 1 p. 6 l. Collection Albertine.

107. Ecce Homo. Le Christ les mains liées et la tète couronnée d'épines, est assis sur une pierre, tourné vers la droite, et la tète vue de face. Près de lui l'inscription: ECCE HOMO. Au haut un léger ornement de feuillage. Le monogramme se trouve sur la pierre. H. 2 p. 10 l. L. 1 p. 10 l. — Berlin.

108. Ste. Anne et la Vierge enfant. Copie en contrepartie de l'estampe d'Albert Durer No. 29. Le chiffre est sur une tablette à la droite du bas. H. 4 p. 2 l. L. 2 p. 8 l. Cat. Evans, Londres 1857 p. 11 No. 115.

109°. Marie couronnée par un Ange. Copie en contrepartie d'après Albert Durer B. No. 37. Le monogramme avec la date de 1526 est à la gauche du bas. H. 3 p. 8 l. L. 2 p. 8 l. — Berlin, Bamberg, Francfort s/M.

109ᵇ. Marie avec l'enfant Jésus au maillot. Elle est tournée vers la gauche. Copie en contrepartie d'après A. Dürer B. No. 38. Le chiffre de Binck est sur une tablette à la droite du bas. H. 3 p. 6 l. L. 2 p. 8 l. — Berlin, Francfort s/M.

110ᵃ. La Vierge au Singe. Elle est coiffée d'un voile sur ses longs cheveux épars et, assise sur un tertre, embrasse du bras gauche l'enfant Jésus debout sur ses genoux et qui tient une pomme dans la main gauche. Sur le devant à gauche, un singe copié en contrepartie sur l'estampe de Durer No. 42. Au milieu un petit lapin. Le monogramme est à la droite du haut. H. 5 p. L. 3 p. 7 l. (Heller Zusätze p. 31.)

110ᵇ. La Ste. Vierge. Elle est assise et offre une poire à l'enfant Jésus. La tête de la Vierge, entourée d'une gloire de rayons, est tournée à droite et elle a sous les pieds le croissant. Cette composition est renfermée dans un cercle porté sur les épaules de deux femmes terminant en rinceaux. Au haut deux monstres fantastiques dont les têtes sont tournées vers les coins. Fond noir. Pièce non signée, mais d'une belle exécution. H. 2 p. 11 l. L. 1 p. 7 l.

Dans le MSS. du frère Trudon de Liége.

111. St. Jean l'évangéliste et Ste. Marie Madeleine. Le Saint est debout à gauche bénissant le calice; la Sainte, à droite, lève le couvercle du vase à parfums. Derrière elle une plante. Sur la traverse en haut, croissent des plantes en forme de rinceaux soutenus par un petit enfant qui plane au-dessus. Tout-à-fait en haut, un écusson avec le monogramme. H. 3 p. 11 l. L. 2 p. 8 l.

112. La Véronique, St. Pierre et St. Paul. Elle est debout, au milieu, tenant le voile avec la Sainte face. St. Pierre à gauche porte les clefs, St. Paul à droite l'épée. Le fond est terminé par trois cintres; une lampe est suspendue à celui du milieu. Le chiffre est au milieu du bas. H. 5 p. 6 l. L. 2 p. 8 l. (Brulliot I. p. 409.)

113. St. George. Il s'élance vers la droite où gît le dragon vu par derrière et percé d'une lance. Le Saint, en armure complète et la tête couverte d'une barrette à plumes, est dans l'acte de terminer d'un coup d'épée sa lutte avec le monstre. A gauche un château où le roi et la reine contemplent le combat; à droite sur une colline la princesse agenouillée avec l'agneau. Le monogramme est en bas à gauche. H. 2 p. L. 3 p. 1 l. R. Weigel Cat. Meyer No. 735.

114. La Madeleine. Elle est assise dans un paysage et tient à la main le vase à parfums. Ses cheveux sont arrêtés par une plaque de métal. A la gauche du haut le millésime 1520. H. 1 p. 9 l. L. 1 p. 2 l. Catalogue Evans & Sons, Londres 1857 No. 121.

115. Ste. Catherine. A ses pieds un prince. Pièce entourée d'une bordure à guise d'arabesque. Le monogramme se trouve à la gauche du bas au-dessus d'un hérisson. H. 4 p. 5 l. L. 3 p. 2 l. R. Weigel Coll. Meyer No. 736.

116. Homme caressant une femme. Ils sont assis tous deux sur un tertre au-dessous d'un arbre, la femme à gauche, l'homme dont la barrette et l'épée gisent par terre, à droite. Dans le fond, à droite, un paysage montagneux. Le chiffre est à la gauche du haut. Copie d'après Baldung Grün No. 50. H. 3 p. L. 4 p. 4 l. — Berlin.

117. La jeune femme et le fou. Il est assis à droite et passe la main sous les jupes de la femme qui se défend contre lui. Le monogramme est au haut. Fond noir. H. 1 p. 8 l. L. 1 p. 2 l. — Munich.

118. Silène. Il est couché dans une position un peu forcée s'appuyant sur le bras droit et la main gauche posée sur la tête. Devant lui une coupe avec des raisins; derrière un cruchon de vin. Le monogramme est à la droite du haut. H. 3 p. 1 l. L. 4 p. 6 l. — Berlin.

119. L'enfant endormi et le chien. Copie en contre-partie d'après H. S. Beham No. 211. Le chiffre de Binck est au bas. Pièce ronde 1 p. 8 l. de diamètre. — Berlin.

120. L'enfant qui joue avec un chien. Copie en contre-partie d'après H. S. Beham No. 30. Au bas le monogramme de Binck. Pièce ronde 1. p. 8 l. de diamètre. Musée Brit.

121. Un hallebardier. Il est vu de profil tourné vers la droite et porte une cotte de mailles avec un casque et une hallebarde à la main gauche. A la gauche du bas le chiffre I c B. H. 2 p. 7 l. L. 1 p. 9 l.

122. Autre hallebardier. La tête, vue de profil et tournée vers la gauche, est coiffée d'un chapeau à plumes. Il tient de la main droite une hallebarde et appuie la gauche sur sa hanche. A la droite du bas une tablette avec la marque I c B. H. 2 p. 7 l. L. 1 p. 9 l. — Berlin.

123. Un soldat. Il porte des haut-de-chausses très-larges et s'avance vers la droite tenant de la main droite une épée, la pointe

en l'air et de la gauche un bâton avec deux glands. A la droite du bas les initiales I^cB. H. 2 p. 7 l. L. 1 p. 9 l. — Berlin.

124. Un porte bannière. Il est vêtu à l'espagnole et s'avance vers la droite en faisant voltiger une bannière. Le monogramme est à la gauche du bas. H. 2 p. 8 l. L. 1 p. 10 l. Coll. Albertine à Vienne.

Ces quatres pièces semblent appartenir à une suite dont Bartsch décrit encore trois estampes sous les Nos. 68, 69 et 71.

125. Le soldat à la tête penchée. Il est debout près d'un arbre, tenant de la main droite une lance et appuyant la gauche sur le côté. H. 1 p. 10 l. L. 1 p. 7 l. Le millésime 1520 est à la droite du haut. Cat. Drugulin

126^a. Le soldat à la gourde. Il porte une barrette à plumes et un vêtement taillardé. De la main droite il tient une gourde à boire suspendue à un cordon et appuie la gauche sur le pommeau de son épée. Le chiffre est à la gauche du haut. H. 3 p. L. 11 p. 3 l. Cat. Evans de Londres No. 126.

126^b. Montant d'ornement. Au-dessus de deux vases et, sur une coupe ornée de feuillages, est assis un satyre ailé qui souffle dans deux cornes. Le monogramme est au bas de l'estampe. H. 3 p. 4 l. L. 11 l. — Berlin.

126^c. Autre montant d'ornement. La partie supérieure est formée de deux vases ornés de feuillage et placés l'un au-dessus de l'autre. Au bas deux femmes ou femelles de Satyre se tournant le dos et ayant pour bras des banderoles. Le monogramme est à la droite du haut. Copie d'après Barthélemi Beham No. 56. H. 2 p. 11 l. L. 1 p. — Francfort s/M.

127. Autre montant d'ornement. Un petit Amour, tourné vers la droite et courbé, soutient un rinceau de feuillage se dirigeant vers le haut et finissant vers le bas en trompette. A la droite du haut le millésime 1521. Pièce non signée, mais tout-à-fait dans le goût de Jacques Binck. H. 2 p. 3 l. L. 1 p. 8 l.

128. Arabesque aux deux génies. Deux enfants ailés chevauchent à droite et à gauche deux dauphins, et lèvent chacun une main vers un vase richement orné qui se trouve au milieu de l'estampe et dont les anses sont formés de feuillage. Fonds noir. Le signe est à la gauche du bas. H. 2 p. L. 1 p. 4 l. R. Weigel Cat. Meyer No. 750.

129—133. Les cinq pièces suivantes portent toutes le monogramme du maître et mesurent chacune H. 10½ p. L. 1 ½ p. Elles se trouvent au Musée de Berlin.

— 129. **Arabesque en frise**. Au milieu une cuirasse, de chaque côté un petit Amour caché dans des rinceaux de feuillage, celui de gauche vu de face, celui de droite de dos.

— 130. **Autre**. Demi-figure d'homme avec cheveux et barbe de feuillage et des rinceaux pour bras au moyen desquels il embrasse deux dauphins terminés en feuillage.

— 131. **Autre**. Demi-figure d'enfant terminée par deux rinceaux qu'il tient des deux mains.

— 132. **Autre**. Deux demi-figures d'enfants terminants en queues de poisson tiennent un hibou, les ailes écartées.

— 133. **Autre**. Deux enfants assis sur des dauphins tiennent entre eux un mascaron à cornes.

On en trouve une copie sans le monogramme.

134. **Arabesque à guise de frise**. Deux petits Amours tiennent les anses d'un vase placé entre eux. Celui de gauche est vu de profil, celui de droite de face. Pièce son signée. H. 11 p. L. 1 p. 8 l. Berlin. Cab. Detmold.

On en trouve une copie ou une reproduction en contrepartie et de mêmes dimensions, avec la date de 1525.

135. **Autre semblable**. Au milieu une demi-figure d'homme ailé et cuirassé avec des rinceaux pour bras et dont il tient au-dessous de lui deux dauphins dont la bouche est remplie de feuillage. Le chiffre est à la droite du bas. H. 10 p. L. 3 p. 1 l. — Berlin.

136. **Autre semblable**. Au milieu une demi-figure de Satyre terminée en feuillage et en rinceaux dont il tient les bouts. Fond noir. Au milieu une tablette avec le monogramme. H. 1 p. L. 2 p. 1 l. Musée Britannique.

137. **Christian III. roi de Danemarck**. Portrait demi-figure vue presque de face un peu tournée à droite. Le fond forme un arc orné de neuf écussons tenus en partie par six petits génies. Sur l'appui du bas on lit: CHRISTIERNVS · Z · DANORVM · REX · SVETIE · NORVEGIE · ZC. Pièce à l'eau forte et non signée, mais d'un excellent travail tout-à-fait dans le style de Binck. Décrite par Bartsch dans l'oeuvre de Lautensack IX. p. 230 comme une pièce faussement attribuée à ce maître. H. 9 p. 10 l. L. 7 p. 11 l.

138. **L'empereur des turcs**. Portrait en buste vu de côté et tourné vers la droite. Le monogramme est à droite. Sur la marge

du bas l'inscription : TVRCORV̄ CÆSAR. H. 1 p. 6 l. L. 1 p. 1 l.
(Voyez Heller Zusätze p. 31.)

139. Joachim Hoecsster. Portrait, demi-figure vue de trois
quarts d'un homme barbu et la tête couverte d'une barrette. Sur le
fond blanc à droite le monogramme, la date de 1532 et les initiales:
H. X. C. L'inscription de quatre lignes se lit sur la marge inférieure.

Quos cernis vultus sculpsit germanus Apelles
Et rare expressit nobilitatis opus.
Qualis enim nunc est Joachim Hoecsster imago
Videlicet auguste cujus hoc aere refert.

140. Paysage montagneux. Au milieu de l'estampe on voit
une forteresse au pied d'un rocher élevé, un pont levis y conduit. Sur
le premier plan à droite un grand sapin. Pièce à l'eau forte sur
acier. Au haut le deuxième des monogrammes ci-dessus. H. 4 p. 1 l.
L. 3 p. Cat. Sternberg II. No. 876.

Appendice.

Notice de quelques estampes attribuées à Jacques Binck.

1. Le Christ au jardin des oliviers. Il est agenouillé
au milieu de l'estampe, tourné vers la droite, le regard dirigé vers le
ciel où apparaît un ange. Sur le premier plan les trois apôtres endormis. Dans le fond s'avancent des soldats. La marque est à la
droite du haut. Pièce d'une exécution trop médiocre pour qu'on
puisse l'attribuer à notre maître; le monogramme semble y avoir été
ajouté plus tard. H. 2 p. 6 l. L. 1 p. 9 l. (V. Heller Zusätze p. 30.)

2. Mendiants. Cinq hommes, deux femmes et un enfant; la
marche est à droite. Au milieu une femme porte une cruche sur la
tête et l'enfant tient un ourson ou un agneau. Les initiales IcB se
trouvent à la droite du bas. H. 3 p. 2 l. L. 3 p. 4 l.

Le dessin de ces longues figures et la dureté de la taille différent beaucoup de la manière de notre maître. — Berlin.

3. Le tournoi sous Pie IV. dans la cour du Vatican.
Deux chevaliers la lance en arrêt se précipitent l'un sur l'autre tandis
que divers autres se tiennent tout autour à cheval et qu'un grand
nombre de spectateurs garnissent les tribunes et les loges. A droite
on voit s'élever la coupole de St. Pierre en construction. Sur une
tablette du haut l'inscription : Mostra della giostra fatta nel

teatro di Palazzo ridotto in questa forma dalla Stà. dj
N. S. Pio IV. come si vede nella pianta della stampa con
sve misure. Le chiffre H-B fecit, et où le trait du H est une barre
et non un c, se trouve à la droite du bas. H. 16 p. L. 21 p. 2 l.
— Francfort s/M. Pièce à l'eau forte.

Gravures sur bois.

2. La Bible danoise de 1550. Nous empruntons au Kunstcatalog de R. Weigel No. 17029, les détails suivants sur cette édition
dont le titre est comme suit:

Biblia Det er den gantske Hellige Scrifft udsaet paa
Danske 5 Thle. Prentit Köbenhaffn, aff Ludowich Dietz.
M.D.L. fol.

Cette bible contient une riche collection de gravures sur bois de
l'école de Saxe et en partie de Jacques Binck. Le titre gr. in-folio
représente l'ancienne et la nouvelle alliance, pièce répétée deux fois
et qui avait été déjà employée ailleurs, entre autres dans la bible avec gravures sur bois de G. Leigel. Le portrait de Christian VIII., demi-fig.
in-fol. qui se trouve au verso du titre, est la même pièce dont nous
avons parlé plus haut, dessinée d'après les ordres du roi par Jacques
Binck et gravée pour cette bible. L'imprimeur Dietz a encore employé
pour cette édition quelques bois des monogrammistes DK et AE qui
se trouvent dans sa Bible de Lubeck 1533—34. Les pièces suivantes
sont gravées d'une manière fort médiocre d'après les dessins de Binck.

Le Sacrifice d'Abraham, l'Échelle de Jacob, le Songe de Pharaon,
le Tabernacle etc. pet. in-4°. Aaron dans le temple in-fol. et Josué,
fig. entière fol. obl. Les faits et gestes des Israélites, de Sampson,
de Samuel, de Saül, de David, de Salomon, les Trésors du temple, Isaac,
Daniel et sa vision in-4° obl. Les Évangélistes figures entières avec
leurs attributs, la Pentecôte. Sujets de la vie de St. Pierre, St. Paul
et St. Jacques, ainsi que les sujets de l'Apocalypse in-8°.

I B ·I·B·
(Bartsch VIII. p. 299.)

Nous manquons absolument de données certaines ou de documents
sur ce graveur qui, dans sa manière, s'approche beaucoup de celle de
IV.   7

Jacques Binck. D'après quelques unes de ses copies d'Albert Dür
dont la première, celle du paysan de Marché No. 89, por
date de 1523; d'après le caractère de son dessin qui ressemble à
de Beham et vue la notice de Bilibald Pirkheimer, qui lui attribu
gravure de la pièce B. No. 30, Le coeur en tribulation,
cutée en 1529, on doit conclure qu'il s'est formé à Nuremberg et
y a vécu. Il est probable qu'il visita l'Italie, si nous en jugeons pa
figures de son Triomphe de Bacchus de 1528 B. No. 19 o
figures de Satyres ont les formes usitées dans ce pays tandis
celles de ses femmes paraissent être imitées du Char de triom
de l'Empereur Maximilien par A. Durer. La pièce des Enfants
dangeurs de 1529, No. 35, est tellement dans le style italien
en a attribué la composition à Raphaël. La dernière date que
retrouve sur ses gravures est celle de 1530 quand il devait être
core en Allemagne, puisque les portraits de Luther et de Melanc
sont de cette période. Le cabinet de gravures de Berlin a de lu
petit cadre pour broderie avec des reliefs sur bois finement scul
des arabesques, des feuillages avec figures et des médaillons ave
bustes de Charles V. et de Ferdinand I. Ce travail est tellement
la manière du maître I. B. qu'il est très-probable qu'il l'ait exé
lui-même quoique son monogramme ne s'y trouve point.

Observations à Bartsch.

1—3. Sujets de la vie du Christ. Cette suite renf
au moins 6 pièces, comme nous le ferons voir plus bas.

6ᵇ. St. Mathieu. Il est assis dans une salle ouverte,
des lunettes et lit dans un livre que lui tient l'Ange. Les init
I. B., accompagnées du millésime 1525, sont à la gauche du
H. 2 p. 9 l. L. 1 p. 11 l.

Cette pièce est sans doute de la même suite d'évangélistes
quelle appartient le St. Luc No. 6 de Bartsch.

30. Les tribulations du Coeur, Allégorie. Il en e
une belle copie en contrepartie avec bordure ornée et sans signal
H. 2 p. 11 l. L. 3 p. 2 l. — Berlin, Paris.

Cette même composition, gravée sur bois et d'un plus grand
mat, est signée ⊦R⟋⊙ H. 14 p. 10 l. L. 11 p. — Bamberg.

34. **Les deux génies au pied d'une colonne.** C'est la partie inférieure de la composition No. 30.

35. **Les enfans vendangeurs, 1529.** L'invention en a été attribuée à Raphaël mais, quelle que soit la beauté et la vivacité des figures dans cette composition, les proportions des figures ne sont pas celles du maître d'Urbin, sans compter que dans le dessin on désirerait quelquefois plus de finesse et de grâce. Elle appartiendrait donc tout au plus à un des élèves de Raphaël, si on ne veut pas absolument la donner au maître I B lui-même.

Une seconde épreuve porte avec la date de 1529 le chiffre $\mathcal{B}$B (Brulliot Dict. I. No. 1038ⁿ.)

On trouve une copie en sens contraire de la partie gauche de cette pièce qui ne contient que 9 des 20 enfants, signée R. B. (Brulliot Dict. II. No. 2388ⁿ.) — Dresde.

36. **Le joueur de cornemuse.** On trouve de cette pièce une copie en contrepartie. Cat. Sternberg II. p. 289.

50. **La gaîne au guerrier.** On trouve des épreuves de la partie supérieure seulement sans l'enfant. — Berlin.

52. **La gaîne à la Vénus.** On trouve également de cette pièce des épreuves avec la seule partie supérieure. — Berlin.

Additions à Bartsch.

53. **Thamar violée par Ammon.** C'est une figure presque nue. Son nom se trouve sur le banc; à gauche celui d' AMVM. Sur une banderole au haut de l'estampe; CVЬA MECVM. Pièce non signée, mais tout-à-fait dans le style du maître I. B. En losange. H. 3 p. 2 l. L. 2 p. 3 l. — Berlin.

54—55. **Trois sujets de la vie du Christ** appartenant à la suite de Bartsch 1—3, et tous signés I. B. Pièces rondes de 1 p. 4 l. de diamètre. — Berlin.

— 54. **L'adoration des rois Mages.** La Vierge est assise à droite, tenant l'enfant Jésus sur ses genoux. Un des rois est agenouillé devant elle et fait une offrande à l'enfant. Derrière lui les deux autres rois.

— 55. **Jésus instruisant dans le Temple.** Il est assis dans le fond d'une salle où l'on voit une colonne et plusieurs voutes.

7 *

A sa droite, trois docteurs de la loi dont l'un cherche à déchiffrer un texte dans un livre. Sur le devant à gauche, deux autres docteurs avec des livres et vis-à-vis d'eux, à gauche, deux autres dont l'un s'appuie sur le coude.

— 56. Le Christ avec trois de ses apôtres. Ceux-ci sont à droite vis-à-vis de deux docteurs de la loi à gauche. En haut Dieu le père.

57. St. Florian. Il est debout, en armure complète mais sans casque, un peu tourné vers la droite et tient de la main droite une bannière dont les plis s'étendent derrière lui. Plus loin s'élève un riche portail sur lequel deux génies, terminés en queue de dauphin, tiennent des rinceaux de feuillages. Au bas les initiales I. B. Très-belle imitation de la gravure sur bois d'Albert Durer B. No. 116 représentant le Saint patron de l'Autriche. H. 3 p. 6 l. L. 2 p. 5 l. — Francfort s/M.

58. Le gros soldat. Il est assis, tourné à droite, sur un tronc d'arbre. Un poignard lui pend sur le ventre. H. 1 p. 10 l. L. 1 p. 1½ l. Cat. Sprinckmann No. 277.

59. Montant d'ornement. En haut, un mascaron barbu au-dessus d'un vase richement orné et sous celui-ci une coupe que deux oiseaux soutiennent de leur tête. Au-dessous de la coupe on voit encore trois mascarons, celui du milieu de face, les deux autres de profil; tout-à-fait au bas la signature I. B. H. 4 p. 4 l. L. du haut 9 l., du bas 7 l. R. Weigel.

Appendice.
Gravures sur bois.

Brulliot dans son Dictionnaire des monogrammes II. No. 1324 fait mention d'une gravure sur bois signée I. B. et qu'il dit avoir été exécutée d'après un dessin de notre maître.

1. Les armoiries de Charles Agricola. (Bauer.) L'écusson est timbré d'un casque ayant pour cimier un ange qui tient de la droite une croix, de la gauche un serpent. Autour de l'ovale on lit: CAROLVS AGRICOLA HAMMONIVS IVRIS VTRIVSQVE DOCTOR. Dans les coins, on voit quatre génies avec les attributs des saisons. En haut à gauche, les initiales I. B. sur un escabeau surmonté du

génie du printemps, et la date de 1533 sur l'escabeau à droite où se
tient le génie de l'été. H. 5 p. 2 l. L. 3 p. 7 l.

George Pencz de Nuremberg.

(Bartsch VIII. p. 319.)

Ce peintre distingué, surtout dans le portrait, était également un
excellent graveur et nâquit, selon toute probabilité, à Nuremberg au
commencement du XVI. Siècle. Il dit lui-même qu'il était de Nuremberg dans sa gravure de la prise de Carthage, et nous lisons dans
Neudörffer qu'il y restaura, en 1521, les peintures faites par Hans Graff
en 1340 dans l'hôtel de ville. Ce contemporain de notre artiste ajoute
qu'il se forma avec les deux Beham à l'école d'Alb. Durer.

Il fit le voyage d'Italie où il fréquenta l'école de Marc Antoine.
Cette circonstance ne peut donner lieu à aucun douté quand nous re-
gardons les gravures qu'il exécuta à cette époque et qui révèlent, à ne
pas s'y méprendre, l'influence de cette école. Parmi ces gravures on
remarque celles des „Six Triomphes du Pétrarque" Nos. 117—123, mais
surtout le célèbre „Massacre des Innocents" au chicot que Bartsch
décrit sous le No. 18 comme l'estampe originale de cette composition
par Marc Antoine, et dont les premières épreuves ne portent point son
monogramme qui y a été ajouté après coup et plus tard. Cette pièce
de notre artiste est souvent préférée à celle de Marc Antoine B. No. 20,
ce qui a engagé Bartsch à attribuer cette dernière à Marc de Ravenne,
bien que ce graveur en ait exécuté une autre qui s'approche davantage du style de Marc Antoine et qu'il a signée, dans l'origine, du nom
de celui - ci.

En comparant soigneusement ces deux chefs d'oeuvre de la gravure
sur cuivre, celle du No. 18 paraît, il est vrai, plus nette et plus ferme
de dessin, mais non seulement elle diffère dans la taille qui est un
peu plus maigre, un peu plus raide que celle d'un artiste aussi con-
sommé que Marc Antoine, mais l'expression dans les têtes a moins
de vie et les hachures ont quelquefois cette direction horizontale que
l'on ne trouve jamais chez les Italiens. Le No. 20 qui appartient indubitablement à Marc Antoine est d'une taille plus franche, d'un des-

sin plus plein et d'une plus grande vivacité dans l'expression des têtes.
Et tout considéré, nous avons l'entière conviction que l'estampe No. 18
au chicot a été exécutée par George Pencz d'après le dessin original
de Raphaël.

Nous avons également lieu d'attribuer à notre maître une autre
estampe d'après la composition de Jules Romain, les prisonniers,
attribuée à George Ghisi et décrite par Bartsch dans le catalogue de
l'oeuvre de ce maître, sous le No. 66, tout en faisant remarquer que
cette estampe s'approche beaucoup de la manière de George Pencz
avec laquelle, en effet, elle a beaucoup plus de ressemblance qu'avec
celle du maître de Mantoue.

On retrouve le même détail des hachures horizontales, mentionné
plus haut, dans quelques parties de la grande pièce „la prise de
Carthage" de 1539 (Bartsch No. 86), bien que notre maître ait
complètement imité ici la gravure de Marc Antoine et si bien que,
s'il n'y avait pas ajouté son nom, on aurait eu quelque peine à la
lui attribuer.

Pencz a montré dans ces grandes pièces ce qu'il pouvait faire
comme graveur, mais on ne peut s'empêcher de penser que les dessins de
Raphaël et de Jules Romain ont beaucoup contribué au degré d'excel-
lence qu'il y montre. Il est beaucoup plus faible de dessin dans les
grandes pièces d'après ses propres compositions comme on le voit
dans les Triomphes de Petrarque, tandis que son dessin ne
laisse rien à désirer pour ses petites compositions, dans lesquelles il
n'a jamais été surpassé par ses contemporains d'Allemagne.

Bartsch a décrit toutes les pièces attribuées à Pencz, de manière
qu'il nous est impossible de rien ajouter à son oeuvre. Nous obser-
verons seulement que Neudörffer dit au sujet de sa mort:

„Il mourut à Breslau en l'an 1550 au mois d'Octobre le même
jour que son fils Aegidius."

Henri Aldegrever.
(Bartsch VIII. p. 362.)

Nous apprenons du Dr. F. J. Gehrken dans sa Revue „für vater-
ländische Geschichte und Alterthumskunde Vol. IV. 2e Livr.", dissertation

qu'il a fait ensuite publier à part, que notre maître a été en même temps peintre, graveur en taille douce et en creux ainsi qu'orfèvre. Nous empruntons à cet écrivain les détails suivants.

Henri Aldegrever était le fils unique de Hermann Aldegrever de Paderborn, surnommé aussi Trippenmacker de sa profession qui était celle de faire des empeignes de cuir aux sandales de bois. A en juger par le portrait que Henri Aldegrever exécuta de lui-même en 1530, et où il se donne comme ayant 28 ans, il a dû naître en 1502. Comme Van Mander nous l'affirme, il se rendit à Nuremberg pour se perfectionner dans son art sous la discipline d'Albert Durer, comme le prouverait du reste sa manière de peindre, un peu sèche, qui appartient plutôt à l'école de la haute Allemagne de cette époque qu'à celle du bas Rhin. De retour à Paderborn, il se brouilla en 1532 avec les autorités de sa ville natale, à raison de son penchant pour les idées de la réforme, et s'établit en conséquence dans la petite ville voisine de Soest dans laquelle il se lia intimement avec les coryphées de la secte des Anabaptistes, comme nous le prouvent les portraits qu'il grava, en 1536, de Jean de Leyde et de Knipperdolling, ainsi que les matrices exécutées par lui du thaler d'argent que le roi Jean de Munster aimait à distribuer à ses fidèles.

Plusieurs circonstances nous prouvent en outre son domicile régulier à Soest; d'abord son propre portrait exécuté, en 1537, et où il prend la désignation de Suzatiensis, ce qui à fait croire à plusieurs qu'il était véritablement natif de cette ville; ensuite une demande des autorités de Soest à celles de Paderborn, relativement à l'héritage du père et de la mère d'Aldegrever morts en 1545 et „pour que l'héritage en vêtements, joyaux et autres effets, et tous les biens délaissés par ses parents puissent être délivrés et remis à l'honorable Maître Henri Aldegrever, bourgeois de cette ville" selon les formalités d'usage en pareille circonstance. Cependant malgré qu'Aldegrever, pour faciliter le recouvrement de ses droits, eut vendu la maison paternelle au juge de la ville de Paderborn, il éprouva beaucoup de difficultés à se faire rendre justice, en raison de ses rapports antérieurs avec les autorités de la ville.

Notre artiste se trouvait néanmoins en haute faveur près du jeune duc Guillaume de Clèves dont il exécuta, en 1540, le portrait sur cuivre et, un an plus tard, sur bois. Il fit aussi pour lui, en 1552 et au prix de 35 thalers, deux sceaux et, en les envoyant, il s'excuse de ne pas y avoir ajouté „l'anneau avec la pierre" qui serait terminé en quelques jours, ce qui prouverait, au besoin, qu'il exerçait également la profession d'orfèvre.

Son premier travail connu est une Arabesque sur cuivre, datée de 1522; sa dernière gravure, représentant le Jugement de Salomon, porte la date de 1555. Cependant il existe de lui, dans la Galerie de Dusseldorff, son portrait avec le millésime de 1556. Gerkhen conclut de ceci et d'autres indices qu'il mourut en 1558 à l'age de 56 ans et qu'il fut enterré dans l'église de St. Pierre à Soest. Carl van Mander nous dit à ce sujet:

„Aldegrever fut enterré très-simplement à Soest et un de ses amis „qui avait souvent voyagé avec lui, avec lequel il avait des relations „intimes (Hermann zum Ring?), et qui était venu le voir de Münster, „ne le trouvant plus en vie, fit placer sur sa tombe son nom ainsi „que le chiffre dont il marquait ses ouvrages."

On trouve d'Aldegrever quelques gravures sur bois excessivement rares et que, réfléchissant qu'il était graveur en creux, nous pouvons regarder comme ayant été exécutées par lui. Sur une d'elles, représentant le portrait du duc Guillaume de Clèves, on trouve l'indication:
Henricus Aldegrever Suzatien. faciebat Anno MDXLI.

Observations à Bartsch.

61. St. Christophe. Cette pièce est une copie en contrepartie de celle d'Albert Durer No. 52.

83—95. Les travaux d'Hercule. Le graveur J. Riedl de Vienne possédait en 1814 les planches de ces gravures dont il fit tirer de nouvelles épreuves.

152—159. Les danseurs de noces 1551. Le cabinet de Berlin possède des copies de ces huit pièces en contrepartie et d'une plus grande dimension. Les figures en sont très-fortes et toutes portent le monogramme d'Aldegrever. H. 4 p. 2 l. L. 2 p. 11 l.

176. Un porte-enseigne. On en trouve une copie en contrepartie, à la pointe sèche et signée au haut dans une tablette du chiffre 1529. — Berlin.

185. Philippe Melancthon. Il en existe une copie dans le sens de l'original d'un travail médiocre. Le nom y est écrit Melanton au lieu de Melanthon sur l'original.

186. Albert van der Helle 1538. D'après Nagler (Künstler-
Lexicon), Albert v. d. Hoelle était un graveur sur bois né en 1510
à Nuremberg, ce que semble confirmer Gherkhen en disant que Albert
v. d. Helle était un excellent médailliste et graveur en creux à la cour
de Munich. Cependant Heller (Zusätze) considère ce portrait comme
étant celui du „juge de la ville de Soest, von der Helle (ou Holte), un
des amis intimes d'Aldegrever"; mais comme il n'apporte aucune preuve
de ce qu'il avance ainsi, nous devons considérer la première opinion
comme la plus vraisemblable.

252. Quatorze enfans dansants. Huit d'entre eux ont été
faits d'après la composition de Raphaël gravée par Marc Antoine.

271. Ornement aux deux enfans, 1549. Bartsch a, par
erreur, répété encore une fois la description de cette pièce sous le
No. 278.

280. Ornement à l'enfant tenant un trophée. On en
trouve une répétition en contrepartie, si finement gravée que nous
n'hésitons pas à l'attribuer au maître. Coll. Albertine à Vienne.

- - -

Additions à Bartsch.

290. La résurrection. Le Christ bénit de la droite et tient
de la gauche l'étendart de la croix. En haut l'inscription: PAX N̅R̅A̅
CHRISTVS. A mi-hauteur, le chiffre et la date de 1550. H. 2 p. 8 l.
L. 1 p. 10 l.

291. L'enfant prodigue. Il joue du luth, assis sous un
arbre à côté d'une femme qui s'appuie sur son épaule. A gauche
un cruchon de vin et des verres. Dans le fond, on le voit encore
près d'une auge où mangent les pourceaux. Dans le lointain, une ville
près de l'eau et, à droite, une tablette avec le monogramme et la date
de 1540. H. 7 p. 8 l. L. 5 p. 10 l. — Brunswick.

292. Femme portant une bannière qu'elle tient des deux
mains en s'avançant vers la gauche, tandis qu'elle tourne la tête à droite
où se trouve un écusson d'armoiries. Sur la bannière, une cigogne et,
à la droite du bas, une tablette portant le chiffre avec le monogramme
et la date de 1552. En marge, deux vers latins. H. 3 p. 10 l. L. 2 p. 3 l.

293. Le Centaure marin et deux Néréides. Il est vu seulement jusqu'à moitié, tourné vers la droite, portant sur sa queue de
poisson une nymphe, et tenant, par le bras gauche sur son épaule, une

seconde femme qui jette les hauts cris. A gauche une tablette avec le monogramme. H. 2 p. 1 l. L. 3 p. — Gotha.

294. Montant d'ornement à l'enfant assis. Il tient, élevée de la droite, une couronne de laurier et, de la gauche, un bâton auquel se trouvent suspendus un livre ouvert et un diplôme. A la gauche du haut, le chiffre qui se trouve encore une fois répété, en petit, sur le diplôme. Cette pièce forme pendant avec le No. 207. H. 2 p. L. 9 p. (Brulliot Table p. 220.)

295. Montant d'ornement, 1529. Au milieu un vase surmonté d'un mascaron. A droite et à gauche un enfant, un pied posé sur une espèce de Sphinx et l'autre sur un animal chimérique. A mi-hauteur, le chiffre et la date. H. 2 p. 6 l. L. 1 p. 10 l.

296. Autre montant d'ornement. Au bas un enfant, tourné vers la droite, tient de la main gauche une corne d'abondance et de la droite une branche dont les feuilles remplissent la partie inférieure du montant. Le chiffre, sur une tablette, se trouve à la droite du bas H. 4 p. 5 l. L. 10 l.

Appendice aux gravures sur cuivre faussement attribuées à Aldegrever.

10. Un enfant nu. Il est vu de profil, tourné à droite, et chevauchant un dada. Pièce non signée et traitée tout-à-fait dans la manière du No. 1 de Bartsch. H. 1 p. 5 l. L. 11 l. — Munich.

Gravures sur bois.

1. Ste. Barbe. Elle est agenouillée, à gauche, devant son père qui s'éloigne à droite en la regardant d'un air courroucé. Deux autres personnages sont debout à droite. La tour est derrière et le monogramme à la gauche du haut. H. 5 p. 3 l. L. 3 p. 6 l. — Gotha. On en trouve un facsimile dans l'ouvrage de R. Weigel.

2. Pyramus und Thispe. Il est vu en raccourci, couché et percé de son épée. A gauche, derrière lui, Thisbé debout lève les mains en pleurant. A la droite du fond, un grand édifice; à gauche sur un tronc d'arbre, la marque d'Aldegrever. Pièce ronde de 8 p. 9 l. de diamètre. — Munich.

Le facsimile dans l'ouvrage de Weigel, exécuté sur un calque défectueux, ne donne point une juste idée de cette pièce très-bien gravée.

3. **Le duc Guillaume de Clèves.** Portrait en buste, vu de trois quarts et tourné à droite, coiffé d'une barrette, avec l'inscription:

Von Gottes gnaden Wilhelm hertzog zu Julich, Gelre, Cleven, Barge, Graff zur Marck, zu Zutpfen und Regenspurg, Herr zu Ravenstein.

Au-dessous douze vers latins, puis la signature:

Henricus Aldegrever Susatien. faciebat
ANNO. M. D. XLI.

Pièce in-fol. — Gotha, Munich.

(Bartsch IX. p. 24.)

Malgré toutes les recherches on n'a pu encore découvrir le nom et la patrie de ce graveur sur cuivre. Si nous en jugeons par sa manière, surtout dans la Vignette No. 11, et si l'on considère qu'il a reproduit la gravure No. 5 d'après H. S. Beham, on serait porté à croire qu'il est Allemand d'origine mais comme il a également copié d'après les italiens et surtout de bonne manière, quoiqu'avec peu de finesse, d'après Marc Antoine, on doit en conclure qu'il s'est formé dans ce pays. Deux pièces de son oeuvre, l'Alexandre et Thalestris, Bartsch No. 3, et le Vulcain avec les Cyclopes, B. No. 4, sont copiés sur des tableaux de l'école de Fontainebleau, ce qui a induit quelques historiens à le placer dans cette école et à expliquer son monogramme par le nom de Guido Ruggieri. Mais on doit observer à ce sujet que dans les „Extraits des comptes des bâtiments" etc. de 1523 à 1574, contenant tous les détails sur les ouvrages à Fontainebleau et reproduits par Léon de Laborde dans son ouvrage „La renaissance des Arts à la cour de France" Paris 1850, on ne trouve aucune mention faite soit d'un Guido, soit d'un Ruggieri. Il faut ajouter à ceci que les gravures de notre maître portent la date de 1534 à 1537, tandis que le Guido Ruggieri mentionné par Malvasia n'aurait pris la direction des peintures de Fontainebleau qu'après la mort du Primaticcio en 1571. Les gravures attribuées à cet artiste portent en outre un chiffre, composé des lettres G R F entrelacées, qui se trouve, entre autres, sur la composition de deux hommes entrainant un troisième et dont Bartsch (XV. 415) révoque en doute l'attribution à Ruggieri.

Additions à Bartsch.

23. **Gaîne de poignard.** En haut, un guerrier debout en costume antique tenant son épée sur l'épaule droite ; le bas est formé d'un ornement de feuillages. En haut à gauche, le second des monogrammes ci-dessus. H. 5 p. 9 l. L. du haut 1 p., du bas 6 l. — Dresde.

24. **Autre gaîne de poignard.** En haut un porte-enseigne vu de côté. Au bas un ornement de feuillage. Dans une tablette du haut les initiales F. G. H. 5 p. 3 l. L. du haut 1 p. 2 l., du bas 9 l. — Berlin.

25. **Ornement avec des médaillons.** Au milieu, un médaillon avec une tête de femme. De chaque côté, une moitié de médaillon avec des feuillages. Les initiales G. F. se trouvent au milieu du bas. Pièce formant pendant avec le No. 17. H. 10 p. L. 5 p. 2 l. — Coll. Albertine à Vienne.

26. **Ornement** formé de deux rinceaux croisés. Au milieu du bas une tablette avec le second des monogrammes ci-dessus. H. 9 p. L. 4 p. 10 l.

27. **Deux chapiteaux** avec des ornements de feuillage aux côtés. Ils sont d'un beau dessin, quoique traités d'un style assez libre, et placés l'un au-dessus de l'autre. Celui d'en bas porte trois mascarons. En haut, le second des monogrammes ci-dessus. H. 2 p. 8 l. L. 1 p. 6 l. — Dresde.

𝒮 𝒮 1521.

(Bartsch VIII. p. 8.)

Nous n'avons point de notices sur cet excellent graveur. Nous savons seulement qu'il exécuta deux pièces de son oeuvre en 1520 et 1521.

Additions à Bartsch.

3. **St. Jean l'évangéliste dans l'île de Pathmos.** Il est représenté assis, écrivant son Apocalypse tandis que la Ste. Vierge avec l'enfant lui apparaît en haut à gauche. A la gauche du bas, sur une tablette, se trouve le second des monogrammes ci-dessus et, à droite, la date de 1521. H. 3 p. 3 l. L. 2 p. 4 l. — Berlin.

S B 1515.
(Bartsch VIII. p. 9.)

Bartsch ne connaissait de ce graveur qu'une copie de la Vierge au Singe. Nous avons encore découvert de lui une gravure sur bois traitée dans le style des petits maîtres.

Gravure sur bois.

1. **Un soldat jouant de la flûte.** Il est debout, vu de face et coiffé d'un grand chapeau à plumes. A droite sur une pierre, le millésime 1515; à gauche les initiales S B. H. 3 p. 11 l. L. 2 p. 4 l. — Gotha.

FL.
(Bartsch VIII. p. 12.)

Bartsch ne décrit de ce graveur qu'une Vierge avec l'enfant; nous pouvons y ajouter la pièce suivante.

2. **Ste. Barbe.** Elle est debout vue de face, la tête tournée à gauche et posant sur la poitrine sa main gauche qui tient une palme. Derrière elle, à gauche, une tour et, à droite, une tablette avec les initiales F. L. Estampe médiocre. H. 3 p. 1 l. L. 2 p. 1 l. — — Berlin.

(Bartsch VIII. p. 15.)

Le maître qui a employé ce monogramme était en même temps peintre et graveur. Il paraît avoir appartenu à l'école de Nuremberg

puisque non seulement il a copié à l'huile le Christ devant Pilate d'Albert Durer, tableau qui, signé de son monogramme, se trouve
dans la collection du Louvre où il est attribué à Wolgemuth, mais il
a reproduit également, sur cuivre, le St. George et le Porte-enseigne du même maître, tandis que la gravure sur bois que nous décrirons de lui plus bas, a été taillée par Jost Amman qui, on le sait,
a travaillé principalement à Nuremberg. Bartsch ne connaissait de son
oeuvre qu'une seule gravure, nous pouvons y ajouter les suivantes.

Gravures sur cuivre.

2. St. George à cheval. Copie en contrepartie de l'estampe
d'Albert Durer B. No. 54, un peu plus petite que l'original. Au milieu du bas, le second des chiffres ci-dessus sur une tablette. — Berlin.

3. Conversation d'hommes. Deux vieillards discourent
sur le premier plan avec un troisième en arrière et au milieu d'eux,
A gauche et derrière, trois hommes vus de dos; à droite trois autres
personnages en conversation. Le monogramme est sur un cartouche
au bas. H. 3 p. 11 l. L. 2 p. 11 l. Copie d'après L. de Leyde No. 142.
— Berlin.

4. La femme avec un chien. Copie en contrepartie de la
gravure de Lucas de Leyde B. No. 154. Au pied de l'arbre à gauche
se trouvent, avant le monogramme, les chiffres *1705* qui indiquent
probablement la date de 1515, puisque l'original porte celle de 1510.
H. 3 p. 10 l. L. 2 p. 8 l. — Berlin.

5. Enfant qui s'appuie sur une tête de mort. En haut
à gauche, le monogramme et la date de 1525. L'exécution de cette
pièce est meilleure que celle des précédentes et pourrait appartenir à
un autre maître. H. 1 p. 3 l. L. 1 p. 10 l.

Gravures sur bois.

6. Trois couples faisant des armes. Ils sont armés de
poignards et ont des petits boucliers ronds pour parer les coups.
Pièce signée du second des monogrammes ci-dessus. Comme il y a
un texte imprimé au revers, il est probable que cette gravure appartienne à un Livre d'Escrime. H. 4 p. 6 l. L. 7 p. (Brulliot Dict. III.
App. No. 186.)

HF 1527

(Bartsch VIII. p. 19.)

Ce peintre et graveur paraît avoir été un des élèves d'Albert Durer. Ses gravures sont traitées entièrement dans le style de ce maître dont il a imité également la manière dans un portrait d'homme à l'huile, signé de son monogramme et qui se trouve dans la collection de l'Académie à Vienne.

1. La Vierge couronnée d'étoiles B. No. 1. Nous avons déjà fait observer, dans le catalogue de l'oeuvre de Durer, que la planche reçut plus tard, au lieu du monogramme *HF*, celui du maître de Nuremberg avec la date de· 1517. Dans les épreuves qui ne portent point de monogramme, on aura couvert le chiffre pendant le tirage.

2. La Vierge de Bellem. Elle est assise, tournée vers la droite, et porte sur ses genoux l'enfant Jésus qui tient un petit oiseau dans les bras. On lit dans l'auréole: NOSTRA SENORA *DE BELEN* (ville du Portugal). Pièce sans signature, mais traitée tout-à-fait comme la précédente dans la manière d'Albert Durer. H. 3 p. 8 l. L. 2 p. 5 l. — Oxford.

Les premières épreuves de cette pièce ne portent point d'inscription, mais bien le monogramme sans date, sur une tablette à la droite du bas. H. 4 p.? L. 2 p. 5 l. — Francfort s/M.

PM·· 1524—1535.

(Bartsch VIII. p. 19.)

Bartsch n'a connu de l'artiste au monogramme PM que la copie d'une Vierge debout d'Albert Durer B. No. 30. On trouve dans le catalogue de Sternberg, sous les Nos. 1123—1124, vingt deux gravures de la Passion en partie imitées d'Albert Durer et portant les dates de 1527 à 1535, qui sont attribuées à ce maître. Rudolphe Weigel dans son Kunstcatalog No. 18513, annonce également 36 pièces contenant des sujets de la vie du Christ, signées du monogramme ci-dessus avec les dates de 1528 à 1533. La première représente le Péché originel, la dernière les Armoiries du Christ. H. 2 p. 6 l. — 3 p. 8 l. L. 1 p. 10 l. — 2 p. 5 l. Elles ont des inscriptions allemandes d'une écriture contemporaine. La taille paraît être maladroite et les sujets sont empruntés quelque fois à la Passion de Durer, tandis que le p o r t e - m e n t d e c r o i x et la V é r o n i q u e sont imités de Lucas de Leyde.

On ne doit pas confondre l'oeuvre de ce graveur avec celle du maître ancien PM de Bartsch VI. p. 415 ou des graveurs postérieurs ℞ et ℞ _ 1577—1590. Treize petites pièces du maître, qui nous sont venues sous les yeux, portent en partie les dates de 1524 à 1530 avec le premier des monogrammes ci-dessus, composé d'un P dont le trait inférieur est allongé et d'un M dans la panse de la même lettre comme on le voit dans le No. 12. On doit donc le lire PM et non LOM comme on pourrait se le figurer. Le dessin et la taille de ces pièces, imitées en partie des compositions d'Albert Durer, est très-médiocre.

Additions à Bartsch.

2. La p r é s e n t a t i o n a u t e m p l e. Le chiffre est à la gauche au bas.

3. J é s u s p a r m i l e s d o c t e u r s. A la gauche du haut, le millésime 1528. Au bas le monogramme.

4. La f u i t e e n É g y p t e. La Vierge est à cheval sur l'âne suivi par le boeuf, tandis que St. Joseph marche devant. Une idole tombe du haut d'une colonne. A gauche un arbre sec, au bas un petit chien. Pièce non signée.

5. Le C h r i s t t e n t é. Satan à droite lui présente deux pier-res. Petite pièce non signée de 1 p. 1 l. en carré.

6. Le b a p t ê m e d u C h r i s t. St. Jean Baptiste est agenouillé à gauche et verse l'eau sur la tête du Christ. Petite pièce comme la précédente.

7. L' e n t r é e d a n s J é r u s a l e m. On ne voit, à droite, que la moitié du cintre de la porte de la ville.

8. Le c o u r o n n e m e n t d'épines. Imitation du No. 9 d'Albert Durer avec le millésime 1529.

9. Le c r u c i f i e m e n t. A gauche la Ste. Vierge évanouie est soutenue par St. Jean près d'une autre sainte femme. A gauche deux cavaliers et une foule de gens. Sur une banderole: vere filius dei erat homo etc. Pièce ronde de 2 p. 3 l. de diamètre.

10. Le C h r i s t e n c r o i x. Aux côtés, la Vierge et St. Jean. Imitation de la pièce d'A. Durer No. 13.

11. La descente aux Limbes. D'après la gravure du même maître, No. 16.

12. Le Christ apparaît à sa mère. La Vierge est assise à gauche, au milieu d'une salle soutenue par quatre colonnes; à droite, le Christ donnant sa bénédiction. Au-dessous, une inscription de neuf lignes commençant:

Regina celi laetare allā, etc.

13. L'Ascension. On ne voit que la partie inférieure du Christ disparaissant dans les nuages. Sur le devant à gauche, auprès de la Vierge à genoux, le millésime 1530.

14. Le Sauveur. Demi-figure tournée vers la droite. Il bénit de la droite et tient de la gauche le globe du monde sur lequel est placée une lumière. Au côté, des arabesques et en haut une banderole sur laquelle on lit: EST FACIE₂ DNI IHE₂V. Au bas, une inscription en latin de 4 lignes et la date 15Z∧.

SƠ 1524.

(Bartsch VIII. p. 21.)

Bartsch décrit de ce maître une gravure représentant le Péché originel; nous pouvons y ajouter la suivante, datée de 1524.

2. St. Jérôme. Il est agenouillé devant une caverne au pied d'un crucifix tourné vers la gauche et tient de la main droite une tête de mort, tandis qu'il se frappe la poitrine de la main gauche armée d'une pierre. A sa gauche, on voit la tête du lion. Au fond à droite, un château fort s'élève au-dessus d'un bois. Au bas, le monogramme surmontant la date de 1524. H. 3 p. 1 l. L. 2 p. 10 l. — Copenhague.

用 用 1525—1570.

(Bartsch VIII. p. 537.)

Bartsch ne connaissait de ce maître que deux gravures; il nous est donné d'y ajouter les suivantes.

3. La lapidation des deux vieillards. Sujet tiré de l'histoire de Susanne. Copie en contre-partie de la pièce d'Aldegrever de

IV.   8

1555. (Bartsch No. 33.) A la gauche du haut se trouve sur une tablette le monogramme surmonté de la date de 1570. H. 4 p. 2 l. L. 3 p. La planche existe de nos jours en Westphalie, et on en a tiré des épreuves récentes.

4. La naissance du Christ. La Vierge agenouillée à gauche adore l'enfant Jésus, près duquel, à droite, un petit ange lève les mains, et derrière lui s'agenouille St. Joseph. Derrière la Vierge, un berger, et dans le fond, le boeuf et l'âne. Au haut de l'estampe, deux Anges tiennent une banderole et on voit dans le paysage à droite deux autres bergers. Cette pièce, qui est signée du second des monogrammes ci-dessus, rappelle le style de M. Schongauer, quoique la manière soit celle du XVI. Siècle. H. 8 p. 6 l. L. 6 p. 9 l. — Musée Brit.

5. La Vierge allaitant l'enfant Jésus. Copie en contrepartie de la gravure d'A. Durer B. No. 34. Le monogramme se trouve à gauche, et à droite, le millésime 1525 sur une tablette. Pièce ronde de 2 p. 9 l. de diamètre. — Berlin.

6. Autre copie en contre-partie de la gravure d'A. Durer de 1512. (B. No. 36.) Sur la pièce, le monogramme et les chiffres 155 indiquant probablement le millésime 1525, que l'on trouve sur la gravure précédente. H. 4 p. 4 l. L. 2 p. 9 l. — Berlin.

7. St. Christophe. Il s'avance, portant l'enfant Jésus sur ses épaules à travers l'eau, en s'appuyant des deux mains sur un tronc d'arbre. La signature est à la gauche du bas. Copie de la gravure de Lucas de Leyde. (B. No. 199.) H. 3 p. L. 2 p. 1 l. — Coll. Meyer. Cat. No. 1051.

8. Ste. Marguerite. Elle est debout, un peu tournée vers la droite, tenant de la main gauche une croix qu'elle enfonce dans la gueule du dragon étendu à ses pieds. Le chiffre est à droite. H. 2 p. 5 l. L. 1 p. 5 l. — Berlin.

9. Ste. Euphémie. Elle est debout, vue presque de profil tournée à gauche et étend la main vers un ours qui, debout sur son train de derrière, porte vers elle ses pattes. Au fond, paysage avec une rivière. Le monogramme est à la droite du bas. H. 2 p. 5 l. L. 1 p. 5 l.

10. La jeune et la vieille bacchante. La première conduit la seconde qui est ivre. Copie d'après Marc Antoine. Bartsch, No. 294. (Brulliot Dict. I. No. 733.)

11. Combat de onze hommes nus. Ils se battent, partie avec des épées et des cimeterres, tandis que d'autres se couvrent de

leurs boucliers. A droite, un des combattants saisit son adversaire au corps et par les pieds. Le monogramme se trouve à la droite du bas.

Copie en contre-partie de la gravure du maître I. B. (Bartsch No. 21.) H. 1 p. 9 l. L. 6 p. 3 l. — Berlin.

VS   VS

Virgile Solis de Nuremberg,
né en 1514, mort en 1562.

(Bartsch IX. p. 242—323.)

Bartsch décrit 558 pièces de ce maître, partie en taille douce, partie à l'eau-forte, outre plusieurs ouvrages, avec gravures sur bois, d'après ses dessins. Ces pièces portent toutes son chiffre, mais comme elles sont d'une exécution très-inégale, nous sommes forcés d'admettre que plusieurs de ces gravures sur cuivre ont été faites sous sa direction par d'autres artistes. Cela expliquerait, en même temps, le grand nombre des gravures qui portent sa signature et qui, selon Brulliot, dépasserait d'une centaine le chiffre donné par Bartsch. Celui-ci est d'avis que Virgile Solis n'a point gravé sur bois et donne les marques de plusieurs graveurs en ce genre qui ont travaillé d'après ses dessins. Nous pouvons y ajouter le chiffre t з, avec le couteau, que l'on trouve sur la composition de St. Jean dans l'île de Pathmos, une des illustrations de la Bible publiée à Francfort s/M. en 1560 et 1565 et qui contient 216 gravures sur bois. Nous ne sommes pas en mesure de compléter d'une manière absolue l'oeuvre du maître qui nous est donné par Bartsch, mais d'y ajouter seulement les pièces suivantes, qui sont venues à notre connaissance personnelle.

Gravures sur cuivre.

394—400. Divers animaux. Cette suite se compose de 16 et non de 7 feuilles, sous le titre:

Mancherley conterfect als fliegender, kriegender und vierfussiger kleiner w. grosser Thierlein. Durch Virgilius Solis zu Nurnberg. De formats divers. H. 2 p. 5 l. L. 2 p. 11 l. plus ou moins.

559. Compositions ou Sujets de l'ancien et du nouveau testament. On les trouve dans le livre de prières intitulé:

Ein New Kunstlich Betbuchlein etc. Mit schönen Figuren und Gebetlein zugericht etc. durch den weitberuhmten Vergelium Solis, Maler und Kunstecher seligen zu Nurnberg kurtz vor seinem Ende verfertigt und durch verlegung und uncosten Hyeronnimi Petri Goldtschmieds Burgern zu Nurnberg (Buchdrucker aus Basel) jetzt zu tag geben. 1568.

Ces gravures de format in-12 sont exécutées avec finesse et ornées d'un passe-partout. La plupart sont signées d'un S. D'après R. Weigel, le livre contient, outre les armoiries de Bâle (1568), les sujets suivants:

1. La Création.
2. Le Serpent d'airain.
3. L'Annonciation.
4. Le Christ en croix.
5. La Résurrection.
6. L'Ascension.
7. Le Jugement dernier.
8. La Pentecôte.
9. La Dispersion des apôtres.
10. Le Baptème du Christ.
11. La Résurrection des morts.
12. La Trinité.
13. Les Apôtres, dans la manière de H. S. Beham, suite numérotée de 12 feuilles.
14. 24 petites tablettes ornées, avec des inscriptions latines et allemandes.
15. Le Symbole des apôtres etc. en deux suites numérotées.

560. Judith. Elle est nue et debout dans un paysage, tenant de la main droite une épée et posant de la gauche, la tête d'Holopherne sur un coussin placé sur un piédestal. En haut, JVDITH. Le chiffre est au bas du piédestal. H. 3 p. 7 l. L. 2 p. 7 l.

561. La Fuite en Egypte. La Vierge avec l'enfant Jésus est montée sur un âne, près d'elle St. Joseph. On lit en haut de l'estampe PALATI MAIOR. Le chiffre est à la gauche du bas.

562. L'histoire d'Hérodiade. A gauche Hérode à table avec les siens, vers lequel s'avance Hérodiade ou plutôt Salomé

portant la tête de St. Jean Baptiste. A droite, cinq couples de danseurs. Le monogramme est à la gauche du bas. Très belle pièce. H.
2 p. l. 7 p.

563. Le Crucifiement. A gauche, la Vierge et les Saintes
femmes; à droite des soldats. Le chiffre est au haut de l'estampe. H.
3 p. 5 l. L. 3 p. 2 l.

564. Apollon. Il est debout, tourné vers la droite, sous un
arc richement orné, tenant de la main droite un arc et de la gauche
son manteau. Derrière lui le serpent Pithon, étendu mort. En haut,
à gauche, OFI, à droite DIVS, et au bas, sur une tablette, PITHON. Sur
les côtés, les initiales V—S. Pièce à l'eau-forte. H. 5 p. 1. L. 3 p. 3 l.

565. Léda. Elle est debout, tenant du bras gauche la tête du
cygne. Derrière elle, une autre femme. En haut OFIDIVS; au bas sur
une tablette HELIADES. A gauche V, à droite S. Bordure à guise
d'arabesque. H. 5 p. ? L. 3 p. 3 l.

566. Léda avec deux Amours. Elle est assise dans un paysage. Jupiter, sous la forme d'un cygne nageant sur l'eau, s'avance
vers elle. Souscription de deux lignes, Jupiter in Cignũ.... vertit
amor. Le chiffre est à la droite du bas. H. 2 p. 3 l L. 3 p. 4 l.

567. Léda avec le Cygne. Elle est couchée à droite sous
un arbre; devant elle un arc, un carquois et une cruche. Le monogramme est à la droite du haut. H. 2 p. 11 l. L. 2 p. 1 l.

568. Cérès. La déesse est nue, tenant de la droite un flambeau
et de la gauche une faucille. Elle s'avance vers la gauche, précédée d'un
serpent. Dans le fond, des édifices; au haut, ALMA CERES DOCUIT
etc. Le monogramme est à la droite du haut. H. 2 p. 2 l. L. 1 p. 7 l.

569—571. Les travaux d'Hercule. H. 3 p. L. 1 p. 10 l.
Bartsch a décrit, sous le No. 91, une gravure de cette suite que
Virgile Solis parait avoir exécutée en entier et à laquelle appartien-
nent les trois pièces suivantes

— 569. Hercule tue l'hydre de Lerne.
— 570. Hercule avec les colonnes.
— 571. Hercule étrangle le lion de Némée.

572. Le jugement de Pâris. Il est couché à droite sur le
terrain, tandis que les trois déesses nues se trouvent debout devant
lui. Celle de gauche a des ailes et une palme à la main. Mercure,
sous la figure d'un vieillard coiffé d'un casque ayant pour cimier un coq,
présente la pomme d'or à Venus. Un petit Amour dans les nuages

décoche une flèche contre Paris. Le chiffre est à la gauche du bas. H. 4 p. L. 5 p. 7 l.

573. Annibal. Le héros, sous le costume d'un guerrier romain, est monté sur un cheval qui se cabre au milieu de l'eau. A gauche, des vaisseaux; en haut HANNIWAL.R. Le monogramme est à la gauche du bas. H. 3 p. 2 l. L. 2 p. 4 l.

574. La Renommée. Elle s'avance vers la gauche tenant une trompette. Fond de paysage. A la marge du bas, l'inscription, DIE GANNTZE WELT MICH GAR ERKENDT etc. A gauche, les signatures de Virgile Solis et B. Jenichen. H. 1 p. 8 l. L. 3 p. 1 l. Cat. du Baron v. Aretin.

575. Un soldat. Il court, armé d'une lance, vers la gauche. A ses pieds, deux glaives. Le chiffre est sur l'arbre à droite. Coll. Fries.

576. Autre soldat. Il est tourné à droite, le mousqueton sur l'épaule. Le monogramme est à la gauche du bas. H. 4 p. L. 3 p.

Cette pièce appartient à la suite de Bartsch. No. 246—255.

577. Un tambour et un fifre. Avec le chiffre. H. 2 p. 1 l. L. 1 p. 8 l. Nagler, No. 42.

578. Le capitaine avec sa troupe. Il chevauche vers la gauche suivi de huit soldats. Le monogramme est à la droite du bas. H. 2 p. 8 l. L. 4 p. 9 l.

579. Deux paysans avec costumes de fantaisie. Avec le monogramme, 12°. Nagler, No. 44.

580. Chasse au cerf. L'animal est relancé par cinq chiens suivis d'un chasseur à cheval. A gauche, un jeune homme tient un autre chien en laisse. Sur le tronc d'arbre, à droite, le monogramme. H. 1 p. 5 l. L. 6 p. 11 l.

581. Chasse à l'ours. La bête est attaquée à droite par cinq chiens et deux chasseurs. A gauche, un second ours, maintenu par quatre chiens, est tué par un chasseur qui lui enfonce un épieu dans la gueule. Le chiffre est en haut à gauche. H. 1 p. 5 l. L. 6 p. 11 l.

582. Chasse au sanglier. L'animal est attaqué par six chiens et un chasseur. De la gauche, accourent deux autres chasseurs dont l'un donne du cor tandis que l'autre tient deux chiens en laisse. Le monogramme est au milieu du haut. H. 1 p. 5 l. L. 6 p. 11 l.

583. Chasse au lièvre. Deux lièvres sont poursuivis par huit chiens; à gauche, un chasseur à cheval; deux autres chasseurs se cachent derrière des arbres à droite. Pièce non signée. H. 1 p. 3 l. L. 6 p. 11 l.

584. **C h a s s e à l'o u r s.** L'animal est attaqué par deux chiens et un chasseur. Un autre chasseur vient de la droite avec trois chiens. Le chiffre est en haut à droite. On trouve une copie en contre-partie de cette pièce.

585. **C h a s s e a u x s a n g l i e r s.** Trois sangliers sont attaqués dans un bois par deux chasseurs et cinq chiens. Un troisième chasseur avec un chien se voit entre les arbres à droite. Au pied d'un de ces arbres, le monogramme. H. 1 p. 4 l. L. 6 p. 1 l.

586. **U n d a i m, u n c e r f et u n e b i c h e.** Ils sont poursuivis par trois chasseurs et huit chiens. On lit à la marge du bas; Alle Ding verkehrt sich. Pièce non signée. H (y compris la marge) 1 p. 1 l. L. 5 p. 8 l. (Nagler, No. 50.)

587. **C h a s s e a u c e r f.** A droite, trois Cavaliers; à gauche, un chasseur agenouillé tient un épieu. Au bas à gauche, la date de 1587. H 1 p. 2 l. L. 5 p. 2 l. (Cat. Meyer No. 961.)

588. **S i x b u s t e s e n f o r m e d e f r i s e.** Imperator Carl etc. H. 1 p. 3 l. L. 6 p. 5 l. (Nagler, No. 7.)

589. **S i x b u s t e s d e c a v a l i e r s et d e d a m e s** dans des médaillons entourés de laurier. Avec les inscriptions: M. J. B: MA. BRAN:; H. M. HERC. M: D. X: HERC. V. CLEF.; ZVCVN. C. H. Le chiffre se trouve au bas, entre le 3e et le 4e médaillon H. 1 p. 1 l. L. 5 p. 9 l. Cat. Meyer No. 966.

590. **H u i t b u s t e s d e f e m m e** avec les inscriptions: FLANDERN. SAXEN. FRANKREICH. HISPANIA. PREVSEN. NIDLANT. DVRING. MEISSEN. Entre le 2e, 4e et 7e buste, M a n i e r o d e r T r a c h t. Le monogramme est au bas de l'estampe. H. 1 p. 2 l. L. 5 p. 9 l. Cat. Meyer No. 966.

591. **Q u a t r e b u s t e s e n m é d a i l l o n s.** Ils sont entourés d'ornements. A gauche, un chevalier coiffé du heaume, tourné à droite; à côté de lui, une jeune dame avec une riche coiffure, tournée à gauche. Ensuite un autre chevalier, au casque orné de plumes et vu presque de dos, à gauche; à droite, une jeune dame avec un bonnet très-orné. Les initiales V S se trouvent entre le 3e et le 4e médaillon. H. 1 p. 3 l. L. 6 p. 3 l. Cat. Meyer No. 967.

592. **S i x b u s t e s d'hommes et de femmes,** les uns vis-à-vis des autres, en casque et en cuirasse. Le chiffre est à gauche, entre le premier couple H. 1 p. 3 l. L. 6 p. 1 l. Nagler, No. 6.

593. **F r i s e a u x d e u x e n f a n t s a i l é s.** Au milieu, deux génies, dont celui de droite tient de la main une guêpe, tandis que l'autre,

appuyé sur la main, lève la jambe en l'air; à côté de ce dernier, un lion. Le monogramme est en haut sur un vase vu à moitié. H. 1 p. 6 l. L. 4 p. 11 l. Cat. Evans. Londres 1857 No. 199.

594. Frise avec onze oiseaux. Ils perchent sur des branches ou s'envolent. Au milieu, trois hiboux. A la gauche du haut, un pélican qui se perce la poitrine du bec. Au bas, un paon. Le chiffre est à la gauche du bas. H. 1 p. 2 l. L. 5 p. 9 l. Cat. Meyer No. 969.

595. Frise avec cinq mammifères. Entourée d'un ornement de feuillage. Au milieu, un lièvre sur ses pattes de derrière; à gauche, une licorne; à droite, un âne. Le chiffre est au milieu du haut. H. 1 p. 2 l. L. 6 p. 2 l. Cat. Meyer No. 671.

596. Frise avec six animaux. Egalement entourée de feuillage. Au milieu, une licorne et un cerf; à gauche, un griffon. Le monogramme est à la droite du bas. H. 1 p. 2 l. L. 6 p. 3 l. Cat. Meyer No. 972.

597. Frise avec médaillon contenant le buste d'un guerrier coiffé d'un casque, tourné vers la droite et tenant un sceptre sur l'épaule. Aux cotés, deux enfants; à droite et à gauche, deux demi-médaillons avec des ornements et, près d'eux, un lion fantastique à gauche, et un homme de même, à droite. Le fond est rempli par un vase de fruits et du feuillage. H. 11 p. L. 6 p. 2 l. Cat. Meyer No. 973.

598. Frise avec un médaillon contenant un buste de femme vue presque de face et un peu tournée vers la gauche. Aux deux côtés, des demi-médaillons vides. Le fond est couvert d'arabesques. H. 1 p. 5 l. L. 6 p. 4 l. Cat. Meyer No. 974.

599. Frise avec deux figures d'homme fantastiques. Ces deux figures, entourées d'ornements, tiennent au milieu un vase à fleurs aux pieds de lion. H. 1 p. 3 l. L. 6 p. 5 l. Cat. Meyer No. 975.

600. Frise avec ornements mauresques. Elle est divisée en deux parties dont celle du haut est pointillée, celle du bas en blanc. Au milieu, un ornement dans une riche bordure et, de chaque côté, un oiseau. Au milieu du bas, de chaque côté de l'ornement, les initiales V. S. H. 1 p. 5 l. L. 6 p. 2 l. Cat. Meyer No. 976.

601. Frise composée de bordures en feuillage. Il y en a trois, l'une au-dessus de l'autre, séparées par un trait. Le fond de celle du haut est pointillé, des autres, en blanc. Au milieu du dernier, le chiffre. H. 1 p. 3 l. L. 5 p. 8 l.? Cat. Meyer No. 973.

602. Trois petites bordures. Elles sont composées de

lignes et ont entre elles un petit espace de 1 l. H. 1 p. 2 l. L. 6 p. Cat. Meyer No. 977.

603. Frise avec légers ornements mauresques. Deux côtés se ressemblent et les lignes de part et d'autre dessinent trois coeurs superposés. H. 9 p. & 4 p. 10 l. Cat. Meyer No. 979.

604. **Montant d'ornement.** Au milieu une femme nue, vue de face et tenant sous les bras une corne d'abondance et une lyre. Au milieu du bas, les initiales V. S. H. 3 p. 1 l. L. 1 p. 7 l. Cat. Evans No. 195.

605. **Montant d'ornement.** Au bas et au milieu, un vase surmonté d'une tête de bouc et plus haut un mascaron barbu. De chaque côté du vase, deux têtes barbues regardant en l'air, surmontées de deux petites têtes de chérubins et, tout à fait en haut, deux têtes de femme. Fond noir. Le chiffre est sur la partie supérieure du vase. H. 3 p. 1 l. L. 1 p. 11 l. Cat. Meyer No. 986.

606. **Montant d'ornement.** Au milieu, un médaillon avec le buste d'un guerrier coiffé d'un casque, tourné vers la droite et portant sur l'épaule un bouclier et un sceptre. En haut, un ovale avec paysage; au bas, un ornement de petites feuilles. A mi-hauteur sur les côtés, les initiales V. S. H. 3 p. 2 l. L. 2 p. 5 l. Cat. Meyer No. 984.

607. **Montant d'ornement.** Au milieu, un vase; aux côtés, de grandes feuilles retombantes et, au milieu, un tronc d'arbre. H. 3 p. 2 l. L. 1 p. 1 l. Cat. Meyer No. 989.

608. **Montant d'ornement composé de banderoles.** Elles sont entrelacées, ornées et terminent, en haut et en bas, en pointe. Au milieu, deux banderoles ou rubans sont disposés de manière à figurer un W et un M entrelacés. Le fond est couvert de lignes horizontales. H. 3 p. 9 l. L. 1 p. 1 l. Cat. Meyer No. 988.

609. **Montant d'ornement de feuillage.** Ces feuilles n'ont point de stèle. D'une branche perpendiculaire au milieu se détachent, de chaque côté du bas, deux autres branches qui se courbent et s'entre-croisent vers le haut. H. 2 p. 1 l. L. 1 p. Cat. Meyer 990.

610. **Deux ornements superposés.** Au haut, deux figures fantastiques d'homme et de femme ayant, au lieu de pieds, deux ornements qui s'élargissent de chaque côté, se caressent. Au bas, autre figure fantastique d'homme ayant des ornements au lieu de jambes et de bras. A mi-hauteur, à gauche, se trouve le chiffre. H. 2 p. 8 l. L. 2 p. 1 l. Cat. Meyer No. 987.

611. **Deux planches d'ornements de feuillage impri-**

mées sur une seule feuille l'une au-dessus de l'autre. L'ornement d'en haut débordant aux deux coins se réunit au milieu. Au milieu de celui du bas, un vase surmonté d'une grande feuille ressemblant à un visage. L. 4 p. 2 l. H. de la planche supérieure 10½ l., de l'inférieure 1 p. 2 l. Cat. Meyer N. 980.

612. Ornement au satyre. Au milieu de rinceaux, sur fond noir, se trouve presque au milieu de l'estampe un satyre et, au milieu du bas, le monogramme. H. 1 p. 8 l. L. 3 p. 1 l. Cat. Evans 1857 No. 206.

613. La tablette avec deux enfants. Dans un cartouche se trouve l'inscription: DEI. REDT. BEDRACH NIT etc. Au-dessus du cartouche, deux enfants. Le chiffre est au bas. H. 1 p. 4 l. L. 3 p. 7 l. Cat. Evans 1857. No. 202.

614. Ornement aux femmes ailées. Au bas, entourées de feuillage, deux figures fantastiques de femmes ailées. Au haut, deux enfants ayant pour bras des ornements. Le fond est ombré. H. 2 p. 10 l. L. 2 p. Cat Meyer No. 985.

615. Ornements mauresques avec des demi-cercles aux coins. Dans un demi-cercle en haut, on lit Aussgetailt spiezen zu gross vnd kleine Werck avec le chiffre souscrit et qui est répété au milieu du bas. H. 2 p. 11 l. L. 4 p. 10 l. Cat. Meyer No. 981.

616. 8 feuilles d'ornements mauresques représentant des parquets, manches de couteaux etc. On lit au milieu d'une de ces feuilles, VIRGILI SOLIS. H. 2 p. 1—3 l. L. 3 p. 1—3 l. Cat. Meyer No. 982.

617. Ornements d'orfèvre. Quatre ornements encastrés les uns dans les autres, avec des enfants et au bas un satyre, un perroquet, un héron. Au milieu du haut, le monogramme. Cat. Reynard Nr. 173. Cat. Meyer Nr. 983. H. 4 p. 9 l. L. 3 p. 3 l.

618. Ornements d'orfévre. Un dessin d'ornement à ciselures entrelacées. Au milieu, VIRGILI SOLLIS. H. 1 p. 5 l. L. 4 p. 12 l. Cat. Evans 1857 No. 203.

619. Ornement d'orfévre. En haut, un dessin d'agrafe en trois morceaux avec un singe et deux petits Amours de chaque côté. Le monogramme est à la gauche du bas. H. 2 p. 1 l. L. 4 p. 10 l. Cat. Evans 1857 No. 205.

620. Ornement d'orfévre. Feuillage groupé. Le monogramme à côté d'une branche au milieu. H. 1 p. 5 l. L. 4 p. 10 l. Cat. Evans 1857 No. 204.

621. **Dessin de pendant d'oreilles** où sur deux faces, devant et derrière. Sur la partie antérieure, deux Amours chevauchant des hippocampes et, au milieu, un diamant, un rubis et trois perles. Un ornement entrelacé forme la partie postérieure. Le chiffre est au milieu. H. 2 p. 5 l. L. 3 p. 4 l. Cat. Evans 1857 No. 201.

622. **Portrait du roi Philippe II.** Tourné à gauche dans un encadrement. On lit sur un cartouche au bas, PHILIPPVS HISPANIARUM REX CAROLI V FILIUS . AN . AE . S XXII. Au bas, le chiffre accompagné de la date de 1549. H. 2 p. 6 l. L. 2 p. 1 l. Cat. Evans 1857 No. 193. Pendant du Charles V de Bartsch, No. 428.

623. **Jacques Baumann.** Demi-figure vue de face, la tête un peu tournée vers la gauche et coiffée d'une barrette. Il appuie les bras sur une table et tient de la gauche un oeillet. On lit au haut;

> Seines alters . . . . Im XXXVI Jar
> Jacob Bauman Wundartzt etc.

Au bas, huit lignes rimées en deux colonnes;

> Der Artzt dem Kranken geordnet ist
> Der darf keins artztes dem nichts gebricht etc.

Le monogramme est à droite. H. 4 p. 9 l. avec la bordure 5 p. 7 l. L. 4 p. 5 l. Bamberg.

624. **Veit Dietrich.** Demi-figure vue presque de trois quarts, tournée à droite, tête nue et tenant de la gauche un livre. A droite un livre ouvert à demi et un vase de fleurs. En haut, près de la tête et sur une tablette, on lit

EXPRITR VITVS THEODORV IMAGINE TALI
AST ANIMVM MANIBVS PINGERE NEMO POTEST

Puis, au bas, huit lignes de rimes sur deux colonnes;

MAGISTER VEIT EI PREDIKANT
ZV NVREMBERG SER BEKANT etc.

Au bas le monogramme. H. 4 p. 9 l. 3 p. 9 l. Bamberg.
On trouve un bois de ce portrait, avec quelque variante, dans le „Livre de dessins" de T. Steinmeyer Frkft. a. M. 1620. H. 4 p. 1 l. L. 6 p. 4 l.

625. **Jean Gemel 1554.** Demi-figure, vue de face, un peu tournée vers la gauche, la tête couverte d'une barrette et vêtue d'une robe à ramages; il tient de la main gauche un vase. A la gauche du haut, ses armoiries. On lit au-dessus de la tête;

IOHANNES GEMELIVS LL DOCTOR AETATIS SVE
LI MDLIIII.

et sur la marge du bas;

TRANQUILLITAS ME PRIVAT QVIS JVVAT ET PAX etc.

Pièce non signée et d'une taille bien différente de l'estampe de Bartsch
No. 432. H. 5 p. 1 l. avec la marge 5 p. 6 l. L. 4 p. 4 l. Bamberg.

625. Hans von Culmbach. Peintre de Nuremberg. Avec
le chiffre; in 8°. Attribué à V. Solis dans le Cat. Winkler.

Bartsch décrit, en 10 Numéros, les gravures sur bois de Virgile
Solis qui sont venues à sa connaissance. Ce catalogue est fort incomplet, comme il est facile de le voir par le „Künstler Lexicon" de
Nagler. Quoique cet écrivain n'ait pas lui-même la prétention de
donner une liste complète de ces gravures, il ne nous est point donné
d'y rien ajouter et nous nous contentons de renvoyer les lecteurs à
son Catalogue des gravures sur bois de Virgile Solis.

Nicolas Solis, 1528 — 1571.
(Bartsch IX. p. 231.)

Ce graveur, né probablement à Nuremberg, était, selon Fussli, frère
de Virgile Solis. Une notice de Ralf Kretz nous donne sur son compte
quelque chose de plus précis quand il nous dit qu'il exécuta pour le
mariage du duc Guillaume V. avec la princesse Renée de Lorraine, le
22 Février 1568, les quinze eaux-fortes dont Hans Wagner fournit
le texte et qui furent publiées par Adam Berg de Munich. Pour ce
travail il reçut, à ce qu'il paraît, en 1570, des autorités de la ville, la
somme de 208 florins. On ne connait point au juste la date de sa
naissance et de sa mort, et moins encore s'il a gravé sur bois ou s'il
a seulement fourni des dessins pour ce genre de travail. Les premières oeuvres signées de son monogramme qui ont paru dans le

---

1) Le dernier de ces monogrammes se trouve sur une copie de la gravure représentant le mariage de Psyché d'après Raphaël (Bartsch XV. 44 No. 15) et sur
les trois pièces représentant des soldats (No. 1—3). Toutes ces pièces sont au
burin et il est douteux qu'elles soient de Nicolas Solis.

Wurtemberg, portent la date de 1528, et la copie de la petite Passion d'Albert Durer celle de 1571. A tout prendre, ce n'est point un graveur distingué, et il paraît s'être limité aux eaux-fortes. Bartsch n'en connaissait que trois d'une suite de soldats que l'on peut compléter par deux autres trouvés depuis.

Gravures sur cuivre.

1—6. Six Déesses, numérotées. Cat. Eisenhart, Munich. pet. in 8°.

1. DIANA.
2. VENVS.
3. ARIADNE.
4. CERES.
5. OPS.
6. AMPHITRITE.

7—15. Les neuf Muses, représentées par des figures de femmes ailées qui jouent des instruments de musique. Toutes ces pièces portent le premier des monogrammes ci-dessus et le No. 789 le millésime 1565. H. 2 p. 9 l. L. 1 p. 10 l. Cat. Eisenhart, Munich. No. 668.

7. TERPSICHORE avec livre de musique et bâton.
8.
9.
10. CALLIOPE avec une cithare.
11.
12. CLIONE avec un violon.
13. ERATONE avec une clarinette.
14.
15. THALIA avec un triangle.

16. Vertumne et Pomone. Entre les deux, Cupidon ayant derrière lui deux génies; un troisième sur le devant est assis à terre à côté d'une grosse cruche, et sur une traverse au-dessus, le monogramme. Cat. Eisenhart No. 669. fol. oblong.

17—31. Le mariage du duc Guillaume V. avec Renée de Lorraine.

Le titre est comme suit:

Kurtze doch gegründete Beschreibung des Durchl.

Hochgebornen Fürsten u. herren Wilhelmen Pfalzgraven bei Rhein, Hertzogen in Obern u. nidern Baiern etc. und der Durchl. Hochgebornen Fürstin Frewlein Renata geborne Herzogin zu Lothringen, gehalten Hochzeitlichen Ehrenfestes. Gedruckt in der Fürstlichen Haubtstadt München bey Adam Berg. fol. obl.

Les quinze gravures, d'une riche composition, se trouvent quelquefois magnifiquement coloriées. Elles portent le second des monogrammes ci-dessus. H. 12 p. 10 l. L. 21 p. 5 l.

17. Cérémonies avec lesquelles on alla à la rencontre de la princesse Renée jusqu'à Dachan et comment elle fut reçue en cet endroit. Cette gravure est plus grande que les autres et a quatre pieds de longueur.

18. Te Deum chanté dans l'église de N. D. immédiatement après cette réception, auquel assistent tous les grands seigneurs bavarois et lorrains.

19. Célébration du mariage qui eut lieu dans la même église le 22 Février 1568.

20. L'ordre dans lequel les hauts personnages présents à la cérémonie prirent place dans le choeur (Ce choeur est ici dans sa forme primitive).

21. La salle du banquet nuptial.

22. Le bal des princes dans la salle publique de Munich.

23. Course à la bague sur la place de Munich.

24. Bal travesti au palais ducal.

25. Tournoi à pied sur la place des barrières à Munich.

26. Course au palier sur la même place.

27. La course au baquet sur la même place.

28. Le tournoi aux dadas dans la petite forteresse.

29. Le franc-tournoi sur la place aux barrières.

30. Une course aux lances brettelées sur la même place.

31. Forme d'une lance brettelée.

32—37. Suite de soldats avec inscriptions en lettres capitales.

32. Un ancien officier allemand avec des cuissarts. Il tient de la droite une épée sur l'épaule. Souscription:

Gar einen reichen solt ich han etc.

Le monogramme est à la droite du haut. H. 2 p. 11 l. L. 2 p.

33. Un quartier maître. Il est debout, tourné vers la gauche

et tient de la droite une pique à crochets. Dans le fond, l'indication d'une ville. Le chiffre est à la gauche du bas. Souscription:
Ich quartiermeister eben Thū knechte gūt lament geben.
H. 3 p. 3 l. L. 2 p. Berlin.

34. Hallebardier. Ich bin ein Feldwebel etc. Avec le monogramme. H. 3 p. 3 l. L. 2 p. (Barthels No. 1.)

35. Tambour. Wenn ich mein Trommel etc. Avec le chiffre. H. 3 p. 3 l. L. 2 p. (Bartsch No. 2.)

36. Fifre. Ein Pfeifer bin ich etc. Avec le monogramme. H. 3 p. 3 l. L. 2 p. (Bartsch No. 3.)

37. Hallebardier. Il est tourné à gauche, tenant de la main droite une pique et appuyant la gauche sur la hanche. Le chiffre est à la gauche du bas. H. 3 p. 6 l. L. 3 p. 2 l.

38. Un soldat allemand dans une salle. Il tient une grande épée de combat, et appuie la main gauche sur un écusson ayant pour support un dragon et portant dans le champ un lys renversé ou plutôt l'étui de crosse de la ville de Bâle. A la gauche du bas, le quatrième des monogrammes ci-dessus; en haut, la date de 1568. H. 2 p. 1 l. L. 2 p. 11 l.

Pièce au burin et offrant des doutes si elle appartient au maître. Cat. Sternberg II No. 1278 et Coll. Meyer 1070 où cette pièce paraît être une copie avec la marque à rebours et la date de 1586.

Gravures sur bois.

1. La Nativité. La Vierge et St. Joseph adorent l'enfant Jésus couché sur un banc. Les initiales N. S. se trouvent sur un petit écusson. H. 5 p. 4 l. L. 3 p. 4 l. (Nagler, Künstler-Lex. XVII p. 41.)

2—21. La Passion de N. S. Suite de 21 pièces copiées d'après la petite Passion d'Albert Dürer. Elles portent toutes les initiales N. S. H. 4 p. 2—3 l. L. 3 p. 2—3 l.

On trouve cette suite dans un livre intitulé:
Passio unsers Lieben Herrn Jhesu Christi aus den vier Evangelisten gezogen Anno 1571.

2. Le Christ au jardin.
3. La trahison de Judas.
4. Le Christ devant Anne.
5. Le Christ devant Caïphe.

6. Le Christ devant Pilate.
7. Le Christ devant Hérode.
8. La flagellation.
9. Le couronnement d'épines.
10. Ecce homo.
11. Pilate se lave les mains. En contre-partie.
12. Le Christ attaché à la croix.
13. Le Crucifiement.
14. La déposition de croix.
15. Le corps du Christ au pied de la croix.
16. La sépulture.
17. La résurrection.
18. Le Christ apparaît à Madelaine.
19. Le Christ à Emmaüs.
20. L'incrédulité de St. Thomas.
21. Le Jugement dernier.
22. Theophrastus Paracelsus. Portrait demi-figure vu de profil, tourné à droite, dans un ovale avec l'inscription: D. THEOPHRA- STVS PARACELSO PHILOSOPHO MEDICO. MATHEM. CHIMISTA CABALISTA NATVRAE INDVSTRIQ. INDAGATOR. Au milieu du bas, le signe, et sur une tablette: LABORE . SCIENTIA . VIRTVTE. H. 5 p. 4 l. L. 2 p. 4 l. (Brulliot Dict. I. No. 3007.)

HK HK 1515—1527.[1]

Hans Klein de Nuremberg.
(Bartsch VII. p. 493 et VIII p. 538.)

D'après Doppelmayer, notre artiste, dont Paul Behaim, dans son Catalogue de 1518, explique le monogramme comme étant celui de Hans Klein de Nuremberg, exerçait à la fois la profession de graveur

---

1) Dans les „Notices" de Neudorffer, il est fait mention de Hans Glein comme d'un excellent orfévre, habile surtout à repousser les figures en argent et qui avait aussi „viele Kupfer und Kunst gestochen". Il était très-intime avec Albert Dürer, qui avait peint son portrait et avait fait pour lui un tableau re- présentant la Déposition. C'est sans doute le même que Behaim et Doppelmayer nomment Hans Klein.

et d'orfévre dans cette ville où il mourut en 1550. On ne connaissait de lui que la gravure décrite par Bartsch représentant un combat de onze hommes nus d'après le maître IB. Il existe néanmoins de cette composition une gravure sur bois in 4° antérieure, signée HK 1524 avec l'adresse Gedruckt zu Pforzheim durch Joh. Schwab in Speyer 1524. On doit encore ajouter aux deux gravures sur bois décrites par Bartsch VII. 493. les suivantes:

3. Le Christ trahi et bafoué. Il est maltraité dans la cour du palais de justice où Judas reçoit le prix de sa trahison. Le chiffre est à la droite du bas. H. 5 p. 8 l. L. 5 p. 10 l.

Sur le revers on trouve imprimée en latin la fin d'une histoire de la vie de J. C. avec la signature;

Staneis litteris expressa per Joannem Canappum 1515.

4. La bataille d'hommes nus. Cette pièce est signée du monogramme accompagné de la date de 1524.

Copie du maître IB. comme nous l'avons observé ci-dessus.

_____

fecit.

(Bartsch VIII. p. 539.)

Ce graveur doit être compté parmi les petits maîtres qui se sont formés dans le goût italien. Dans le Bacchus No. 1. le dessin est plein et les figures mouvementées, tandis que le style de gravure a de la franchise et de la beauté. Observons que le second des monogrammes ci-dessus ne lui est point attribué par Brulliot (Dict. I. 207-a) bien qu'il paraisse néanmoins devoir lui appartenir. Heinecken dans ses „Nouvelles Recherches" p. 360. lui donne les cinq pièces suivantes qui cependant ne nous sont point venues toutes sous les yeux.

3. Adam et Eve. Adam, tenant une pomme de la main droite, est debout à gauche devant Eve qui lui montre une autre pomme. Le serpent s'enlace à l'arbre qui est au milieu. Deux autres arbres de chaque côté. Le chiffre est aux pieds d'Eve. H. 3 p. 3 l. L. 2 p. 9 l. Dresde.

4. Judith. Elle est nue, assise sur une cuirasse et tient de la droite une épée, de la gauche la tête d'Holopherne. In 12°.

5. Les Vertus en 6 feuilles:

FIDES. Figure de trois quarts debout, tournée vers la droite tandis que la tête regarde à gauche, et portant un crucifix appuyé sur

IV.   9

l'épaule. Le monogramme, avec l'inscription FIDES, est à la droite du
haut. H. 2 p. 5 l. L. 1 p. 8 l. Dresde.

   6. Vénus et l'Amour. Elle tient une poire de la main gauche;
l'Amour lance une flèche. 12°.

   7. Buste de femme avec l'inscription TERANA. Très-petite pièce.

   8. Composition satyrique. Une jeune femme debout pose
un pied sur une corbeille pleine d'oeufs, en étendant les deux bras. Elle
tient de la main droite une couronne de feuillage et de l'autre une tête
d'enfant. Devant elle, un homme qui enlève de la corbeille un filet et
tient, sur le poing droit, un coq attaché à un arbre au moyen d'un
ruban. Derrière lui, une vieille femme qui s'apprête à couper le ruban
avec des ciseaux. Dans le fond à droite, et dans l'intérieur d'une maison, on voit un homme caressant une femme. Sur la marge d'en haut
on lit: WEHR, MVTTER, WEHR: DER MAN WILL MIR ÜBERS
NEST. Au-dessus de la vieille femme: Fahr hin mit freuden
Junges Hertz; in meiner iugent lieb ich auch Schertz.
Au-dessus de la jeune femme. Ich wehr so fast mit meinem
Krantz; das er zerbricht, bleibt nichs dran gantz. Et,
tout à fait au bas, huit vers commençant ainsi:
     Ach Jungfrau seht mein Jammer an etc.
Au bas, à gauche, le second des monogrammes ci-dessus. H. 8 p. 4 l.
L. 8 p. 5 l. (Brulliot Dict. I. 407 a.)

ℛℛ

(Bartsch. VIII. p. 551.)

   Nous n'avons aucune notice sur cet artiste. Quand Malpé attribue
ce monogramme à Rémi Rodius il se trompe, puisque la gravure de
cet artiste, représentant sur deux grands feuilles le Massacre des
Innocents d'après le Titien est d'un travail tout à fait différent de
celui de notre graveur; porte, non le monogramme, mais son nom en
entier. Notre maitre paraît s'être formé sur George Pencz et l'estampe
de l'Esther, B. No. 2. est traitée tout à fait dans sa manière. On
trouve également des épreuves de cette pièce sans le monogramme.

Additions à Bartsch.

3. La Madeleine. Demi-figure, la tête tournée à gauche. De l'index de la main droite elle désigne la partie inférieure de l'estampe et tient de la gauche le vase à parfums. En haut, deux rideaux entrouverts. Dans le fond un amphithéâtre à plein cintre. Pièce non signée. H. 2 p. 7 l. L. 1 p. 9 l. Berlin. Dans le style du No. 2.

4. Deux parties d'une gaine de poignard. La première partie représente une femme tenant de la droite un coeur, de la gauche une flèche, sans doute l'Amour. L'autre représente la figure allégorique de la Force tenant du bras droit une colonne. Pièce non signée. H. 3 p. 2 l. L. En haut 2 p. 10 l. en bas 1 p. 7 l. Berlin.

ꟼꟼ

(Bartsch VI. p. 386.)

A en juger d'après ses travaux, ce graveur d'un talent médiocre vivait dans la première moitié du XVI. siècle, puisqu'il a copié plusieurs des plus anciennes gravures d'A. Durer. Bartsch a déjà fait observer qu'il avait substitué son monogramme à celui du maître H, avec le couteau, sur la copie d'après A. Durer des quatre femmes nues. Nous pouvons d'autant moins adopter l'opinion de Zani qui attribue ce monogramme à Hans Schaeuflein, que les compositions de notre graveur diffèrent essentiellement, dans la manière, de celles de ce maître.

Observations à Bartsch.

1. Le Christ en croix. Cette pièce est une copie de M. Schongauer B. No. 22.

2. St. Christophe. Le dessin de cette pièce est très-médiocre.

3. Le pélerin. C'est un Saint Roch.

Additions à Bartsch.

6. La Vierge. Elle est assise et tient, dans son sein, le petit Jésus agenouillé. Elle porte également une pomme de la main droite. Derrière elle une balustrade. Le monogramme est en bas à gauche. H. 3 p. 6 l. L. 2 p. 6 l.? Pièce à l'eau-forte. Dans le Cabinet de Paris où cette gravure se trouve placée dans l'oeuvre de H. S. Beham, quoique le monogramme ne soit pas celui de ce maître et que le dessin en soit mauvais. La tête de la Vierge, entre autres, est trop petite.

7. St. Laurent et Saint Sébalde. Les deux Saints sont dans un médaillon. (Brulliot Dict. I. No. 2493.)

8. Ste. Catherine et Ste. Barbe. Egalement dans un rond. Ste. Catherine appuyée sur une épée, tient une palme. St. Barbe porte un calice. Fond de paysage avec un rocher. Le chiffre est au bas. Diamètre 2 p. 4 l. Munich.

9. Ste. Marguerite. Demi-figure, tournée à droite, tenant de la main droite une croix et de la gauche une corde à laquelle est attaché le dragon. Fond de paysage. Dans la bordure le monogramme et l'inscription MARGARETHA. H. 2 p. 9 l. L. 1 p. 11 l. Berlin.

10—17. Huit vertus. Dans des niches; ce sont les suivantes: INTELLIGENTIA, CASTITAS, PARSIMONIA, MEMORIA, CONCORDIA, PERSEVERANTIA, MAGNANIMITAS ET SOBRIETAS. Chaque pièce mesure, H. 4 p. 8 l. L. 2 p. 8 l. (Heinecken N. Nachrichten p. 375 et Brulliot Dict. I. 2493.)

18. L'enlèvement d'Amymone. Copie en contre-partie de l'estampe de Durer B. No. 71. Les premières épreuves de cette pièce, d'une taille très-raide, portent le monogramme du maître changé dans les épreuves postérieures en celui de ISP, Hans Sebald Beham.

19. Les gens de guerre. Le chiffre est au milieu du bas; copie en contre-partie de l'estampe d'A. Durer Bartsch No. 88. H. 4 p. 9 l. L. 5 p. 2 l. Musée Britannique.

Appendice.

On trouve encore des gravures marquées de ce chiffre, mais plus petit, et qui paraissent appartenir à la seconde moitié du XVI. Siècle, entre autres deux pièces de deux compositions chacune et qui doivent appartenir à une édition de la Bible. Elles portent, avec les Nos. 49 et 50 — 67 et 68, les inscriptions suivantes:

1. { 49. Jericho gewonnen. Josue IX.
{ 50. Josue erhencht funf Kunig. Josue IX.

2. { 67. Holofernes Kopf zu Betulia auf die Mauer ge-
{   steckt Dis die Feind floen. Judith XIII.
{ 68. Machabeen Streit vor der Antiochium.
{   1. Machab. III.

Chaque pièce mesure H. 2 p. 7 l. L. 2 p. 1 l. Berlin.

3. Salomon adorant les faux dieux. Copie en contre-partie de l'estampe de Hans Brosamer et marquée, avec le mono-gramme, du millésime 1549 à rebours. Coll. Meyer No. 836.

Brulliot, dans son Dictionnaire III. App. 293, dit que les deux pre-mières pièces sont traitées dans la manière de B. Jenichen et men-tionne encore deux gravures, avec le même monogramme, dont une est encore signée Cajetan Schwartz, ce sont:

4. L'homme de douleurs et Mater dolorosa. Ils se trouvent de chaque côté d'une croix. A la droite du bas le mono-gramme; à gauche, caintat Schwarz fecit. H. 2 p. 7 l. L. 1 p. 1 l.

5. St. François. Demi-figure tournée vers la droite et tenant des deux mains un crucifix. Dans la marge du bas l'inscription, S. FRANCISCVS et le monogramme. H. 3 p. 9 l. L. 2 p. 2 l.

C. F. de Murr, dans son Catalogue de la collection de Praun à Nuremberg, cite encore deux gravures avec ce monogramme et la date de 1510, comme suit:

6. L'annonciation.

7. La Vierge et Ste. Anne.

Elles portaient en haut le nom de Sebolt Schwarz et n'ont point été retrouvées; on ne connait du reste, dans l'histoire de l'art, rien autre que les noms de Sebald et de Cajetan Schwartz.

Gravures sur bois.

1. Une danse de trois couples de paysans. A gauche, un joueur de Cornemuse; aux deux côtés, des arbres; au bas les mar-ques ᵭᴢ ᴴ et, plus à droite, les initiales C. G. Bartsch IX p. 399 mentionne, du graveur avec ce dernier monogramme, une Danse de démons.

L

(Bartsch IX. p. 10.)

Additions.

9. **Le Christ en croix.** A ses côtés, la Vierge et St. Jean. A la droite du bas, le monogramme sur une tablette. H. 3 p. 8 l. L. 3 p. 7 l. Bamberg.

10. **La Vierge.** Elle est debout sur le croissant, tenant du bras gauche l'enfant Jésus et, de la droite, un sceptre. Une couronne d'étoiles orne sa tête entourée de rayons. Le chiffre est en bas à droite. Pièce gracieusement traitée. H. 3 p. L. 1 p. 8 l. Berlin.

11. **La Vierge allaitant l'enfant Jésus.** Copie en contre-partie de l'estampe d'A. Durer B. No. 36. La marque se trouve sur une pierre à droite. Jolie petite pièce. H. 2 p. 4 l. L. 11 p. 11 l. Francf. s. M.

Appendice.

a) **La Vierge et deux abbés.** Elle est debout, avec l'enfant, entre deux Saints abbés ayant chacun aux pieds son écusson d'armoiries. A côté de la Vierge, une banderole; Ecce etc. et, près de l'abbé à droite, une autre avec l'inscription; Mostra te esse matrem. Cette gravure pourrait appartenir à l'école du maître de 1466, mais l'exemplaire du musée Britannique est remanié et marqué du chiffre L, sans doute pour faire passer cette pièce comme appartenant à Lucas de Leyde. H. 3 p. 10 l. L. 2 p. 7 l.

RB R⸍B 1530—1550.

(Bartsch IX. p. 5.)

Ce bon graveur, dont le nom est resté jusqu'ici inconnu, a copié d'après A. Durer et le maître IB, mais principalement d'après H. Sebald Beham. Dans les compositions qui lui sont propres, il a imité le plus souvent A. Durer et Lucas de Leyde. Sur deux pièces de son oeuvre on trouve les dates de 1530 et 1550.

Additions à Bartsch.

12. Le Sacrifice d'Abraham. Isaac est agenouillé sur l'autel, Abraham à droite lève le glaive pour le frapper; dans les nuages l'Ange et, à la droite du bas, le bélier, avec la marque RB. H. 2 p. 10 l. L. 2 p. Cat. Sternberg No. 1206.

13. St. Jérôme. Copie d'après H. S. Beham. B. No. 62. Coll. Alb. Vienne.

14. La Madeleine. Demi-figure richement vêtue, embrassant du bras droit la partie inférieure d'une croix et tenant, de la gauche, un calice. Au haut, une tablette avec la marque RB et le commencement d'un millésime dont les deux derniers chiffres manquent dans l'exemplaire que nous avons eu sous les yeux. H. 3 p. 2 l. L. 2 p. 5 l.

15. La Charité grecque. Copie en contre-partie de l'estampe de H. S. Beham, B. No. 73. mais dans un rond de 1 p. 6 l. de diamètre. Dans les quatre coins de l'encadrement, des têtes d'enfant ailées. Le chiffre est au bas sur une tablette. H. 2 p. 2 l. L. 1 p. 6 l. Coll. Detmold No. 59.

16. Une Bacchanale. Silène est porté, vers la droite, par deux satyres et un enfant et, devant lui, une bacchante joue du tambourin. A gauche, un enfant porte un tonneau; au-dessous, la signature R B. H. 2 p. 1 l. L. 3 p. 5 l. Berlin.

17. Combat de deux Tritons. Chacun d'eux porte une femme sur le dos. Copie du Maître IB, Bartsch No. 20. H. 1 p. L. 2 p. 6 l.

18. La Vendange. Des neuf enfans qui se trouvent dans cette composition, cinq sont occupés à jeter des raisins dans une cuve. A gauche, un enfant en soutient un autre qui est entré dans la cuve, tandis qu'un troisième est couché devant eux sur le dos. La signature R B se trouve à la droite du haut. Copie en contre-partie de l'estampe du maître I B, Bartsch No. 15. mais seulement d'une partie de la composition des 20 Enfants. H. 3 p. 4 l. L. 4 p. 2 l. Berlin.

19. Jeux d'enfants. Celui du milieu, vu de face, semble ivre et deux autres le soutiennent sous les bras. Dans le fond, un autre enfant. Les initiales R B se trouvent au bas de l'estampe. Copie en contre-partie de la gravure de H. S. Beham, B. No. 210. Pièce ronde 1 p. 11 l. de diamètre.

MF 1536.

(Bartsch IX. p. 14.)

Additions.

4. **Montant d'ornement.** Au milieu, un médaillon avec le buste, en profil à gauche, d'un homme couronné de lauriers. Plus haut, un vase entre deux dauphins. Au bas, une cuirasse, un casque et un bouclier, avec la marque et la date de 1536 à droite. Fond noir. H. 3 p. 5 l. L. 1 p. 1 l. Bâle.

5. **Montant d'ornement.** Rinceaux terminés en volutes par le bas, et s'ouvrant en feuilles vers le haut. Pièce non signée et probablement celle décrite par Bartsch X. 160. Fond noir. H. 5 p. 10 l. L. 1 p. 6 l. Bâle.

Johann Halneren.

1—9. **Huit feuilles d'ornements** et un titre avec le monogramme ci-dessus et l'inscription Zierhat boischilgen zusammen gedragen durch Johann Halneren Goldschmitgesel.

Ces ornements sont dans le style de la première moitié du XVI. Siècle et disposés, pour la plupart, en rangées. Sur la dernière feuille on trouve un Hercule répété deux fois et, dans la partie supérieure du compartiment central, trois enfants vêtus, avec la souscription:

Deinem heyl in disser Zeit mit fleis nachset
Zu den aufrechten dich geselle
Dan hastu gewonen gwis goit
Sey gemoit.

Cette suite, in 8° oblong, se trouve dans le Cabinet d'Amsterdam.

ℭℒP ℭℒP 1510—1540.
Gilich Kilian Proger.
(Bartsch IX. p. 33.)

Dans une vente aux enchères qui eut lieu en 1821, à Leipzig, se trouvait un couvert de tabatière, orné d'arabesques, et portant au milieu un petit écusson avec l'inscription. Gilich Kilian Proger fecit anno 1540, avec le monogramme. On y trouve par conséquent l'explication du chiffre ci-dessus avec l'indication que notre maître était orfévre. Sa manière ressemble à celle de H. S. Beham.

Additions à Bartsch.

10. **Montant d'ornements.** Un enfant en partie vêtu, assis au bas, lève la main gauche vers un ornement de feuillage et appuie la droite sur une pierre où se trouve le chiffre accompagné du millésime 1533. H. 3 p. 3 l. L. 1 p. 6 l. Berlin. Munich.

11. **Autre montant d'ornement.** Au bas, un singe vu de face; près de lui, une tablette avec le chiffre. A la gauche du haut, la date de 1534. H. 3 p. 1 l. L. 1 p. 4 l. Bâle.

12. **Frise de feuillage.** Un enfant est debout au milieu, les jambes écartées, et indique vers la gauche. A ses pieds, une tablette avec le chiffre. H. 9 p. L. 4 p. 5 l. Bâle.

13. **Autre frise.** Rinceau qui s'élève au milieu du bas, se partage aux côtés et termine en fleur. Aux deux côtés du monogramme, deux lapins assis. H. 1 p. L. 3 p. 1 l. Berlin.

14. **Autre frise semblable sur fond blanc.** Au milieu un rinceau qui se croise aux côtés. Au bas à droite, une tablette avec le monogramme et le millésime 1533. H. 1 p. 9 l. L. 3 p. Berlin.

15. **Ornement de feuillage en cercle.** On y voit trois médaillons avec des têtes; au milieu un écusson dans un cercle avec l'inscription, GILICH KILIAN PROGER FECIT ANNO MDX. et au-dessous le monogramme. 2 p. 7 de diamètre. Coll. Meyer No. 935.

16. **Arabesque aux trois enfants.** Celui d'en haut est assis, tourné à gauche, sur un vase et tient un rinceau de feuillage. Au bas,

deux enfants ailés tiennent une tablette avec le chiffre et la date d
1533. Le reste est rempli de feuillage. H. 1 p. 4 l. L. 1 p. 7
Dresde.

17. Arabesque aux deux petits génies. Au milieu, un vas
terminé par des ornements de feuillage auxquels se tiennent deu
enfants ailés. Pièce non signée. H. 1 p. L. 2 p. 1 1 l. Dresde.

Maîtres bas Allemands du XVI. Siècle.

N·   Nᴡ.   NᴡM   NᴡM   ᴡ.

Nicolas Wilborn 1531—1537.
(Bartsch VIII. p. 543.)

Ce maître a signé son nom en entier, Nicolas Wilborn 1536, sur une gaîne de poignard représentant Adam et Eve. Comme il a gravé les portraits de Jean de Leyde et de Knipperdolling, que la finesse de sa taille révèle la manière de l'école de la basse Allemagne à cette époque et qu'il a souvent ajouté un M à ses initiales, nous pourrions en conclure qu'il était originaire de la ville de Munster en Westphalie. Il semble s'être formé sur la manière du maître Jacques de Barbari (le maître au caducée), et sa gravure de la Vierge debout se rapproche beaucoup du style de l'école de Raphaël; il pourrait donc avoir visité l'Italie pour étudier son art.

Remarques à Bartsch.

5. Le Cheval ailé. Cette pièce est une copie, dans le sens de l'original, de Jacques de Barbari. On lit au haut; EL TEMPO. A la droite du haut, le monogramme sur une tablette. H. 5 p. 5. l. L. 8 p. 3 l.

7. La planète Saturne. Le maître a gravé la suite des sept planètes. La feuille avec Vénus se trouve à Munich et on voit à Paris des exemplaires retouchés avec le monogramme et la date de 1563 sur la feuille Luna. R. Weigel mentionne un de ces exemplaires dans son Kunst-Catalog No. 21249.

Additions à Bartsch.

19. **Judith dans la tente d'Holopherne.** Composition en guise de frise; Au milieu, la tente dans laquelle Judith donne la tête d'Holopherne à sa servante. Sur la tente l'inscription OLIFERNES. A gauche, un homme nu en jette un autre par terre et un soldat décoche une flèche. Viennent ensuite deux hommes nus à cheval et un coureur portant une torche. A droite, deux groupes, de trois hommes chacun, qui combattent, puis un cavalier. Fond noir. A la gauche du bas, une tablette avec les initiales N W et la date de 1537 au-dessous; (le chiffre 3 à rebours). H. 1 p. 7 l. L. 9 p. 2 l. Paris, Berlin, Munich.

20. **La Vierge.** Elle est assise sur un banc sculpté avec un tapis derrière elle, tenant l'enfant Jésus sur le genou gauche et appuyant la main droite sur un livre ouvert. Fond de paysage. La signature MwM est au milieu du bas. Cette pièce paraît avoir été gravée d'après un dessin de l'école de Raphaël. H. 7 p. 9 l. L. 5. p. 1 l. Francfort s. M.

21. **La planète Vénus.** Elle est portée sur un char et tient de la main droite une pomme, de la gauche une flèche. A droite, un taureau couché. En haut à gauche, le signe zodiacal de la Balance. Sur une tablette à la gauche du bas, le chiffre * N * et la date de 1533. En haut VENUS. H. 1 p. 7 l. L. 2 p. 7. l. Munich.

22. **Bacchanale de cinq enfants.** Celui qui représente Bacchus est assis à droite, les autres jouent. A la gauche du bas, les initiales N W et la date de 1533. 12°. Cat. Sternberg No. 1130.

23. **Le paysan avec une corbeille d'oeufs.** Il est vu de face, coiffé d'un chapeau orné de plumes de coq, tenant de la droite un bâton et de la gauche un panier plein d'oeufs. A la droit du haut, sur une tablette, l'initiale N avec la date de 1531. H. 2 p. 2 l. L. 1 p. 5 l. Brulliot Dict. II. No. 2085.

24. **Fréderic le Sage Electeur de Saxe** 1536. Copie du portrait d'A. Durer de 1524. Hauteur avec la tablette. 7 p. 1 l. L. 4 p. 9 l. Nagler, Dictionnaire, No. 19.

25. **Albert Durer.** Vu de profil et tourné à droite. Copie d'une gravure plus ancienne et signée N W 1536. Coll. Albert. Vienne.

26. **Jean de Leyde,** tourné à droite. Copie en contre-partie de l'estampe de H. Aldegrever, No. 182. Suscription JOHAN VAN LEIDEN EI KONINCK etc. Souscription HÆC FACIES, HIC CVLTVS ERAT....

GOTTES MACHT IST MIN CRACHT. Dans le fond, les initiales NW 1536. H. 6 p. 4 l. L. 4 p. 3 l.

27. Gaîne de poignard à l'Adam et Eve. Au bas, le Péché originel. En haut, un cavalier embrasse une dame; près d'eux, la mort. Ensuite, sur deux tablettes, le nom de l'artiste NICLAS WILBORN à gauche, et à droite le millésime 1536. H. 9 p. 6 l. L. du haut, 2 p. 3 l. du bas, 1 p. 9 l. Dresde.

28. Ornement de feuillage. Au milieu une tablette avec les initiales N W 1535; aux côtés s'élèvent des rinceaux qui se croisent avec d'autres venant du bas. H. 2 p. 11 l. L. 10 p. 2 l. Paris.

29. Autre ornement semblable. D'une tablette, au milieu du bas portant le chiffre N W, se détachent des rinceaux vers les côtés avec deux figures d'enfants tournés en dehors. H. 9 p. L. 5 p. 6 l. Paris.

C'est peut-être la pièce décrite par Bartsch sous le No. 10.

30. Autre ornement semblable. D'un mascaron, vu de profil, s'élève une tige avec fleurs et fruits qui termine par une demi-figure d'homme ailé tenant de la gauche un vase, de la droite une épée. Derrière lui l'Amour; au bas sur une tablette, 1537 N w M. H. 4 p. 9. l. L. 6 p. 3 l. Paris.

31. Autre ornement de feuillage, avec deux branches princi-pales à droite et à gauche. H. 1 p. L. 5 p. Nagler K. 2. No. 26.

32. Un Alphabet de petites lettres allemandes sur deux rangées dont celle du bas est remplie à moitié par un ornement de feuillage. Une bordure de feuillage entoure l'ensemble sur fond ombré. La chiffre N W etc. se trouve au bas et au milieu de la seconde rangée. H. 2 p. L. 5 p. 4 l. Coll. Detmold.

Appendice.

C W M

Cette signature se trouve sur deux feuilles de plantes dont le graveur a probablement exécuté toute une suite. Sa manière ressemble beaucoup à celle de Jacques de Barbari et on pourrait voir dans ces initiales le nom de Claus Wilborn, Munster, qui a copié beaucoup d'après ce maître.

33. **M a r s.** Le Dieu est dans une niche, tenant de la main gauche une lance et appuyant la droite sur un bouclier. A ses pieds, un bélier et un scorpion sur une tablette; au bas MARS et au-dessus le chiffre. H. L. 1 p. 1 l. L. 2 p. 5 l.

34. **L V N A.** Diane dans une niche, sur un tronc d'arbre, tient de la droite un arc. A ses pieds une écrevisse et, sur une tablette, l'inscription LVNA avec le monogramme. H. 4 p. 1 l. L. 2 p. 5 l.

Jean Ladenspelder d'Essen.
(Bartsch IX. p. 15. 21. 57. 67. 486.)

Nous n'avons point d'autre notice de cet artiste que celle que nous fournit l'inscription sur le portrait qu'il a exécuté de lui même, comme suit; Imago Joannis Ladenspelder Essendiensis anno aetatis suae XXVIII, ce qui porterait la date de sa naissance à 1511. La date la plus récente que nous trouvons sur ses gravures est celle de 1554. Nous lisons cette date sur trois pièces de son oeuvre. La diversité des monogrammes dont il s'est servi a porté Bartsch, comme nous le voyons plus haut, à décrire ses ouvrages sous diverses rubriques de son „Peintre Graveur." De fait, il n'a donné à Ladenspelder que 20 Numéros en attribuant le reste à des graveurs anonymes. Le catalogue ainsi rétabli de son oeuvre est encore fort incomplet, ce qui nous a décidé à refaire la liste de toutes les gravures qui le composent et qui sont venues à notre connaissance, sans prétendre pour cela avoir épuisé entièrement la matière.

---

1. **A d a m.** Il est tourné à droite, embrassant de la gauche une branche de l'arbre sur le même côté et portant l'autre main dans la même direction. Fond rocailleux. Au bas le second des chiffres ci-dessus. H. 6. p. 10 l. L. 4 p. 4 l. Berlin.

2. **E v e.** Pendant de la pièce précédente. Elle est tournée un peu à gauche et tient la pomme des deux mains. Le serpent s'enlace

à une des branches de l'arbre. Le chiffre est au pied. H. 6 p. 10 l. L. 4 p. 4 l. Berlin.

3. Adam et Eve. Elle est debout, sur le premier plan, et présente à Adam une pomme de l'arbre qui se trouve à droite et où le serpent enlacé tient une autre pomme dans la gueule. Adam porte la main droite sur le sein d'Eve. A la droite du bas, une tablette avec le dernier des monogrammes ci-dessus. Dans une bordure taillée en amandes. H. 3 p. 3 l. L. 1 p. 11 l. Dresde.

4. Judith. Elle est assise nue dans la tente d'Holopherne dont elle tient la tête de la main gauche, tandis que la droite est armée d'un glaive. Devant la tente, à gauche, on voit la servante tournée de profil. En bas, aux pieds de Judith, le premier des chiffres ci-dessus accompagné du millésime 1554 dont la dernier chiffre est gravé à rebours. H. 4 p. 1 l. L. 3 p. 1 l. Coll. Albertine à Vienne.

5. Même sujet. Judith est également nue dans la tente, tenant la tête d'Holopherne de la main gauche et une épée de la droite. Le chiffre, accompagné du millésime 1533, est à la droite du bas. H. 2 p. 7 l. L. 1 p. 9 l. Bartsch p. 21. No. 1.

6. Le Christ en croix. La Vierge vue de face, tient son manteau de la gauche. A droite, St. Jean les yeux levés vers le Sauveur et tenant un livre de la main droite. Au bas de la croix, le premier des monogrammes ci-dessus. H. 10 p. 6 l. L. 6 p. 6 l. Paris.

7. Le Christ en croix entouré de Saints. Il incline la tête vers la gauche où se trouvent la Vierge et St. Jean, ce dernier très-mouvementé et vu de dos. Au pied de la croix, la Madeleine agenouillée. A droite St. Jérôme et Ste. Barbe, debout. Le premier des monogrammes est au bas de la croix. H. 3 p. 10 l. L. 2 p. 7 l. Coll. Weber à Bonn.

8. La descente de croix. B. IX. 58 No. 2.

9. L'homme de douleurs. B. IX. 59. No. 3.

10. La Sainte Trinité. B. IX. 59. No. 4,

11. Même sujet. Dieu le père tient le corps du Christ sur ses genoux. Il est entouré d'une gloire d'Anges portant les instruments de la passion. Au bas: Te deum . . . . . benedictio gr. 8°. Répétition du No. 9. Cat. Sternberg No. 1135.

12. La Vierge. Elle pose le pied droit sur le croissant, tenant du bras gauche l'enfant Jésus vu de dos et, de la droite, un sceptre. Sa tête rayonnante est couronnée d'étoiles. A la gauche du bas, le

quatrième des monogrammes ci-dessus. H. 2 p. 6 l. L. 1 p. 7 l. Musée Britannique.

13. Même sujet. Elle est debout sur le croissant et foule aux pieds le serpent. L'enfant Jésus, assis sur le bras droit de sa mère dont il saisit le menton de la gauche, porte de la droite le globe du monde. La Vierge tient un sceptre de la main droite et une couronne de rayons et d'étoiles lui entoure la tête et le corps. A la droite du bas, le premier des chiffres ci-dessus avec la date de 1540. H. 10 p. 6 l. L. 6 p. 9 l.

14—17. Les quatre Évangélistes. B. IX. 60. No. 5—8.

18. La Conversion de St. Paul. B. IX. 61. No. 9.

19—25. Les planètes 1548. Suite de 7 pièces dont 5 seulement ont été retrouvées jusqu'ici. H. 3 p. 1 l. L. 2 p. 1—2 l.

— 19. Le Soleil sous la figure d'un roi assis sur un trône. B. 63. No. 11.

— 20. Jupiter.

— 21. Saturne. Il est monté sur le Capricorne. B. 63. No. 12.

— 22. Vénus montée sur un taureau. B. 64. No. 13.

— 23. Mercure. Il est dans une chaise à porteurs; à gauche deux enfants sur une conque. En haut à droite, une demi-figure de femme.

— 24. Mars assis sur un fauteuil. B. 64. No. 14.

— 25. La lune.

26. Mars. Il est assis sur un escabeau. B. 64. No. 15.

27. Jupiter. Il est assis sur un fauteuil, la tête tournée à gauche et s'appuyant du bras droit sur le dossier du siège. Il étend en même temps le bras gauche armé d'un glaive. A droite une partie du zodiaque avec le signe du Sagittaire et celui des Poissons. Au bas, le monogramme à rebours. H. 3 p. 11 l. L. 3 p. Berlin.

28. Vénus. Elle est assise, tournée vers la droite, sur le Char de la Fortune. Elle tient de la main gauche une flèche et indique de la droite Cupidon dans l'acte d'en tirer une autre. Dans le zodiaque le signe de la Balance sur le fléau de laquelle se trouve le monogramme H. 3 p. 10 l. L. 3 p. Francfort s. M. Coll. Albertine.

Ces dernières pièces appartiennent sans doute à une autre suite des 7 planètes.

29. Luna. Copie d'après H. S. Beham. No. 120. B. 486. No. 1.

30. Hercule étouffant le lion de Némée. Bartsch p. 22. No. 2.

31. **Cérès.** Elle est assise sur un chariot formé de deux grandes ailes, tournée à gauche et tenant des deux mains des épis et des fruits. Le chariot est traîné par deux papillons. En haut à gauche, le Soleil. Pièce médiocre non signée. H. 3 p. L. 3 p. 8 L. Berlin.

32—41. **Copies d'anciens tarots italiens.** Bartsch XIII. p. 131. Nous n'avons jusqu'ici vu que les 10 pièces suivantes qui se trouvent dans les collections de Françfort et de Berlin. Il est probable néanmoins que Ladenspelder aura copié la suite entière de 50 Cartes.

— 32. **Geometria.** Elle écrit sur une tablette le premier des monogrammes ci-dessus.

— 33. **Aritmeticha.** Pièce non signée. No. 24.

— 34. **Musicha.** Idem. No. 26.

— 35. **Philosophia.** Id. No. 28.

— 36. **Astrologia.** Id. No. 29.

— 37. **Theologia.** Id. No. 30.

— 38. **Charitas.** Id. No. 38.

— 39. **Speranza.** Pièce signée. No. 39.

— 40. **Fede.** A la gauche du bas, le premier des monogrammes ci-dessus. No. 40.

— 41. **Mercurio.** No. 42. Pièce non signée.

42—48. **Les sept péchés capitaux avec titre.** Suite de 8 pièces.

— 42. **Titre.** Ornement de feuillage entourant une tablette avec l'inscription:
Amen, Amen dico vobis quia omnis qui facit peccatum servus est peccati. Joannes 8. liberati a peccato servi facti estis justitiae. — 6, et le premier des monogrammes ci-dessus.

— 43. **La Superbe** avec l'inscription SVPERBIA. Pièce non signée. B. 64. No. 16.

— 44. **L'Envie.** Une femme, en prison, s'avance vers la gauche, la main gauche à la tête et, de la droite, tenant un serpent. A sa jambe gauche est attachée une chaîne avec un boulet. A la droite du haut, dans un écusson, le monogramme et la date de 1543. Cette pièce sans inscription appartient néanmoins à la suite et ne peut représenter que l'Envie.

— 45. **L'Avarice.** Tournée à gauche, elle tient un écusson chargé d'une tortue, de la main droite, et de la gauche une bourse qui a un trou. Sur une banderole;

Vil zo haen ist uñzsyn
Gylt gleych wy gewyn.

Sur le pilastre à droite, AVARITIA.

— 46. La Colère. Un guerrier nu tire l'épée. A la gauche du bas, IRA. Cat. Sternberg No. 1137.

— 47. La Luxure.

— 48. La Paresse. Elle est vûe de face, appuyant le coude sur la base d'un pilastre. Derrière elle un âne. Sur une banderole en haut;

In traecheyt ist steetz leeb
Gotz gnad gar vergeeb.

Au bas, ACEDIA 1540.

49. La Gourmandise. Elle est tournée à gauche et, s'inclinant vers la droite, tient un bocal; devant elle une cruche. Sur la banderole du haut;

In der grelincheit blynden
Aller menschen Kynt.

A la gauche du bas, GVLA.

50. L'Orgueil. Elle est assise, la tête tournée à droite et tenant un miroir, tandis qu'elle appuie le bras gauche sur le dossier d'un siége. Sur ses genoux, un livre avec l'inscription SVPERBIA. Au bas, une tête de mort et un serpent à côté d'un sablier. Sur la banderole du haut;

Ich smuck mich der Welt zo gefallen
Damit ich wyt trēck boven allen.

H. 3 p. 4 l. L. 1 p. 3 l. Berlin. Cette pièce paraît avoir été destinée à faire partie de la même suite.

50^b. La Fortune. Heberle No. 1387 ¹/₈ (?) R. Weigel. Cat. Meyer No. 854.

51. L'Obéissance. Inscription:

Obedientia foelicitatis mater.

B. IX. 66. No. 19.

52. Allégorie sur les vertus chrétiennes. La Foi, l'Espérance et la Charité. Pièce signée avec la date de 1547. B. 62. No. 10.

53. Composition satyrique. Sur une chaire un loup encapuchonné prèche à cinq brebis, tandis qu'au pied de la chaire un autre loup, coiffé d'un capuce, entend la confession d'une autre brebis. A la gauche du haut, une tablette avec l'inscription:

Lupi illum priores 〔monogram〕 viderunt 1554.

H. 4 p. 1 l. L. 3 p. 1 l. Berlin.

54. Un cavalier et une dame agenouillés devant un crucifix.

Pièce signée 〔monogram〕 1546. Bartsch p. 6?. ~~No. 1.~~ *17 18*

55. **Portrait de Jean Ladenspelder.** Demi-figure vue de trois quarts, tournée à droite, dans un médaillon avec l'inscription:

Imago Joannis Ladenspelder Essendiensis Anno Aetatis sue XXVIII. 1540.

Aux côtés, ornements de feuillage; le chiffre est à la droite de la tête. H. 4 p. 11 l. L. 1 p. 10 l. B. No. 1.

56. **Portrait viril** probablement d'un religieux. Il est vu de trois quarts tourné vers la gauche, la tête couverte d'une barrette, avec un large vêtement à revers sombre, et les mains l'une dans l'autre. Dans le haut, à côté de deux figures de femmes, un aigle et une licorne avec une tablette portant l'inscription:

Fiat voluntas tua Dñe. 1554.

Souscription:

Felicem quicumque deo confidit et audet sperare etc. A droite, le premier des monogrammes ci-dessus. H. 5 p. 4 l. L. 3 p. 6 l. Berlin.

57. **Montant d'ornement.** Feuillage avec tête d'enfant entre deux poissons. H. 3 p. 2 l. L. 1 p. 3 l. B. IX. 15. No. 1.

58. **Autre montant d'ornement.** Au bas une femme assise tenant un calice; au haut un enfant avec une torche. H. 6 p. L. 2 p. 8 l. B. 66. No. 20.

59. **Frise d'ornements.** Un homme et une femme à genoux se querellent en se prenant aux cheveux. Aux côtés, dans du feuillage, deux enfants, deux têtes d'enfant et deux serpents. Au milieu, le second des monogrammes ci-dessus. H. 2 p. L. 10 p. 10 l. Coll. Albert. — Paris.

60. **Autre frise.** Au milieu, un écusson surmonté d'une tête de lion et placé entre deux petits satyres qui frappent de leurs bâtons deux enfants. L'écusson porte l'inscription:

CVM LARVIS NON DECET LVCTA 1552.

et le premier des chiffres ci-dessus. H. 1 p. 7 l. L. 4 p. 1 l. Coll. Albert.

61. Dessin d'Agrafe. Au milieu, une tête de lion avec un anneau dans la gueule, aux côtés des mascarons. En haut, le premier des monogrammes et la date de 1550. H. 1 p. 6 l. L. 4 p. Munich.

M S

Ce maître, qui vivait au commencement du XVI. Siècle, ne nous est connu que par une gravure traitée avec finesse et, à en juger par sa manière, doit avoir appartenu à l'école du bas Rhin:

1. La Vierge immaculée et deux Saints. Elle est vue de face, debout sur le croissant, entourée d'une gloire de flammes et d'une guirlande de roses. Elle tient, sur le bras gauche, l'enfant Jésus et donne, de la droite, un rosaire à Saint Dominique agenouillé près d'elle à gauche. A côté de lui, le chien portant une torche dans la gueule. A droite, un autre Saint tenant un ciboire et sur l'épaule duquel perche le Saint Esprit en forme de colombe. Fond de paysage. La signature est au milieu du bas. H. 2 p. 10 l. L. 2 p. 5 l. Fcſt. s. M. de la Coll. Pachnez.

G. S.

1. Ecce homo. Le Christ, demi-figure vue de face, les mains liées portant des verges, et couronné d'épines. A droite près de lui, Pilate, vêtu de fourrures et la tête couverte d'un bonnet, le montre au peuple. Par une arche à droite, on voit une fenêtre et une salle gothique. Au bas, sur l'appui, Ecce ḥomo et la signature. Bonne pièce dans l'ancien style de la basse Allemagne. H. 3 p. 10 l. L. 2 p. 7 l. Paris.

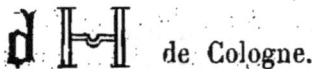

---

d H de Cologne.

(Bartsch IX. 42.)

1. Le porte-enseigne. Cette pièce, la seule que l'on connaisse du maître, porte à côté du monogramme un écusson où, avec le rochoir, se trouvent les lions couronnés des armoiries de Cologne, ce

qui indique qu'il était un orfévre de cette ville et, comme les initiales sont à rebours, on pourrait en conclure que la pièce est une épreuve de Nielle. — **Dresde.**

Antoine de Worms.
(Bartsch VII. 488.)

Les premières notices, appuyées sur des documents, que nous ayons eu de ce peintre qui était aussi probablement graveur sur bois, quoiqu'il ait pu se borner également à faire des dessins pour ce genre de travail, nous sont fournis par J. J. Merlo dans son ouvrage intitulé Nachrichten von dem Leben und den Werken Kölnischer Künstler, Köln 1850, mais plus particulièrement dans le livre qui a pour titre Die Meister der altkölnischen Malerschule etc. Urkundliche Mittheilungen etc. Köln 1852. Il résulte des Registres de Cologne que notre maître s'appelait Antoine Woensam de Worms et qu'il était fils unique du Conseiller Gaspard Woensam de Worms et de sa première femme Elsgen. Son père mourut, de 1547 à 1550, et Antoine devint seul héritier des biens considérables de la famille. On ne trouve dans les registres aucun document avec la date exacte de la mort d'Antoine, qui paraît néanmoins avoir suivi de près celle de son père, puisqu'à partir de cette époque on ne trouve plus trace de lui et que déjà en 1561, sa femme est donnée comme veuve. Elle mourut le 4 Avril, 1563.

Le monogramme dont notre maître s'est servi sur ses gravures sur bois est composé d'un A et d'un W, avec la première de ces lettres constamment barrée. Il se trouve néanmoins des gravures sur cuivre qui portent absolument le même chiffre, mais avec la première lettre non barrée, comme il existe également un monogramme identique avec ce dernier chiffre sur des gravures en bois très-médiocres qui appartiennent à une xylographie Saxonne et dont on trouve des reproductions dans les livres publiés par George Rhau de Wittemberg. En tenant compte de la médiocrité du travail de ces gravures sur cuivre, nous avons la conviction que ces pièces n'appartiennent pas à Antoine de Worms comme le veut Brulliot, mais au même maître très-faible qui a exécuté la xylographie mentionnée plus haut.

Le titre de La paix de Worms 1521, est la première gravure sur bois que nous connaissions de notre maître et elle a dû être exécutée quand il se trouvait encore dans sa ville natale. Il a beaucoup travaillé pour les libraires de Cologne et principalement pour Pierre Quentel, ensuite pour Jean Soter, Heron Alopécius, Jean Gymnicus, Jean Dorstius, Gaspard Gennep, Melchior Novesianns, Euchaire Cervicornus, Jean Prael, Franconi et Arnold Buckman dont les éditions doivent contenir beaucoup de gravures encore inconnues de notre artiste.

Parmi ces éditions on remarque la suivante;

Biblia beyder alt end Neven Testament Teutsch — In fine: Getruckt in der Kayserlichen frei Statt Wormbs bei Peter Schöffer im Jar nach der Geburt unsers Herrn MDXXIX fol.

Cette bible contient 40 gravures sur bois d'Antoine de Worms et la composition du Paradis est marquée de son monogramme et de la date de 1525. (Voyez Nagler „Monogrammisten" p. 660 No. 1485.)

Merlo décrit, comme appartenant aux deux ouvrages que nous venons de citer, 77 gravures sur bois de notre maître. Pour ne point faire des répétitions inutiles nous renvoyons à son livre en y ajoutant ce qui suit:

Aux Nos. 2, 3, 4 et 19 paraissent appartenir les deux bois suivants, datés également de 1529, et qui doivent se trouver aussi dans l'édition de la bible:

78. David apporte à Saül la tête de Goliath. Saül est assis à gauche dans une tente, entouré de quatre autres personnages. Au bas, le millésime 1529 et, sur une pierre, le chiffre. H. 6 p. L. 4 p. 6 l. Paris. Bâle.

79. La Cène, de la même grandeur.

Aux Nos. 8 et 9, Les Apôtres deux à deux avec le Credo. H. 6 p. L. 4 p. 6 l.

La suite entière de six feuilles est distribuée comme suit
St. Pierre et St. André.
St. Jean et St. Jacques le majeur.
St. Thomas et St. Jacques le mineur.
St. Philippe et St. Barthélemi.
St. Thaddée et St. Simon.
St. Mathias et St. Matthieu.

80. Le Jugement de Salomon. Il est assis au milieu sur un trône, sur les marches duquel est étendu l'enfant mort. A droite

s'avancent les deux femmes avec l'enfant vivant. A la droite du bas, le monogramme avec la date de 1529. H. 5 p. 11 l. L. 4 p. 6 l.

81. **La Sainte famille.** La Vierge, vue de face, est assise au milieu. St. Joseph est à droite avec l'écuelle et une cuiller. Fond de riche paysage. Le monogramme se trouve sur une tablette au bas. H. 7 p. L. 4 p. 5 l. Wolfegg.

82. **Portrait de l'empereur Charles V.** dans un médaillon. A côté des colonnes, deux lions tiennent des croix de St. André et, au bas, se trouvent, avec les armes impériales, d'autres armoiries. L'empereur est représenté de profil tourné à droite. Autour du médaillon on lit l'inscription;
KARVLVS ROEMISCHER KAISER KOENIG ZV HISPANIEN etc. Pièce non signée. H. 4 p. 3 l. L. 3 p. 11 l. Berlin.

83. **Ornement de titre** pour l'ouvrage:
Landfridt durch Kaiser Carol den funfften: uff dem Reichstag zu Worms Anno MV°xxı auffgericht.
Dans les listels, on voit en haut dans une forêt; à gauche deux cavaliers, à droite des soldats à pied; sur le latéral de gauche, deux cavaliers et, devant eux, un héraut d'armes sonnant la trompette. Au bas, un village et des paysans se rendant au marché. Pièce finement taillée et sans signature. H. 7 p. 2 l. L. 5 p. 4 l. Berlin.

84. **Ornement de titre** pour l'ouvrage:
D. Dionysii Carthusiani enarratio Epistolarum et Evangeliorum etc. Pars altera homiliarum etc. Editio tertia. Coloniae Petrus Quentel suis impensis excudebat Anno MDXLII.
En haut, Dieu le père avec des Saints; aux côtés, des évangélistes et des pères de l'église; au bas, St. Benoit entre le pape agenouillé à gauche entouré de religieux, et l'empereur, à droite, avec les princes séculiers. Le chiffre est au milieu du bas. H. 10 p. 4 l. L. 6 p. 5 l. Berlin.

Ce titre est composé de listels détachés dont celui du bas est quelquefois remplacé par un autre avec les bustes de Charles V. et de Ferdinand I. avec les armoiries des sept électeurs et, à droite, la date de 1531.

85. **St. Benoit.** Dans le même ouvrage, édition de 1533. Le Saint debout tient un soleil avec l'inscription: BENEDICTVS DEVS IN SECVLA. Un démon gît à ses pieds. Le monogramme est gravé sur une colonne à gauche. H. 6 p. 4 l. L. 4 p. 10 l. Berlin.

86. St. Denis le Chartreux. Il est agenouillé, à gauche, devant la Sainte Vierge assise à droite avec l'enfant Jésus qui donne un livre à Ste. Barbe. On lit sur un écusson en haut :

           Bonorum operum gloriosus est fructus.

Sur une banderole au bas : D. Dionysius Carthusius. H. 6 p. 2 l. L. 4 p. 7 l. Cette pièce se trouve au revers du titre de l'édition de 1533 décrite ci-dessus.

87. Deux hommes en conversation. Un vieillard tenant une hache est assis sur un arbre à gauche; devant lui un homme debout s'appuie sur une scie. H. 5 p. 11 l. L. 4 p. 6 l. Berlin.

88. Un Concert. Trois hommes et un enfant chantent devant un pupitre à musique. A droite derrière eux, un fou tenant des lunettes. En haut, le millésime 1529 suivi de l'inscription, ALTUS, TENOR. BASSUS et, sur le pupitre près de l'enfant, DISCANT. Au milieu du bas le chiffre. Pièce bien gravée. H. 4 p. 3 l. L. 5 p. 11 l. Paris.

89. Vue de la ville de Louvain. Gravure sur bois de 18 feuilles, sur deux rangées de 9 gravures et dont chacune mesure 9 p. 7 l. de hauteur, sur 14 p. de largeur, formant en tout une planche de 11 pieds de longeur sur 19 p. 6 l. de largeur.

En haut, au milieu des ciels, une banderole avec l'aigle de l'empire et l'inscription Civitas Lovanensis. Dans le coin à gauche, les armes de Louvain, au lion sur champ de sable et, à droite, un autre écusson d'armoiries à la fasce sur champ d'argent. Plusieurs figures allégoriques sont assises sur des nuages, à côté de la banderole, et montrent, en commençant à gauche, la Grammaire, la Dialectique, la Rhétorique et l'Arithmétique; puis à droite, la Philosophie sous la figure de Minerve tenant un miroir surmonté du soleil, la Musique, la Géométrie et l'Astrologie. Sur les neuf pièces supérieures on voit, entre autres, les points de vue suivants :

1. En commençant à gauche; le village de Weesmalen et le Borcht-poort nar Mecheln.

2. De Borcht et S. Jans Capelle.

3. St. Gertruye Kerck, een parochie en Abdie van S. Augustinen.

4. S. Peter Kerck de hoft Kerck; Le Stadt Huys.

5. St. Michiels Kerck een parochie.

6. Perc Closter een Abdie.

7. St. Quinteens Kercke een parochie.

8. Un bois.
9. Heeneren Bosche.
Les 9 pièces inférieures contiennent:
1. Un paysan gardant des oies au nombre de sept.
2. Un porcher conduisant sept pourceaux et une chèvre.
3. Le Wygaart Porte.
4. Vignobles le long des murs de la ville et une portion de forteresse avec porte.
5. Un chasseur, un faucon sur le poing gauche et deux chiens en laisse. Deux autres chasseurs et quatre chiens d'arrêt.
6. Un ensemenceur devant une maison.
7. Un paysan conduisant une herse attelée d'un cheval; Tsalrosen Closter.
8. Un paysan conduisant une charrue attelée de deux chevaux.
9. Le Heeneren Closter. Sur le premier plan, un voyageur parle à un homme assis.

Plusieurs inscriptions flamandes se lisent au-dessus des édifices, des métairies, des villages et des chapelles.

Ces pièces n'ont aucune adresse d'éditeur et la manière s'approche beaucoup de celle d'Antoine de Worms. Il est probable qu'un monogramme se trouvait sur la marge inférieure qui manque dans l'exemplaire, jusqu'ici unique, que nous avons eu sous les yeux. On y aura gravé probablement la date de l'exécution, comme cela se trouve pratiqué sur la vue de Cologne du même maître, en 1531.

Maîtres allemands et Graveurs sur cuivre et sur bois de différentes périodes du XVI. Siècle.

1500.

1. **Vue de la ville de Nördlingen.** On lit sur une banderole du haut:
Des heiligen romischen Reichs Stat Nördlingen et, au-dessous sur une tablette, Excultrix fidei merito Nordlinga vocaris etc. Sur le premier plan, deux hommes vus de dos et, à côté d'eux, la signature de l'artiste H. C. W. Anno MD; avec une description de la ville. H. 14 p. 5 l. L. 20 p. 5 l. Coll. Albertine à Vienne.

1504.

1. **La Vierge avec l'enfant, debout sur le croissant.** Elle est entourée de quatre Anges dont deux tiennent une couronne au-dessus de sa tête. Dans les quatre coins on trouve des fleurs. Le monogramme est à gauche et le millésime au milieu. H. 3 p. 2 l. L. 2 p. 2 l. Brulliot Dict. I. No. 2532 b.

S P.   1513.

1. **Paysage montagneux.** Dans le fond, un château sur une montagne, sur le devant un ruisseau franchi par un pont. La signature se trouve, en bas à droite, sur un tronc d'arbre avec la date de 1513 sur une pierre. Pièce d'un très-bon style. H. 4 p. 3 l. L. 2 p. 4 l. Berlin.

1513.

1. **Un écusson d'armoiries.** Au lion issant d'une bande échiquetée, timbré d'un heaume surmonté d'un bourrelet et ayant pour cimier le demi-lion du champ. Sur une banderole, au bas de l'écusson, les initiales I V B qui paraissent indiquer le nom du propriétaire des armoiries. Le millésime est au milieu du bas et la signature au haut de la pièce. H. 4 p. 10 l. L. 3 p. 7 l. Dresde.

----

1. **St. George à cheval.** Copie d'après A. Durer. B. No. 54. Au bas sur la marge blanche, la signature avec la date de 1513 sur une petite tablette. H. 3 p. 2 l. L. 2 p. 6 l. avec marge de 3 l. Brulliot Dict. II. No. 2475.

1516.

1. **La Vierge et le Chartreux.** Elle tient l'enfant Jésus, debout sur le croissant et couronnée par deux Anges. En bas à gauche, un chartreux agenouillé l'adore. Fond de paysage. Au bas à droite, une lettre d'indulgence du Pape Sixte IV. du 1. Mars 1476, commençant, *aue fanctiſſima* etc. Cette pièce est signée du premier des monogrammes ci-dessus. H. 4 p. 4 l. L. 3 p. 7 l. Paris.

2. **Pyrame et Thisbe.** Il est étendu mort sur le terrai
Thisbe se perce le sein d'une grande épée. Sur un monu
gothique, le second des monogrammes ci-dessus avec la date de 1
H. 4 p. 4 l. L. 2 p. 10 l.

3. **Pyrame se donne la mort.** Il est debout à droite,
du voile gisant à terre, et se perce de son épée. Dans le fond, à gau
on voit le lion. Pièce signée, mais sans date. H. 4 p. 4 l. L. 2 p.

1. **Ste. Anne et la Vierge adolescente.** Copie en co
partie d'après A. Durer B. No. 29. A la droite du bas, le monogra
avec la date de 1514 et le rochoir qui indique que l'artiste
orfévre; selon Nagler, il se nommait Martin Erhardt d'Augsbo
Il est cité dans l'ancien livre des ouvriers de Thomas Burgkmaier
donne l'an 1531 comme la date de sa mort. H. 4 p. 2 l. L. 2 p.

---

1. **L'Astrologie.** Femme nue marchant vers la gauch
portant sur l'épaule une sphère céleste. En haut, ASTROLAGIA
date de 1521. Dans le fond, quelques édifices et la signature
droite du haut. Gravure médiocre. H. 3 p. L. 2 p. 2 l. Brulliot
No. 2607.

1. **Le Christ en croix.** Il est tourné un peu vers la gau
Au pied de la croix, la Vierge, St. Jean et Ste. Marie Madeleine.
chiffre est à la gauche du bas. H. 4 p. L. 3 p. Brulliot I. 153

1526.

1. Un ornement avec deux médaillons. Ces médaillons se trouvent au milieu, avec la demi-figure de Judith tenant la tête d'Holopherne et la demi-figure de Dalila coupant les cheveux de Sampson. Le monogramme est au milieu et le millésime à la partie supérieure de l'ornement. Pièce traitée d'une manière légère, mais qui n'est point d'un grand mérite. H. 2 p. 4 l. L. 2 p. 7 l. Dresde.

H 1528.

1. Régulus. Il est roulé par deux Carthaginois dans le tonneau rempli de clous. Copie en contre-partie d'après H. S. Beham No. 71. L'initiale est en haut, le millésime en bas de la gravure. Pièce ronde de 1 p. 8 l. de diamètre. Brulliot II. No. 1150.

HE 1529.
(Bartsch IX. 42.)

Bartsch décrit de ce maître une gaine de poignard avec la figure d'un fifre. Nous pouvons ajouter une seconde pièce qui révèle un bon maître.

2. Gaine de poignard. A la partie supérieure, Judith avec une épée de la main gauche, la pointe à terre. Au bas, ornements de feuillage. A la droite du haut, une tablette marquée 1529 HE. H. 4 p. 11 l. L. du haut 1 p. 1 l., du bas 7 l.

VG 1534, ⅅ 1534.
(Bartsch IX. 22.)

Bartsch décrit de ce maître, qui a gravé dans le style de H. S. Beham, trois pièces auxquelles nous pouvons ajouter les suivantes.

4. Frise d'ornements. Au milieu, une cuirasse surmontée d'un casque. Aux côtés, deux enfants qui tiennent des rinceaux à droite et à gauche. Au bas à droite, la signature, 1534 V G. H. 1 p. L. 3 p. 10 l. Berlin, Munich.

5. Montant d'ornements. Sur une espèce de coupe s'élève un rinceau de feuillage. En haut, un petit écusson avec le monogramme. H. 4 p. 3 l. L. 11 l. Coll. Albertine, Vienne.

6. Autre montant d'ornements. Feuillage et, au bas, un enfant qui, tourné à droite, tient un écusson. En haut un petit écusson avec les initiales V G. Pièce de même dimension que la précédente avec laquelle elle forme pendant.

·I·S· 1534.

(Bartsch IX. 38.)

Bartsch décrit de ce maître, dont la manière est un peu raide, une gravure représentant le Jugement de Páris et mentionne plus loin (p. 498) deux copies d'après H. S. Beham et Jacques Binck signées du même chiffre, mais dont la première porte en outre la date de 1564, ce qui prouverait qu'elle appartient à un maître postérieur. Celui-ci paraît également avoir copié, d'une taille assez grossière, la série des 12 pièces de la Passion du maître Ⱥ G, en y ajoutant une planche supplémentaire gravée d'après le bois de Durer B. No. 35. [1])

---

1) On trouve encore un autre maître qui a employé les mêmes initiales en y ajoutant souvent la date de 1582. Ses gravures, qui représentent pour la plûpart des sujets mythologiques, sont exécutées au maillet, presque au simple contour avec de faibles indications d'ombre. Selon Christ (p. 275 T. F. p. 191) ces initiales indiqueraient Jean Etienne (Johann Stephan) fils de Charles Etienne de Laulne à Strasbourg; il mentionne de lui une gravure avec cette inscription; Carolus Stephanus aetatis LXI Johanne filio inventore. Cette pièce est aussi citée par Gori (III. 265), mais elle est restée jusqu'ici inconnue aux amateurs. Si Jean a réellement gravé, sa manière s'éloigne beaucoup de celle de son père; voici les pièces qu'on lui attribue

1. Neptune et Aréthuse. Pièce ronde de 5 p. 3 l. de diamètre.

2. Saturne. Assis avec la faux dans un riche paysage. I. S. 1582. Pièce ronde de 4 p. 6 l. de diamètre.

3. Diane et Endymion. Ils se rencontrent dans un paysage. Dans les airs, un génie porte un écusson avec les initiales I. S. Pièce ronde. in 4º.

2. **Le cavalier au faucon.** Un jeune homme à cheval tient un faucon sur le poing gauche et s'avance vers la droite. A gauche, un tronc d'arbre. Fond de paysage avec une ville près d'une rivière où l'on voit un bateau. A la droite du haut, la signature I. S. H. 3 p. 6 l. L. 2 p. 11 l. Berlin.

1536.

D'après Brulliot (Dict. I. No. 299), ce maître est le même que celui qui s'est servi du monogramme 𝒜 et dont Bartsch (IX. 38) décrit trois gravures sur cuivre. Il est très-certain, du reste, que le portrait suivant est une reproduction en contre-partie de celui qui est donné par Bartsch No. 1, à l'exception que ce dernier, plus petit, porte la date de 1535.

4. **Le duc George de Saxe.** Demi-figure avec les deux mains et une longue barbe, un peu tournée à gauche. Il porte la Toison d'or. En haut, à côté des armoiries, l'inscription MDXXXVI JORG HERZOG ZV SAXEN. A la marge de droite, le monogramme. Pièce à l'eau-forte. H. 4 p. L. 3 p. Munich.

Nous ne savons rien sur ce graveur dont la pièce que nous allons décrire est exécutée dans le goût des petits maîtres allemands et qui a dû vivre dans la première moitié du XVI. Siècle.

4. **Triomphe de Silène.** Il est monté sur un âne entouré de Satyres; au premier plan un pourceau; au fond des édifices. Au bas I. S. 1582. Pièce ronde de 5 p. 3 l. de diamètre.

5. **Bacchus assis sur un tonneau** marqué du chiffre I S avec la date de 1582. Dans le fond, des édifices dans un paysage. Pièce ronde de 4 p. 5 l. de diamètre.

6. **Héros et héroines.** Suite de 9 pièces au moins, signées I. S. en ovale de 2 p. 6 l. de hauteur et 1 p. 8 l. de largeur.

1. La Sainte Vierge. Elle est assise, tournée vers la droite, ayant devant elle, couché et vu presque de dos, l'enfant Jésus auquel elle donne à boire avec une écuelle. Le monogramme est sur une tablette à la droite du haut. H. 3 p. 10 l. L. 2 p. 4 l. Dresde.

1538—1540

La taille de cet artiste est raide et son modelé mauvais. Il a copié d'après Albert Durer et Bartsch décrit de lui trois pièces auxquelles nous pouvons ajouter les suivantes:

4. Judith. Elle est vue dans la tente d'Holopherne dont elle se prépare à mettre la tête dans le sac tenu par la servante. Dans une autre tente, à gauche, on voit plusieurs musiciens autour d'une table. A l'arrière-plan, on aperçoit un combat et, dans le lointain, une ville. Au milieu du bas, le premier des chiffres ci-dessus. Pièce ronde de 1 p. 8 l. de diamètre. Oxford.

5. La Vierge aux longs cheveux. Copie en contre-partie d'après A. Durer B. No. 30. (Brulliot Dict. L. No. 702.)

6. La Vierge aux cheveux courts. Copie en contre-partie d'après A. Durer B. No. 33, avec le premier des chiffres ci-dessus. H. 4 p. 4 l. L. 2 p. 9 l.

7. La paysanne au marché. Copie en contre-partie d'après A. Durer B. No. 89, avec le 2d. des monogrammes dont s'est servi également Adam Sculptor de Mantoue; mais Brulliot attribue cette pièce au maître allemand. H. 4 p. 3 l. L. 2 p. 7 l.

HD 1540.   HD 1544—1546.

Nous n'avons point la moindre notice sur ce maître. Celle de ses gravures qui porte la date de 1517 est traitée tout-à-fait dans la manière d'A. Durer. Celle marquée du millésime 1540 est exécutée dans le style des petits maîtres allemands, tandis que les bois pour le Burgundischen Kriegsordnung portent l'empreinte de l'école de la haute Allemagne de cette époque.

Gravures sur cuivre.

1. St. Florian. Il est debout, couvert d'une riche armure, la tête coiffée d'une barrette à cinq plumes, tenant de la droite un seau à incendie et de la gauche un drapeau. Il est tourné vers la droite et regarde le spectateur. Derrière lui, à gauche, on voit quelques pierres dont une porte le premier des chiffres ci-dessus avec la date de 1517. On voit sourdre, au milieu de ces pierres, un ruisseau. Dans le fond, une rivière avec des rochers et une petite ville. H. 5 p. 4 l. L. 3 p. 10 l. Oxford.

2. Gaine de poignard. Au-dessus d'un médaillon contenant le buste d'un empereur on voit, entourés de feuillage, un homme avec une femme qui tient un vase. Au milieu, un autre personnage avec turban; derrière et à ses côtés, deux autres hommes. En haut la date de 1540, à droite le monogramme. H. 7 p. 10 l. L. du haut 1 p. 11 l., du bas 1 p. 3 l. Coll. Alb. Vienne.

Gravures sur bois.

3. Die Burgundische Kriegsordnung. On trouve dans cet ouvrage des compositions gravées sur bois qui se rapportent à la stratégie. Le livre porte le titre suivant:

Burgundische Kriegssordnung
Darinnen begriffen ist wie ein gut.... des Kriegs furgenommen und gehalten werden nach des Teutschen hergebrachten Kriegsregirungen und alten römischen gebrauch. Der den hochgeboren Fürsten H. H. Philipsen Herzog zu Cleve etc. beschrieben und in dize Form gebracht. A. D. MDLII. fol.

Dans la biblioth. royale de Berlin.

Ces gravures sur bois sont marquées du dernier monogramme ci-dessus, avec les dates de 1544, 1545 et 1546, et représentent divers mouvements stratégiques à pied et à cheval. La première feuille nous montre sept guerriers assis et un huitième accompagné d'un écrivain qui lui présente un écrit avec l'inscription:

Anbringen und begern so ein Kriegsherr an die Kriegsräth, etliche beschwerte artickel zu berathschlagen
übergibt.

Cette pièce, fol. oblong, porte le monogramme avec la date de 1546.

On trouve, non sans quelque surprise, dans le septième livre un jeu de cartes composé d'officiers et de soldats à pied et à cheval et destiné à enseigner, en jouant, les divers mouvements militaires. Ce jeu est imprimé partie en noir partie en rouge. Le livre a été publié pour la première fois en 1559 et quelques-unes des planches, avec des pièces d'artillerie, sont marquées du chiffre ⊹⊹ 1556, ou de celui ci, ₿₣. [1]) Voici le titre de cette première édition : Kriegs-Beschreibung oder Kriegs-Regierung nach alter deutscher Ordnung etc. Von Reinhard der Aelter grave zu Solms und Herr zu Münzenberg. 1559.

1. Adam et Eve ou le péché originel. Copie en contre-partie d'après Aldegrever, B. No. 3. Signé du monogramme et de la date de 1541. (Brulliot D. I. No. 655.)

2. Armoiries de Lazare Spengler, Conseiller de la ville de Nuremberg. Ecu parti, à une moitié de rose et moitié de lys, de l'un en l'autre, timbré d'un heaume fermé ayant pour cimier une demi-figure de femme ailée; sur une banderole la devise VICTRIX ☿ FOR-TVNAE ♃ SAPIENTIA ♀ Au bas, sur une tablette ovale, LAZARVS SPENGLER | ÆTATIS SVÆ XXXIX ANNO MDXVIII. H. 5 p. 5 l. L. 3 p. 6 l. Cette pièce est signée du chiffre ci-dessus.

H⅃ 43.

1. Pyrame et Thisbe. Il est couché à gauche près d'un ruisseau, la tête appuyée contre un arbre, et tient encore de la main droite l'épée dont il s'est servi pour se tuer. Thisbe se tordant les

---

1) Ce dernier chiffre est celui de Bastian Heidegger de Zurich né en 1520. C'était un excellent orfévre et en même temps graveur en creux, dessinateur et graveur sur bois qui vivait à Vienne. Son monogramme est souvent accompagné d'une plume ou du couteau de graveur. (Voyez Nagler, Monogr. No. 1886.)

mains est debout à ses pieds. Fond de paysage. A la droite du haut, le monogramme accompagné des chiffres 43 qui indiquent probablement la date de 1543. Pièce médiocre dans la manière de H. S. Beham. H. 1 p. 7 l. L. 2 p. 9 l. Oxford.

⌈ℾ

La pièce suivante, gravée d'un style archaïque très-médiocre, paraît appartenir à l'époque d'A. Durer:

1. Le Christ en croix entre la Vierge et St. Jean. Trois Anges reçoivent, dans des calices, le sang qui coule des plaies du Christ. Aux deux côtés, des colonnes torses soutiennent un arc; dans les coins les deux initiales ⌈ et ℾ. H. 4 p. 4 l. L. 3 p. 3 l. Berlin.

N.⌘

1. L'Adoration des rois. La Vierge avec l'enfant Jésus est assise, à gauche, devant le plus vieux des mages à genoux qui lui offre une cassette. Le roi maure est debout à droite, ayant derrière lui deux autres personnages et plusieurs lansquenets. En haut, l'étoile miraculeuse dans une gloire. On voit dans le lointain l'annonciation aux bergers. Sur le premier plan, trois religieux agenouillés dont celui du milieu tient un calice. En haut, le petit écusson avec un bouquet de trois roses; au bas le monogramme. L'exemplaire dans la collection de Berlin est imprimé en brun-rouge. H. 4 p. 6 l. L. 3 p.

I

1. Combat de deux cavaliers nus. Le cheval du premier s'est abattu et le cavalier, renversé en arrière, lève une massue pour se défendre. L'autre cheval s'élance vers la droite, la tête tournée à gauche. A la droite du haut, sur un arbre, la lettre I. Belle gravure au burin dans le genre de H. S. Beham. H. 2 p. 6 l. L. 1 p 11 l. Bibl. de Bruxelles.

B. T

1. **Jésus parmi les docteurs.** Il est assis sur un fauteuil, au milieu de sept docteurs de la loi pareillement assis. A droite, sur la porte du temple, on voit la Sainte Vierge. A la droite du bas, sur un siége, les initiales ci-dessus. Bonne pièce, largement traitée, du commencement du XVI. Siècle. H. 1 p. 7 l. L. 1 p. 5 l. Dresde.

Appendice.

2. **Martyre de St. Érasme.** Heinecken, dans ses N. N. p. 369, donne cette pièce au même maître. Elle n'a que les dimensions de la pièce précédente, mais elle est gravée comme un Nielle et n'est point signée. Dresde.

S G
A

1. **La grande Fortune.** Copie en contre-partie d'après A. Durer, B. No. 77 et de dimensions égales à l'original. Brulliot D. II. No. 2495.

ᔕᐯᔕ

1. **Les trois paysans.** Copie en contre-partie d'après A. Durer, B. No. 86. H. 3 p. 11 l. L. 2 p. 9 l. (Brulliot D. II. No. 1129.)

---

1. **Mars.** Il est debout, en armure à l'antique, et tient une torche; derrière lui un cheval et une vache. A la gauche du haut, le nom Mars à rebours suivi du monogramme. Copie en contre-partie d'après Aldegrever, B. No. 76. Munich.

2. Un porte-enseigne, un tambour et un fifre. Copie d'après Jacques Binck No. 66. Le chiffre est sur une tablette.

———————

1. La famille du Satyre. Copie en contre-partie d'après A. Durer, B. No. 69. (Brulliot D. I. No. 636.) Francfort s/M.

———————

1. La Vierge aux longs cheveux. Copie d'après A. Durer, B. No. 30 avec le second des monogrammes ci-dessus. H. 3 p. 11 l. L. 2 p. 9 l.

2. Les trois génies. Copie d'après A. Durer, B. No. 66. (Brulliot D. II. No. 1489.) Pièce signée du premier des monogrammes ci-dessus. H. 4 p. 3 l. L. 2 p. 6 l.

———————

Ꞝ. I. M.

1. La Vierge, l'enfant Jésus et St. Barbe. La tour se trouve au milieu des figures. A la gauche du haut, le B à rebours, la lettre I au milieu et M à gauche. Pièce ronde de 2 p. 7 l. de diamètre. (Brulliot Dict. II. No. 260.) C'est probablement une épreuve de Nielle.

———————

1. La Vierge aux longs cheveux. Copie en contre-partie d'après A. Durer, B. No. 30. Le copiste a introduit des petits nuages aux quatre coins. Le chiffre est sur une tablette à la droite du bas. H. 3 p. 10 l. L. 2 p. 8 l. (Brulliot D. I. No. 383.)

———————

1. **Les armes des Roggenbach.** A la bande chargée d'une étoile entre deux couronnes; l'écu est timbré d'un heaume ayant pour cimier une demi-manchotte couronnée. Au bas CICE, puis l'inscription MAGNUM EST EADEM etc. GEORGII ROGGENBACHII. V. I. D. et le monogramme ci-dessus. H. 5 p. 4 l. L. 3 p. 9 l. Munich.

2. **Écu à la montagne de trois coupeaux.** Timbré d'un heaume ayant pour cimier une figure tenant, de la main droite, la montagne du champ. En haut, sur fond noir, GAILLARD et dans la bordure du médaillon, LEVAVI OCVLOS MEOS IN MONTES 1544. Sur le fond se trouve aussi le monogramme. Pièce ronde de 2 p. 10 l. de diamètre. Coll. Albert.

1. **Un couple amoureux.** Un jeune homme, coiffé d'un chapeau à plumes, embrasse une jeune femme assise à côté de lui. Il tient une guitare et un petit chien repose sur les genoux de sa compagne. A la droite du bas, l'écusson avec le burin et, sur le fond blanc, la date de 1537 à rebours. Pièce ronde de 2 p. 3 l. de diamètre. (Brulliot, Dictionnaire vol. I. No. 3268.)

I. H. V. E.

Le maître qui a employé ces initiales ne nous est connu que par des copies d'après Albert Durer et dont la plupart se trouvent dans les collections de Berlin et de Francfort. La taille en est nette et serrée, souvent d'un éclat métallique et l'impression est très-noire.

1. **Adam et Eve.** Copie d'après A. Durer, B. No. 1, dans le sens de l'original. On lit sur la tablette, ALBERT DVRER INVENTOR IOHANNES VAN= ce qui a fait croire à Zani que notre maître s'appelait Jean van Adam, la figure du premier homme servant d'indication

à son nom. Mais on ne connait point d'artiste ainsi nommé. Zani ajoute que ce maître a copié beaucoup de gravures d'après A. Durer et paraît avoir eu en vue notre artiste I. H. V. E. auquel appartient indubitablement la copie que nous venons de décrire. Hiller affirme, avec guère plus de fondement, que l'auteur de cette gravure est Jean van Goosen maître très-médiocre, tandis que le travail de cette pièce est d'un très-beau caractère.

2. La Vierge couronnée d'étoiles. Copie dans le même sens que l'original d'après A. Durer, B. No. 31. Au bas à gauche, près du croissant, I. H. V. E. H. 5 p. 2 l. L. 2 p. 8 l.

3. La Vierge assise près d'un arbre. Copie en contre-partie d'après A. Durer, B. No. 35. Signée I. H. V. E.

4. La Vierge avec l'enfant Jésus emmailloté. Copie dans le même sens que l'original d'Albert Durer, B. No. 38. Pièce non signée, mais certainement du maître I. H. V. E. H. 5 p. 2 l. L. 3 p. 7 l.

5. La Vierge au Singe. Copie en contre-partie d'après A. Durer, B. No. 42. La queue du singe touche au jambage de droite de l'A. Non signée. H. 6 p. 4 l. L. 4 p. 5 l.

6. St. Antoine. Copie excessivement trompeuse d'après A. Durer, B. No. 58. La cheminée manque à la maison près du pont. Pièce non signée. H. 3 p. 7 l. L. 15 p. 3 l.

7. L'enlèvement d'Amymone. Copie en contre-partie d'après A. Durer, B. No. 71. La marque est à la droite du bas. H. 8 p. 10 l. L. 6 p. 7 l.

8. La Mélancolie. Copie en contre-partie de la gravure d'A. Durer, B. No. 74. Sans la date mais avec le monogramme de Durer. H. 8 p. 10 l. L. 6 p. 11 l.

9. Le branle. Copie dans le même sens que l'original d'A. Durer, B. No. 90. Le chiffre 4 de la date a, au-dessous, un trait horizontal qui manque dans l'original. H. 4 p. 1 l. L. 2 p. 8 l.

10. Le petit cheval. Copie d'après A. Durer, B. No. 96. Le fond est traité différemment et représente le miracle de St. Hubert. A la droite du bas, I. H. V E., quoique cette signature manque souvent. H. 6 p. L. 4 p. 7 l.

11. Le cheval de la mort. Belle copie dans le sens de l'original d'A. Durer, B. No. 98. Dans la tablette, avec la marque de Durer, la date et la lettre S manquent. H. 8 p. 10 l. L. 6 p. 10 l.

1. **La petite Fortune.** Copie en contre-partie d'après A. Durer, B. No. 78. A la gauche du bas, le premier des monogrammes ci-dessus. H. 4 p. 3 l. L. 2 p. 4 l.

2. **Le jugement dernier.** Copie au burin d'après la gravure sur bois d'A. Durer, B. No. 52. Avec le second des monogrammes ci-dessus. (Brulliot. Dict. I. No. 241.)

---

1. **La Vierge et Ste. Anne.** Copie en contre-partie d'après A. Durer, B. No. 29. La marque est à la droite du bas. H. 4 p. 5 l. L. 2 p. 8 l.

---

1. **Apollon et Diane.** Copie en contre-partie d'après A. Durer, B. No. 68. Au bas, sur une petite feuille, le monogramme ci-dessus. H. 4 p. 3 l. L. 2 p. 7 l.

2. **La Sorcière.** Copie en contre-partie d'après A. Durer, B. No. 67. Le chiffre est à la gauche du bas, sur une petite feuille. H. 4 p. 5 l. L. 1 p. 9 l.

(Bartsch IX. 248.)

La pièce décrite par Bartsch sous le monogramme ci-dessus et représentant des soldats qui jouent, est une copie d'après Jacques Binck No. 74. et on doit lire, au lieu de 5123, la date de 1532. La pièce suivante du même maître est mentionnée dans le catalogue de la Collection Malaspina Sanazzaro.

2. La mort atteint un soldat qui s'enfuit. Copie d'après Binck, B. No. 51. A la gauche du haut, une tablette avec le Nombre 7153 que l'on doit lire 1537. H. 2 p. 10 l. L. 2 p. 1 l.

H.

1. Un hallebardier. Il est vu de face, coiffé d'une barrette à grande plume, le poing sur la hanche et tenant de la gauche une hallebarde. A droite un arbre; dans le fond un mur. Le chiffre est sur une pierre à la gauche du bas. H. 2 p. 9 l. L. 1 p. 8 l. Munich.

H W.

(Bartsch IX. 518.)

12. Un combat de paysans à tête d'animaux. Un seul d'entr'eux a une tête humaine et semble lutter contre les autres qui ont des têtes de cheval, de boeuf, d'ours etc. et sont armés d'épées et de fléaux. A droite, on en voit un boire à une cruche, tandis qu'un second, à tête d'ane, tombe à terre. Le chiffre est en haut à gauche et on lit au milieu DIE VOL ROTH. Cette pièce est traitée dans la manière de Beham No. 5. H. 2 p. 3 l. L. 3 p. 6 l. Oxford. Dresde.

Le maître au gland.

1. St. Christophe. On le voit dans l'eau, portant sur ses épaules l'enfant Jésus et s'appuyant sur un bâton dont l'extrémité arrive au bord supérieur de la planche. A droite, l'hermite près des rochers. A la gauche du haut, la première des marques ci-dessus. Le dessin dans cette pièce est plein, mais la taille est maigre. H. 6 p. 3 l. L. 4 p. 6 l. Berlin. Oxford. (Brulliot I. 3244.)

2. Apollon et Daphné. Copie en contre-partie d'après B. Beham, B. No. 25. A la gauche du bas, une tablette avec les noms APOLLO. DAFENE. et le second des chiffres ci-dessus. H. 2 p. 10 l. L. 1 p. 9 l. ? Berlin.

1. Réunion de sujets. A gauche la femme dans le Songe; à droite l'Amour sur des béquilles d'après A. Durer. Dans le fond à gauche, un arc; à droite un paysage. Cette pièce est sans doute le coup d'essai de quelque compagnon orfévre. H. 4 p. 10 l. L. 3 p. 9 l. Paris.

H·E 1571.

Nous n'avons point de renseignements sur cet artiste qui a gravé dans le style de H. S. Beham. Les armoiries décrites sous le No. 8. portent la date de 1571 et doivent appartenir aux derniers ouvrages du maître dont la manière est celle de la première moitié du XVI. Siècle.

1. Ste. Marguerite. Elle est tournée à gauche, tenant de la main droite un crucifix et, de la gauche, un calice surmonté de l'hostie. Dans le fond deux arbres et sur celui de droite le monogramme. Pièce ronde de 1 p. 9 l. de diamètre.

2. Hercule et Déjanire. Elle est assise à gauche, tournée vers la droite, tandis que le héros décoche une flèche à gauche. A droite une pierre avec le monogramme. H. 2 p. 2 l. L. 2 p. 5 l.

3. La femme et le jeune homme qui lui apporte des fruits. Elle est assise à gauche sous un arbre et tient de la main droite un enfant; un jeune homme, légèrement vêtu d'un manteau et portant sur la tête une dépouille de lion, lui présente sur une assiette des fruits dont elle prend une partie. Dans le fond, un arbre et, tout près à gauche, le monogramme. Pièce ronde de 1 p. 9 l. de diamètre. L'exemplaire de Berlin est imprimé en rouge. Dresde.

4. Le lavement. Une femme tient sur les genoux un enfant nu auquel un homme s'apprête à donner un lavement. Pièce ronde de 1 p. 5 l. de diamètre. Brulliot Table No. 1917.

5. **Gaîne de poignard avec le sujet de Tarquin et Lucrèce.** Il est vu de face plongeant une épée dans le sein de Lucrèce. Au bas, ornements de feuillage. Fond noir. L'exemplaire de Munich, qui est rogné, ne porte point de signature.

6. **Gaîne de poignard à la Lucrèce.** Elle est debout, tournée à droite et se tue avec un poignard. Au bas, un enfant qui porte un vase sur la tête, avec deux serpents. A ses côtés, deux cigognes. H. 6 p. 3 l. L. du haut 1 p. 2 l., du bas 10 l.

7. **Autre gaîne au guerrier.** Il est en armure complète, tourné à droite et appuie la main gauche sur un bouclier tandis qu'il tient de la droite un bâton surmonté d'un pot à feu. A la droite du haut, le monogramme suivi d'une date dont les deux derniers chiffres ont disparu dans l'exemplaire rogné de Berlin.

8. **Armoiries.** Elles se trouvent dans un ovale soutenu par deux enfants. La figure du champ est celle d'un homme coiffé d'un bonnet à deux cornes et tenant un vase. L'écusson est timbré d'un heaume ayant pour cimier la figure du champ. Dans les coins, des petits vases entourés d'ornements de feuillage. Au milieu, le monogramme suivi du millésime 1571 faciebat. En haut les lettres I·A·Σ·Ω. H. 4 p. 9 l. L. 3 p. 7 l. Cat. Sternberg No. 1296.

9. **Armoiries de Jean Leis.** L'écusson à trois étoiles est timbré d'un heaume surmonté de deux trompes d'éléphant chargées d'étoiles. En haut, sur une banderole, HANS LEIS BVRGER IN DER NEW STAT AN DER HEID. G. W. Z. B. et, à l'extrémité de la banderole, 1568. Le monogramme est en bas à gauche sur le tronc d'un arbre. H. 6 p. 3 l. L. 4 p. 4 l. Pièce médiocre. (V. Brulliot III. App. 207.) Coll. Eisenhart.

(Bartsch IX. 16.)

Bartsch ne décrit de ce maître que la suite des 7 planètes qui porte le second des chiffres ci-dessus. Nous avons retrouvé du même graveur trois autres pièces marquées des initiales et du dernier monogramme, mais évidemment de la même main. La taille n'est pas des meilleures et la composition manque de goût.

8. **Le péché originel.** Adam est à gauche en conversation avec Eve. Celle-ci est presque de face et arrache, de la main droite, une des pommes de l'arbre; à côté d'elle un bélier, plus loin un cerf; les initiales C. G. sont à la gauche du haut. H. 2 p. 8 l. L. 1 p. 11 l. Coll. Albertine.

9. **Lucrèce.** Elle est debout, dans une position très-mouvementée, et se plonge un poignard dans le sein gauche. On lit sur un pilastre à gauche, Lucretia lux romanae etc. En haut, à gauche, le troisième monogramme ci-dessus. H. 2 p. 10 l. L. 1 p. 10 l. Coll. Albertine.

10. **Pyrame et Thisbe.** Il est couché, à gauche, près d'une fontaine. Thisbé nue se tient devant lui, sur le point de se tuer. Dans le fond, une ville près d'un lac où l'on voit le lion avec le vêtement. Dans le haut, sur une tablette, Thisbe ob mortem Pyrami sui pro ea, seipsam gladio confodit. Au bas, le troisième des chiffres ci-dessus. — Paris.

Le docteur Nagler dans son livre „Die Monogrammisten etc." Vol. II. No. 69 mentionne diverses compositions du nouveau Testament qui portent les initiales C. G. et qui sont traitées d'une bonne manière. Il croit que ces compositions appartiennent à une édition du nouveau Testament qui aurait été publiée à Bâle dans la seconde moitié du XVI. Siècle. La composition des bois dans l'ouvrage intitulé „Nikolaus Hönigers Hoffhaltung des Turkischen Kaysers und Othomanischen Reichs beschreibung, Bâle 1578. fol. révèle beaucoup de fantaisie et les initiales C. G. se trouvent sur la gravure représentant une danse de noces turques, pièce qui porte de plus, en petit, le monogramme suivant ᴆᴌ ⌁ qui est celui du graveur sur bois très-médiocre. Les deux chiffres à rebours qui le précèdent indiquent la date de 1556. Dans cet ouvrage, bien peu de gravures portent les initiales C. G., mais on y voit souvent les suivantes D R, C S et G S accompagnées du couteau qui indique le graveur sur bois.

On trouve encore les initiales C. G. sur les illustrations très-médiocres sur bois de l'ouvrage intitulé Olai Magni Gothi Archiepiscopi Upsaliensis gentium septentrionalium etc. Basileae ex officina Henric Petrina 1567. in-fol.

Les initiales C G, avec le couteau, appartiennent à un graveur sur bois qui a exécuté plusieurs pièces pour la Bible publiée par Hans Lufft à Wittemberg en 1572.

ᛒᚪᛞ

(Bartsch IX. 51.)

1. **Le Jugement de Salomon** décrit par Bartsch, sous ce monogramme, est d'un beau travail dans le genre de H. S. Beham. La pièce que nous allons décrire rappelle davantage la manière de Marc Antoine et semblerait indiquer que notre maître s'est formé à son école.

2. **La femme et le vieillard.** Elle est debout, vue de dos et tournée à droite, près d'un vieillard qui la caresse et se tient debout près d'un piédestal sur lequel on voit une tête de mort et un sablier. On lit à la marge du bas, MORS OMNIA MVTAT avec le monogramme. H. 4 p. 5 l. L. 3 p. 3 l. Coll. Albertine. A Wolffegg et Paris où l'inscription du bas est rognée, ce qui a induit Brulliot Tab. gén. p. 79. No. 3. à attribuer cette pièce à Jacques de Barbari.

Nous connaissons, sous ce monogramme, beaucoup de gravures sur bois exécutées vers 1516, d'après les dessins de maîtres divers. Nous croyons que la gravure sur cuivre suivante, d'une jolie exécution, appartient au même artiste qui a pu être en même temps graveur sur bois et dont Bartsch VII. 453 et Brulliot Dict. I. 3160[b] et II. 2784[b], III. 352 décrivent plusieurs pièces.

1. **L'Adoration des rois.** La Vierge, assise à droite, tient l'enfant Jésus des deux mains. St. Joseph entre par une porte latérale, tenant son chapeau de la main gauche. Un des rois est à genoux offrant à l'enfant une cassette; le roi maure s'avance de profil en descendant un escalier et le troisième mage, au-dessus duquel on voit l'étoile miraculeuse, tient une coupe. Le monogramme est à la gauche du bas. H. 3 p. 9 l. L. 2 p. 1 l. Oxford.

W

(Bartsch IX. p. 53.)

Bartsch décrit de ce petit maître 10 pièces exécutées dans le style de H. S. Beham. Nous sommes à même de lui donner encore les 9 gravures suivantes:

11. **Joseph et la femme de Putiphar.** Pièce assez habilement traitée. Dans un médaillon. (Brulliot I. No. 2733.)

12. **Le jeune couple et le fou.** Un jeune homme se promène avec une jeune femme près de laquelle s'élance un petit chien. Un fou appuyé à un mur à droite les regarde. Au bas d'une table couverte de mets, le monogramme. Pièce ronde de 1 p. 4 l. de diamètre. Coll. Albert. Oxford.

13. **Gaîne de poignard.** En haut une femme ailée, tournée à droite, tient une espèce de sceptre qu'un petit Amour près d'elle cherche à atteindre. Au bas, des vases et du feuillage. H. 6 p. 4 l. L. du haut 11 l. du bas 7 l.? Berlin (où la partie inférieure de cette pièce est rognée).

14. **Autre gaîne.** Un porte-étendart s'avançant vers la droite et portant son épée en travers devant lui. Au bas, un ornement de feuillage avec deux dragons et une tablette portant le monogramme.

15. **Autre gaîne.** Dans le haut un mascaron; plus bas, un cavalier coiffé d'un chapeau à plumes, vu de face et tenant une tête de mort. Au bas, une urne de laquelle s'élève un ornement de feuillage. Pièce non signée. H. 4 p. 9 l. L. du haut 11 l., du bas terminant en pointe.

16. **Autre gaîne.** A la partie supérieure, un jeune homme richement vêtu à l'allemande et coiffé d'une barrette à plumes. Au-dessus de lui, une banderole avec un chiffre. Au bas, feuillage contourné et vase. Le monogramme est sur l'épée du jeune homme. H. 4 p. 11 l. L. du haut 11 l. Oxford.

17. **Autre gaîne.** En haut une femme nue, sous un arc, qui se tue avec un poignard (probablement Lucrèce). Au bas, des ornements avec une tête d'enfant. Le monogramme est entre les pieds de la femme. H. 4 p. 10 l. L. du haut 1 p. Oxford.

18. **Petite gaîne de poignard.** En haut, un petit Amour appuyant la main gauche sur un crâne. Au bas, un ornement avec des têtes de Chérubin. Le monogramme est près de la tête du petit Amour. H. 3 p. 3 l. L. du haut 10 l. Oxford.

19. **Poignée d'épée ou de poignard.** Un cavalier, élégamment vêtu, présente un oeillet à une dame sur l'épaule de laquelle il appuie la main. Elle est vue presque de profil et tient de la main droite son vêtement. Au milieu des ornements du bas, une chimère les ailes étendues. Oxford.

ᐟᐱᐱᐟ 1552.

1. **Un Eléphant.** L'animal est vu de profil, tourné vers la droite. Sur son cou, le cornac armé d'une lance. Le sujet est entouré d'une bordure ornée, au bas de laquelle se trouve la date de 1552. Sous l'éléphant on lit:

K. M. D. Konig zu Peham hat auss ispania in das Teishland gefiert ain helfant ist zu Wasserburg ankhomen auf den 24. Janvarii im 1552 jar.

Ensuite le monogramme. Bonne pièce à l'eau-forte. Avec la bordure H. 4 p. 5 l. L. 6 p. 3 l. Berlin.

₩

1. **La nouvelle mariée.** Elle s'avance entre son mari et son père. Copie en contre-partie d'après H. S. Beham, B. No. 185. Le monogramme est à la gauche du haut; à droite le chiffre 2 à rebours. H. 1 p. 9 l. L. 1 p. 4 l. Berlin.

R. K. F.
(Bartsch IX. 241.)

Bartsch décrit de ce maître une copie en contre-partie d'après H. S. Beham, représentant la femme se lavant les pieds avec deux enfants, B. No. 207. On a encore de lui la pièce suivante.

2. **Les deux baigneuses et le fou.** Copie en contre-partie d'après H. S. Beham, B. No. 214.

DW

1. **La Vierge.** Demi-figure tenant l'enfant Jésus sur les bras. A droite le chiffre sur une tablette. Cette gravure sur cuivre semble appartenir à la moitié du XVI. Siècle. H. 2 p. 8 l. L. 2 p. Coll. Albert.

---

1. Ste. Cécile. Brulliot Dict. II. No. 666. mentionne cette
gravure sans autres détails. Elle doit appartenir au même maître qui
a gravé la pièce précédente.

P. B.

1. Les Saints Venceslas, Vitus et Ludomilla. Trois
figures debout dans un paysage. Au bas à gauche, P. B. fecit. Pièce
traitée dans la manière de Luc de Leyden. Le filigrane du papier est
une porte avec deux tours. Ces Saints, honorés à Prague, indiquent
que la gravure a été exécutée dans cette ville. H. 7 p. L. 5 p. 3 l. Berlin.

F. B.

Franz Brun.
(Bartsch IX. 443.)

Bartsch a déjà fait la remarque que les gravures de ce maître, qui
portent les dates de 1559 à 1563, ne peuvent appartenir à François
Brentel qui naquit seulement en 1590, mais il ignorait que notre artiste
avait copié la petite Passion d'Albert Durer, signée Franz Brun
fecit et W. Reichner exc. Nous ajoutons à son oeuvre les pièces
suivantes inconnues à Bartsch:

1—13. Les 12 apôtres avec St. Paul. A cette suite appartient une figure du Christ que l'on doit regarder comme formant le
No. 1. Pièce signée F. B.

112—117. L'histoire de nos premiers parents. Six
pièces à l'eau-forte signées F. B. H. 2 p. 7 l. L. 1 p. 10 l. Berlin.

— 112. Création d'Adam. L'éternel est à droite.

— 113. Création d'Eve, l'éternel est à gauche.

— 114. Adam et Eve sous l'arbre de la science du bien et du
mal et recevant les fruits du serpent.

— 115. Adam et Eve, après le péché, couvrant leur nudité de
feuilles.

— 116. L'Éternel se repose.

— 117. Adam et Eve chassés du paradis terrestre.

118. **Le Christ en croix.** Il est tourné à gauche vers sa mère qui tient les deux mains croisées sur la poitrine. A droite St. Jean, croisant également les mains et regardant en haut. Dans le fond à gauche, près du Christ, on lit;
Sic dicit dominus convertere ad me etc. Esaiae XXXXIIII, et à droite: Omnis qui vivit et credit etc. Johannis XI.
Au bas, près d'une tête de mort, les initiales F. B. suivies de la date 1562. Les vêtemens sont un peu ballonnés. H. 4 p. 2 l. L. 2 p. 9 l. Bâle.

119. **Les deux religieux,** un franciscain et un dominicain. Le premier s'avance à droite, une besace sur l'épaule et dans la gauche un poisson. Vis-à-vis de lui le dominicain et, entre les deux, un petit diable. Les initiales F. B. se trouvent au bas. H. 1 p. 9 l. L. 2 p. 9 l. Gotha.

119[h]. **La Cuisinière et la Nonne.** La première, à droite, porte un panier à pain et un poulet rôti sur une assiette. A gauche, une religieuse debout, portant une cruche suspendue, se plaint en joignant les mains. Signée F. B. H. 1 p. 10 l. L. 2 p. 9 l. Gotha.

120 — 122. **Suite de fous.** Trois feuilles d'une taille fort nourrie. H. 2 p. 8 l. L. 1 p. 9 l. Gotha.

— 120. Le personnage s'avance vers la droite, levant la main gauche et indiquant du doigt.

— 121. Le fou est tourné à droite et tient une cornemuse sous le bras.

— 122. Il est vu de face, tenant de la main droite une outre et formant, avec la gauche, une oreille d'âne.

123. **Marche de vivandières et de soldats.** Des premières, au nombre de trois, deux sont à cheval et l'une d'elles tient un enfant au maillot; près d'elles deux soldats: la marche est dirigée à gauche. La signature, 15 FB 59, est sur une tablette à la gauche du bas. H. 2 p. 9 l. L. 4 p. 6 l. Gotha.

124. **Le Sultan.** Il chevauche vers la gauche dans un paysage, précédé de quatre, et suivi de deux janissaires à pied. A la gauche du bas, la signature, 15 FB 59. H. 2 p. 9 l. L. 4 p. 4 l.

125. **Une famille turque.** Deux turcs avec leurs femmes et un enfant dans un paysage. En haut on lit: TVRKISCH MAN VND WEYB ABCONTERFEI. F. B. 1559. H. 2 p. 9 l. L. 4 p. 4 l. Coll. Meyer No. 1021 et 1022.

IV.   12

126. Un canonnier. Il est debout, tenant une fusée près d'un gros canon tourné vers le fond à droite. A la gauche du bas, la signature sur une tablette. H. 2 p. 9 l. L. 2 p. 9 l. Gotha.

127. Un trompette. Il s'avance à cheval vers la gauche et se tourne vers la droite en sonnant de la trompette. A gauche, sur une pierre, la date de 1559 suivi des initiales. H. 2 p. 9 l. L. 2 p. 9 l. Gotha.

128. Un cheval. Il court vers la gauche. Au milieu du bas, la signature F B. H. 1 p. 9 l. L. 2 p. 9 l. Coll. Albert. et Berlin.

129. Une chasse au Sanglier. L'animal, qui a déjà renversé un chasseur, est attaqué par quatre chiens. Un autre chasseur grimpe sur un arbre. Un troisième, armé d'un épieu, s'avance de la gauche. Pièce signée F B 1552? H. 1 p. 6 l. L. 2 p. 3 l. Berlin.

130. Trois chiens. Sur le devant, deux chiens l'un vis-à-vis de l'autre; derrière eux et au milieu, un troisième. La marque F B est à la droite du bas. H. 1 p. 2 l. L. 2 p. 8 l. Berlin.

131. Une guenon. Elle est assise, attachée à une chaîne. Pièce non signée. H. 2 p. 8 l. L. 2 p. 5 l. Coll. Albert.

132. Une autruche; elle tourne la tête en arrière. Sans signature. H. 3 p. 2 l. L. 2 p. 6 l. Coll. Albert.

133—134. Deux frises; chacune de quatre médaillons avec des bustes représentant des personnages de l'antiquité.

— 133. Constantin Leo — Octavia Neronis uxor — Janneus Divd — Alexandra D. Judeor.

— 134. M. Scaevola — Claudia Metella — M. Drusus — Artemisia.

Le monogramme est au milieu. Ces deux pièces appartiennent à la série décrite par Bartsch sous les Nos. 91 et 92. H. 1 p. 3 l. L. 5 p. 6 l. Berlin.

HL 1558.
(Bartsch IX. 473.)

Bartsch, en décrivant trois pièces de ce maître, n'ajoute rien de ce qui le concerne. D'après une notice assez peu claire de Husgen, dans son Artistische Magazin p. 67, on pourrait croire que ce monogramme appartient à Henri Lautensack, fils de Paul, né à Bamberg en 1522 et qui, dix ans plus tard, c'est à dire en 1532, devint apprenti chez

l'orfévre Melchior Bayer de Nuremberg. Devenu maître, et avec la re-
putation d'un ouvrier adroit, il épousa, en 1550 à Francfort s/M.
Lucrèce Ort de Bingen; vécut à Francfort assez longtemps, puis se
transfera à Nuremberg où il mourut en 1590. D'après le même écrivain, il publia en 1553 à Francfort un livre contenant:

1. Von Winkelmaass und Richtscheit.
2. Von der Perspectiv.
3. Von der proportion der Menschen und Rosse.

dont la seconde édition parut en 1564 et, pour la première partie seulement, une troisième édition en 1618. Parmi les gravures que Hüsgen
lui attribue, on compte quelques unes de Hans Sebald Lautensack marquées de son monogramme, tandis que le Christ en croix de 1559
B. No. 1 et l'Ecce Homo B. No. 2, portent le chiffre HL et ont
été gravés par Henri Lautensack. En général, la taille de ces pièces
est raide et dure quoiqu'elle montre quelquefois une certaine largeur.

4. La Vierge. Demi-figure tournée à droite, avec un manteau
à bordure ornée et une couronne à plumes de paon. On lit en haut,
à droite, Mente Dei genitam etc. Cette pièce porte, avec le chiffre, la
date de 1558 et doit être considérée comme faisant pendant au No. 2
de Bartsch représentant le Sauveur. H. 8 p. 4 l. L. 6 p. 2 l.
Copenhague.

5. Le jugement de Pâris. Les figures de Pâris, Vénus,
Junon et de l'Amour dans les airs sont empruntées à la gravure de
Marc Antoine d'après Raphaël. Minerve se trouve derrière Pâris et,
comme les autres déesses, est munie de grandes ailes. A la gauche du
bas, la date de 1558; à droite, l'inscription;

Judicivm Pardis
HL....... Leytzen

On ne sait quelle est la signification de ce mot Leytzen. Cette
pièce est traitée d'une manière assez large. H. 8 p. L. 5 p. 9 l.

V H 1557.
(Bartsch IX. 475.)

Bartsch ne cite de ce graveur qu'une seule pièce à laquelle nous
pouvons ajouter la suivante:

2. Ornement d'orfévre. Au milieu, un vase dont le pied
termine en ornement d'arabesques qui remplissent les deux côtés de
l'estampe. Le chiffre se trouve au-dessus du vase. H. 11 l. L. 3 p. 7 l.

M M M M M

Melchior Lorch 1545 — 1585.

(Bartsch IX. 500.)

Cet artiste distingué naquit en 1527 à Flensburg et reçut sa première éducation chez un orfévre de Lubeck. Il était également peintre et, outre ses gravures sur cuivre, en aurait, selon quelques uns, exécuté d'autres sur bois. On peut avoir quelques doutes relativement à cette dernière assertion, puisqu'on ne trouve jamais son monogramme accompagné du couteau et que même, sur une suite de compositions tirées du nouveau Testament, on trouve, à côté de son monogramme, les chiffres G et Æ qui indiquent assurément les graveurs sur bois de ces pièces. L'indication donnée par Bartsch sous le No. 4. et tirée du titre:

Wohlgerissene und geschnittene Figuren, in Kupfer und Holz, durch den Kunstreichen und weltberühmten Melchior Lorch etc.

ne prouverait rien en faveur de cette assertion puisque l'ouvrage en question a été publié longtemps après la mort de l'artiste, en 1619. Nous avons déjà eu plusieurs fois l'occasion de faire ressortir les erreurs basées sur des cas analogues.

Melchior Lorch a beaucoup voyagé. Après avoir visité Vienne il se porta à Augsbourg, à l'époque de la Diète de l'empire, quand le palatin Othon le prit à son service. Il se rendit ensuite dans les Pays-Bas, puis en Italie où il visita Vérone, Bologne, Florence et Rome. Il fit après, avec l'envoyé impérial, le voyage de Constantinople et en rapporta beaucoup de dessins qui furent gravés, après sa mort, à Hambourg en 1626. En 1582, il entra au service du roi Frédéric II, à Copenhague, comme peintre de cour et, quoique l'on ignore la date précise de sa mort, il vivait encore, à ce qu'il paraît, en 1590.

Si l'on réfléchit que Lorch a vécu quelque temps dans les divers pays qu'il a visités, on ne devra pas s'étonner de retrouver dans sa manière des différences notables et dont ses gravures sur bois portent l'empreinte aussi bien que ses estampes en taille douce; son style est néanmoins toujours caractérisé par une certaine vigueur. Nous pouvons ajouter les pièces suivantes au catalogue de son oeuvre donné par Bartsch.

11. **Portrait de Michel d'Aicing.** Les premières épreuves portent la date de 1565, les secondes celle de 1576. Coll. Albert.

Heller ajoute que, dans les épreuves plus récentes, on en trouve quelques unes où manquent les deux petits écussons du bas. D'autres épreuves ont été tirées sur la planche rognée et reduite à 7 p. de hauteur; elles se trouvent au verso du titre de l'ouvrage d'Aicing, **D e Leone Belgien** etc. publié en 1583 à Cologne avec 112 illustrations sur bois. On lit sur le titre de la 5e. édition de cet ouvrage . . . **usque ad annum M.DLXXXVII.**

17. **Portrait de Frédéric II. roi de Danemarck,** buste en armure, de grandeur presque nature, vu de trois quarts à droite, dans une bordure ovale autour de laquelle on lit:

Fridericus secundus Daniae, Norwagiae, vandalorum, Gothorumque rex etc.

Au bas à gauche:

Melchior Lorchs ad vivum delineabat A°. 1580. Et in aere sculpebat A°. 1582.

H. 16 p. 6 l. L. 11 p. 9 l. Berlin. Copenhague.

18. **Le même,** mais tourné à gauche, avec 6 médaillons au-dessous de la bordure ovale. Ces médaillons renferment, outre le portrait répété du roi et celui de sa femme Hedwige, des armoiries et des emblèmes. Avec les mêmes inscriptions. H. 12 p. 6 l. L. 10 p. Coll. Albert.

Selon Thiele p. 23, on aurait exécuté en 1680 une copie en petit du No. 17 pour le livre intitulé: „Resens, Frederich den andens Kronike. Kiöb. 1680." Il s'agit peut-être du No. 18, que nous venons de décrire.

19. **Guillaume de Grumbach.** Le gentilhomme Saxon est assis dans un fauteuil et vêtu d'une robe fourrée. 1567. Winckler, Cat. rais. I. p. 538. Petit-in-fol.

20. **Hubert Goltzius.** Buste de profil à droite dans un ovale avec la souscription:

Hubertum Goltzium herbopolitam ventonianum civem romanum etc. **Melchior Lorchius Flensburgensis Holsatus ad vivum delineabat et in aere sculpebat.**

H. 10 p. 11 l. L. 7 p. 6 l. Coll. Albert. Berlin.

21. **Portrait du Comte Henri de Rantzow.** Demi-figure debout sous un portail orné de deux colonnes auxquelles se voient attachés 10 écussons d'armoiries. Cette pièce porte plusieurs inscrip-

tions, entre autres à gauche: ANNO DOMINI 1574; à droite: ANNO ÆTATIS 49; au bas: HENRICVS RANTZOVI et la marque du graveur. H. 10 p. L. 7 p. 3 l.

22. Portrait de François Zay, avec la souscription suivante: Franciscus Zay de Chemer annos nato aviter L. oratori Rom. Reg. Mtis. apud Imp. Turc. Melch. Lorch F. Constantinop. Anno MDLVII.
A droite, des emblèmes, puis l'inscription

Non donec vita maneb. etc.

Portrait supérieurement gravé. H. 4 p. 3 l. L. 3 p. 3 l. Copenhague. (V. Thiele p. 23.)

23. Portrait d'homme. Vu de profil à droite, à tête barbue couverte d'un capuchon et vêtu d'un habit fourré. In-fol. L'exemplaire de la Coll. Albert. à Vienne est fort rogné.

24. Aristoteles Stagirites Philosophus 1561. 4°. (Huber, Handbuch I. 203.)

25. Tête de femme 1580. Belle pièce in-8°. (Huber, Handbuch I. 204.)

26. Rébecca donne à boire à Eliézer. Pièce signée du monogramme accompagné de la date de 1585. gr.-in-fol. (Winkler, Cat. I. p. 539.)

27. Satyre sur la papauté. Un homme sauvage et barbu avec de longues oreilles et coiffé de la tiare, vomit une quantité de vermine. De la gauche, il tient une clé brisée et, de la droite, un arbre surmonté de la triple croix. Derrière lui, Satan entoure de sa queue un autre monstre qui salit une bulle papale à côté de laquelle on lit:

Hebt euch got undt Menschen ferren
Ich undt teuffel sind die Herren.

Au bas, à gauche, les âmes au purgatoire. A la gauche du haut, une tablette avec l'inscription:

Al ander herschaft ist von Got
Zur hülf dem Menschen in der Not etc.
1545
MARTIN LVTHER. D.

H. 8 p. 9 l. L. 7 p. 2 l. Coll. Alb. Berlin.

28. Autre satyre sur la papauté. A gauche le pape, moitié homme, moitié dragon à trois têtes, reçoit de l'argent d'un homme barbu, coiffé d'un chapeau très-haut et armé d'une hallebarde. Au milieu du

haut, le millésime 1555. H. 7 p. 4 l. L. 4 p. 9 l. (Voyez Montmorillon, Kunst-Antiquarium No. 2042.)

29. Écusson d'armoiries. Dans le champ, une grue tournée à gauche. A la droite du bas, l'inscription:

Grues lapidem deglutientes etc.

à gauche, les initiales M. I. C. H. 1549. H. 2 p. 2 l. L. 1 p. 8 l. Berlin.

Gravures sur bois.

5—9. Sujets de la vie du Christ. 5 pièces qui appartiennent probablement à un livre d'Évangiles. Signées du monogramme de Lorch et des chiffres G et Æ des deux graveurs sur bois. H. 4 p. 6 l. L. 5 p. 9 l. Berlin.

— 5. L'Annonciation. Le G sur le prie-Dieu.

— 6. La Visitation.

— 7. La Nativité.

— 8. L'Adoration des rois.

— 9. St. Jean dans le désert. Le chiffre de Lorch est à la droite du bas.

10. Le père mort et ses trois fils. Le cadavre à droite est déjà percé de deux flèches. Les trois fils sont à gauche, à côté d'un cavalier. Le monogramme accompagné du millésime 1551 est sur un rocher, devant à droite. H. 12 p. 2 l. L. 18 p. 6 l.

Les nouvelles épreuves dans l'ouvrage de Derschau sont de deux planches.

11. Moeurs et Costumes turcs. Suite de 69 pièces marquées du chiffre de notre artiste avec le titre suivant:

Des weltberühmten, kunstreichen und wolerfarnen Herrn Melchior Lorichs flensburgensis wolgerissene figuren zu ross und fuss samt schönen türkischen Gebäuden und allerhand was in der Turkey zu sehen. Alles nach dem leben und der perspective jedermann vor augen gestellt etc. Hamburg bei Michael Hering im Jahr 1626.

Probablement ces gravures sur bois sont les mêmes qui ont été mentionnées par Bartsch sous le No. 4 comme appartenant à l'ouvrage publié en 1619 avec 129 illustrations et qui, selon Rudolph Weigel, aurait été publié de nouveau à Hambourg en 1641 et 1646.

12. Combat naval turc. Une galère vogue vers la droite

ayant, sur le côté tourné vers le spectateur, 26 rames. A droite, au-dessus du gouvernail, le nom TREFANO. Sur la bannière STENDARDO GENLE. et au-dessus: La Galera general de Alli Basciá che fu capitan general nella Rotta del MDLXXI die VII. Oct. A gauche, un vaisseau turc plus petit, avec l'inscription FREGATA TVRCHESA et d'où, comme de la Galère, on tire une volée de flèches. Cette feuille est la moitié seulement de la gravure qui doit représenter le combat. H. 10 p. 4 l. L. 15 p. Berlin.

13. Melchior Lorch, portrait en médaillon. Il est vu de profil à droite, dans les mêmes conditions que le portrait mentionné par Bartsch sous le No. 4. A gauche, le monogramme et la date de 1575. Pièce ronde de 1 p. 8 l. de diamètre.

14. Portrait d'homme. Demi-figure coiffée d'un bonnet à poil et la main droite ornée de trois anneaux. Le lobe de l'oreille droite est coupé. Pièce in fol. signée. Coll. Albert.

15. Un arc de triomphe servant, selon toute apparence, de bordure de titre pour le livre publié par Lorch sur l'arc de triomphe érigé par lui à Vienne. On y voit, au milieu, un paon avec les armes d'Autriche sur la poitrine et avec les figures allégoriques de la Charité et de la Foi aux côtés. Suscription: Claudianus ad inclytam Austriam etc. puis 8 vers latins. Souscription:
Röm. Kais. Mayt & zu ehren sein etliche Arcus triomphales oder Ehrenporten auch Rhörbrunnen und dergleichen anderst mehr erbaut und auffgericht worden zu Wien in Osterreich durch Melchiorn Lorichs, Im Jar MDLXIII. Le monogramme est à la droite du bas. H. 10 p. 11 l. L. 6 p. 6 l. Berlin. Francfort s/M.

16. La grande Mosquée à Constantinople, anciennement église de Ste. Sophie. Au milieu du bas, le monogramme et la date de 1570. Petit-in-fol. oblong. Coll. Eisenhart de Munich.

17—20. Vues de petites mosquées à Constantinople. 4 feuilles p.-in-fol. oblong. Même Collection.

21—22. Vue de deux rues de Constantinople. 2 feuill. petit-in-4°. oblong. Même Collect.

C. R. ℜ 1544.

1—8. **Huit paysages et vues de lacs.** H. 5 p. 5—8 l.
L. 7 p. 11 l. a 8 p. 5—3 l. (Bibliothèque de Vienne.)

— 1. **Vue de lac.** Le chiffre est dans l'eau près d'un arbre.

— 2. **Autre vue de lac** avec un vol d'oiseaux. Le chiffre est
sur une pierre.

— 3. **Lac entouré de montagnes.** Le chiffre est à gauche.

— 4. **Petit lac** avec une ville sur les bords et une autre sur
une hauteur. Le chiffre à rebours est à la gauche du bas.

— 5. **Édifices sur deux îles.** Pièce marquée des initiales C. R.

— 6. **Deux rangées de maisons** près d'un fleuve. Sur une
croix, on voit une paire de ciseaux entre le millésime 1544 et le
monogramme.

— 7. **Paysage** divisé en deux parties par un arbre au milieu.
Le monogramme est dans le coin à gauche.

— 8. **Plusieurs maisons** divisées par des haies et des arbres.
Un sentier conduit à une tour. Le monogramme est à la gauche du bas.

Ces huit pièces sont des épreuves récentes faites en 1843 sur des
planches de cuivre dorées qui ornaient une petite armoire appartenant
à S. M. l'empereur d'Autriche. (Voyez F. v. Bartsch p. 141.)

F 1561.

(Bartsch IX. 481.)

Cet artiste peintre, dessinateur et graveur à l'eau-forte a exécuté,
entre autres, beaucoup de planches pour l'ouvrage de Hofhalter à Vienne
sur les fêtes données en 1560 à la cour de l'empereur Maximilien
d'Autriche. Cet ouvrage est intitulé:
Rerum praeclare gestarum intra et extra moenia munitis-
simae Civitatis Viennensis etc. Anno Domini MDLX. in-fol.
Bartsch ne décrit de notre maître que le Banquet auquel il faut
ajouter encore d'autres représentations du même caractère. On lui
doit les dessins de plusieurs bois de l'ancien Testament dans la Bible
en langue bohème publiée en 1570 à Prague par George Melantrichius
ab Aventino et qui, si nous devons expliquer ainsi les initiales H S et

PS qui les accompagnent, doivent avoir été exécutées par les deux graveurs sur bois bohèmes, Jean et Paul Severin. Ces gravures sur bois mesurent H. 4 p. 6 l. L. 6 p. 4 — 6 l.

Additions à Bartsch.
Gravures à l'eau-forte.

1. **Grand tournoi combattu à pied et à cheval en champ libre.** Suscription:

Equestris Pedestrisque pugnae Icon MDLX.
Pièce non signée. H. 14 p. 2 l. L. 18 p. 5 l.

3. **Combat sur terre et sur l'eau.** Ce combat simulé est dirigé contre une forteresse bâtie, à ce propos, au bord de l'eau. Suscription: Pictura oppiduli navali et pedestri praelio expugnati 1560. Pièce signée au bas I. T., mais tout à fait dans le style de notre maître et sans doute de lui; mêmes dimensions que la précédente.

4. **Joûte en l'honneur de Mars et de Vénus** avec la suscription:

Praelium exhibitum in aperto campo Marti et Veneri sacro. Mêmes dimensions que les pièces précédentes. (V. Cat. Sternberg II. No. 1261. b — d.)

AF FA AE VA 1545—1580.
(Bartsch IX. 481.)

Ce monogramme appartient à un maître dont Bartsch a décrit quelques gravures à l'eau-forte et qui a fourni des dessins pour des gravures sur bois qui ont paru dans des livres de prières imprimés à Leipsic. Associé à J. S. Lautensack et au maître **F** dont nous venons de décrire l'oeuvre, il a gravé à l'eau-forte une des illustrations du livre de Hofhalter sur les fêtes données à la cour de l'empereur Maximilien en 1560. Ce maître anonyme et qui semble appartenir à l'école de Saxe, est pris ordinairement, mais par erreur, pour le graveur Adam Fuchs de Nuremberg qui s'est servi du même chiffre mais qui a travaillé plus tard, de 1578 à 1620, ou à peu près. Paul Behaim mentionne de lui, dans son catalogue de 1618, ce qui suit;

Æ In Roma Adam Fuchs. Mad. di Loreto.
Il en résulte que cet artiste a vécu à Rome. Il s'est servi également

du monogramme *Æ* mais écrivait ordinairement son nom en entier sur

ses gravures. Ces observations nous ont paru nécessaires pour prévenir
l'erreur qui pourrait naître de la similitude des monogrammes. Nous
retournons à notre anonyme.

Gravures sur bois.

2. **Henri de Rantzow.** Sous ce portrait on lit:
Henricus Rantzovius. Johannis Rantzovii F., (au milieu du
fond et sur les côtés:) Anno domini 1574 — anno aetatis 49.
Ensuite la devise et le nom des ancêtres. Pièce signée du premier
des monogrammes ci-dessus. H. 6 p. 2 l. L. 4 p. 9 l. Copenhague.

3. **Sujets du nouveau testament.** On les trouve dans la
Bibly Czeska ou Bible tchèque que George Melantrichius ab Aventino
publia à Prague en 1570. Les gravures sur bois portent le second
des monogrammes ci-dessus entre les chiffres suivants des graveurs sur
bois: H D. H S. M G. *HF* H. 6 p. 6 l. L. 4 p. 6 l.
(Voyez Brulliot I. No. 1883; II. 1173ª, 1234, 1994; III. App.
No. 38 et 222.)

4. Plusieurs sujets pieux qui, selon Christ, ont été publiés en
1586 chez Steinmann, Voegelin et Valentin Pabst de Leipzig. Elles
portent le 3e. et le 4e. des chiffres ci-dessus. On trouve entre autres le
3r. sur un Christ devant Pilate (H. 2 p. 3 l. L. 1 p. 9 l.) qui
appartient probablement à un livre de prières.

5. **Le Christ en croix adoré par Luther et un prince.**
Le crucifix se trouve sous un arc, entre un des électeurs de Saxe à
gauche et Luther à droite, tous deux agenouillés. Au pied de la croix,
le troisième monogramme. H. 3 p. 11 l. L. 5 p. 3 l. Cette pièce
se trouve dans le Hauspostille, H. Luft 1562 de Luther et dans
le 4e. vol. des oeuvres de Luther. (Jena. Richter. 1574.)

6. **Le Christ en croix.** La Vierge évanouie est soutenue par
une des Saintes femmes. St. Jean lève ses mains jointes. A la droite
du bas, en petit, le quatrième des chiffres ci-dessus. Cette composition se trouve au verso du titre de l'ouvrage de Wicelius „Die aller-
heiligste Historia der Passion". Mentz, F. Behem. 1545.

7. Bordure de titre pour la troisième partie des oeuvres du Dr. Luther. Jena 1573. fol. Pièce signée du troisième des monogrammes ci-dessus.

A. H S.

Gravures sur bois.

1. Titre de la Bible tchèque déjà citée sous le titre de 𝕭𝖎𝖇𝖑𝖞 𝕮𝖟𝖊𝖘𝖐𝖆 etc. 𝕮𝖊𝖑𝖍𝖆 MDLXX. publiée par George Melantrichius. Dans une bordure d'architecture on voit les figures allégoriques de la Religion et de la Foi. En haut, la Sainte Trinité dans un ovale; au-dessous, dans un autre ovale, un seigneur agenouillé devant un crucifix à gauche. Au milieu du bas, le monogramme ci-dessus, puis à droite le chiffre H S. indiquant sans doute le nom du graveur sur bois Hans Severin. On ne sait à qui appartient le premier de ces chiffres. H. 11 p. 5 l. L. 7 p. 6 l. (Brulliot Dict. III. App. No. 70.)

·M·K· , ⋏K· 1565—67.

1. Lucrèce. Elle est nue dans un paysage et se donne la mort. Dans un cartouche richement orné, au haut de l'estampe, on trouve le monogramme accompagné de l'an 1565. Gravure à l'eau-forte. (Coll. Meyer 1071ᵃ.) H. 5 p. 3 l. L. 3 p. 8 l.

2. Un monarque. Figure entière debout, s'appuyant de la main gauche sur un écusson d'armoiries. En haut, dans une riche bordure on lit:

FRID IST BESSER DAN KRIEG
DIWEIL VNGWIS IST DER SIG

A la droite du bas, le second des monogrammes ci-dessus avec la date de 1567. H. 5 p. 7 l. L. 3 p. 11 l. Pièce assez rude. Francfort s/M.

H, E. H. HF.

Erasme Hornick.

(Bartsch IX. 499.)

D'après l'inscription rapportée par Bartsch, ce maître déssinateur et graveur vivait en 1565 à Nuremberg où il a publié une suite de 18 gravures-à l'eau-forte, achevées au burin, et représentant des vases. Nagler, dans son Dict. des monogrammes, mentionne encore (II. No. 1605) une pièce plus grande que celles décrites par Bartsch, ayant 10 p. 10 l. de hauteur sur 6 p. 3 l. de largeur et représentant une cruche à anses, richement ornée. Cette pièce est marquée, à gauche, d'un E et à droite, d'un H. et doit appartenir à une suite de vases d'une plus grande dimension et dont nous n'avons jusqu'ici qu'un numéro.

2. Orfévrerie et bijoux. Suite de 12 pièces très-bien gravées à l'eau-forte. H. 4 p. 6 l. L. 6 p. 6 l. — 6 p. 2 l. Berlin.

a) Deux agrafes. Sur l'une Mars et Vénus; sur l'autre une montre. Dans les coins du bas et de chaque côté, deux petits anges dont celui de droite tient les tables de la loi près du serpent d'airain; celui de gauche, le livre des évangiles à côté du crucifix. Suscription SELA. Au milieu du bas, un tréteau supportant une tête de mort avec l'inscription:

Vigilate, quia nescitis diem neq. horam.

Au-dessous les initiales E H, cum gratia et Privilegio.

b) Trois gros et quatre petits bijoux. Pièce signée E H.

c) Deux grands joyaux sur l'un desquels le sujet du Christ parmi les docteurs. Pièce signée.

d) Sept pièces différentes d'orfévrerie. Celle de milieu représente une Minerve, les autres ont des figures ou des pierres précieuses.

e) Trois bijoux, dont deux médaillons avec sujets allégoriques. Pièce signée E H.

f) Deux médaillons et une petite pièce d'orfévrerie au milieu. Au-dessous, une ceinture avec ornements analogues. Pièce signée.

g) Six médaillons avec les Amours des Dieux et deux perles montées. Pièce signée E H.

h) Trois ornements pour collier. Celui du haut ressemble à un sceptre. A gauche, un sujet tiré des Amours des Dieux avec un Cupidon sur un hippocampe. A droite, un St. Georges. Pièce signée

i) Une Croix et deux joyaux.

k) Une grande tablette sur laquelle est représentée la Nativité avec Moïse et Aaron aux côtés. A gauche, une tablette plus petite avec la Résurrection. Aux côtés et isolés, la Vierge et l'enfant Jésus, puis St. Jean Baptiste. A droite, un cylindre orné. Pièce signée H

l) Tête ornée de Martyr, vue de profil et d'en haut. Pièce signée du monogramme du maître.

m) Autre semblable avec trois banderoles ornées.

3. Pendants d'oreilles et autres ornements. Nagler mentionne une suite de pareils sujets, sans les décrire d'une manière spéciale ou nous donner le nombre et la grandeur des pièces, sur un desquels dans un cartouche orné on lit: QVIDQVID AGIS PRVDENTER AGIS ET QVOD TIBI FIERI NON VIS ALTRI NE FECERIS. ANNO MDLXII. Nuremberge. Erasmus Hornick. f. Dans le catalogue Derschau, on cite une estampe, avec deux grands pendants d'oreilles, signée avec l'inscription Vigilate horam. H. 4 p. 4 l. L. 5 p. 1 l. et qui probablement appartient à cette suite.

Nicolas Andrea 1573—1590.

(Bartsch IX. 512.)

L'artiste nous informe lui-même dans une de ces gravures (No. 5.) qu'il était peintre et poète et natif de Flensburg dans le Holstein. La première de ces gravures, d'une taille un peu maigre, qui nous soit connue porte la date de 1573, la dernière celle de 1590. Il se forma probablement d'après Melchior Lorch comme semblerait l'indiquer le fait qu'il a dessiné d'après ce maître le sujet de la Fortune (No. 2.).

5. Stanislas Sabinus, Seigneur de Stracza. Buste couvert d'une riche armure, dans un ovale entouré de figures symboliques avec l'inscription: NOBILITAS LAVDABILIS EST QVÆ VIRTVTIBVS ORNATA. DOCTORI STANISLAO SABINO HÆREDI IN STRACZA. Au milieu, le monogramme et, sur la volée d'un canon, la date de 1590. A droite, dans un ovale sous un écusson ayant dans le champ un griffon, l'inscription:

NICOLAVS ANDREÆ PICTOR ET POETA FLENSBVRGENSIS HOL-
SATVS AD VIVVM DELINEABAT INVENTOR ET IN ÆRE SCVLPE-
BAT. NVLLA DIES SINE LINEA. H. 15 p. 6 l. L. 12 p. Bibl.
Vienne. Breslau. Cab. v. Amstetter.

      6. Reg. de Noailles Abb. Infu. et S. Amandi Chr. M.
a Secretiorib. Cons. et apud Selimum et Amurat. Turc.
imp. Legat. An. Aetat. 53, Nic. Andrea faciebat Constan-
tinopoli 1578. Pièce signée du monogramme du maître. 4''. (R.
Weigel, Kunstcatalog No. 5203.)

      C'est sans doute de ce portrait dont Malpé (I. 14) veut parler
quand il mentionne un François de Noailles, Abbé de St. Amand, dont
le portrait gravé date de 1578, mais il se trompe en ajoutant que le
maître Andrea, né à Ancône en 1556, mourut à Ascoli en 1611.

      7. Christian IV., roi de Danemarck. Ce portrait se trouve
dans l'ouvrage intitulé: Scientia et practica de Salvat. Fabris.
Copenhagen. W. Waltkirch 1606. in-fol. Ce portrait est signé
du monogramme du maître dont le chiffre se trouve encore sur le
titre qui cependant a été gravé par J. Halbeeck. (Voy. Archives de
Naumann I. 351.)

      8. Armoiries de l'évêque d'Augsbourg Egolf. Suscrip-
tion: Catholica lectissima fides. Souscription: Dei gratia
Joannes .... Augustanus MDLXXIII. Sous la pointe de l'écusson, le monogramme. In-fol. obl. (Cat. Sternberg II. No. 1418.)

André Summer. 1567.
(Bartsch IX. 515.)

      Paul Behaim de Nuremberg, dans le catalogue de sa collection
1618, observe, à propos du 2ᵈ. de ces monogrammes, qu'il appartient à
      ,,Andreas Summer, in Kupfer und Holz.''
Nous n'avons point d'autres notices sur cet artiste peu distingué et pour
le dessin et pour la taille.

      5. Un officier, en armure complète, tenant de la gauche un
bâton de commandement, de la droite une bannière. Au bas, le monogramme et la date de 1568. H. 3 p. 10 l. L. 2 p. 7 l.

6. L'Amour à cheval sur un dauphin. Le monogramme est suivi d'un petit G gothique et du millésime 1567. (Voy. Brulliot Dict. I. No. 436.)

M AM 1565 — 1576.
(Bartsch IX. 516 et 548.)

3. La Sainte Trinité. Dieu le père et le Christ sont assis l'un vis-à-vis de l'autre; au milieu le St. Esprit; au-dessus deux anges. Le monogramme est à la droite du bas. H. 3 p. 2 l. L. 2 p 9 l. Coll. Albert.

4. La Vierge. Elle porte sur son bras l'enfant Jésus auquel elle présente une pomme et un oiseau. Sur une tablette, à la droite du haut, se trouve le monogramme. H. 2 p. 8 l. L. 1 p. 9 l.

5. Le Christ mort pleuré par sa mère. La Vierge est assise sous la croix, entourée de quatre anges. En haut, le soleil et la lune. Pièce signée du second des monogrammes ci-dessus. H. 15 p. 7 l. L. 10 p. 5 l.

6. St. Jean l'évangéliste. Il est debout, lisant dans un livre au milieu d'un paysage; dans le fond, des ruines. Pièce signée du premier des monogrammes ci-dessus avec la date de 1576. H. 4 p. 3 l. L. 3 p. Cat. Stengel.

7. Ste. Barbe. Elle est vue de face et debout, tenant de la main droite un calice, de la gauche un livre. Une église dans le fond. Pièce signée du second des monogrammes ci-dessus. H. 2 p. 3 l. L. 1 p. 10 l.

8. Une femme nue. Peut-être Cérès à la recherche de Proserpine. Elle est debout vue de profil et tient de la main gauche élevée une coupe enflammée. Derrière elle une draperie volante. Avec le monogramme et la date de 1576. H. 6 p. 6 l. L. 4 p. 2 l.

Gravure sur bois.

1. Bordure de titre avec le 1er monogramme. Pièce d'un travail médiocre servant pour le 3e livre des „Annales Marchiae Brandenburgensis" publiées à Francfort s/O. en 1596.

Ɓ Ɓ Ɓ 1541—1565.
(Bartsch IX. 522.)

6. **Portrait de l'empereur Maximilien II.** Figure entière debout dans une niche, coiffée d'un chapeau rond, la poitrine ornée de la Toison d'or, enveloppée d'un manteau et tenant à la main une lettre. On lit en haut sur un écusson:
Maximilianus II Dei gratia electus rom. Imperator etc.
Et au-dessous sur une tablette, le premier des monogrammes ci-dessus. Sur une autre à droite: Anno 1565, 8. August. H. 8 p. 11 l. L. 3 p. Pièce d'une taille un peu raide. Berlin.

7. **Portrait de Paul, abbé de Temesvar.** Demi-figure vue de trois quarts, tournée vers la droite, coiffée d'un capuchon avec une robe fourrée et tenant de la main gauche un gant. Au bas sur une tablette, l'inscription suivante:
IMAGO R^{MI} PAVLI AB^S TEMII QQN^{SIS} DEI G. EPI TRANSILV. Z. L. ÆTA. SVAE AN. LXVIII. SALVT. VERO MDLXVI. SOLA VIRTVS VERE NOBILITAT.
A droite, le monogramme. H. 7 p. L. 5 p.

8. **Les armoiries du Maréchal de la Cour, 1564.** Pièce petit in-fol. (Coll. Eisenhart à Munich. No. 549.)

ŦVƁ ŦⱯƁ 1569.
(Bartsch IX. 522.)

3. **Portrait de Selim III.** Demi-figure vue de profil à gauche, tenant de la main droite un sceptre orné d'un croissant et d'une étoile. A gauche, une colonne avec des armoiries. Au bas, l'inscription: IMAGO SVLTANI SELIMI II. TVRCARVM IMP. Le chiffre est au bas à droite. H. 12 p. 7 l. L. 8 p. 1 l. Munich.

4. **Albert, duc de Bavière.** Demi-figure, à droite, debout dans une chambre. Il est vêtu d'une robe fourrée d'ermine, porte au cou l'ordre de la Toison d'or et tient de la main un papier. L'estampe est encadrée d'une riche bordure d'architecture avec figures allégoriques. Dans le listel du haut, l'inscription: SI DEVS PRO NOBIS QVIS

IV. 13

CONTRA NOS et au bas: VON GOTTES GNADEN ALBRECHT PFALZ-
GRAF BEI RHEIN HERTZOG IN OBERN VND NIEDERN BAYERN.
A la droite du bas, le premier des monogrammes ci-dessus suivi de
l'indication excudebat. H. 19 p. 3 l. L. 15 p. 2 l.

5. Ecusson timbré de trois heaumes. Le premier a pour
cimier une aigle; le second, deux trompes d'éléphant; le troisième, un
vol. Au bas et à la marge, le monogramme accompagné de la date de
1569. H. 4 p. 8 l. L. 5 p. 2 l.

6. Trois écussons d'armoiries. Au milieu, l'écusson du
No. 5. ci-dessus; à droite et à gauche, deux autres écussons surmontés
d'un crucifix devant lequel sont agenouillés un cavalier et une dame.
Une salle gothique forme le fond. Dans la marge du bas l'inscription:
Dein Creutz dein totd o Her, v Got behuet vns vor not
vnd spot, von vns o Her wend ab dein Zorn, sunst wer
dein Tod an uns verlorn.
Pièce non signée. H. 4 p. 8 l. L. 5 p. 2 l.

(Bartsch IX. 525.)

2. Pallas. Elle est couchée, nue, sur un lit et tient, de la droite,
l'oreiller sur lequel sa tête repose, tandis que de la gauche elle saisit
le vêtement qui la recouvre en partie. Derrière elle, une ouverture
avec vue sur une ville. Sur le mur de gauche, PALLAS et, au bas, le
chiffre. H. 3 p. 6 l. L. 1 p. 9 l.

MZ MZ 1566—1570.

Mathias Zündt.

(Bartsch IX. 527 et 530.)

Bartsch a décrit, sous deux rubriques diverses, les gravures de ce
maître, celles marquées de son nom et celles marquées seulement de
son monogramme et que l'auteur croyait appartenir à un maître anonyme. La seule différence entre les pièces qu'il mentionne ainsi, con-
siste en ce que plusieurs d'entr'elles sont gravées à l'eau-forte tandis

que les autres sont au burin. D'ailleurs les diverses armoiries mentionnées par Brulliot (Dict. II. No. 2034), signées des initiales MZ et
du nom entier Mathias Zündt ou Zyndt, ne laissent aucun doute
sur le véritable nom du graveur qui vivait à Nuremberg où il exerçait,
en même temps, les professions d'orfèvre et de graveur en taille douce
et à l'eau forte. D'après Murr, il serait mort en 1586.

1. La Nativité. Signée du chiffre avec la date de 1566. B.
527. No. 1.

2. Le Crucifiement. Avec le monogramme et la date de
1566. B. No. 2. p. 527.

3. La Conversion de St. Paul. B. No. 3. p. 528.

4. Le vaisseau de l'église du Christ. Au milieu, le Christ
debout embrassant la croix, entre les apôtres à gauche et les évangélistes
à droite. Dans l'eau, des hérétiques, des turcs, des tartares attaquent
le vaisseau. Dans le lointain, une ville et, au milieu, Dieu le père accompagné du St. Esprit. Il y a plusieurs inscriptions, la plupart tirées
de la Bible et, au bas, une longue tablette sur laquelle on lit:
Diss Apostelschifflein ist ein fürbildung der Christlichen Kyrchen etc. Mathes Zyndt facie. Ao. 1570. Cum
gratia et Privilegio imperiali.
H. 9 p. 8 l. L. 13 p. 5 l.

On trouve cette même composition gravée sur bois avec des vers
allemands au bas. Gedruckt zu Nürnberg durch Hans Weigel.
Fol. obl.

5. Diane au bain. Le chiffre, accompagné du millésime 1566,
est à la droite du bas. B. p. 528. No. 4.

6. Trois dieux ou emblèmes de Planètes. Ils sont debout sur un îlot; Jupiter, au milieu, avec le Lion; à gauche, Mars
avec le Bélier; à droite un autre dieu, armé d'une épée, avec le Verseau.
En bas, à gauche, les initiales MZ. H. 2 p. 11 l. L. 4 p. Berlin.

7. Louis III. de Bourbon, prince de Condé. 1568 Mathias
Zündt. B. 530. No. 1.

8. Charles IX Roy des François, l'an de grasse XVIII.
MDLXVIII. Demi-figure, de profil à droite, en armure. Mattheus
Zündt fec. a grat. Dans un ovale avec l'inscription ci-dessus. H.
3 p. L. 5 p. 5 l. (Nagler, Dict. No. 2.)

9. Johannes de Valeta (dans les premières épreuves Raleta).
Mathias Zynndt Exculebat Ao. 1566. B. 531. No. 2.

10. Nicolas comte de Zrini. Demi-figure de face, un peu

13*

tournée vers la gauche, tenant de la main gauche les clés de la forteresse de Szigeth et, de la droite, un sabre. Dans le fond, le siége de
cette forteresse en 1566. Au-dessous une longue inscription:
Warhaffte Contrefactur der Vhestung Sigeth und dess
Wolgeboren hern Nicklasen grauen zu Series etc. Diese
belagerung ist geschehen den 31. July vnnd hat sich ge-
endet den 7. Septembris alles im 1566. jar. Mit Röm.
Kay. M. Freiheit nit nach zu thrucken. Zu Nüremberg
aussgangen bei Matias Zindten.
dans un ovale entouré de trophées. Pièce à l'eau-forte. H. 10 p.
6 l. L. 7 p. 5 l. Berlin. Francfort s/M.

Les épreuves postérieures ont l'adresse: Aussgangen bei Aga-
tius Zindten.

11. Guillaume de Grumbach. Demi-figure vue de trois
quarts à droite, coiffée d'un bonnet et tenant à la main une lettre avec
l'adresse. A côté, un pistolet. Au-dessous l'inscription:
Wilhelm von Grumbach aetatis sue LXIX. 1563.
Pièce à l'eau-forte non signée. H. 8 p. 5 l. L. 4 p. 10 l. Berlin.

12. George Hartmann, Mathématicien. Portrait en buste.
Le monogramme est au milieu. La moitié inférieure de l'estampe con-
tient une pièce de vers en latin. Pièce in-fol. (R. Weigel K.-Cat.
No. 20273.)

13. JOANNES AVSTRIVS CLASSIS CHRISTIAN. FE-
DERIS IMP. Cette inscription se trouve sur un cartouche au-dessus de la figure du jeune général debout, en armure complète mais
sans le casque qui est posé à côté de lui sur une table. A gauche,
un porte-bannière, en costume ancien, tenant un étendard blasonné
des armes papales entre celles d'Autriche, à gauche, et celles de la répu-
blique de Venise, à droite. Dans l'exemplaire que nous avons sous les
yeux, la souscription manque. H. 9 p. 2 l. L. 6 p. 4 l. Coll. Keil
de Leipsic.

14. Le docteur G. Stella, recteur de Nuremberg; portrait
en buste avec quatre distiques latins au bas. Petit in-fol. Coll. Eisenhart. Munich.

15. Portrait d'un général. Demi-figure en armure, tenant
de la main droite un bâton de commandement et ayant la gauche posée
sur la hanche. Sur le devant, à gauche, son casque avec l'inscription:
PRVDENTIA I. La plus grande partie de l'estampe, à gauche, représente un combat où un guerrier à cheval „IOSVA DVX" tient un

étendard blasonné d'un soleil. Au milieu, en petit, les Vertus chrétiennes qui renversent l'Orgueil. Ce portrait semblerait être celui
du duc d'Albe. Au bas: Mathias Zyndt 1568. c. pr. On en trouve
des épreuves sans cette indication. H. 8 p. 9 l. L. 12 p. 1 l. Berlin.
Bamberg.

16. Cinq généraux turcs. Ils tiennent conseil avant la ba-
taille de Lépante. Ce sont: Alli Bassa, Carikossa zu Rodis,
Portan bassa, Mustafa zu Tripoli, Ocialli Vic roy Alger.
Dans le haut de l'estampe, la figure du Christ entourée d'anges avec
les instruments de la passion et trois inscriptions tirées des prophètes.
Des flammes tombent du ciel sur les cinq généraux. Au bas l'inscrip-
tion: Machomet der Turckischen Secten anfannger etc.
Signée Mathes Zinndt.

17. Vue de la ville de Grodno en Lithuanie. 1568. Pièce
signée M. Zündt. B. 531. No. 3.

Cette estampe est citée dans la collection de Frauenholzer avec
l'inscription:

Die Ansicht von Grodno nebst den Aufzügen der russi-
schen und türkischen Gesandtschaften, welche von den
Polen feierlich empfangen werden.

Nagler ajoute, à ce sujet, que la date de cet événement est celle de
1577 sous Etienne Bathory, quoique selon Bartsch la pièce porte la
date de 1568.

18. Siége de Paris en 1568. A droite, le camp du roi de
Navarre. En haut deux anges tiennent les armoiries de France. Au
milieu et au-dessus de la ville on lit:

Paris in Franckreich. Champaigne. P.

Au bas à gauche sur une tablette:

Ain ware Conterfet der Stat Paris etc.

et à droite: „Cum gratia et privilegio imperiali zu Nürnberg bey Mathis
Zündten 1568." H. 9 p. 5 l. L. 13 p. 3 l. (Heller Zusätze p. 128.)
Bamberg.

19. Siége de la ville de Gotha et du Château de Grimmenstein, 1567. Au milieu, la ville avec ses fortifications; plus haut,
le château entouré des troupes de Franconie, qui sortent des villages
voisins. A la droite du bas, une tablette avec l'inscription:

In dem Jar 1567 den 25 Thag January wart die gewaltige
Vestung das Schloss Grimmstein und die Statt Gotta be-
lagert von dem hayligen Ro: Reych. Mathias Zyndt.

Au-dessous de la tablette, une vue du Wartbourg et d'Eisenach. Au milieu du haut, GOTTA. H. 9 p. 6 l. L. 13 p. 1 l. Bamberg. On en trouve des exemplaires de premier tirage et quelques anciennes épreuves sans la tablette avec l'inscription. (Coll. Eisenhart de Munich.)

20. Carte du royaume de Hongrie. A la droite du bas, dans une tablette et au-dessous de l'inscription, on lit:
1566. Mathis Zündt.
In-fol. obl. Coll. Eisenhart à Munich.

21. L'île de Chypre et ses environs. En haut une explication de plusieurs lignes; en bas sur une tablette:
Cum gratia etc. Mathias Zündt 1570.
In-fol. obl. Même collection.

22. Siége de Gyula. Au-dessous d'une petite tablette explicative, l'inscription Mathias Zündt. In-fol. obl. Coll. Eisenhart.

23. L'île de Corcyre. A la droite du bas, une tablette avec l'explication. Pièce signée M Z. Coll. Eisenhart.

24. Le Château de Grimmenstein et ses environs, avec inscriptions. Petit in-fol. obl. Coll. Eisenhart.

25. L'arrestation du patricien de Nuremberg, docteur Jérôme Baumgaertner, qui eut lieu à son retour de la diète impériale à Spire, entre Sinsheim et Wimpfen par Albert de Rosenberg (Voyez v. Aufsess Anzeiger 1854. pp. 132 et 232.) Le premier, à cheval et les yeux bandés, est conduit à droite par Rosenberg également à cheval et qui tient la bride de celui de Baumgaertner. Devant et derrière eux, deux cavaliers. Dans les nuages, le Christ et, plus à droite, un petit ange tenant une croix. Dans le riche paysage on voit, à gauche, une ville avec une grande église et, à droite, un château sur une montagne. Pièce à l'eau-forte non signée mais certainement du maître. H. 6 p. L. 9 p. 3 l. Francfort s/M.

26. Les armoiries des Pfinzing. Ecartelées de huit pièces, argent, sable, aigle, annelet etc. avec une riche bordure et les figures de Mars et de Minerve aux côtés. En haut, un médaillon avec le sujet de Curtius se précipitant dans le gouffre. Autour, la devise: PATRIAE ET AMICIS. Au-dessous sur une tablette: SALVTI PATRIÆ VIXISSE HONESTAT. Pièce signée, M 15—69. Z. H. 5 p. 9 l. L. 4 p. Berlin. Bamberg. La seconde inscription manque sur les premières épreuves.

27. Mêmes armoiries. Derrière Mars et Vénus, une tente. En haut, deux anges tiennent un écusson avec la devise: Patriae et

amicis. Le chiffre se trouve au bas. H. 4 p. 7 l. L. 3 p. 3 l. Berlin. Bamberg.

28. Mêmes armoiries. Dans une bordure richement ornée et au bas, deux génies assis tenant une épée et une lance. Dans la partie supérieure et inférieure de l'estampe, des tablettes avec les inscriptions ci-dessus. Pièce signée, MZ 1569. H. 3 p. 9 l. L. 2 p. 4 l. Berlin. Bamberg.

29. Ecusson d'armoiries 1570 au dextrochère tenant une tête de coq. L'écusson est timbré d'un heaume ayant pour cimier un coq essorant. B. 529. No. 5.

30. Ecussons d'armoiries. Dans une riche bordure, deux écussons; le premier, au lion rampant, timbré d'un heaume avec la figure du champ; le second, à gauche, chargé de trois étoiles. Pièce non signée. H. 4 p. 2 l. L. 2 p. 9 l. Berlin.

31. Un vase, orné d'un bas-relief avec des tritons et supporté sur des pieds d'hippocampe. Sur le couvercle, un Neptune. Le chiffre est à la droite du bas. Pièce à l'eau-forte. H. 3 p. 2 l. L. 3 p 6 l. (Brulliot D. I. No. 634.)

32. Figures géométriques et de perspective. Pyramides, coquillages, étoiles, disques, temple avec fontaine etc. Neuf pièces, la plupart signées MZ et de dimensions variées. H. 8—9 p. L. 6 p. 5 l. (Cat. Sternberg II. No. 1307.)

33. Riches ornements à campanes. Deux pièces gravées au burin et signées MA. Z. in 16°. obl. (Nagler, Dict. No. 24.)

Appendice.

Les pièces suivantes ont été attribuées à M. Zundt avec plus ou moins de probabilité, puisqu'aucune d'elles ne porte sa signature. On les trouve citées dans le Dictionnaire de Nagler et le Catalogue de la Collection d'Aretin.

34. Henricus Valesius D. G. Poloniae rex. Il est à cheval, entouré de soldats. Pièce à l'eau-forte. In-fol. obl.

35. Jean Frédéric, électeur de Saxe. Demi-figure; en haut, un ange avec une croix et une guirlande. Cette pièce, in-fol. a été également attribuée à L. Cranach.

36. Gabriel Schlüsselberger, le dernier de son nom et de sa race. Figure entière debout, en ancien costume allemand. In-fol.

37. **Sir Francis Drake.** Figure entière, debout près d'un port. W. S. G. V.

38. **Contrafactur wie die königliche Würde in Polen zu Frankfurt an der Oder 1574 eingeritten.** Suite de six pièces dans le style de M. Zundt. Fol. obl.

39. **Armoiries de Christophe Scheurl.** 12°.

40. **Armoiries de Jean Imhof.** 12°.

41. **Armoiries de Pömer de Diepoldsdorf.** 12°.

42. **Armoiries des Haller de Hallerstein.** 12°.

Ces armoiries sont citées, sans autre, par Brulliot dans le Catalogue du Baron d'Aretin.

43. **Allégorie sur les effets du vin.** Au milieu, dans un ovale, une querelle de paysans et, dans quatre autres ovales aux côtés, les sujets de Noé, Loth et ses filles, les noces de Cana et la parabole du bon Samaritain. Le tout dans une bordure formée d'arabesques et d'animaux. On lit sur la marge du bas:
Vini vituperium, Laus.
Puis seize vers latins signés, Georgius Gertnerus Noricus A°, 1604. Pièce in quarto obl. Coll. Eisenhart à Munich.

B BI BI B⫠H ₿ BI
Balthasar Jenichen.
(Bartsch IX. 532.)

Cet artiste vivait à Nuremberg comme graveur sur cuivre et sur bois et comme marchand d'estampes. Ses ouvrages sont assez médiocres, aussi bien pour ses gravures au burin qui montent à plus de 300 que pour ses bois dont on ne connait jusqu'ici que deux. Elles portent la plupart des dates qui varient de 1560 à 1577. On ne connaît point l'année de sa naissance, mais il devait être mort avant 1621; puisqu'on trouve dans le Catalogue de P. Behaim la notice suivante: Anno 1621 5. Martii kauffte ich von weyland Balthasar Jenichen Kunststechers Wittib alhier, Allerlei gestochene Kupfer, haben gewogen 1 Cr. 20 Pf. umb 50 Fl.
kumbt das Pfundt umb 25 kr.
Aux trente trois pièces décrites par Bartsch, nous pouvons en ajouter beaucoup d'autres, nous contentant d'indiquer le plus brièvement possible le sujet de ces gravures la plupart très-médiocres.

34ᵃ. La nativité. Quatre anges entourent le Christ. H. 2 p. 11 l. L. 2 p.

34ᵇ. Même sujet. St. Joseph remplit d'eau une cruche. Imitation de la gravure d'Albert Durer, B. No. 2. H. 2 p. 4 l. L. 3 p. 3 l.

35. Sujets de la vie du Christ. Suite de 24 pièces depuis la Transfiguration jusqu'à la Résurrection, la plupart copiées d'Altdorfer et de Durer et numérotées dans le coin à gauche. Pièces médiocres à l'eau-forte. H. 3 p. 2 l. L. 2 p. (Heller Zusätze p. 66—70.)

36. Sujets de la passion. 12 pièces marquées au haut du monogramme et du millésime 1568, ayant au bas des vers allemands. Pièces à l'eau-forte. H. 2 p. 7 l. L. 1 p. 9 l. (Cat. Sternberg No. 1281.)

37. Sujets de la vie de la Vierge. 15 pièces. H. 2 p. 11 l. L. 2 p. 1 l. La plupart copiées en contre-partie d'après Altdorfer. La première gravure représente la Vierge couronnée par deux anges, puis une suite commençant du Sacrifice de St. Joachim refusé par le grand prêtre, jusqu'à Jésus parmi les docteurs. Le tout terminé par le Jugement dernier, copie d'Altdorfer No. 39.

38. Le Christ, la Vierge et les Apôtres. 13 pièces numérotées, dans une bordure ornée où se trouvent des sujets de la vie des Saints représentés. Signées BI 1569. H. 3 p. 3 l. L. 2 p. Bartsch décrit le No. 3 de cette suite, St. Jacques le majeur, d'après un exemplaire rogné. (Brulliot Table p. 378.)

39. Ecce Homo. Demi-figure vue de face, les mains liées. Le chiffre est à la droite du bas. H. 3 p. 9 l. L. 2 p. 7 l. (Nagler Dict.)

40ᵃ. St. Radian (?). Il est attaqué par deux loups. Le chiffre BI se trouve à la droite du bas. H. 2 p. 10 l. L. 1 p. 11 l. (Brulliot Tab. 378.)

40ᵇ. Ste. Elisabeth de Thuringe. Elle verse du vin dans l'écuelle d'un mendiant. Le chiffre est à gauche, au-dessous de la couronne. H. 2 p. 8 l. L. 1 p. 9 l. (Nagler No. 2.)

41. Les armoiries de la Passion avec l'inscription: VIL ALTE CRISTEN HABE GDISPVDIRT, le monogramme et la date de 1563. (Brulliot Tab. p. 378.)

42. Jésus enfant dans l'acte de bénir. Il est vêtu et tient un livre ouvert. Pièce signée du chiffre avec la date de 1572. On lit en haut, Kindlein Jhesu. H. 2 p. 7 l. L. 2 p. 1 l. Berlin.

43. L'enfant Jésus nu. Il tient de la main droite le globe

du monde et, de la gauche, une croix en forme de T. A la gauche du haut, I H S. H. 2 p. 11 l. L. 2 p. Berlin.

44. Le Christ, St. Pierre et Caïphe. Trois têtes, l'une à côté de l'autre; celle du Christ au milieu entre St. Pierre à gauche et Caïphe à droite. Au-dessous, des vers allemands sur sept colonnes. Der erste nam Christi etc. H. 2 p. 10 l. L. 4 p. 9 l. Berlin.

45. Le duc Albert de Bavière a une vision apocalyptique. Il est agenouillé, tourné vers la droite, tandis que deux anges lui révèlent les splendeurs célestes. Souscription de cinq lignes suivie du monogramme et de la date de 1574. H. 11 p. 3 l. L. 7 p. 1 l. Cette pièce semble avoir été gravée pour le titre de quelque traduction. On en trouve également une copie sur bois, avec la date de 1575. H. 11 p. 7 l. L. 7 p. 4 l. (Brulliot Table p. 379. et Heller Zusätze p. 72.)

46. La flotte turque. On lit en haut: Pialy Wascha mit 100 Galleeren, puis l'inscription: Warhafftige Conterfettung der Turkischen Armata von Galleen und andern Schiffen bei drei hundert. Wie solche dies 70 Jaer in ordnung wider die Venedische Landt ist aussgefahren. Cette pièce forme partie de la suivante „La flotte chrétienne". H. 10 p. 7 l. L. 15 d. 1 l. (Heller Zusätze p. 73. et Nagler No. 9.)

47. La flotte chrétienne 1570. A droite, une tablette avec inscription de 15 lignes: Wahrhafftige Conterfettung der christlichen Armata zu Wasser wie solche In Ihrer Schlachtordnung des 70 Jars aus Candia gegen die Insel Cypern . . . . . . ist abgefaren. Avec le monogramme. H. 11 p. L. 14 p. 9 l. Heller Zusätze p. 73. et Nagler No. 9.

48. L'île de Chypre, 1571. Elle est entourée de plusieurs vaisseaux de guerre. Au bas, une inscription de 18 lignes: Diese Insel Cypern . . . . welche Famagosta am lanngsten gegen dem Türken geweret hat. H. 10 p. 10 l. L. 15 p. 8 l. On trouve des épreuves postérieures d'après la planche signée, mais sans l'inscription. H. 19 p. 10 l. L. 14 p. (Heller Zusätze 73.)

49. Siége de Famagosta. A gauche, un grand vaisseau incendié. Au haut, une tablette avec l'inscription et le monogramme. H. 9 p. 3 l. L. 11 p. 8 l. (Heller Zusätze p. 74.)

50. Le siége de Nicosia, 1570. La forteresse est entourée de gens à pied et à cheval. Sur le devant, un camp et, au-dessus, une

inscription disant que la place a été emportée le 8 Sept. 1570. **H.** 8 p. 8 l. L. 12 p. 4 l. (Brulliot Table p. 379.)

51. Le siége de Zara en Dalmatie par les Turcs en 1570. (Cat. Sternberg II. No. 1282.)

52. Le siége de Malgaritin 1571. La ville assiégée par les Vénitiens est en flammes. H. 8 p. 11 l. L. 12 p. 6 l. (Heller Zusätze p. 74.)

53. Corfou, Malgaritin et Sapoto 1571. Sur le premier plan l'île de Corfou; en arrière, la ville fortifiée de Malgaritin et le château de Sapoto en flammes. H. 10 p. 4 l. L. 11 p. 11 l. (Heller Zusätze p. 74.)

54. La Grèce et la Turquie. Carte sur laquelle deux petits guidons indiquent l'endroit où eut lieu la bataille de Lépante. Pièce signée, B I 1571. H. 8 p. 10 l. L. 13 p. 3 l. (Heller Zus. p. 74.)

55. Plan de la bataille de Lépante, 1571. A la gauche du bas le lion de St. Marc veut dévorer le dragon turc. H. 9 p. L. 12 p. 4 l. (Heller Zusätze p. 74.)

56. La première attaque à Lépante, 1571. Contra-factur beider armata etc. H. 10 p. 3 l. L. 11 p. 11 l. (Heller Zusätze p. 75.)

57. La bataille de Lépante 1571. A la gauche du haut, le soleil et, au-dessous, une longue inscription explicative: Diese Schlacht hat geweret bei vier Stund etc. H. 6 p. 7 l. L. 10 p. 8 l. (Heller Zusätze p. 75. Berlin.)

58. L'exécution du Capitan-Pacha Ali 1571. Il est agenouillé sur le pont d'une galère vénitienne. H. 7 p. 8 l. L. 9 p. 6 l. (Heller Zusätze p. 75.)

59[a]. Modon. Dans le port de la ville, on voit la seconde flotte turque. 1572. H. 7 p. 7 l. L. 9 p. 6 l. (Heller Zusätze p. 75.)

59[b]. Vue de la Rochelle, avec l'armée de siége, 1573. H. 8 p. 6 l. L. 10 p. 10 l. (Nagler No. 10.)

60. Constantinople à vol d'oiseau, avec les noms de 45 des principaux endroits de la ville. H. 7 p. 8 l. L. 13 p. 5 l. (Heller Zusätze p. 76. Berlin.)

61. Venise à vol d'oiseau, avec 75 indications des principales localités. H. 9 p. 2 l. L. 13 p. 3 l. (Heller Zus. p. 76. Berlin.)

62. Rome à vol d'oiseau, avec l'indication des édifices de A à Z. Au bas, les noms des rois et empereurs romains, ensuite: Das spricht Balthasar Jenichen. Fol. obl. Berlin.

63. Jérusalem à vol d'oiseau. Souscription: Conterfectura nova Civitatis Hierusalem. A la gauche du bas, un édifice: Dispositio sepulture Dominice; autre à droite: Forma Capellae in Bethleem. Pièce traitée d'une autre manière que la précédente. H. 6 p. 4 l. L. 10 p. 3 l. Berlin.

64. Tunis en Afrique à vol d'oiseau. Sur le premier plan, un camp avec souscription terminant . . . . . Geschehen im October dies 1573 Jahr. Balthasar Jenichen. H. 7 p. L. 11 p. 7 l. (Brulliot Table p. 379.)

65. Portraits de 13 ducs de Saxe avec les armoiries saxonnes. Suite de 14 pièces avec deux lignes de souscription. H. 3 p. 3 l. L. 2 p. 8 l. Berlin. Ce sont les princes suivants: Ernest. — Albert. — Frédéric. — Jean. — Jean Frédéric. — Jean Frédéric (2). — Jean Guillaume. — George. — Henri. — Maurice. — Auguste. — Jean Ernest. — Christiern A°. 1589.

66. Les électeurs de Saxe et le Dr. Luther. Ils sont agenouillés devant un crucifix. Suscription: Erbarm dich etc. Anno 1578. Entre deux Cariatides. H. 4 p. L. 5 p. 2 l. Berlin.

67. Elisabeth, reine d'Angleterre. Figure entière assise dans un fauteuil, vue de face et tenant le sceptre et le globe. Dans le fond, à gauche, une dame donne à un homme sa récompense. A droite, une exécution capitale. Suscription: V G G Elisabet Königin inn Engeland. Gott hat mich behütt vor dem tot etc. Pièce à l'eau-forte. H. 11 p. 10 l. L. 8 p. 6 l. Berlin.

68. Sultan Selim 13°. empereur des Turcs. Il est vu de profil à droite, tenant de la main droite un sceptre et étendant fortement le bras gauche. En haut à droite l'inscription: Sultan Selim der dreyzehende Turkische Kaiser. H. 6 p. 3 l. L. 4 p. Berlin.

69. Selim II. Empereur des Turcs. Il s'avance à cheval vers la droite et tient à la main un bâton. En haut, à gauche, une tablette avec l'inscription et Balthasar Jenichen 1586. H. 9 p. 5 l. L. 7 p. 5 l. (Heller Zus. 76. et Brulliot T. 380.)

70. Le Comte Serin, 1566. En costume hongrois, debout sur un amas d'armes. Dans le fond, en haut, le nom et la date 1566. A gauche, l'inscription: Der Höchst im Himmel etc. H. 10 p. L. 7 p. 5 l. (Brulliot Tab. p. 380.)

71. Portraits des personnages remarquables du temps de la Réforme. Bartsch décrit 7 pièces de cette suite de portraits; Heller en connaissait 32 auxquels nous ajoutons ceux qui nous sont

tombés sous les yeux. Toutes ces figures portent en haut le nom et quelques fois l'indication d'âge, et la vie du personnage est donnée dans une inscription de six vers. H. 3 p. 2 l. L. 2 p. 7 l. En voici la liste :

Jean Agricola, Dr. zu Eisleben 1565. Pièce à l'eau-forte.

Jacques Andreas, Chancelier à Tubingue. Pièce non signée ; les anciennes épreuves montrent une longue barbe fourchue.

Théodore de Bèze, Pasteur à Genève.

Jean Brenz, Pasteur à Stuttgart 1570.

Martin Bucerus, Réformateur. Pièce non signée.

Jean Bugenhagen (de Pomeranie), Réformateur. A droite, B. 1571.

Jean Calvin 1574. Bartsch No. 21.

Joachim Camerarius de Leipsic 1570.

Gaspard Cruciger 1571. B. No. 22.

Veit Dietrich, Prédicateur à Nuremberg. Pièce non signée.

Paul Eber, Professeur à Wittemberg 1565.

Erasme de Rotterdam 1565. Pièce à l'eau-forte.

Math. Flacius Illiricus, Ae. s. 41. 1571.

Mathias Flach 1571. B. No. 23.

Nicolas Gallus, Professeur à Wittemberg 1565.

Georges, Prince d'Anhalt etc. 1565.

Guillaume de Grumbach 1567. Pièce à l'eau-forte.

Jean Huss, le saint martyr, 1415.—1565.

Dr. Juste Jonas 1571. B. No. 24.

Conrad Klingenbeck, Réformateur, aet. 41. 1567.

Georges Major, Réformateur 1565. Pièce à l'eau-forte.

M. Johann Mathesius, Pasteur à St. Jochimsthal 1565. Pièce à l'eau-forte.

Dr. Martin Luther, un livre à la main. 1565.

Dr. Philippe Melancthon (Pendant). 1565.

Henri Möller, Professeur à Wittemberg. Pièce non signée.

George Müller, Professeur à Jena.

Paracelsus Theophrastus 1572. B. No. 29.

Gaspard Peucer 1571. B. No. 26.

Jean Pfeffinger, Docteur de l'évangile à Leipsic, 1565. Pièce à l'eau-forte signée **IB**

Jean Schneidenwein. Pièce non signée.

Gaspard de Schwenkfeldt, aet. 46. 1565. Pièce à l'eau-forte.

Cyriacus Spangenberg 1575.

Frédéric Staphylus 1565.

M. Vitus Theodorus, Prédicateur.

Philippe Wagner, Prédicateur de la Cour à Dresde, 1575. Pièce à l'eau-forte.

Ulrich Zwingli 1565. B. No. 30.

Un prédicateur. Der gerechte etc. 1567.

72. **Philippe Melancthon** 1577. Demi-figure assise écrivant devant un pupitre. H. 5 p. 3 l. L. 4 p. 3 l. (Heller Zus. 76.) Cette pièce appartient probablement à une suite de portraits dont Bartsch cite les deux de Luther et de Sarcerius No. 25 et 27.

73. **Hans Sachs.** Demi-figure, écrivant devant un pupitre. Pièce à l'eau-forte. H. 4 p. 5 l. L. 3 p. 2 l.

74. **Les trois Grâces.** Ce sont trois figures groupées selon la manière antique, mais empruntées à un sujet représentant le jugement de Pâris; Junon ailée avec le paon, Minerve vue de dos et tenant une palme, Vénus avec la pomme. A gauche, le monogramme. Pièce ronde de 3 p. 2 l. de diamètre. Berlin.

75. **Le cycle de la vie humaine.** Suite de 10 pièces, avec inscriptions, depuis l'enfance jusqu'à la décrépitude. H. 3 p. 3 l. L. 2 p. 3 l. Berlin.

76. **Le même cycle avec la vie de la femme.** Autre suite de 10 pièces avec inscriptions: „Von 10 Jahr ein freulein junck bis 100 Jar kompt der bitter tod." Ces pièces sont de la même dimension que les précédentes. Berlin.

77. **Une femme enchaînée.** Copie d'après Virgile Solis. B. No. 221. En haut l'inscription: Liberes indignas facne mereare catenas. Au bas: Jetzt bist du frei etc. A la marge du bas, la chiffre de Jenichen et de Solis. H. 1 p. 8 l. L. 3 p. 1 l. (Nagler No. 5.)

78. **La Renommée**, avec la trompette, dans un paysage. En haut: Voce oculis etc., au bas: Die gantze Welt mich gar erkendt etc. Avec les mêmes signatures que la pièce ci-dessus. H. 1 p. 8 l. L. 3 p. 2 l. (Nagler No. 6.)

79. **Un paysan et sa femme.** Il la traîne dans un panier tandis qu'elle lui donne des coups de fouet. Le chiffre est au haut de cette pièce bien gravée à l'eau-forte. H. 2 p. L. 3 p. 3 l. Berlin. On trouve des impressions récentes de cette planche.

80. **Quatre fous.** L'un, agenouillé à droite, tient à la hauteur de l'oeil une corne à boire, tandis qu'il crache quelque chose sur un

de ses compagnons et qu'un troisième lui présente une cuillière. Un chien tient ce dernier par son capuchon. Sans signature. Berlin.

81. **Deux loups.** Ils s'avancent debout sur les pattes de derrière tenant un bâton d'où pend un lièvre. Le premier porte encore une oie et, sur une broche, un saucisson et une oie rôtie. Celui de derrière a également des oies suspendues à l'épaule. En haut l'inscription:

Wie Wölf gehen da unverholn

Haben garr geraubt und gestoln.

Pièce signée, 1571 BI. H. 3 p. 2 l. L. 4 p. 7 l. Oxford.

82. **Les cinq Sens.** (Brulliot T. 382. sans autre description.)

Gravures sur bois.

83. **Louis de Bourbon.** Figure debout, couverte en partie d'une armure et tenant à la main une hache. A ses côtés un casque. Suscription: VGG. LVDWIG VON BOVRBON FVRST ZV CONTE INN FRANCKREICH. A droite, les armoiries de France et, au bas, le monogramme avec la date de 1568. H. 9 p. 5 l. L. 6 p. 8 l. (Brulliot Table p. 382.)

84. **Daniel Greser,** Prédicateur luthérien, 1587. H. 3 p. 9 l. L. 2 p. 11 l. (Nagler No. 17.)

85. **Un Turc.** Demi-figure vue de face, tenant de la main droite un bouclier et la gauche armée d'une masse d'armes. En bas à droite, le chiffre suivi du couteau de graveur. H. 3 p. 3 l. L. 3 p. (Heller Zusätze p. 82.)

G. W. 1541—1619.

George Wechter de Nuremberg.
(Bartsch IX. 164.)

Ce peintre et graveur donna, en 1579 à Nuremberg, un cahier contenant 30 sujets divers ou projets de vases et, en 1619 à Bamberg où il avait acquis droit de bourgeoisie, un autre cahier avec 31 grotesques. On ne sait rien de plus des circonstances de sa vie. Une de ses gravures à l'eau-forte décrites par Bartsch porte la date de 1541 et, en se référant à l'édition ci-dessus de 1619, on devrait en conclure qu'il est mort très-vieux; un des sujets de cette édition le représente en effet comme un vieillard qui se chauffe auprès du feu. Sa manière rappelle celle de Virgile Solis. Les gravures sur bois que lui attribue Bartsch et qu'il décrit comme appartenant à une histoire d'Augsbourg de 1550, portent un chiffre composé de C et W et doivent appartenir à un dessinateur ou graveur sur bois, jusqu'ici inconnu, d'Augsbourg. Nous ajouterons à ce sujet que Feierabend de Francfort en donna une seconde édition en 1580.

5. St. George. Il est représenté debout sur le dragon. Cette pièce à l'eau-forte est signée G W 1574. H. 2 p. 11 l. L. 1 p. 7 l.

6. Un Cavalier. Il s'élance à gauche en tirant, par la bride, la tête du cheval vers lui. Fond de paysage avec une montagne à gauche. A la droite du bas 9. G W inventor, ce qui semblerait indiquer que cette pièce appartient à une suite de Cavaliers. H. 3 p. 7 l. L. 4 p. 3 l. Francfort s/M.

7. Suite de vases ornés. Avec le titre suivant:
30 Stuck zum verzeichnen fur die Goldschmid verfertigt
Georg Wechter
15 Maller 79
NVRMBERG.

Ces 30 pièces à l'eau-forte sont toutes signées G W et représentent plusieurs vases pour usages divers dans le style très-orné de la renaissance; des deux dernières feuilles, l'une contient neuf petits ornements, l'autre des mascarons. Coll. de Reider à Bamberg.

8. Divers grotesques. Suite de 31 pièces à l'eau-forte de 5 p. 6—8 l. de hauteur 4 p. 8—10 l. de largeur avec le titre suivant:
Neuw Grottesken Buch mit allerley Frantzosischen posslein. Inventirt radirt vndt verlegt durch Georg Wechtern
Burger und Mahler in Bamberg 1619.

Quelques unes seulement de ces pièces portent la signature G W. Les riches arabesques contiennent souvent, au milieu, des figures plus grandes ou des médaillons. L'artiste se représente lui-même sur une de ces feuilles comme un vieil ouvrier qui se chauffe assis devant le feu. (Coll. de Reider à Bamberg.)

C. S.   C 1583. S

Conrad Saldorfer. 1563—1583.

(Bartsch IX. 558.)

Paul Behaim, dans son Catalogue de gravures de l'an 1618, déclare que le chiffre ci-dessus est celui de Conrad Saldorfer, dont il possédait 76 gravures. Ce maître, natif de Nuremberg, était peintre et graveur en taille-douce et à l'eau-forte. Il travaillait durant la dernière moitié du XVI. Siècle et son style se rapproche de celui de Virgile Solis. Comme il était bourgeois de Nuremberg, il semble avoir passé toute sa vie dans cette ville, quoique l'on ne connaisse point encore la date de sa mort.

Additions à Bartsch.

Gravures sur cuivre.

3. **L'oraison dominicale.** Suite de 11 pièces, dont une servant de titre avec la date de 1563 et deux feuilles avec la prière en vers allemands. Sous chaque division du **pater**, on voit représentée une des vertus théologales ou cardinales selon la série suivante;

Conscientia.
Fides.
Spes.
Charitas.
Prudentia.
Justitia.
Temperantia.
Fortitudo.

Chacune de ces pièces est marquée C. S. - H. 4 p. L. 3 p. Coll. Albertine.

4. **St. Eloi.** Il est assis, vêtu des ornements pontificaux, dans son atelier, tourné vers la droite et terminant au marteau un calice. A gauche, une porte donnant vue sur une ville, où l'on voit un maréchal-ferrant occupé autour d'un cheval. A droite, une fenêtre à trois compartiments, un banc avec des coussins et une tablette avec l'inscription :

IV.   14

S. Loy ein Goltschmide wardt Bischoff zu Paris C. S.
Belle gravure exécutée, à ce qu'il paraît, d'après un sujet ancien. H.
3 p. 1 l. L. 4 p. 7 l. Coll. Albert. Berlin.

5. Voyage sur mer et par terre en Turquie. Beckmann,
dans son ouvrage intitulé „Literatur der ältesten Reisebeschreibungen
I. 1808", dit que Conrad Saldorfer de Nuremberg a copié les gravures
sur cuivre du livre suivant:

Der erst Theyl von der Schiffart und Reyss in die Türkey
und gegen Örient beschrieben H. Niclas Nicolai. Aus der
französischen Sprach in die Deutsche gebracht. Nürnberg 1572. in-fol.

Cet ouvrage contient 61 pièces gravées à l'eau-forte. (Voyez Nagler,
Künstler-Lexicon XIV. p. 208.)

6—9. Sujets satiriques avec figures d'animaux. H.
1 p. 9 l. L. 5 p. 4 l. Oxford.

— 6. Un loup joue de la cornemuse devant un troupeau de moutons; à droite, un autre donne à boire à une chèvre. On lit en haut:

Wir Wolff khünnen euch nicht besser machen, dann wir
helffen euch in allen sachen. Au bas: Und sagen euch
von der Ertzney und pfeiffen euch auch mancherley.
Pièce non signée.

— 7. Un loup traverse de gauche à droite, dans un bateau, des
oies et des poules. Sur le gouvernail, les initiales C. S. Sur le rivage
à droite, un renard porte une échoppe avec des oeufs et dans le fond
on donne à manger à des volailles dans une cour. On lit en haut:

Wir Wolf und Fuchs mögen uns nymer mehrn, müssen
anheben anderst zu zehren.

Au bas:

Hüner und Gens gehen markt tragen thon, Dieselben auch
aufm Wasser fueren umb den lon.

— 8. Un renard suit une oie encapuchonnée vers la droite, où
deux autres renards apprennent à des volailles à chanter dans un livre.
On lit en haut:

Her her alle die synngen wollen lehrn, Sie seyen von
nahen oder fern.

Au bas:

Die wollen wir lehrenn sinngen schon, Auss der Music
solt jr unns verston. — Bamberg.

— 9. Marche triomphale de lièvres. La direction est à droite, où
un lièvre monté sur un chien sonne la trompette. Un chariot où se
trouvent deux autres lièvres est traîné par un chien, et deux lièvres
avec des fusils ferment la marche. Sous le chariot, les initiales C. S.
sur une tablette. On lit en haut;
Wir Hassen haben ein List erdacht, die Hundt in unsern
gehorsam pracht.
Au bas:
Uīd sie wie Pferde abgericht. Es aber nur auff disem
pappier geschicht. — Bamberg.

10. Les armoiries de Sigismond Held. Dans un orne-
ment au haut, on voit deux enfants et la signature C. S. Au-dessous,
sur une tablette ornée, le nom SIGMVND HELD. H. 7 p. 2 l. L. 3 p. 1 l.

11. Les armes des Pregel. Ecartelées au premier et au quatrième d'une demi-figure d'homme, au 2. et 3., de trois chevrons. Sur
le heaume, la demi-figure du champ tenant un oiseau sur le poing droit.
Au haut, une banderole volante; au bas, les initiales C. S.

12. Ecusson d'armoiries entouré d'oiseaux. H. 1 p.
5 l. L. 2 p. Pièce signée C. S.

13. Ecusson d'armoiries entouré d'animaux de chasse.
Pièce signée C. S. H. 1 p. 5 l. L. 2 p.

* C * S *   C. S.   C. S.

Christophe Stimmer (?).

Ce dessinateur et graveur passe pour être un frère puîné de
Tobie Stimmer de Schaffhausen, et le Dr. Nagler croit que c'est le
même qui a publié en 1552 à Francfort s/M. et en 1596 à Bâle les
alphabets que nous avons mentionnés dans l'oeuvre de Hans Christophe
Stimmer et dont nous avons dit qu'il était impossible que, né en 1535,
il les eût publiés en 1552. D'après le second des monogrammes ci-dessus
avec la figure du burin, on pourrait conclure qu'il a été graveur sur
cuivre, mais nous ne connaissons de lui aucun ouvrage de ce genre.
Ses gravures sur bois sont assez grossières et trahissent l'ouvrier.

Gravures sur bois.

1. Sujets de la Bible. 66 pièces avec bordures. 8°. oblong. Elles ont des textes de la Bible au revers et doivent par conséquent appartenir à une édition de la Bible. (Voyez le Catalogue Sternberg II. No. 1417.) Il n'est pas annoncé dans ce catalogue que ce sont des gravures sur bois, mais elles se trouvent placées après deux autres bois du maître et n'ont été vendues que 4 gros. On trouve des gravures analogues dans le Summaria über die ganze Bibel de F. Dietrich. Francfort s/M. 1567.

2. La tentation de St. Antoine. Six feuilles avec deux sujets chacune divisés l'un de l'autre par une colonne. La figure du Saint est presque toujours la même dans toutes ces compositions, tenant un livre sous le bras droit et un bâton à la main gauche et toujours dirigé à gauche. La signature du maître se trouve sur une pierre de la première feuille. L'ouvrage de Derschau contient sous les Nos. 18— 23. de nouvelles épreuves de ces pièces. H. 6 p. 10 l. L. 13 p. 8 l.

3. Scènes historiques tirées de la vie du palatin Frédéric le victorieux pendant la guerre du Rhin, en 1452. A droite et à gauche, des seigneurs sont assis à table dans une salle soutenue par quatre arcades. Dans le lointain, à gauche, une bataille; à droite, le prince à cheval, devant la porte d'une ville, parle au peuple. On voit plusieurs personnes précipitées dans le Rhin. Epreuve récente de cette pièce dans l'ouvrage de Derschau. H. 12 p. 7 l. L. 10 p. 7 l.

H. S.

Hans Sibmacher.

(Bartsch IX. 595.)

Cet excellent graveur était natif de Nuremberg où, selon Doppelmayer p. 210, il mourut en 1611. Il s'acquit une grande renommée par son ouvrage sur le blason, ou Collection d'armoiries dont il publia la première partie en 1605, la seconde en 1609. Il a toujours écrit son nom Sibmacher et non Siebmacher, selon l'orthographe que l'on a adoptée de nos jours.

Additions à Bartsch.

24. Emblemata. Cet ouvrage renferme 4 titres et 400 sujets en médaillons. Voici le titre principal:
Symbolorum et Emblematum ex re herbaria desumptorum centuria una collecta a Joach. Camerario Med. Nor. In quibus rariores stirpium proprietates hist. etc. expon. (Ed. Lud. Camerarius filius.) Centuriae IV. (Norimb.) 1590—1604. 4°.
(V. R. Weigel K.-Cat. No. 17910ʰ.)

25. Le livre d'armoiries. Johann Sibmachers New Wappenbuch an der Zahl über 3320 Wappen dergleichen vor niemals ausgangen. Norimbergae 1605 Jahr.
In fine:
Gedrückt zu Nurnberg durch Christoff Lachner. In verlegung Johann Sibmachers. Im 1605 Jahr.
La seconde partie est intitulée:
Newen Wappenbuchs II. Theil Darinnen des H. Röm. Reichs Teutscher nation Wappen an der Zahl bei 2400. Auf Kupferstück truck verfertiget. Durch Johann Sibmacher. Norimbergae. Sumptibus Auctoris MDCIX. 4°. obl.
Les héritiers de Sibmacher en firent paraître une seconde édition, dont la première partie parut en 1612, la seconde en 1619. Plus tard, le négociant de gravures Paul Fürst acquit les planches de l'ouvrage et en publia la 3ᵉ. édition en 1656. De 1657 à 1806, il parut encore 4 autres parties et 12 cahiers de suppléments dont nous n'avons point à nous occuper ici.

26. Livre de Modèles (Modelbuch in Kupfer gemacht, darinnen allerhand Art neuer Modell von dünn, mittel und dick ausgeschnittener Arbeit, auch andern künstlichen Nehwerk zu gebrauchen. Nürnberg bei Michael Keisner 1601. Nagler, Künstler-Lexicon Vol. XIV. p. 340.

27. Un génie ailé. Il est tourné à gauche tenant des deux mains un vase d'où s'élèvent cinq grandes tiges de fleurs. En haut, No. 1.; au bas, Joh. Sibmacher fec.; au milieu, le millésime 1596 et à droite: Hir Bang exc. H. 3 p. 5 l. avec la bordure 3 p. 7 l. L. 2 p. 7 l. (Cat. Stengel.) Nagler croit que cette pièce appartient au Livre des modèles.

28. Philippe Emmanuel de Lorraine, duc de Mercoeur

et de Penthièvre. Il est vu de face en armure complète dans une bordure ovale. H. 6 p. L. 4 p. 9 l.

Cette pièce, ainsi que les suivantes: 29, 30, 32, 36, 38, 39, 40, 42 et 46 et plusieurs autres appartiennent à la „Description historique des guerres entre les Chrétiens et les Turcs depuis 1395 à 1603, d'Ortelius, Nuremberg 1603." (V. R. Weigel K.-Catalog No. 20813.)

29. Mathias Archiduc d'Autriche. Vu de profil à droite. H. 6 p. L. 4 p. 9 l.

30. Nicolas Comte de Serin (Zriny), Commandant de Szigeth. H. 6 p. L. 4 p. 9 l.

31. Mahomet III. Sultan. H. 6 p. L. 4 p. 9 l.

Cette suite de 4 feuilles semble appartenir à un seul et même ouvrage. Les épreuves plus récentes sont retouchées et numérotées. Le Mahomet III. p. e. porte le No. 45. (V. Cat. Petzhold, Vienne 1844.)

32. Siége de la forteresse de Gran, par les Chrétiens, en 1595. Fol. obl. Coll. Eisenhart.

33. La reprise de Gran après la retraite des Turcs 1. Sept. 1595. Au bas, 20 vers allemands et une feuille explicative de texte de 4 p. contenant le monogramme du graveur. H. (avec le texte) 14 p. L. 12 p. 4 l. Coll. Petzold.

34. Le siége de la forteresse de Raab le 28 Mars 1598. A la marge inférieure, une explication de 5 lignes. Fol. obl. (Coll. Eisenhart.)

35. La prise de Raab, le 28 Mars 1598. Au-dessous, dans un ovale, le portrait du général Adolphe de Schwarzenberg. Au haut, un cartouche avec l'inscription: AIGENTLICHER ABRIS ..... ANNO 1598. Le chiffre est au milieu à droite. H. 9 p. 3 l. L. 12 p. 1 l. (Coll. Meyer No. 1030.)

36. Une Carte de la Hongrie, avec les armoiries du royaume. On lit dans un écusson: Totius Ungariae et Transylvaniae etc. Delineatio. A la droite du bas, Johann Sibmacher Noriberg. faciebat et excud. H. 9 p. 6 l. L. 18 p. 3 l.

37. Autre carte de Hongrie. A la gauche du bas, sur une tablette, Hungaria, et au-dessus, les armoiries. Au milieu, Johann Sibmacher Noriberg. faciebat et excud. H. 9 p. 9 l. L. 13 p.

38. La prise de Passa, en Hongrie, par les Chrétiens, le 19 Août 1597. A la gauche du bas, les initiales H S. Fol. obl. (Coll. Eisenhart à Munich.)

39. Siége de la forteresse d'Erla, en Hongrie, par les Turcs. Fol. obl. (Coll. Eisenhart.)

40. Siége de la forteresse de Canischa, 1601. A la marge du bas, une explication sur dix lignes. Fol. obl. (Coll. Eisenhart.)

41. Prise de Stuhlweissenburg 1601. Fol. obl. (Coll. Eisenhart.)

42. Siége et prise de la forteresse de Hatwan par les Chrétiens, le 3. Sept. 1596. Fol. obl. (Coll. Eisenhart.)

43. Siége et prise de Bude et Pesth, le 6 Octobre 1602. Pièce entourée d'une jolie bordure avec une souscription gravée suivie d'une explication de 7 lignes. Pet.-in-fol.-obl. (Coll. Eisenhart.)

44. Vue de Constantinople et de Péra à vol d'oiseau. A la marge du bas, l'indication de 45 des principaux édifices de la ville. Gr.-in-fol.-obl. (Coll. Eisenhart.)

45. L'exécution des traîtres de la forteresse Canischa à Vienne, le 19 Oct. 1601. A la marge du bas, un petit poème en 6 strophes de 8 lignes. Fol. obl. (Coll. Eisenhart.)

46. Exécution du comte de Hardeck, à Vienne, le 15 Juin 1595. Petit-in-fol.-obl. (Coll. Eisenhart.)

47. Le drapeau rouge de Bethlen Gabor (Bethlen Gabors Blutfahnen, welche derselbe zu Newsal von rothem Damaschket machen, mit gegenwärtigen Figuren und Worten weben und dem Emerico Turezo als Landfahndrichen soleniter überliefern lassen.) Au bas, une poésie de 12 strophes de 14 lignes chacune, avec une fort belle bordure. Fol. (Coll. Eisenhart.)

48. Arbre généalogique. C'est celui du duc Frédéric de Saxe-Weimar et de la palatine Anne-Marie sa femme. Le chiffre est au milieu du bas. H. 9 p. 8 l. L. 12 p. 11 l. (Collect. Petzold et Eisenhart.)

49. L'arbre généalogique d'Anne-Marie, duchesse de Pfalz-Neuburg, deuxième femme de Frédéric-Guillaume duc de Saxe. H. 9 p. 8 l. L. 12 p. 11 l. (Coll. Eisenhart.)

50. Les armoiries des Holzschuher. Entourées d'un rinceau, avec des fruits sur un des côtés. Au haut et de chaque côté, un génie tenant un livre ouvert. Au bas, sur une tablette, les initiales H. S. H. 2 p. 11 l. L. 2 p. 9 l.

51. Les armoiries des Pessler. Au haut, sur des ornements et des fruits, sont assis deux anges qui, une main appuyée sur

le genou, tiennent de l'autre l'écusson. Au-dessous, deux autres anges. Sur les ornements de la tablette, on voit les initiales: H. S. H. 4 p. 3 l. L. 2 p. 9 l.

52. Ecusson au pied d'aigle. La figure du champ sert de cimier entre deux cornes; riche bordure. H. 4 p. 2 l. L. 2 p. 8 l. Berlin.

53. Ecusson aux trois corbeaux. Entouré de figures allégoriques et de quatre génies. Le chiffre est au milieu du bas. H. 4 p. 3 l. L. 2 p. 11 l. (Coll. Petzold.)

54. Armoiries de la famille patricienne des Koler. Elles sont entourées de quatre Termes et de quatre génies jouant sur des instruments de musique. H. 4 p. 1 l. L. 2 p. 8 l. (Coll. Petzold.)

55. Armoiries de George Lauther. Dans un ovale richement orné, avec quatre génies dans les coins. 8°. (Coll. Eisenhart.)

56. Les armoiries d'Eberhard, évêque de Spire, dans une riche bordure. Petit-in-4°. (Coll. Eisenhart.)

57. Les armoiries des Heugel. Au milieu du bas, le chiffre H. S. Petit-in-8°. (Coll. Eisenhart.)

58. Les armoiries d'André Beham le vieux. Dans un ovale richement orné. Petit-in-8°. (Coll. Eisenhart.)

59. Les armoiries des Dilherren von Thumenberg. Petit-in-8°. (Coll. Eisenhart.)

60. Titre d'un petit livre d'armoiries, avec les armoiries de la ville impériale de Nuremberg. Au haut, sur une banderole: Wappenbuchlein 1595. Au bas, sur une petite tablette: Joh. Sibmacher fec. — Friedrich Dürer exc. Petit 8. obl. (Coll. Eisenhart.)

61. Un poisson extraordinaire. On le voit représenté sur deux faces, comme il avait été pris le 26 Nov. 1567. A la marge un texte allemand explicatif, où l'on fait mention de la prise de Raab en Hongrie. Pièce à l'eau-forte d'une touche délicate, sans chiffre ou adresse, mais certainement de Sibmacher. H. 8 p. 10 l. L. 10 p. 9 l. (Coll. Petzold.)

Appendice.

62. Frédéric Beham, de profil à droite. Obiit 1533.

Pièce in 12°. Avec le chiffre [SH] que l'on attribue à Hans Sibmacher, fils de notre artiste, sans en donner néanmoins d'autres preuves. (V. Brulliot 1. 2497.) Les premières épreuves n'ont point les armoiries et l'inscription Obiit etc.

$\mathcal{L}$ fecit. $\mathcal{L}$

Laurent Strauch,

né en 1554, mort en 1630.

(Bartsch IX. 599.)

Strauch était un habile peintre de portraits qui nous a laissé en même temps un certain nombre de bonnes gravures à l'eau-forte, dont Bartsch cependant ne cite que la Vue de la place du Marché à Nuremberg. Heller, dans ses Additions à Bartsch p. 117, et le docteur Nagler, dans son dictionnaire des Artistes, ont décrit plusieurs gravures exécutées par notre artiste et auxquelles il nous est donné d'en ajouter encore quelques autres.

Gravures à l'eau-forte.

1. **La place du Marché à Nuremberg.** (Bartsch No. 1.) On a deux sortes d'épreuves de cette pièce:

a. Celles de l'état qui a été décrit par Bartsch, avec cette distinction néanmoins que toutes ne portent point le fe. (fecit) après pinxit, mais seulement pinx. et excud. après le nom du graveur.

b. Les épreuves postérieures portent: Laurentius Strauch Norinbergensis pinxit. Vnd zu finden bey Paulus Fürst.

2. **Vue de Nuremberg.** Au milieu, les armoiries de la ville, et aux côtés, des génies qui tiennent des ballots de marchandises. On lit au bas: Als Deutschland stund in ruh, vnd vor dem Sturme der Hunnen etc. — Quod fugo .... contribuere suas L. S. Fecit. fol.

3. **La citadelle supérieure de Nuremberg.** Château-fort entouré d'un mur et d'un fossé. Sur la gauche, une porte avec pont-levis. En haut, le monogramme suivi de la date de 1599. H. 1 p. 11 l. L. 4 p. 11 l.

4. **La citadelle inférieure de Nuremberg.** Petit château

avec une tour gothique sur le fossé, dans lequel deux hommes conduisent une barque. A la gauche du haut, le chiffre et la date de 1598. H. 1 p. 11 l. L. 4 p. 10 l.

5. Vue de la Dörren- et Negeleins-Mühle, avec le pont en pierre et l'édifice avoisinant. Sans inscription. En haut, les initiales L. S. 8°. obl.

6. Le Gleishammer. Sans inscription. En haut, à droite, L. S. 1599. 8°. obl.

7. Vue de la ville d'Innspruck. En haut, des anges tiennent les armoiries d'Autriche et d'Innspruck. Souscription :
Wahrhafte Contrafactur der Statt Inspruck in der Grafschaft Tirol A°. 1614. Laurentius Strauch Noremberg. fecit et Excud.
H. 10 p. 7 l. L. 15 p. 4 l. Berlin.

8. Vue de l'église et du cloître des Capucins à Innspruck. A la droite du haut, l'inscription :
Contrafactur der Kirchen am Parfvser Closter zu Inspruck der Nevpav genand.
C'est la vue intérieure de l'église avec le monument de l'empereur Maximilian I. Au bas on lit :
Laurentius Strauch Norenberg. fecit et Excudit A°. 1614.
H. 11. p. L. 15 p. On en trouve des épreuves avant la lettre.

9. Vue de la ville de Landshut, en Bavière. Au milieu, l'Isar. A la gauche du haut, entre les armes de Bavière et de Landshut, trois autres écussons d'armoiries. Inscription :
Ware Contrafactur der furst. Statt Landshut in Bairn. A la droite du bas :
Laurē. Strauch Norō fecit et excudet 1614.
Grand-in-fol.-obl. Berlin. Nagler donne, au lieu de 1614, la date de 1613. Si cette indication est exacte, il faudrait en conclure qu'il se trouve des épreuves antérieures de cette pièce.

10. Simon Clüver 1595. Buste de face à droite, tête nue avec une fraise. Dans un ovale entouré d'une riche bordure. A gauche, la figure de la Sagesse debout sur un lion ; à droite, la Droiture sur un taureau. Au-dessus de la tête, les armoiries de la famille et au bas, le chiffre de Strauch. Souscription :
SIMON CLÜVER GEDA V . I . D A°. 1595.
H. 8 p. 4 l. L. 6 p. 3 l.

11. **Paul Coler.** Buste vu de face, un peu tourné à droite, la tête couverte. Autour de l'ovale on lit:

PAVLVS COLERVS PROPE ANNVM CONSVLAT SEPTIMVM CIR-
    CITER ANNVM ÆTAT. 49. Ao Christi 1604.

Le médaillon est entouré de plusieurs figures allégoriques, Veritas, Pax, Fama, Constantia. Ces deux dernières tiennent une couronne avec le mot Concordia, et au-dessus se trouve le monogramme. On lit au bas sur une tablette: Feci quod potui; potui quod, Christe, dedisti etc. H. 7 p. 2 l. L. 5 p. 7 l. Les premières épreuves n'ont point cette dernière inscription.

12. **Daniel Hänichen 1612.** Buste de trois quarts à gauche, tête nue avec une fraise. Dans un ovale, avec l'inscription:

M. DANIEL HÆNICHEN VON ZÖBLITZ. CHVRF. SÆCHS. HOF-
    PREDIGER SEINES ALTERS 46 IHAR ANO 1612.

Au bas:

Egenus et pauper sum, Deus adiuva me. Psalm 70. Lorentz
    Strauch fecit Norib.

Et plus bas, une autre inscription en caractères mobiles, de M. George Klein. H. 5 p. 7 l. (sans cette inscription) L. 4 p. 3 l.

13. **Jean Kauffmann 1596.** Buste un peu tourné à gauche, tête nue à barbe épaisse, vêtu en religieux; au-dessous, sur une tablette:

Effigies Reverendi viri D. M. Johannis Kaufmani Senioris ecclesiae Noribergensis Concionatoris fidelissimi anno Christi nati 1596. Aetatis suae 64, ministerii 34. com-
    pleto. Obiit 1596 die me. Maii.

Le chiffre se trouve à droite. H. 5 p. 6 l. L. 4 p. 3 l.

14. **Hieronymus Kres von Kressenstein 1596.** Buste un peu tourné à gauche, la tête nue et en armure. Le chiffre se trouve près de l'épaule droite. Dans un ovale, au bas duquel on lit:

HIERONIMVS KRES VON KRESSENSTEIN DES HOCH LÖBLICHEN
    FRENKISCHEN KREIS KRIEGSRATH

et au bas:

VERSCHID DEN 18. JVLY ANO 1596.

Dans le coin du haut, ses armoiries. H. 5 p. 11 l. L. 4 p. 2 l.

15. **Jean Schelhammer.** Buste un peu à droite, tête nue à longue barbe, en habit ecclésiastique. Le chiffre est sur le fond du haut. Au bas, sur une tablette:

Effigies Reverendi D. M. Joannis Schelhameri Noribergae

ad D Laurentium Concionatoris fidelissimi per triginta
sex annos. Aetatis annum jam agentis septuagesimum.
H. 5 p. 6 l. L. 4 p. 2 l.

16. Jacques Schopper 1601. Buste un peu à droite, tête
nue et posant la main gauche sur une tablette, avec l'inscription :

Also hat Gott die Welt geliebet etc.

Au-dessus de l'ovale: CHRISTI SERVVS. Le médaillon est entouré de
deux anges, au bas, et de Moïse et St. Jean, le premier à gauche, le
second à droite; au bas, sur une tablette, l'inscription :

Der Ehrwürdig und hochgelert Herr Jacobus Schopper
der Hailigen Göttlichen Schrift Doctor und Prediger und
Professor jetziger Zeit bey der Nürnbergischen Hohen-
stift Altdorff.

Au bas à gauche, Lorentz Strauch fecit, à droite, Anno salutis
1601. H. 7 p. 3 l. L. 5 p. 10 l.

17. Andreas Im Hoff. Buste de face, un peu tourné vers la
gauche, avec longue barbe fourchue à pointes. Bonne pièce à l'eau-
forte, dans une riche bordure allégorique d'une autre main. On lit en
haut dans un écusson :

Dr̄ Andreas Im Hoff senior Patritius et Senator ordinis
Noribergae 56. Duum vir. 35 et Scultetus 19. ann. obiit
1579 aet. sue 88 an.

H. 8 p. L. 7 p. Berlin. Des épreuves plus récentes ont un fond à
hachures horizontales et, au lieu de la bordure, un encadrement formé
de deux pilastres soutenant en haut les armoiries dans une guirlande
et avec une inscription allemande au bas. H. 6 p. 11 l. L. 4 p. 7 l.

18. Christophe Fürer. Patricien de Nuremberg No. 8.
Buste un peu tourné vers la gauche, en armure, dans un ovale avec
une inscription latine. Au bas: Lorentz Strauch fecit 1612. H.
5 p. 6 l. L. 4 p. 2 l. Belle pièce. Nagler, dans son Dictionnaire des
Artistes, cite encore les pièces suivantes:

19. Moïse reçoit les tables de la loi, avec le millésime
1524. Schöber avait attribué cette pièce à Albert Durer, mais Heller,
dans sa vie du maître, la donne à Strauch. H. 3 p. 11 l. L. 3 p. 1 l.

20. St. Jérôme. Il est assis dans un édifice à demi ruiné et
traduit la Bible. Pièce signée 1512 ⟨AD⟩. Schöber la cite comme
une eau-forte d'Albert Durer. Selon d'autres, cette gravure aurait été

exécutée par Strauch d'après un tableau de ce maître. (Nagler No. 11.)
H. 5 p. 3 l. L. 4 p. 2 l.

21. La joie. L. S. fec. In-fol.-obl. (Nagler No. 18.)

22. Le Blachers Weyer, près de Nuremberg. L. S. fec.
J. Hoffmann excud. In-4°.-obl. (Nagler No. 20.)

23. Figures de la lance et du morceau de la vraie
croix. Deux reliques. Au bas, à droite L., à gauche S. In-fol.

A propos de ces trois dernières pièces, Nagler observe lui-même
qu'il est encore incertain si l'on doit attribuer les initiales L. S. à
Laurent Strauch et si elles n'indiqueraient point au contraire le nom de
Lucas Schnitzer de Nuremberg, qui s'est toujours servi de ce chiffre
et qui travaillait en ·1536. Les portraits et vues de ville sont néanmoins d'une exécution médiocre et, par conséquent, il devrait être assez
facile de les distinguer des ouvrages de Laurent Strauch.

W. S. ⚏ 1587—1597.
Wolf Stiber ou Stüber.
(Bartsch XI. 574.)

Paul Behaim, dans son catalogue de 1618, attribue ce monogramme
à „Wolff Stiber 1588—1597". Les écrivains modernes comme
Heller et Brulliot le nomment Wolfgang Stüber, artiste qui, selon toute
probabilité, vécut à Nuremberg de 1587 à 1597 et qui s'est servi du
chiffre ci-dessus pour ses gravures. Le second de ces monogrammes,
avec la date de 1576, se trouve également sur un dessin à la plume
du Cabinet de Munich représentant le Christ aux Limbes, et cette
date est plus ancienne que celles que nous voyons sur ses gravures.
Quant aux initiales W. S. accompagnées du millésime 1547 sur la gravure sur bois représentant la ville de Landau (Bartsch IX. 396.), il
est douteux qu'elles puissent lui appartenir, car ce serait lui attribuer
de fort bonne heure une activité dont il n'aurait donné les preuves
les plus nombreuses que dans une vieillesse assez avancée. D'ailleurs
la marque W. S. sur cette gravure est celle du dessinateur, puisque le
graveur s'est signé I C (Bartsch IX. 404.). Il n'en faudrait donc pas
conclure qu'il a été graveur sur bois, comme le prétend Nagler qui a
retrouvé encore deux gravures sur bois qui portent seulement la marque
de W. S.

Additions à Bartsch.

Gravures sur cuivre.

3. **Le petit crucifix.** Copie en contre-partie et d'une exécution un peu rude de la pièce d'Albert Dürer, Bartsch No. 23. Le second chiffre se trouve au milieu du bas. 1 p. 11 l. de diamètre. Dresde.

4. **Les douze Apôtres, St. Paul et le Christ.** 14 pièces la plupart signées du second des monogrammes ci-dessus avec les dates de 1587 ou 1588. Elles sont toutes numérotées jusqu'à St.-Mathias, tandis que St. Paul porte le No. 1 et le Christ le No. 13. Ces gravures sont toutes encadrées d'une large bordure où l'on voit reproduits, selon la manière néerlandaise, des fleurs, des animaux, des insectes. Le style se rapproche également beaucoup de celui du maître néerlandais S, de manière que l'on pourrait présumer qu'il s'agit ici de copies d'après ce maître. Paul Behaim mentionne cette suite qu'il attribue décidément à notre artiste. H. 2 p. 11 l. L. 2 p. 3 l. Berlin.

5. **St. Christophe.** Copie en contre-partie d'après A. Dürer. (B. No. 52.) Heller A. Dürer No. 721. Ce dernier écrivain croit cependant que cette pièce est la même que la copie mentionnée par Bartsch sous le No. 51.

6. **Les douze mois.** Suite de 12 pièces. H. 2 p. 2 l. L. 1 p. 6 l. Bamberg. Chaque mois est représenté par une figure debout ayant au-dessus le nom du mois. V. Heller Zusätze p. 121 auquel le mois de Mai manquait.

Gravures sur bois.

1. **Vue de la ville de Landau.** Pièce signée W. S. 1547 et I. C. B. No 1.

2. **L'Adoration des bergers.** Sur le premier plan à gauche, l'enfant Jésus est couché dans un panier entouré de plusieurs anges. La Vierge agenouillée l'adore et St. Joseph se tient debout derrière elle. Plus à droite, trois bergers debout derrière trois autres agenouillés. Le fond est une rue très-fréquentée où, sur une pierre, se trouvent, de très-petites dimensions, les initiales W. S. Pièce en deux feuilles de 12 p. de H. sur 16 p. 3 de Larg. On en trouve des épreuves récentes dans l'ouvrage de Derschau, sous le No. 43. Selon Nagler, cette

gravure se verrait dans la „Bible de Luther" imprimée en 1561 à Leipsic, par Nicolas Wolrab. Il mentionne également une tradition selon laquelle les premières épreuves portent les initiales L. C. de Lucas Cranach. A tout événement, le dessin de cette pièce rappelle celui de ce maître.

3. Le docteur Martin Mirus. Demi-figure vue de trois quarts, tournée vers la droite et tenant de la main droite un livre. A la gauche du bas, les initiales W. S. H. 3 p. 8 l. L. 2 p. 10 l.

ᕼᔕ 1566. ℋ

(Bartsch IX. 526.)

Bartsch décrit de ce maître une gravure sur cuivre représentant Adam et Eve avec le monogramme ci-dessus, qu'il croit pouvoir attribuer à Franz Floris, puisque le dessin s'approche du sien. Mais précisément ce dessin est trop faible pour être du maître néerlandais, qui se servait du reste pour signer ses tableaux d'un chiffre composé de deux F entrelacés et qui a marqué de son nom en entier la seule gravure que l'on connaisse de lui. Les deux gravures suivantes paraissent également appartenir à notre maître.

Additions à Bartsch.

2. La Ste. Vierge. Elle est assise sur une balustrade et tient sur les genoux l'enfant Jésus agenouillé. La Vierge a dans la main une grosse pomme, et sa tête est fort petite. Le monogramme est à la gauche du bas. H. 3 p. 6 l. L. 2 p. 3 l. Paris.

3. Un banquet de six personnes. Elles sont assises à une table ronde sous une treille. Le premier couple à gauche fait de la musique, l'homme jouant de la flûte, la femme du luth. Un fou se tient debout derrière le second couple et un joueur de luth près du troisième, plus éloigné. Un jeune homme verse du vin et déclame. Sur le devant, à gauche, un homme, avec une grande épée au côté, joue avec un chien. A droite, un cavalier pose sa tête sur les genoux d'une dame. Le chiffre est au milieu du bas. H. 8 p. 1 l. L. 13 p. (Cat. Sternberg II. No. 1279.)

ƗSD et P. B.

(Bartsch IX. 545.)

Les gravures du premier de ces maîtres sont d'une taille très-fine et Bartsch mentionne de lui les copies des 12 Apôtres d'après H. S. Beham. Nous pouvons y ajouter une suite de 60 pièces qu'il a exécutées d'après les dessins d'un maître P. B. dont nous connaissons une gravure que nous décrirons ici en même temps.

1.   Les douze Apôtres d'après H. S. Beham, No. 43—54 de l'oeuvre de celui-ci.

2.   Compositions de la vie de J. C. Suite de 60 gravures numérotées de 1 à 60. Elles commencent par l'Annonciation et finissent avec le Jugement dernier, étant en partie signées du premier seulement des deux monogrammes ci-dessus, en partie des deux réunis et quelquefois sans l'un ou l'autre. Ces pièces sont d'une très-belle exécution. H. 1 p. 5—6 l. L. 2 p. 3 l.   Dresde.

3.   Sujets de la vie du Christ en médaillons.

a) L'adoration des bergers. Pièce entourée de l'inscription: JAM. PARIT. ET DOMINVM etc.

b) Le Crucifiement entre les deux larrons. Au pied de la croix, la Vierge évanouie, St. Jean et deux Saintes femmes. JAM. CRVCE. CONFIXVS etc.

c) La résurrection avec sept soldats. TERTIA LVX ADERAT etc. Au bas, la signature P. B.

Chaque médaillon avec la bordure mesure 3 p. de diamètre, tandis que la planche est de 3 p. 2 l. sur 11 p. 2 l.   Dresde.

Le dessin et l'exécution sont un peu maniérés, comme dans les 60 pièces ci-dessus.

Æ A. L.

André Luning 1579—1598.

(Bartsch XI. 550.)

Cet artiste dessinateur et graveur vivait en 1590 à Vienne, où il tenait en même temps un dépôt d'objets d'art. Ceci résulte du titre d'une suite de vases par Paul Hyrt de Nüremberg, avec le titre: Visirung Buch — zu Wien bei Andre Luning gedruckt. Bartsch ne connaissait de lui que le portrait d'Albert Durer, copie en contre-partie d'après M. Lorch. Il a cependant exécuté d'autres gravures sur cuivre et principalement des ornements pour orfévres.

Additions à Bartsch.

2. **Ornements pour orfévres.** Oiseaux, insectes, fleurs et grotesques. En partie marqués du monogramme ou des initiales. Suite de 12 pièces. H. 1 p. 3 l. L. 2 p. 9 l.

3. **Frises pour orfévres.** Rinceaux d'ornements entremêlés de figures grotesques. Suite de 12 feuilles. H. 1 p. 6 l. L. 3 p.

4. **Autres frises.** Arabesques avec médaillon contenant des bustes et des figures. Suite numérotée de 12 pièces. H. 1 p. 4—5 l. L. 3 p. 5—6 l.

5. **Arabesques.** Ornements de feuillages avec animaux, figures, cavaliers etc. sur fond pointillé. Suite numérotée de 12 pièces. H. 1 p. 5—6 l. L. 3 p. 1—2 l.

6. **Arabesques.** Rinceaux terminés en oiseaux, figures, grotesques etc. Sur la première feuille: **Andreas Luning fecit 1589.** Suite de 12 pièces. H. 1 p. 7 l. L. 3 p. 8 l.

7. **Arabesques.** Au milieu un héron, les ailes éployées, sur un tertre. Le monogramme est à la droite du bas. H. 1 p. 2 l. L. 2 p. 9 l. (Cat. Meyer 1065.)

8. **Médaillons** avec bustes et entourés d'ornements. Pièces signées A. L. et mesurant 5 p. de diamètre. (Brulliot Dict. II. No. 93.)

Brulliot, dans son Dictionnaire, Tome I. No. 2799 pense que le graveur qui emploie le monogramme ci-dessus était italien, et il a été probablement porté à cette opinion par la circonstance qu'il n'a représenté que des ornements empruntés aux anciens édifices de Rome. Mais le style de la gravure aussi bien que les lettres du chiffre nous indiquent qu'il était Allemand ou Néerlandais; nous ne connaissons de lui qu'une seule pièce.

IV.   15

1. Ornement à guise de frise et représentant seulement la moitié de l'ensemble. Au milieu du bas, une demi-rosette des côtés de laquelle s'élèvent des ornements, façon de palmettes. Vers les coins se dirige un rinceau contourné ayant une tige au milieu. La signature est à gauche, à côté de la rosette.

𝔸   𝔸   ℙ 1577—1586.
(Bartsch IX. 567.)

Christ, sans donner aucune autorité à ce sujet, attribue ce monogramme à Martin Poehm, et Malpé, sans de meilleures raisons, à Peter Mars, qui a gravé d'après Goltzius et qui, par conséquent, a vécu plus tard. Une assiette d'argent conservée au Musée britannique avec des ornements et des bustes prouve que notre maître était également orfèvre. On y voit représenté le sujet de Léda avec le cygne d'après Aldegrever, B. No. 83 et, sur une pierre, le 3ᵉ. des monogrammes ci-dessus. Comme cette assiette porte l'estampille du contrôle anglais, il s'ensuivrait que notre artiste a exécuté ce travail en Angleterre. Elle a appartenu auparavant au Comte de Denbigh.[1]) Ses gravures sur cuivre, bien exécutées, sans être cependant d'un dessin élégant, portent les dates de 1577 à 1586.

Additions à Bartsch.

27. L'adoration des rois Mages. H. 4 p. 6 l. L. 3 p. 2 l. (Heller Zusätze p. 135.)

28. Apollon et Diane. Copie en contre-partie d'après A. Durer, B. No. 68. Pièce signée du troisième des monogrammes ci-dessus, suivi de la date de 1578. H. 4 p. 2 l. L. 2 p. 7 l. Francf.

29. Paysans et paysannes. Un paysan et sa femme en compagnie de deux autres hommes avec une femme, s'avancent vers la droite. Au-dessus d'eux les chiffres 5 et 6. On pourrait en conclure que cette pièce appartient à une suite que l'on ne connaît pas en entier. H. 1 p. 11 l. L. 2 p. 9 l. Paris.

---

1) Les Feilding, comtes de Denbigh en Angleterre, sont comtes de Habsbourg-Rheinfelden et Lauffenbourg, dans le Saint-Empire romain. La pièce pourrait donc avoir été exécutée en Allemagne et avoir ensuite été contrôlée en Angleterre.

30. Le Cuisinier et la Cuisinière, Copie d'après Albert Durer, B. No. 84 en contre-partie. A la gauche du haut, le troisième des monogrammes ci-dessus avec la date de 1577.

31. La parabole des aveugles. Un aveugle montre le chemin à un autre affligé de la même infirmité. Pièce in-4°.-obl. (Heinecken Neue Nachrichten p. 379.)

ЖМ ҠМ 1590.
(Bartsch IX 63.)

Bartsch ne connaissait de ce graveur que la copie du St. George de Durer (No. 53.) avec le premier des monogrammes ci-dessus, mais sans date, tandis que deux pièces retrouvées depuis portent celles de 1590 et 1591 et indiquent par conséquent une période comparativement rapprochée. Comme la Satire sur la Papauté est accompagnée de vers français, on pourrait croire que notre maître se trouvait en 1591 dans la Flandre française.

Additions à Bartsch.

2. Satire sur la Papauté et les ordres des Frères mineurs. Sur le devant, le pape est assis sur un fauteuil avec un petit diable perché sur son épaule, entouré d'un cardinal et d'un évêque avec plusieurs démons. A gauche, une forge où des diables et des frères mineurs s'occupent à fabriquer des armes. Derrière eux, un évêque avec des moines aidés par des diables s'occupent à miner un rocher sur lequel on voit un édifice surmonté d'une bannière avec l'emblème de la foi jurée, deux mains entrelacées; tout près, un ange tenant une croix regarde en haut, où on lit le nom Isaïe. A la droite du haut, sur une tablette, les vers français:

> Depuis le temps que Dieu fonda la tour
> de vive foi, pour le salut défendre
> Tousiours Satan l'a minée à l'entour
> Pour la raser et la faire descendre etc.
> Dont à bon droit sont dits frères mineurs etc.

A la gauche du bas, le premier des monogrammes et la date de 1590. H. 11 p. L. 13 p. 9 l. Oxford.

3. André Langner. Demi-figure à droite. De la main droite il tient une fleur; des plantes posent sur une table devant lui, ainsi que des fleurs dans un vase. A la gauche du haut, un rideau; à droite, des armoiries avec le rébus: Trei ♡ mus vil leiden. L'inscription porte: And. Langnerus Magdeburg. Phiae et medici Doctor Aet. 53. 1591. Pièce à l'eau-forte avec le second des monogrammes ci-dessus. H. 3 p. 6 l. L. 2 p. 9 l. Berlin.

Appendice.

Brulliot (Dictionnaire, Tome I. No. 2922) fait encore mention d'une gravure à l'eau-forte avec le second des monogrammes ci-dessus et qu'il attribue à un graveur allemand inconnu du XVII. Siècle. Probablement cette pièce appartient à notre maître, et c'est dans cette présomption que nous avons cru devoir l'ajouter à son oeuvre.

4. Une bataille des Chrétiens contre les Turcs. En haut, à gauche, le portrait en buste de Sigismond Bathori. Pièce in-fol.

Franz Friederich 1581.

Cet artiste était un dessinateur et graveur à l'eau-forte du duché de Brunswick, qui travailla de 1550 à 1570 pour l'imprimerie d'Eichorn à Francfort-sur-l'Oder, comme nous l'apprend Nicolai dans ses Notices sur les Architectes, Sculpteurs etc. p. 16, et auquel il attribue le premier des monogrammes ci-dessus qui se trouve sur des gravures sur bois de Peter Hille, ou mieux de Peter Holtzmeyer, et dont nous parlerons plus loin.

Gravures à l'eau-forte.

1. Widekind roi des Saxons. Il est vu debout dans une niche, reproduit d'après la figure de son tombeau à Egern. Suscription: WIDEKINDVS REX SAXON. A la gauche du bas, le monogramme; à droite, la date de 1581.

2. Les armoiries de Widekind. En haut l'inscription: Insignia monumento addita; ad caput; au milieu: ad pedes, et au bas: Epitaphium in monumenti marginibus WIDEKIN- DVS REX SAXON. Ossa viri etc.

Ces pièces se trouvent dans le livre intitulé:

OPVSCVLA VARIA DE WESTPHALIA.

Ejusque doctis aliquot viris Edita et notis illustrata a Joanne Goes Westphalo. Helmestadtii MDCLVIII.

3. Henri Jules, évêque de Halberstadt, duc de Bruns- wick. Demi-figure dans un ovale entouré de cinq écussons. Dans la marge du bas: Von Gottes gnaden Heinrich Julius Bischof zu Halberstadt, Administrator zu Minden, Herzog zu Braunschweig und Luneborch. Au milieu du bas, le chiffre. H. (de la planche) 8 p. 11 l. L. 6 p. 1 l.

Gravures sur bois.

1. Jean George, électeur de Brandebourg et duc de Prusse. Demi-figure un peu tournée vers la droite. Dans les coins du haut, deux ovales avec armoiries; sous celui de gauche, le chiffre $H\!F$, sous celui de droite la marque du graveur PF ⌖ (Petrus Holtzmeyer). H. 7 p. 1 l. L. 5 p. 7 l.

Au revers se trouvent les grandes armoiries de Brandebourg avec les figures allégoriques de la Foi et de la Charité et au-dessus, en caractères mobiles, ENCHIRIDION, petit catéchisme de Luther pour les communes, les pasteurs et les prédicateurs.

2. Joachim II., électeur de Brandebourg et duc de Prusse. Il est agenouillé, tourné à droite, devant un crucifix. Au- dessus, un petit ange tient deux écussons d'armoiries, ovales. Sur des pierres à droite, les deux chiffres $H\!F$ et PHF ⌖ Au verso et au-dessous du titre de la „Confession d'Augsbourg", les grandes ar- moiries de Brandebourg. H. 7 p. 2 l. L. 5 p. 7 l. Francfort.

3. Le docteur Jodochus Willich. Ce portrait est cité par Nicolai p. 16.

4. Les armoiries des électeurs de Brandebourg (Ni- colai p. 16). Ce sont celles que nous avons mentionnées plus haut et qui portent un sceptre en coeur. Dans la pièce que nous avons sous les yeux, la partie inférieure avec les monogrammes manque. Une

copie avec le monogramme FF et la marque WH se trouve dans les
Annales Marchiae Brandenburgicae
imprimées en 1598 à Francfort-sur-l'Oder, aussi bien que sur un
Angelus publié dans la même ville.

$$PHF \qquad \overset{1551}{PF}$$

Pierre Holtzmeyer,
Graveur sur bois.

Möhsen, dans son ouvrage intitulé: Beiträge zur Geschichte
der Wissenschaften in der Mark Brandenburg, Berlin 1783,
en nous parlant de la vie et des oeuvres du médecin Thurneisser de
Thurm, fait mention des artistes qu'il employa pour les gravures sur
bois de son principal ouvrage. Parmi ceux-ci, il cite un certain Pierre
Hille, auquel il attribue le monogramme indiqué plus haut et qui se
trouve sur les gravures de l'ouvrage intitulé: Historia sive descriptio plantarum omnium etc. Berolini exc. Mich.
Hentzke 1578. Fol. Dans les „Notices de Nicolai sur les architectes, sculpteurs etc." déjà citées, le même chiffre est donné à un
Pierre Hille graveur sur bois de Francfort-sur-l'Oder, et l'auteur remarque que cet artiste mourut en 1574.

Mais on lit dans l'ouvrage de Thomas Pancovius intitulé: Herba-
rium oder Kräuter- und Gewächsbuch etc. Cölln an der
Spree 1673. 4°. ce qui suit dans la préface:

„Comme je me trouvais par hasard chez un personnage distingué
„de cet endroit, M. Martin Frédéric Seydel, Conseiller de la Chambre
„antique et du Consistoire pour l'électorat de Brandebourg, il me fit
„voir un paquet considérable de formes taillées représentant des plantes
„et des herbes d'après nature en me faisant observer qu'il me les
„céderait très-volontiers. Ces formes étaient auparavant la propriété
„du célèbre chimiste et médecin électoral Léonard Thourneisser, qui les
„avait fait tailler par un artiste très-expert nommé le maître Holtz-
„meyer, avec l'intention d'en former un grand ouvrage qu'il avait
„commencé en effet à publier; mais, à ma connaissance, il n'en donna
„que 37 dans un volume in-folio."

Il en résulte donc que des dix parties que Thurneisser avait le dessein de publier, la première seulement parut et que le nom de notre graveur était réellement Pierre Holtzmeyer. Outre ces gravures pour le Livre des Simples, on connaît encore de lui les pièces suivantes.

Gravures sur bois.

1. Joachim II., Electeur de Brandebourg, agenouillé devant un crucifix.

2. Jean George, Electeur de Brandebourg.

3. Les armoiries de Brandebourg.

Nous avons fait mention de ces trois pièces dans l'article précédent, à propos du graveur Franz Friederich.

4. Léonard Thurneisser, tourné à gauche. Ce portrait in-fol. signé du monogramme de notre artiste, se trouve dans le livre de Thurneisser intitulé ARCHIDOXIA. Gedruckt zu Berlin im grawen Kloster 1575, puis dans l'ouvrage du même auteur: Confirmatio Concertationis, imprimé également à Berlin en 1576. Il existe un autre portrait de Thurneisser avec le monogramme de Holtzmeyer, mais la tête est tournée à droite.

5. Montant d'ornements formé de feuillage, de fruits et de fleurs; sur une branche à droite on voit un serpent et un dragon ailé. Au bas, un petit génie fait plier une autre branche. Le monogramme est sur un piédestal; à droite, le chiffre et le couteau à gauche. On a représenté une moitié seule de l'ornement. H. 14 p. 4 l. L. 5 p. 4 l.

6. Autre montant d'ornements. Sur une branche sortant d'un mascaron, un coq; un Amour agenouillé tient une corne et de l'autre main les cordons du mascaron. Derrière lui, un vase enflammé. Sur la pierre qui lui sert de support, le chiffre avec le couteau de graveur. Moitié d'ornement. H. 14 p. 4 l. L. 5 p. 4 l.

15 M 38.

Hiob (Job) Magdebourg
d'Annaberg.
(Bartsch IX. 397.)

On trouve dans le Gelehrten-Lexicon de Jöcher III. p. 391 et dans la continuation de cet ouvrage par Rottermund 1813. IV. 357

ce monogramme indiqué comme étant celui de Job Magdebourg d'Annaberg, où il naquit en 1518. C'était un écrivain qui s'occupait en même temps de géométrie et de dessin; il est moins prouvé qu'il ait pu en même temps être graveur sur bois, puisqu'il s'est représenté lui-même, à côté de son monogramme, comme un dessinateur assis. Bartsch ne connaissait de lui que la gravure sur bois représentant une vue de la ville de Meissen, où il se trouvait en 1543. Il devint en 1570 recteur à Lubeck, s'attacha ensuite en 1574 au service du duc Jean Albert de Mecklembourg, qui l'employa à faire l'éducation de ses trois fils, retourna à Annaberg en 1592, puis à Fribourg, où il mourut le 20 Février 1595. Le monogramme ci-dessus indique son nom en entier: HIOBVS MAGDEBVRGVS ANNABERGENSIS. Joseph Heller, dans son Histoire de la Gravure sur bois p. 148, le cite parmi les graveurs sur bois qui travaillèrent pour les éditions postérieures de la Cosmographie de S. Munster.

Additions à Bartsch.

2. **Vue de la ville de Fribourg.** Gravure sur bois. H. 5 p. 11 l. L. 14 p. 7 l.

Voyez Nagler, Die Monogrammisten p. 375, 703.

1583

H. G.   H̵B   H̵G   ⅡD   15 H. Goed. f. 96.

Henri Goedig de Brunswick.

C'est à Schuchardt, dans les Archives de Naumann 1855 p. 94, que nous devons les éclaircissements les plus détaillés sur cet artiste au sujet duquel nous apprenons ce qui suit.

Dans la dédicace de son Histoire de Saxe, que nous décrirons plus bas et publiée en 1598, Goedig nous dit qu'il a servi en qualité de peintre l'illustre maison électorale de Saxe pendant quarante ans. Il s'ensuit qu'il avait dû être établi à Dresde dès 1558. En 1571 et 1572, en compagnie de son apprenti Laux (Lucas), fils de Cranach le jeune, il orna de peintures, la plupart composées de sujets grotesques avec des lièvres pour personnages, plusieurs chambres du château d'Augustenbourg. Le 18 Septembre 1575, l'électeur Auguste lui concède, en société avec le baigneur George Voygt, un morceau de terrain appelé la

Schinderey, situé dans le pourtour de Dresde. En 1584, nous le trouvons occupé à peindre pour l'électeur un livre de Tournoi sur vélin, dont les sujets devaient être copiés d'après des originaux anciens. Dans une lettre adressée par Goedig le 14 Mars 1586 au même prince, il lui vante beaucoup le tableau qu'il vient de peindre pour Fribourg et demande en retour un vieux moulin et un morceau de prairie évalués à 600 florins, et de plus 150 thalers pour la publication de son ouvrage. Dans un post-scriptum à cette lettre, il promet à l'électeur d'apprendre la manière de graver à l'eau-forte sur ivoire.

Parmi les travaux qui nous restent encore de Henri Goedig, nous pouvons indiquer comme certains les suivants:

Un dessin à la plume, lavé et signé de son monogramme avec la date de 1598, représentant un cavalier et une dame en traîneau et qui se conserve dans la collection de Dresde.

Treize miniatures représentant des sujets de la vie de J. C. dans un petit livre de la collection de Gotha et qui, selon une communication du Dr. A. Bube dans le Kunstblatt de 1847 No. 5, portent le monogramme de H. Goedig.

Les compositions gravées à l'eau-forte par notre maître pour l'Histoire de Saxe, nous donnent une juste idée de ses qualités et de ses tendances comme artiste. Avec beaucoup de talent, il n'a point su se détacher du maniérisme de son époque, et son exécution rappelle quelquefois trop l'ouvrier. Il a mieux réussi dans le paysage historique, genre dans lequel nous connaissons de lui sept pièces à l'eau-forte.

Gravures à l'eau-forte.

1. L'adoration des rois. Signée Heinrich Goedigen B fecit 1569. Mentionnée dans le Dictionnaire des artistes d'Heinecken, MS. de la bibl. roy. de Dresde.

2. Sujets de l'histoire de Saxe. 121 feuilles in-fol.-obl. ayant chacune, avec un distique latin, un texte explicatif sur deux colonnes. Cet ouvrage a été publié en deux parties, la première ayant paru en 1597, la seconde un an après. Le titre de la première partie contenant 59 gravures est le suivant:

Der Eltisten und fürnembsten Historien, des vralten streitbarn vnd beruffenen Volks der Sachsen etc. Aus dem dritten Buch der Sächsischen und Meissnischen Chronik Petri Albini Nivemontii, Churfürstlichen Sächsischen

Secretarien. Durch fleissiges nachdenken vnd Invention Heinrich Goedigen von Braunschweig, so dem Hochlöblichsten Churf. Haus zu Sachsen in die 40 Jahr mit seiner Mahlerkunst unterthenigst gedienet, auff Kupfer bracht vnd von ermeldten Albino mit notwendiger bey vorzeichniss, jeder menniglich zur nachrichtung illustrirt.

Auch höchstgemeltem Chur vnn Furstlichen Haus zu Sachssen etc. zu wohlgefallen und nutz in druck verfertigt. Im Jahr 1597.

Ce titre est entouré d'un encadrement d'architecture avec des figures tenant un écusson. Le second feuillet contient la dédicace aux princes de Saxe, dans laquelle il dit qu'après avoir beaucoup travaillé pour la maison électorale, il avait, avec le conseil et l'appui du secrétaire Albinus, représenté ces sujets tirés de l'histoire de Saxe. Les illustrations de la première partie se rapportent à l'histoire des Saxons avant leur conversion au christianisme. Toutes les gravures sont numérotées, mais aucune ne porte de monogramme. La seconde partie a une autre bordure de titre avec la Foi et la Charité dans des niches et quatre petits médaillons d'évangélistes. Au-dessous, le baptême du Christ. Dans un écusson, on lit: Das ander Theil. Le titre est le même que celui de la 1ère partie, mais gravé, au lieu d'être en caractères mobiles. Le nom de l'artiste s'y trouve écrit Goedegen au lieu de Goedigen, et la date est celle de 1598. Viennent ensuite 61 gravures toutes signées tout au long ou avec un des deux premiers monogrammes ci-dessus, la dernière porte en outre la date de 1598.

3. Six paysages avec des sujets de la Bible et les textes correspondants à l'entour. Chaque gravure est signée soit H. Godi. B. F. 95, ou Hein. Göde. Brun. Fe. 95. Sur la première de ces pièces, on lit: Gen. XVII. Der Herr verheiss Abraham Im zu mehren seinen Samen, et ainsi de suite pour les autres. H. 7 p. 2 l. L. 11 p. 2 l.

4. Autre paysage, avec le second des monogrammes ci-dessus et la date 599. H. 7 p. 3 l. L. 10 p. 3 l.

5. Luther en conquérant avec l'épée. Figure entière; à l'arrière-plan, la ville de Worms. En haut: D. MARTIN LVTHER IN PATHMO 1521. A la gauche du bas, le millésime 1598. In-fol. (R. Weigel K.-C. No. 18037.)

6. Têtes formées de divers objets groupés d'une façon grotesque. Suite de quatre feuilles avec souscriptions en vers et signées: 15 H.

Göd. f. 96. ou 15 H. Goed. f. 96. Petit-in-fol. Une des têtes est celle d'un chasseur, formée de divers instruments de chasse et de têtes d'animaux. On lit au bas: Wer will jagen es ist Zitt, hie ist der Jäger mit seinem habitt. 15 H. Goed. f. 96. Une autre est formée d'appeaux pour les oiseaux et d'oiseaux mêmes, une troisième de poissons et d'instruments de musique etc. Le travail est très-large, dans le genre de celui d'Ambroise Brambilla dans ses représentations du Carnaval et des Fêtes. (V. Brulliot III. 259. et R. Weigel K.-C. No. 2458.)

7. **Les armoiries de l'électorat de Saxe.** Dans un écusson en forme de coeur et entouré d'ornements en guise d'arabesques. Sur une tablette, le millésime MDXCVIII et le monogramme composé de H, G et F. Cette gravure à l'eau-forte, exécutée d'une manière très-large, ressemble à un bois. H. 10 p. 2 l. L. 9 p.

P. W. W W W W P. W. W V. B W W.

Pierre Weinher 1570—1581 de Munich.

(Bartsch IX. 551.)

Cet essayeur des monnaies (peut-être aussi graveur en creux) du duc Albert V de Bavière, paraît, après la mort de celui-ci, être passé au service de son successeur le duc Guillaume V, puisqu'il s'intitule encore en 1581 Varadinus Bavarus. Sa taille est raide et dure, c'est pourquoi la gravure finement et pittoresquement exécutée de la Chute du Clocher des Jésuites à Munich le 10. Mai 1590 qui lui a été attribuée, ne peut certainement lui appartenir. On explique ordinairement son monogramme composé quelquefois de P. W. V. B. F. comme signifiant Petrus Weinher Varadinus Bavariae fecit.

Additions à Bartsch.

13. **Exposition du corps d'Albert V duc de Bavière.** Le corps est placé sur un lit de parade, entre deux rangées de cierges allumés et huit ecclésiastiques en prières. Souscription: Contrafactura suae Celsitudinis quando Obitus admissis conspi-

1579

17

ciendus etc. P. W. Duc Waretinus F. A droite: Anno Dni. MDLXXVIII. H. 18 p. 1 l. L. 12 p. 10 l.

14. Guillaume V duc de Bavière. Demi-figure; on lit autour du portrait: Guilielmo V D. G. Com. Pal. Rhe. utriusque Bavariae Dux, et au bas: Si pietas etc. Pièce signée du dernier des monogrammes ci-dessus avec la date de 1581. H. 2 p. 6 l. L. 14 p. 10 l.

15. Le Dr. Jean Eck. Demi-figure dans un ovale avec des figures allégoriques et au-dessous les armoiries entre les lettres P et W. Souscription: Vera imago reverendiss. D. Joannis Eckii S. S. Theologiae Doctoris nostri temporis clarissimi. H. 7 p. 1 l. L. 5 p. 5 l.

16. Simon Eck. Demi-figure dans un ovale avec figures allégoriques. Inscription: Simon T. Eck, J. V. D. Bavariae Cancellar. Supremus MDLXXII. A la gauche du bas, la signature P. W., à droite, les armoiries. H. 7 p. 2 l. L. 5 p. 5 l.

17. Armoiries de la Bavière et de ses principales villes. L'écusson principal est entouré d'une large bordure dans laquelle sept autres écussons pour les villes. On lit en haut: DAS BAYRISCH SAMPT DERSELBIGEN STETT WAPPEN. Au bas sur une tablette: V. G. G. W. H. I. B. (Von Gottes Gnaden Wilhelm Herzog in Bayern.) Pièce signée du 4e. monogramme avec la date de 1581 à rebours. H. 20 p. L. 15 p.

18. Les armoiries de Bohème. Au lion rampant sur fond diapré et timbré de deux heaumes. Souscription: Serenissimo et invictissimo principi ac Dno. Rudolpho II. Romanorum imperatori ... dedicabat P. W. D. B. W., et au-dessous le millésime 1581.

19. Les armoiries de Brandebourg. Ecusson timbré de trois heaumes avec leurs lambrequins. Au-dessous, sur une tablette que supportent deux lions, l'inscription: Illmo. Principi et Dno. Dno. Joanni Georgio Marchioni Brandeburgensi ... dedicabat P. W. B. Waradinus. Au milieu du haut, la date de 1581. H. 17 p. 9 l. L. 13 p.

20. Les armoiries de la ville de Trèves. L'écusson est timbré de trois heaumes avec leurs lambrequins. Au bas, deux anges tiennent une tablette avec l'inscription: Reverendissimo Antisti eidemque Illustrissimo Principi ac Dno. Dno. Jacobo

Archiepiscopo Trevirensi .... dedicabat P. W. D. B. Waradinus: dans une tablette du haut, le millésime 1581. In-fol.-obl.

21. Les armoiries de Christophe Schmazs. Le heaume
a pour cimier un dextrochère tenant un sceptre. On lit au bas sur
une tablette: CHRISTOP SCHMAZS. A la gauche du bas, le premier
des monogrammes, et sur une banderole du haut, le millésime 1.5.7.0.
H. 2 p. 7 l. L. 1 p. 9 l.

22. Les armoiries de Jean Salzberger, Patricien de Munich. Dans une bordure ornée; l'écusson a pour support deux grif-
fons et autour l'inscription: JOHAN SALZBERGER. PATRI. MONACEN.
Au milieu du bas, les initiales P. W. H. 4 p. 4 l. L. 3 p.

23. Chorographia Bavariae. Beschreibung des Landts
und löblichen Fürstenthumbs Obern und niedern Bayern
etc. Sambt den umbliegenden Anstössen anderer herr-
schaften etc. Avec une dédicace adressée au duc Albert V. 1579.
C'est une copie améliorée de la Carte d'Appiani de 1568, en 24 feuilles,
en partie ornées d'arabesques. Au titre de la Carte d'ensemble on lit:
Situm, fluvios et oppida Boiae regionis hic habes Amice
lector, quam Petrus Weinerus aere dat tibi etc. (V. Nagler
K.-Lex. et Brulliot Dict. II. No. 2923.)

Ce dernier écrivain fait mention de plusieurs éditions antérieures
avec gravures sur bois, dont une est signée dans un carré 15 + 67
W ⚹ S et H ⚬⚬ F. On a cherché sans aucun fondement à expliquer les premières initiales de cette signature par Weinerus sculpsit.

Appendice.

Brulliot, dans sa „Table générale des Monogrammes" p. 492 No. 1.
décrit la pièce suivante qu'il attribue à Pierre Weinher, quoiqu'elle porte
un chiffre différent du sien et ainsi formé, ⋈, avec l'année 1559.
Comme nous ne pouvons juger de la valeur de cette assertion sans
avoir vu la gravure en question, nous en ajouterons ici la description.

24. Trophées. Les armes disposées à guise de trophées se
trouvent au pourtour d'un espace rond dans lequel des anges et des
femmes portent plusieurs pièces des armoiries de Bavière. Le tout est
couronné par un arc avec des ornements au milieu desquels on voit
une tablette vide, mais ombrée, et au-dessous l'inscription: MIT DER ZEIT.

Deux satyres tiennent une longue tablette au milieu de laquelle on voit une tête d'homme criant à bouche grande ouverte et le monogramme ci-dessus. Pièce cintrée de 12 p. L. 8 p.

Hans Paumgartner. 1580.

Nous n'avons aucun renseignement sur cet artiste duquel nous ne connaissons que la gravure à l'eau-forte suivante, dont l'exécution nous ferait néanmoins croire qu'il en a exécuté d'autres.

1. La tête de Scanderbeg. Elle est coupée et posée, les yeux fermés, sur une table; ornée d'une forte barbe et vue de trois quarts tournée un peu vers la gauche. Souscription: WARE CONTRAFACTVR DES SCENDER BEEGS IN DER PROFINZ BOSSEGA WELCHEN HERR GEORG GRAFF ZV ZERIN ALS AVFF SOLCHER RAIS OBRISTER DEN XXX SEPTEMBRIS IM MDLXXX IAR SAMBT ANDERN MER FVRNEMEN TVRCKEN DEREN IN ALLEM VBER IIII M GEWEST AVS DENSELBEN ABC BIS VBER C.C.C.C. ERLEGT VNND GEEFANGEN. hanns paumgartner. II. 8 p. 9 l. L. 6 p. 2 l. Francfort s/M.

ℋℒ 1588. ℛℒ
Philippe Uffenbach de Francfort-sur-le-Mein.
(Bartsch IX. 577.)

On ne connaît point la date de la naissance de cet artiste, qui étudia sous Adam Grimmer, mais se forma de préférence sur les vieux maîtres allemands. Dans sa ville natale de Francfort, il a exécuté plusieurs tableaux à fresque et à l'huile pour les églises et les maisons particulières. La plus ancienne de ses gravures porte la date de 1588 et il publia en 1619 son livre De quadratura circuli mechanici etc. George Keller a exécuté beaucoup d'eaux-fortes d'après ses dessins et principalement pour son ouvrage intitulé „Romantische Kriegskunst von Joh. Jacob von Wallhausen, bestellten Obristen etc. Gedruckt zu Frankfurt bei Paul Jacobi 1616.“ In-fol. Uffenbach mourut en 1640.

Additions à Bartsch.

4. **La Vierge avec l'enfant, dans une gloire.** Pièce avec le monogramme du maître. (Brulliot Dict. I. No. 1097.)

5. **Course à la bague** tenue par le roi de Danemarck à Copenhague, le 3—6 Septembre 1596. A la gauche du bas, le chiffre. In-fol.-obl. (V. Cat. Sternberg II. No. 1272.)

6. **Le landgrave George de Hesse sur sa bière.** Le cadavre est exposé vêtu d'une longue robe et coiffé d'un bonnet, la tête un peu tournée vers la gauche. A côté de lui, son épée. Sur le couvercle du cercueil, derrière lui, on lit l'inscription suivante: Contrafactur des' D. H. F. und H. H. Georg Landgraffen zu Hessen, Graf zu Cazenelnbogen, Diez, Ziegenhain und Nieda. Welcher zu Darmstadt in Gott selig ist entschlaffen den X. Febr̄. Ao 1596. I. F. G. Alter 48 Jar 4 Monat 29 tag 17 Stunt. A droite sur une tablette: DEVS REFVGIVM MEVM. A gauche, les armoiries de Hesse, puis le 2ᵈ. des monogrammes ci-dessus. Gravure à l'eau-forte très-bien exécutée. H. 5 p. 11 l. L. 9 p. Francfort s/M.

7. **Portrait du Sultan Mahomet**, avec la souscription: SVLDAN MAHOMET PRIMOGENITVS FILIVS SVLTANI AMVRATIS III TVRCARVM IMPERATOR. ANNO ÆTAT. SVÆ 28 A° VERO DOMINI 1595. En haut à droite, le chiffre. H. 4 p. 5 l. L. 3 p. 9 l. La marge inférieure a 11 l. (R. Weigel K.-C. No. 21254.)

Ouvrages publiés par Uffenbach.

8. **Bericht und Erklärung zweyer beygelegten künstlichen Kupferstücken oder Zeitweiser der Sonnen über die ganze Welt** 1598. 4°.

9. **De quadratura circuli mechanici.** Das ist Ein newer, kurzer, Hochnützlicher und leichter Mechanischer Tractat vnd bericht von der Quadratur des Circels, wie man solchen nützlich soll vnd kan gebrauchen etc. Durch Philipum Vffenbachen, Mahlern vnd Burgern zu Franckfurt am Mayn. Gedruckt zu Franckfurt in Verlegung des Authoris, zu finden bey Lucas Jennis im Jar 1619. 4°.

Ce petit ouvrage renferme cinq feuilles, contenant des figures de mathématiques gravées et quelques bois explicatifs dans le texte.

Gravure sur bois.

1. La Salle du Roemer ou la Salle d'entrée dans la maison de ville de Francfort-sur-Mein. Elle porte sur cinq pilastres formant une double série de voûtes. Au fond, à gauche, la cour avec un puits à corde. La Salle contient neuf figures. Au milieu du haut, l'aigle impériale et, aux coins, les armoiries de Francfort à l'aigle éployée. Cette pièce n'est point signée, mais se trouve avoir été exécutée d'après un petit tableau de la Collection de M. Daems à Francfort, et qui porte sur la première colonne la date de 1601 et au revers le chiffre de Philippe Uffenbach. H. 6 p. 8 l. L. 9 p. 10 l.

W. C. I. E. F. 1586.
(Bartsch IX. 578.)

Bartsch, sous la rubrique de ce maître, ne donne aucune espèce d'explication sur la signification de ces initiales. On les traduit en Hollande comme suit :

Wilhelmus Clivensis invenit et fecit.

Guillaume van Cleef était frère de Henri et Martin van Cleef qui moururent dans les vingt dernières années du XVI. Siècle. S'il est vrai, comme nous le disent les vies des peintres, que Guillaume n'atteignit pas un age avancé, il est peu vraisemblable qu'il ait encore vécu en 1586. L'opinion de Hazard, qui explique ces initiales par **Wenceslaus Coeberger invenit et fecit**, est plus satisfaisante. Ce peintre distingué d'Anvers était élève de Martin de Vos et passa quelque temps à Naples. Il vivait vers la fin du XVI. Siècle, et la **Vierge** décrite par Bartsch avec la date de 1586 pourrait fort bien avoir été gravée par lui. Sa manière est grandiose, avec beaucoup de finesse dans l'exécution ; mais son nom devra encore rester inconnu, puisqu'en fin de compte, l'opinion de Hazard ne repose que sur une conjecture.

I S̷   *H S̷* F   H. S. 1593.

(Bartsch IX. 582.)

5. La mort de Jézabel. On la voit précipitée d'une fenêtre. Sur le devant, un chariot avec quatre hommes en armure. Un palefrenier arrange la bride de son cheval. Au milieu du bas se trouve le premier des chiffres ci-dessus, et dans la bordure l'inscription: IEHV. LIES. ISABEL. ZV. FENSTER ABSTVRZEN IX. CAD. KC. H. 2 p. 10 l. L. 4 p. 5 l. Coll. Albert.

6. Léda. Elle est assise près de l'arbre, sous une espèce de tente et se tourne à gauche vers le cigne qui s'approche d'elle et dont elle tient le cou du bras droit, tandis qu'elle laisse pendre la main gauche. Au bas, les initiales H. S. Pièce largement traitée. H. 2 p. 1 l. L. 2 p. 9 l.

7. Un cheval qui rue. Il est frappé par un homme armé d'un bâton. Sans le monogramme, mais avec la date de 1593. (Brulliot Dictionnaire I. No. 2509.)

———————

Ꜿ F   1595—1599.

Gaspard Fraisinger d'Ingolstadt, en Bavière.

(Bartsch IX. 584.)

Ce maître est enregistré comme peintre dans le Livre d'impôts d'Ingolstadt, où il avait acquis en 1583 une maison par son mariage. Il devait être déjà mort en 1600, puisqu'à cette date ses héritiers lui sont substitués dans le même livre. Nous devons l'explication du monogramme ci-dessus, ainsi que l'indication d'Ingolstadt, aux trois pièces suivantes qui portent son nom en entier: Caspar Fraisinger aus Ingolstadt. Ses gravures à l'eau-forte sont exécutées avec beaucoup de finesse.

———————

Additions à Bartsch.

3. L'homme de douleurs. Il est assis sur une pierre, élevant les deux mains et tourné vers la droite. Dans le fond, à droite, les deux larrons et, à gauche, deux hommes qui plantent la croix.

Dans le lointain, le peuple et une foule de soldats; parmi eux, deux cavaliers, dont l'un se distingue par la mitre d'évêque dont il est coiffé, tandis que l'autre a la tête couverte d'un casque. Au bas: C a s p a r F r a i s i n g e r I n g o l s t a t i i 1 5 9 9. Pièce à l'eau-forte. H. 4 p. L. 3 p. 3 l.

    4. M ê m e s u j e t. Le Christ est debout au milieu de l'estampe, deux anges agenouillés tiennent son manteau. En haut, dans une gloire, le Père et le Fils entourés d'anges, avec le mot DIVINITAS. Au bas, à droite: Caspar Fraisinger 1598. H. 8 p. 6 l. L. 7 p. 2 l. Pièce traitée d'une manière assez large.

    5. L a S t e. V i e r g e p l e u r a n t s u r l e c o r p s d e s o n f i l s. Elle est debout au pied de la croix, contemplant le corps du Christ couché devant elle et étendant les bras. Dans le fond à gauche, des rochers; à droite, une ville. Au bas, à gauche: C a s p a r F r a i s i n g e r f e c i t I n g o l s t a t i i 1 5 9 9 et à la marge: NON EST SPECIES EI, NEQVE DECOR. ESAI. LIII. H. 8 p. 5 l. L. 6 p. 7 l.; la marge inférieure a 5 l.

A p p e n d i c e.

    6. V œ u à l a V i e r g e. Un ange montre à un religieux age-nouillé la Sainte Vierge dans les nuages. (Brulliot Tabl. 601, note.)

    7. L e s c i n q s e n s. Représentés par des Saints et des figures profanes d'après M. de Vos. H. 5 p. (V. Lipowsky p. 78, sous le nom de Grégoire Frenzel et Brulliot Tabl. 601, note.)

M̸G̸ M G 1596. 1597.

(Bartsch IX. 585.)

    Ce monogramme passe pour être celui d'un graveur médiocre qui, né en 1564 ou 1566 à Strasbourg, passa à Lyon, Avignon, puis enfin à Rome, où il mourut en 1638. Ses meilleures gravures diffèrent néan-moins tellement de celles du monogrammiste en question (il se signait du reste M. G. F.), qu'il n'est point vraisemblable qu'il s'agisse ici d'un seul et même artiste. Aux deux copies d'après Albert Dürer mention-nées par Bartsch nous pouvons encore ajouter les pièces suivantes:

G r a v u r e s s u r c u i v r e.

3. L e s s o u f f r a n c e s du C h r i s t, d'après la gravure de la
Passion No. 3 en contre-partie; avec le premier des monogrammes.

4. L e C h r i s t a u j a r d i n. Id. No. 4. Pièce signée M G et 1597.

5. L a t r a h i s o n d e J u d a s. Id. No. 5, avec les mêmes initiales et la même date.

6. L e C h r i s t d e v a n t C a ï p h e. Id. No. 6. id.

7. L e C h r i s t d e v a n t P i l a t e. Id. No. 7. id.

8. L a F l a g e l l a t i o n. Id. No. 8., avec les initiales seulement.

9. L e C o u r o n n e m e n t d'é p i n e s. Id. No. 9. Pièce signée
M. G. 1597.

10. E c c e h o m o. Id. No. 10. id.

11. P i l a t e s e l a v e l e s m a i n s. No. 11. id.

12. L e p o r t e m e n t d e c r o i x. Id. No. 12. id.

13. L a d e s c e n t e d e c r o i x. Id. No. 14. id.

14. L a m i s e a u t o m b e a u. Id. No. 15. id.

15. L a d e s c e n t e a u x l i m b e s. Id. No. 16. id.

16. L a r é s u r r e c t i o n. Id. No. 17. id.

17. L a V i e r g e a v e c l'e n f a n t e m m a i l l o t é. B. No. 38. Pièce
signée du premier des monogrammes ci-dessus, avec la date de 1596.

NB NB M B M M
Mathias Beytler. 1582.
(Bartsch IX. 586.)

Par le titre des ouvrages publiés par notre maître, nous apprenons
qu'il se trouvait en 1582 à Augsbourg. Nous n'avons point d'autres
renseignements sur son compte. Les deux derniers des monogrammes
ci-dessus lui sont attribués par Bryan et quelques autres écrivains, mais
ces chiffres à rebours ne nous sont jamais tombés sous les yeux. Bryan
écrit son nom M. Beutler, mais évidemment par erreur.

Additions à Bartsch.

1—7. S u i t e d'a n i m a u x. A cette suite dont Bartsch décrit
6 pièces, titres inclus, appartiennent également les suivantes, dont 5 se
conservent au Cabinet de Berlin.

7ᵃ. Un lion, deux panthères et une tortue.

7ᵇ. Deux renards, un chien et un singe.

7ᶜ. Un taureau, un pourceau et une martre.

7ᵈ. Un cerf, une biche et deux lapins.

7ᵉ. Cinq chiens.

7ᶠ. Un éléphant, un bouquetin, un cheval, quatre cerfs, un daim, une licorne, un pourceau, un lièvre, un bouc, un renard et un chien. (Brulliot Table p. 530.)

18. Les sept planètes. Elles sont vues de front, les unes à côté des autres. En haut, le zodiaque et, aux côtés, divers instruments de mathématiques. Le chiffre est à la gauche du bas. H. 1 p. 7 l. L. 3 p. 6 l. Munich.

Appendice.

19. Un chasseur et divers animaux. Pièce signée Mathias Beitler. Petite pièce. (Heinecken, Dictionnaire des Artistes etc. II. 667.)

20. Ornements pour orfévres. Suite de pièces en forme de frises, signées du monogramme et de la date de 1616. (Voyez Notices sur les graveurs etc. I. 67.)

𝒩𝒫 𝒩𝒫

Martin Pleginck. 1594.

(Bartsch IX. 590.)

De même que Mathias Beytler, ce maître a publié chez Hermann d'Anspach des gravures sur cuivre avec des sujets du même genre. Nous ajouterons les pièces suivantes aux 23 décrites par Bartsch.

Additions à Bartsch.

9—14. Suite de Cavaliers. A cette suite de 6 pièces appartient une 7ᵉ. Citée dans le Catalogue Sternberg No. 1323.

14ᵃ. Deux Cavaliers tournés à gauche. Signé au bas: Martin Pleginck fecit 1594.

23. **Petit livre d'escrime.** Il contient 6 feuilles. (V. Nagler K.-Lex. No. 6.)

24. **Les Noces de Cana.** Très-riche composition d'après le tableau d'Andrea Vicentino, dans l'église d'Ognissanti, à Venise. Signée M. P. F. 1594. **Andrea Vicentino inv.** Pièce en plusieurs feuilles et vigoureusement gravée à l'eau-forte. Gr.-in.-fol.-royal. (Nagler, K.-Lex. 411. No. 1.)

25. **St. George, abattant le dragon.** 4°. Nagler, No. 2.

26—32. **Divers animaux**, en partie d'après nature, en partie fantastiques. Suite de 7 pièces numérotées de 1 à 7 avec le second des monogrammes ci-dessus. Ovale oblong. H. 1 p. 8 l. L. 2 p. 3 l. Berlin. D'après Nagler, cette suite porterait le titre suivant:
Neu Thierbüchlein gemacht und gedruckt in Onnolsbach bey Stephan Hermann, Goldschmidt daselbsten 1594.

33—40. **Divers chevaux.** Suite de 8 feuilles. Sur la première on lit: **Martin Pleginck exsculpsit, Stephan Hermann edidit An. 94.** Numérotées à la droite du haut. Copies d'après J. Amman, **Kunstbüchlein 1599.** H. 1 p. 8—9 l. L. 2 p. 4—5 l.

41—48. **Plusieurs oiseaux.** Suite de 8 feuilles numérotées de 1 à 8. H. 2 p. 3 l. L. 4 p. 1 l. Sur le titre, deux oiseleurs à côté d'une tablette où on lit:

> **Vogeln und fischen nach zu steln**
> **Das verderbet manchen guten gseln.**
> **Wem es nicht nutzt der bleib davon.**

M. Pleginck fecit. S. Herman exc.
Le No. 4 manque à l'exemplaire de Berlin.

49. **Dessins pour orfévre.** Titre et trois feuilles. H. 2 p. 9 l. L. 3 p. 8—9 l. Le titre contient trois Alphabets divers sur quatre rangées. Sur la seconde feuille on trouve les nombres arabes de 1 à 10. Au-dessous d'une tablette, deux enfants avec l'inscription suivante: **Wer jung was lernet das ist sein** etc. **Martin Pleginck exsculpsit, Stephan Hermann edidit.** Berlin.

52. **Pomona et la vieille.** Celle-ci est assise à gauche et parle à la déesse. Dans le jardin, un berceau de verdure et deux paons. A la gauche du bas, le monogramme **MP fc. 43.** H. 1 p. 9 l. L. 2 p. 7 l. Cette belle petite pièce appartient à un livre de poésies latines et hollandaises. Berlin.

53. **Tablette ornée** avec l'inscription: **Wer jung was lernet** etc. **M. Pleginck exsculpsit. Stephan Hermann edidit.** Au-

dessus des instruments de Musique et de mathématiques et de chaque côté deux enfants. En haut, trois Alphabets divers et les chiffres de 1 à 10. H. 2 p. 10 l. L. 3 p. 10 l. Coll. Meyer No. 1040.

A. M.

Alexandre Mair 1576—1614.

(Bartsch IX. 597.)

Ce peintre et graveur d'Augsbourg naquit en 1559, comme il résulte de l'inscription sur sa gravure de la Tentation de St. Antoine, où on lit: Aetatis suae 17—76. Selon Heller Zusätze, il vivait encore en 1618. Ses premières gravures ont le cachet de l'ancien style allemand, tandis que les dernières se rapprochent davantage de la manière moderne. Bartsch ne connaissait de son oeuvre assez nombreuse que trois pièces et aucune de ses gravures sur bois signées de son monogramme, mais qu'il ne parait pas avoir exécutées lui-même, car nous ne trouvons point d'indice qui puisse nous faire croire qu'il en ait été autre que le dessinateur.

Additions à Bartsch.

1. **Portrait de Jean Welser.** On en trouve des épreuves où, dans le coin à gauche, le monogramme accompagné de la date de 1584 se trouve répété sur une tablette.

4. **Le repos en Egypte.** La Vierge, avec l'enfant sur les genoux, est assise sous un arbre. Derrière elle St. Joseph, qui lui offre une pomme. Au bas, le chiffre accompagné de la date de 1596. D'après Baroccio. H. 2 p. 11 l. L. 2 p. 4 l.

5. **Buste du Christ adolescent.** Il est entouré d'une gloire. En haut, Dieu le père; dans un ovale orné d'arabesques. Pièce signée 12°. Nagler, K.-Lex. No. 5.

6. **Le Christ en croix.** Le crucifix est au milieu de l'estampe et au bas un écusson vide. Aux côtés, deux poteaux auxquels sont attachés plusieurs écussons également vides. A gauche est agenouillé un chevalier dont le casque est posé à terre. A droite, une ville avec l'inscription MALTA. A côté du chevalier, on lit: Alexander Mair Aug. fecit Anno Dni 1614. H. 14 p. 11 l. L. 11 p.

7. La Vierge et l'enfant Jésus, entourés d'une gloire à rayons: Quid sole, luna stellulis etc. Mariae Fuggerivae Hieronymi Fuggeri conjux etc. H. 1 p. 8 l. L. 1 p. 1 l.

8. La Vierge apparaissant à St. Augustin. Le saint évêque est agenouillé à droite devant Marie et l'enfant, entourés d'anges et portés sur les nuages, dans une bordure ovale, avec l'inscription: Rev. in X Patri et ampliss. Dño Joanni Schol., St. Aug. Canonicus ad S. Crucis Antistes etc. Alexander Mair Aug. fc. H. 1 p. 8 l. et marge comprise L. 1 p. 1 l.

9. La Ste. Vierge de la Chapelle de l'Abbaye d'Oettingen. Elle est entourée des choeurs célestes. Avec le nom de l'Abbaye. H. 2 p. 10 l. L. 2 p. 5 l.

10. La Chapelle de la Vierge à Oeting en Bavière. Elle se trouve au milieu de l'estampe dans un paysage. Devant, Charlemagne, St.-Rupert et Othon de Bavière; tout près, les fondateurs, mari et femme, à genoux. Dans les nuages, Dieu le père avec le St. Esprit, ainsi que la Vierge et l'enfant entourés d'Anges. Tout autour, 14 petites compositions et sur une tablette l'inscription: Si insurgant etc. Alexand. Mair Aug. sc. H. 12 p. 4 l. L. 8 p. Berlin.

11. Le couronnement de la Vierge. Au bas, la ville d'Augsbourg. 1608. H. 3 p. 3 l. L. 2 p. 2 l. (Nagler, K.-Lex. No. 13.)

12. La Trinité. S. Trinitas, unus Deus. Miserere mei. H. 2 p. 10 l. L. 1 p. 10 l. (Nagler, K.-Lex. No. 11.)

13. St.-Antoine. Dans un vêtement à large plis et vu de face, il porte de la gauche le bâton avec la double croix et dans la droite une clochette. Le pourceau est à sa gauche. Entre les pieds du Saint le second des monogrammes ci-dessus, avec l'inscription mentionnée plus haut: aetatis sue 17. En haut, à gauche, les chiffres 76 à rebours, accompagnés d'un petit ornement, et qui indiquent probablement la date de 1576. H. 3 p. 2 l. L. 2 p. 1 l.

14. St. Sébastien. Le Saint attaché à un arbre à droite est percé de plusieurs flèches; près de là, divers personnages. Au-dessous, l'écusson du Donataire que l'on voit agenouillé à gauche. Au milieu du bas, dans un cartouche: Sancte Dei etc. Riche composition non signée. H. 8 p. 7 l. L. 4 p. 10 l. (Nagler, Mon. No. 6.)

15. Le martyre de St. Sébastien. Pièce signée A. M., avec l'inscription: Posuit me quasi signum ad sagittam etc. H. 2 p. 7 l. L. 1 p. 8 l. (Nagler, K.-Lex. No. 2.)

16. St. Laurent. 1617. Au bas, une inscription. H. 2 p. 10 l. L. 3 p. 9 l. (Nagler, K.-Lex. No. 6.)

17. St. George et le dragon. Avec dédicace à George Fugger. H. 1 p. 10 l. L. 1 p. 2 l. (Nagler, K.-Lex. No. 9.)

18. St. Dominique. Avec le nom. H. 1 p. 11 l. L. 1 p. 5 l. (Nagler, K.-Lex. No. 7.)

19. St. François, ravi en extase par la musique des Anges. 1592. H. 1 p. 11 l. L. 1 p. 3 l. (Nagler, K.-Lex. No. 8.)

20. St. Ignace de Loyola. Demi-figure devant un crucifix; autour, plusieurs sujets de la vie du Saint. Au bas, l'inscription: Miles eram, vanus quondam etc. H. 6 p. 2 l. L. 3 p. 9 l. (Nagler, K.-Lex. No. 20.)

21. Léon XI. Buste dans un ovale entouré de figures allégoriques; au bas, la Justice et la Charité. Leo XI. Pont. Max. Dicatum Adm. D. Joanni Udalrici et Afranae Cenobiarchi. H. 9 p. 5 l. L. 6 p. 11 l. (Nagler, K.-Lex. No. 23.)

22. Innocent IX. Buste de ce pape dans une bordure d'architecture. Pièce signée du monogramme avec la date de 1591. H. 4 p. 6 l. L. 3 p. 2 l. (Nagler, K.-Lex. No. 28.)

23. Christophe Rechlingen, Patricien d'Augsbourg. Demi-figure tournée à droite, dans un ovale avec encadrement de grotesques et des vers latins à sa louange. En haut, l'inscription: In effigiem vere Nobilis viri etc. Au bas: Hic est qui timere etc. Alexander Mayr fec. et exc. A gauche, dans la bordure, le monogramme accompagné de la date de 1584. H. 14 p. 8 l. L. 10 p.

24. George Willer, Bibliographe d'Augsbourg. Inscription: Wileri haec formam depingit imago Georgi etc. Signée du nom en entier. H. 7 p. 9 l. L. 4 p. 6 l. (Nagler, K.-Lex. No. 25.)

25. Sigismund Bathori, Moldaviae princeps etc. Inscription: Hunc saltem everso iuvenem succurrere laede etc. Alexander Mair fc. A°. 96. Pièce ovale. H. 8 p. L. 6 p. 3 l. (Nagler, K.-Lex. No. 26.)

26. Jean Pocksperger, Peintre de Salzbourg. Buste avec les mains, tête chauve et longue barbe, tourné vers la gauche. Dans le fond à gauche, un moulin. Au bas, sur une tablette: IOHAN POCS-PERGER PICTOR etc. Le monogramme est dans un écusson à quatre pointes placé au milieu du bas. H. 3 p. 3 l. L. 2 p. 6 l. Cette pièce paraît appartenir aux premiers travaux de Mair, ce qui a donné lieu à l'opinion qu'il pourrait avoir été l'élève de Bocksperger.

27. **Marc Fugger-Kirchberg.** Demi-figure à gauche, dans un ovale avec bordure grotesque, comme au No. 23. Inscription: In effigiem generosi et magnifici etc. Puis: Quis Mecoenatem patria virtute tuorum etc. H. 14 p. 8 l. L. 10 p. Les portraits de Welser B. No. 1, celui de Rechlinger No. 23 et ce dernier du baron de Fugger paraissent appartenir à une suite de portraits des patriciens d'Augsbourg.

28. **D. Sartorius.** Imprimeur-libraire d'Augsbourg. Dans une bordure de listels. H. 7 p. 9 l. L. 4 p. 6 l. (Nagler, M. No. 3.)

29. **Christophe Khellner de Zinnendorf.** Figure à mi-corps tenant de la main droite un livre et de la gauche un sablier. Pièce signée 1591. Alexander Mair fc. Ovale dans une bordure carrée. H. 7 p. 8 l. L. 5 p. 2 l. (Nagler, M. No. 2.)

30. **Christophe Princesca.** Inscription: Rom. atque illust. Princeps et Dno Christophorus Dei gratia Praepositus et Dominus Eluvacencis etc. En haut, dans la bordure, les armoiries. H. 7 p. 10 l. L. 5 p. 3 l. (Nagler, K.-Lex. No. 30.)

31. **Plan de la bataille des Portugais sous le roi Sébastien contre les Maures.** Pièce signée du monogramme suivi de fe à rebours. Elle appartient à l'ouvrage intitulé: Historien der Königreiche Hispanien, Portugal und Aphrica. München Adam Berg 1589. Fol. (Nagler, M. No. 15.)

32. **Une bataille d'infanterie et de cavalerie.** Pièce signée du monogramme. H. 10 p. L. 12 p. 3 l. (Nagler K.-Lex. No. 23.)

33. **Le Mont Andechs avec l'église du Cloître.** En haut, la Vierge couronnée par la Sainte-Trinité. On lit dans la marge du bas: S. Mons Andechs est; Mons Dei, Mons pinguis etc. H. 3 p. 10 l. L. 2 p. 3 l. La marge du bas a 6 l.

34. **La forteresse Hatuan.** Wahre Contrafactur der herrlichen Vestung Hatuan in Obern Hungarn sambt der Belagerung 1596. H. 9 p. 9 l. L. 13 p. 2 l. (Nagler, K.-Lex. No. 31.)

35. **Le Siége de Temesvar.** En haut, à gauche, dans un cartouche: Generoso Dno Anthonio Juniori Fuggeri etc. Alexander Mair Augt. MDXCVI. H. 9 p. 5 l. L. 12 p. 2 l. Dans les épreuves entières on trouve un texte explicatif sur deux colonnes, collé au bas.

36. **La prise de Raab.** A vol d'oiseau, et comme la reddition de la place eut lieu entre les mains d'Adolphe de Schwarzenberg en

1598. En haut, dans un cartouche: Perillustri D. D. Mariae Fuggero Comitissae Schwarzenbergiae offerebat Alex. Mair 1598. H. 10 p. 6 l. L. 12 p. 4 l. Les exemplaires entiers portent, collée au bas, une explication en allemand. (Nagler, M. No. 14.)

37. La ville de Hulst, pendant le siége de 1596. Pièce signée Alex. Mair. Aug. MDCXVI. H. 7 p. L. 9 p. 5 l. A la marge du bas de cette gravure à l'eau-forte on trouve trois colonnes de texte:

Albertus mit des Königs macht

Dem land yō Wass und Hulst nach tracht etc.

38. Amiens, die fyrnem berumbte Haubstadt in Picardia. Vue à vol d'oiseau au moment où elle fut prise. Pièce signée. H. 7 p. 7 l. L. 8 p. 9 l.

39—44. Memento mori. Suite de six pièces. H. 3 p. 2 l. L. 2 p. 5 l.

— 39. Les armoiries de l'archevêque d'Eichstädt. Dans un ovale avec l'inscription: Reverendissimo et illust. Joanni Conrado Episcopo Eystetensi. A la marge du bas: Alex. Mair calcogr. Aug. obser. ergo dedicabat. Au-dessus de l'ovale: Respice finem.

— 40. Un squelette. Dans un ovale entouré d'un sablier, d'un crâne et d'os de mort. On lit en haut: Per peccatum Mors. Rom. 5. Au bas: In omnes homines Mors pertransijt. Rom. 5. Pièce non signée.

— 41. Un moribond. Ovale dans lequel on voit un mourant qui tient un cierge à la main. A gauche près de lui un prêtre, à droite le diable. On lit en haut: Nunc in pulvere dormiam. Job. 7. Au bas: Quasi putredo consumendus sum. Job. 13. Pièce non signée.

— 42. Le bienheureux. Dans un ovale le buste d'un jeune homme, les yeux levés au ciel et entouré d'une gloire. Sur la poitrine, le nom de Jésus. On lit en haut: Cantabo Dāo qui bona tribuit mihi. Psalm 12. Au bas: Delectationes in dextera tua usque ad finem. Psalm 15. Alexander Mair fc. A. 1605.

— 43. L'âme du purgatoire. Dans un ovale le buste d'un jeune homme entouré de flammes. En haut: Post tenebras lucem. Job. 17. Au bas: Miseremini mei, quia manus Dāi tetigit me. Pièce non signée.

— 44. Le damné. Dans un ovale, buste d'homme entouré de flammes, entre deux démons. En haut: Et in tenebris struxi lectulum meum. Job. 17. Au bas: Ubi nullus ordo sed sempiternus horror inhabitat. Job. 16.

45. Tir à l'arbalète; donné par le prince Maximilien, à Munich, le 25 Avril 1599. On lit au milieu du haut: Abriss des Schüessplatz etc. H. 6 p. 6 l. L. 10 p. 6 l. (Nagler, M. No. 7.)

46. Paysanne allant au marché. Elle porte d'une main un panier avec des pigeons, de l'autre deux canards. Figure à mi-corps dans un paysage. Pièce non signée dans une bordure ornée. H. 3 p. 8 l. L. 2 p. 10 l. (Nagler, M. No. 8.)

47. Les armoiries du savant Adolphe Occo III. Écusson à l'aigle. Pièce signée Alexander Mair Aug. fc. 1599. H. 5 p. 3 l. L. 3 p. 11 l. (Nagler, M. No. 9.)

48. Les armoiries de Jean Wildenroder de Munich. Devise: Vide cui vidas. H. 3 p. 5 l. L. 2 p. 2 l. (Nagler, K.-Lex. No. 35.)

49. Les armoiries de l'Archevêque Ernest de Cologne. Dans un ovale ayant pour supports deux lions et entouré de 16 autres petits écussons. A droite et à gauche du haut, des anges tenant des couronnes et des palmes. On lit au bas: Ernestus Dei gra Electus et confirmatus Archiepiscopus Coloniensis etc. Alexander Mair Aug. sc. et exc. Ces armoiries servent de titre au Missel romain d'Ingolstadt de 1610. Fol. H. 9 p. 9 l. L. 5 p.

50. Les armoiries de l'Archevêque Jean Conrad d'Eichstädt, avec la devise Veritate et Justitia. Dans une bordure avec inscription. H. 6 p. 6 l. L. 5 p. 1 l.

51. Titre aux armoiries suspendues à deux colonnes. Pièce signée du monogramme du maître. H. 6 p. 6 l. L. 4 p. 9 l. (Nagler, Monogrammisten No. 10.)

52. Titre pour le livre des „Decrets Synodaux d'Augsbourg 1610". En haut la Vierge et l'Enfant assis dans une gloire. A droite et à gauche quatre Saints agenouillés. Sur la gauche quatre médaillons avec les bustes de St. Denis, St. Symbert, St. Quirin et St. Largio; autant à droite avec les bustes de Ste. Digne, Ste. Eunomie, Ste. Eutropie etc. Au bas, les Saints Lucius et Qualfardus, avec une vue de la ville d'Augsbourg. Le titre porte: Decreta Synodalia Dioces. August. Praesidente Rmo et Illmo principe et Dno D. Henrico epō Augustano. Augustae Vindel. Año. Dnj. MDCX Mense octob. Promulgata Dilingae. Apud Joañem Maier. A gauche: Ma-

thias Kager inv. A droite: Alexander Mair Aug. fc. et exc. H. 6 p. L. 4 p. 1 l.

53. Titre du livre intitulé: Jacobi Pontani de Societate Jesu Floridorum libri octo. Aug. Vindel. Anno MDVC. On en publia en 1596 une édition augmentée dans l'imprimerie: Ad insigne Pinus. H. 4 p. L. 2 p. 4 l. (Nagler, K.-Lex. No. 36.)

54. Titre du livre intitulé: S. Cyrillus in XII. prophetas ex Bibl. Vaticana et Bavar. A. Pontano etc. Ingolstadii. H. 10 p. 10 l. L. 6 p. 7 l. (Nagler, K.-Lex. No. 40.)

55. Vignette aux génies. A gauche, des génies avec deux chevaux; d'autres à droite occupés de sciences; au milieu, trois écussons. H. 1 p. 4 l. L. 6 p. 3 l. (Nagler, K.-Lex. No. 42.)

56. Divers mors pour chevaux. Le titre orné de cet ouvrage avec diverses figures de mors porte la marque d'Alexandre Mair et le texte suivant: Ein schönes und nützliches Bissbuech, darinnen unterschiedlich begriffen allerlei geschlossne und offne Biss, wie ein jede sort, nach rechter ordnung, aine auss der andern herfleust etc. durch den Ernvesten und fürnemen Mangen Seuttern der Wolgebornen Herren Marxen Fuggers, Herrn von Kürchberg und Weissenborn Stallmaistern. Allen Liebhabern der Reutterei zu gefallen Anno 1584. (Augsburg.) Gr.-fol. (Rud. Weigel, K.-Cat. No. 17909.) Dans cet ouvrage, on trouve beaucoup de figures de mors non signées qui doivent néanmoins avoir été gravées par Mair lui-même.

Gravures sur bois.

57. Deux ovales allongés avec sujets de la Bible. Ces ovales sont reliés par des ornements et contiennent le miracle des pains et des poissons, puis la dernière Cène. Pièce signée du premier des monogrammes ci-dessus, avec un texte latin. H. 1 p. 11 l. L. 4 p. 6 l. Berlin.

58. Titre du Missale Romanum ex decreto sacrosancti Concilii Tridentini restitutum, Pii V. Pont. Max. jussu editum et Clementis VIII. auctoritate recognitum Anno MDCX. Ingolstadii, ex officina Ederiana apud Andream Angermarium. Ce titre est encadré d'une bordure contenant 16 médaillons avec des sujets de la Passion et les quatre Évangélistes dans les coins. Le chiffre est à la droite du bas. H. 11 p. 1 l. L. 7 p. 11.

59. Titre de l'ouvrage Augustini Berosii consiliarum volumina tria. Aug. Vindel. 1601. In-fol. Pièce signée du monogramme. (Nagler, K.-Lex. No. 43.)

60. Titre du livre Proprium Missarium de tempore avec sujets bibliques et marqué du chiffre. In-fol. (Nagler, K.-Lex. No. 44.)

61. Titre du livre: Der Alten, Löblichen, mennichen Eydgenossen — beständige Vereinigung und Pündnussen — geschehen zu Lucern den 4. October 1586. München, Adam Berg 1588. 4⁰. Sur le titre, sept Suisses en cercle jurent en se donnant la main. Au pied de celui de droite est un petit chien et à la gauche du bas le premier des monogrammes ci-dessus. (D'après une communication du baron de Loeffelholz à Nagler.) A Berlin, on en trouve un exemplaire avec un titre latin au verso. La gravure mesure H. 1 p. 11 l. L. 4 p. 6 l., mais cette gravure paraît avoir servi pour une Bible dans laquelle elle représente les sept Macchabées.

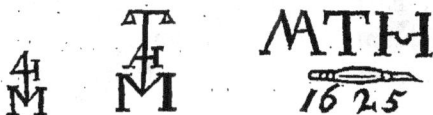

Marx Anton Hannas.
(Bartsch IX. 560.)

Cet artiste vivait entre la fin du XVI. et le commencement du XVII. Siècle à Augsbourg. Il était en même temps graveur sur cuivre et sur bois, dessinateur et enlumineur (Briefmaler). Il s'est donné lui-même ces deux dernières qualités dans sa gravure sur bois des Souffrances du Christ, Bartsch No. 1. Plusieurs des gravures qui lui sont attribuées sont exécutées seulement d'après ses dessins, puisqu'elles sont très-inégales de taille. On n'a point d'autres détails sur sa vie.

Additions à Bartsch.

Gravures sur cuivre.

1. La Nativité. Composition où se trouvent un grand nombre d'anges. Pièce signée Marx Anton Hannas, puis de son monogramme. Berlin.

2. E c c e h o m o. Le Christ est debout à droite, les mains liées et tenant un roseau. Pilate saisit un coin de son manteau, pour le découvrir et le montrer au peuple. Pièce cintrée; au bas ECCE HOMO. H. 3 p. 11 l. L. 2 p. 7 l.

3. Les Stigmates de St. François. Le Saint est à genoux, les bras étendus et regardant vers le ciel où lui apparaît un Ange dans une gloire. Dans la marge du bas: S. FRANCISCVS, à droite sur une tablette, le chiffre. H. 8 p. 1 l. L. 5 p. 11 l. avec 5 l. de marge.

4. Les différents âges de l'homme. Disposés sur un arc au milieu duquel est représenté le jugement dernier. Au-dessous, un cercueil contenant un squelette et sur lequel on lit M. A. HANNAS, puis le monogramme. Au haut, sur une tablette: Von Jungen und alten Leuth schau hier den Unterscheidt etc. H. 14 p. L. 9 p. 9 l. Coll. Albert.

Gravures sur bois.

3. A d a m et E v e. Il bêche la terre, tandis qu'Eve est assise à droite avec deux enfants, dont l'un sur ses genoux et l'autre à terre. Le chiffre est au bas sur une pierre. Dans la marge: ADAM IN SVDORE etc.

4. Le Sacrifice de Noé. On lit à la marge du bas: NOA EGREDITVR ARCA etc. Le chiffre est au bas, sur une pierre, au-dessus de laquelle saute un écureuil.

5. La Tour de Babel. Sur le premier plan à droite des carriers sous un auvent. Cette pièce, très-différente de taille de celles du maître, est néanmoins marquée de son chiffre.

6. Esther devant Assuérus. Le roi est assis à gauche sur son trône. Le chiffre est à la gauche du bas.

7. Jonas. Il est rejeté par la baleine. Le chiffre est à la droite du bas; pièce très-bien gravée.

8. La présentation au temple. La Vierge est agenouillée devant le grand-prêtre, qui tient l'enfant Jésus des deux mains. Le chiffre est à la droite du bas.

9. L'enfant Jésus entre la Vierge et Ste. Anne. Au-dessous, l'inscription: MARIA. IESVS. S. ANNA. A droite: MARX ANTONI HANNAS et dans le coin le monogramme. H. 13 p. L. 10 p. 2 l. (R. Weigel.)

10. **Le lavement des pieds.** A gauche, un disciple est occupé de sa chaussure. Le chiffre est sur le parquet.

11. **Le Christ devant ses juges.** Il est assis couvert d'un manteau et tenant de la main un roseau devant la table où deux juges, dont l'un tient une épée, lui lisent la sentence. Autour d'eux les Anciens du peuple. Au bas: Judicium sanguinare; à gauche, le monogramme.

12. **L'Ascension.** Le Christ est debout sur les nuages; au bas, la Vierge et les Apôtres agenouillés. Le chiffre se voit sur le livre d'un des apôtres.

13. **Les sept sacrements.** Dans sept compartiments autour d'un ostensoir. On lit au bas: Sacramentum septem stellarum et septem candelabra aurea. A gauche, le chiffre; à droite: Marx Ant°. Hannas.

Les 12 pièces précédentes, toutes numérotées et de mêmes dimensions (H. 6 p. 1 — 4 l. L. 4 p. 4 l.), appartiennent à une suite de pièces d'un nombre probablement plus considérable.

14—18. **Sujets de la vie du Christ.** Suite de cinq gravures sur bois. H. 20 p. 9 l. L. 13 p. 5 — 8 l. A cette suite appartient la gravure décrite par Bartsch sous le No. 2 représentant le Christ montré au peuple.

— 14. **Le couronnement d'épines.** Le chiffre est à gauche et on lit aux pieds du Christ: AVGSBORG BEY MARX ANTHONI HANNAS.

— 15. **Le Christ en Croix.** A gauche, la Vierge; à droite, St. Jean. Pièce signée du nom du maître.

— 16. **La mise au tombeau.** La Vierge est debout les mains jointes; la Madeleine est agenouillée aux pieds du Christ. Sur une pierre au bas, le nom du maître; sur une autre, le monogramme.

— 17. **La résurrection.** A gauche un soldat debout, appuyé sur une lance et qui paraît dormir. A ses pieds, le nom du maître, et sur une pierre, le monogramme.

— 18. **La descente du St. Esprit.** Au bas, le nom du maître, et sur un livre aux pieds de St. Pierre, le monogramme.

19. **Ecce homo.** Le Christ est attaché à une colonne. Sa tête levée vers le ciel est entourée de rayons. A ses pieds, le fouet et les verges. Le monogramme est sur une pierre au bas, et au-dessous se trouve l'inscription: FORTE STVPES CVR CHORDA LEVIS ME STRINGERE POSSIT? FORTIVS EST VINCLVM PIVS ARCTAT AMOR.

H. 13 p. 3 l. L. 5 p. 2 l. Cette pièce est traitée dans un style tout différent des autres.

20. Le Christ en croix entre deux anges qui tiennent des banderoles. La croix est sur une table avec deux autres anges. A la gauche du bas: MARX ANTHO, à droite: HANNAS AVG. H. 12 p. 10 l. L. 9 p. 8 l.

21. La résurrection. Le Christ est entouré de huit soldats en partie endormis, en partie qui s'enfuient. A la gauche du bas, sur une pierre, le troisième des monogrammes ci-dessus avec le couteau et la date de 1625.

22. Les choeurs célestes, avec la Trinité et les Saints. Le monogramme est au milieu du bas. In-fol.-obl. (Cat. Sternberg, No. 1431.)

23. St. François avec d'autres Saints de son ordre. Il est assis à droite, ayant à ses côtés trois religieux de son ordre. A gauche, trois Saintes de l'ordre de St. François. Dans le fond, le Saint reçoit les Stigmates. A gauche, près d'un chapeau de cardinal, l'inscription: AVGVSTAE APVD MARCVM ANTONIVM HANNAS SCVLT., et au bas: TE PATREM OPTAMVS. Le chiffre est à droite. H. 9 p. 9 l. L. 13 p. 6 l. La marge du bas a 8 l.

24. La Colonne de la Vierge sur la place de Munich, avec les maisons environnantes. Inscription: Ex voto erecta MDCXXX. Marx Anton Hannas. J. Custos del.

25. Le pèlerinage d'Andechs en Bavière. Au-dessous de l'église, sur la montagne, on voit le couronnement de la Vierge par la Sainte-Trinité. Sur le devant quelques pèlerins. En marge à droite: Marx An. Hannas. A gauche: J. Custodi fc. H. 5 p. 10 l. L. 4 p. 4 l. Pièce aussi mal gravée que celle de la tour de Babel.

26. St. Nicolas. Demi-figure debout près d'un baptistère dans lequel se trouvent trois enfants avec l'inscription: S. NICOLAVS, puis le chiffre, avec le nom du maître. 4º. (R. Weigel K.-Cat. No. 18949.) Cette pièce, qui a toute l'apparence d'un bois, semble néanmoins être gravée sur métal.

27. Gustave Adolphe, roi de Suède. Il est debout en armure complète et la tête découverte tournée à droite. Sur une table, à droite, le sceptre et la couronne, et sur le mur à côté, les armes de Suède entourées d'une couronne de laurier. Au bas, sur deux lignes le nom et les titres du roi, et dans le coin à gauche, "Marx Anthoni Hannas" avec le monogramme. H. 13 p. 5 l. L. 10 p. 2 l. (R. Weigel)

28. George André Fabricius, Phil. Magister etc. Ce portrait porte la date de 1624. Berlin.

29. Le postillon. En haut, la Renommée sonne une trompette sur laquelle on lit le mot VAMA. A droite, Mercure tenant le caducée et une lettre. A la droite du bas, le monogramme, avec l'inscription: BEY MARX ANTHO. HANNAS. H. 5 p. 6 l. L. 9 p. 10 l.

Adam Fuchs de Nuremberg 1578—1605.

Les notices relatives à cet artiste sont assez embrouillées, comme nous l'avons déjà vu à propos du graveur sur bois **AF** ou **FA**. Plusieurs écrivains attribuent à Adam Fuchs des pièces portant le monogramme **F** et la date de 1543 dans le style italien et qui paraissent plutôt appartenir au maître mentionné par Bartsch Vol. XV. p. 536 et qu'il fait auteur de la Poésie de Raphaël, d'après la gravure de Marc-Antoine.

D'autres pièces, entre autres deux suites de 12 feuilles représentant des monstres marins et des génies, sont, il est vrai, en partie signées Adam Fuchs sc. et H. V. (Heinrich Ulrich) exc., mais sont d'une taille beaucoup plus artistique et plus brillante que toutes les autres gravures attribuées à Adam Fuchs et ressemblent tellement aux suites signées A.M, G.M. et M inv. et sc. et gravées par Jean André Maggioli, qu'il est à croire qu'Adam Fuchs n'a fait qu'arranger ou retoucher les planches acquises à Rome par Henri Ulrich.

Nous trouvons un indice plus certain dans le Catalogue de P. Behaim de 1618, où il fait la mention suivante:

F In Roma. Adam Fuchs. Mad. di Loretto.

Il en résulte qu'à cette époque (1618), Adam Fuchs se trouvait encore à Rome, ensuite qu'il signait ses gravures du monogramme ci-dessus, enfin que nous pouvons juger de sa manière d'après cette estampe de la Madone de Lorette qui est encore connue de nos jours. Sa taille est pittoresque et irrégulière, à fines hachures, et n'a rien de ce brillant que l'on remarque chez les graveurs de profession de l'époque. En nous appuyant sur ces données, nous croyons pouvoir attribuer au maître les pièces suivantes:

IV. 17

1. Ecce homo. Le Christ tient à la main un roseau. Au-dessus du mur d'appui, à droite, deux personnages regardent. Pièce signé Æux sculp. H. Ulrich exc. In.-fol.

2. Ecce homo. Il est entouré d'un cadre avec les instruments de la passion *ÆF* Petit-in-fol. (Brulliot Dict. I. No. 323.)

3. Le Christ au Calvaire. Pièce signée Adam Fuchs sculp. Fol.

4. Notre-Dame de Lorette. La Vierge et l'enfant Jésus dans un tabernacle à colonnes torses. On lit au bas: Vero Retratto di Sancta Maria di Loreto. Au bas, sur les degrés où pose la Vierge, le monogramme. A gauche, l'adresse de Luca Bertelli exc. H. 13 p. L. 8 p. 2 l.

5. La Madona del Pilar de Çaragoça.[1]) La Vierge avec l'enfant Jésus, et tenant un livre, est debout sur une colonne. Une gloire d'anges l'entoure et au bas divers personnages et pèlerins age-nouillés l'adorent. Au haut, des Anges faisant de la musique et deux têtes de chérubins. Dans l'étroite marge du bas, on lit: Casa y Cambra Angelical Nuestra Señora del Pilar de Çaragoça, et plus bas: Giov. Franchi formis 1578. Le monogramme est dans le coin de droite. H. 7 p. 10 l. L. 6 p. 1 l. (Nagler, M. I. p. 268.) Des épreuves antérieures paraissent avoir seulement l'in-scription: VIRGO MATER DEI PILAR DE ÇARAGOÇA. (Coll. Meyer, Cat. No. 2431ᵇ.)

6. Ste. Catherine de Sienne. Elle est à genoux, la tête couronnée d'épines et tenant un crucifix avec le coeur de Jésus. Pièce signée Adam Fu. sc. Petit-in-fol. (Brulliot, D. III. No. 21.)

7. Le Conclave après la mort du pape Clément IX. 1605. Pièce signée Ad. Fux sc. H. Ulrich exc.

Appendice.

Les gravures suivantes, en partie signées du monogramme ou du nom d'Adam Fuchs, diffèrent tellement de sa manière, comme nous l'avons déjà fait remarquer, en se rapprochant du style de Maggioli dans

---

1) A propos de cette image miraculeuse on peut consulter l'Iconographia Mariana. Versuch einer Literatur der wunderthätigen Madonnen etc. Mit ge-schichtlichen Anmerkungen von E. M. Oettinger. Leipzig 1852. 8.

des suites analogues et qui portent son chiffre, que nous n'hésiterons
pas à lui en attribuer seulement la retouche.

8. **Monstres marins domptés par des petits Génies.**
Suite de 12 pièces, dont la première seulement porte sur une tablette,
à la gauche du bas, la signature: Adam Fuchs sc. H. V. exc. 1605.
H. 2 p. 10 l. L. 4 p. 11 l. Quelques-unes de ces gravures ont
néanmoins des dimensions un peu plus grandes.

On trouve de cette suite, très-brillament exécutée, une édition
postérieure, ou peut-être une copie, sur la première feuille de laquelle
on lit: Adam Fuchs fecit 1687. Paulus Fürst excudit; sur le
No. 8. H. Ulrich ex. et sur le No. 10. Paulus Mayr Inventor,
Heinrich Ulrich sculp.

9. **Monstres marins et Génies.** Autre suite de 12 feuilles,
dont la première porte le nom d'Adam Fuchs et l'adresse de Henri
Ulrich. H. 2 p. ½ l. L. 4 p. ½ l. Cependant, on trouve également
dans cette suite des pièces d'un plus grand format et dont Brulliot,
sous le No. 32816, décrit deux, celle d'un jeune Bacchus assis
sur un cheval marin et tenant une coupe avec des raisins,
H. 4 p. L. 5 p. 8 l.; puis un Triton et une Naïade sur un cheval
marin, H. 4 p. 2 l. L. 6 p. Ces deux pièces portent seulement des
tablettes sans signature. Les autres ont le monogramme de A. Fuchs
ou celui de Majoli ou même le nom de celui-ci en entier Majoli, Ma-
gioli ou Majolius.

1558.   1590.

(Bartsch. IX. 500?)

Nous ne savons rien autre chose de cet artiste sinon qu'il a gravé
trois pièces satiriques sur cuivre qui ne sont point du reste d'une
grande valeur artistique. Nous trouvons décrite par Bartsch, sous un
monogramme à peu près semblable, une gravure à l'eau-forte représentant un joueur de luth et qui paraît devoir appartenir au même maître.

2. **Le jeune homme avec les bâtons de glu.** Il s'avance
vers la droite, couvert d'un chapeau à plumes et porte sur l'épaule
gauche une perche avec deux oiseaux et deux singes; de la main
gauche il tient un bâton auquel est attaché un hibou et autour de lui

sautent plusieurs lièvres. Dans le fond, trois châteaux sur autant de montagnes, avec les noms de Affenburgk pour celui du milieu, Hasenburgk pour celui de gauche et Narrenburgk pour celui de droite. On lit en haut de l'estampe:

hola. wo. her. mit. der. leim. Stangen.
ich. meint. du. wolst. auch. fogel. fangen.

Au bas, le chiffre avec la date de 1558 (?). Dans la marge du bas:

Sich liber sich, wie beisen sie mich etc.

H. 12 p. 9 l. L. 10 p. 10 l. (Brulliot, Dict. I. No. 119.)

3. Deux jeunes dames près d'un pigeonnier. Elles se tiennent de chaque côté, tandis que plusieurs petites figures de cavaliers entrent dans le colombier ou en sortent; quelques-uns tombent dans l'eau, où les deux dames les repêchent, soit avec une ligne, soit avec un crible. On lit en haut: Einer Jungfrauen Hertz ist wie ein Daubenhaus, da einer einfleucht, der ander auss. Avec le second des monogrammes ci-dessus et l'année 1590.

4. La dame et les trois Cavaliers. Un fou regarde par une fenêtre en les montrant du doigt. Au-dessous des trois figures d'hommes, on lit: Spanier, Franzos, Teutscher. On voit en haut de l'estampe:

Mit Fusstritten, Handdrucken und Lachen,
Kann ich sie alle drei zu Narren machen.

Pièce signée du même monogramme que la précédente, avec la date de 1590. H. 7 p. 5 l. L. 9 p. 6 l. Copenhague.

Nous ne connaissons de cet artiste, qui appartient à l'école de la haute Allemagne et qui s'est signé F 1551, qu'une seule gravure à l'eau-forte, traitée d'une manière très-légère et dont les épreuves sont, par conséquent, d'un ton assez faible.

1. Un Chevalier et deux hallebardiers. Il galope en armure complète vers la droite, entre deux hallebardiers, l'un devant, l'autre derrière, dans un paysage montagneux. A la droite du bas, la tablette avec le chiffre comme ci-dessus. H. 4 p. 3 l. L. 4 p. 2 l. Paris. Berlin.

ℛ 1554.

1. Mutius Scévola. Il est debout à droite près de ruines et tient sa main armée d'une épée dans le feu qui s'élance d'un vase posé sur une pierre. Il élève en même temps sa tête vers le ciel. A la gauche du bas, la signature sur une pierre et à droite, le millésime 1554. Pièce finement traitée et de forme ovale. H. 3 p. 4 l. L. 2 p. 6 l. (Brulliot I. No. 2667.)

1. Un Alphabet romain. Divisé en quatre rangées et entouré d'ornements et de figures. Au bas et au milieu de la marge, le chiffre ci-dessus. H. 15 p. 4 l. L. 8 p. 5 l. (Brulliot I. No. 3046.)

1. Les trois génies. Copie d'après A. Durer, B. No. 66, dans le sens de l'original. Dans l'écusson, un demi-daim percé d'une flèche. Au bas, la tablette comme ci-dessus avec la date (à rebours) de 1579. Pièce médiocre. H. 4 p. L. 2 p. 6 l.

℔ 1589.

(Bartsch IX. 575.)

A la copie mentionnée par Bartsch, d'après A. Durer, le paysan et la femme No. 83 on peut ajouter encore la suivante:

2. Le joueur de cornemuse. Copie en contre-partie d'après A. Durer, avec le monogramme et la date de 1589. H. 4 p. 4 l. L. 2 p. 9 l.

MR 1566.

(Bartsch IX. 517.)

2. Six petits médaillons avec des têtes. Ils sont placés, l'un à la suite de l'autre, dans une espèce de frise avec arabesques. Avec le monogramme ci-dessus, mais sans tablette. H. 1 p. 3 l. L. 6 p. 4 l.

S. F. 1575.

1. Les armoiries des Schlusselberger. Coupé; au premier deux clefs en sautoir, au second une montagne, timbré d'un heaume ayant pour cimier une demi-figure d'homme tenant une clef. En haut, le millésime MDLXXV; au bas, le chiffre. Suscription: Gabriel Schlusselberger. H. 3 p. 1 l. L. 2 p. 6 l. (Cat. Sternberg II. No. 1297.)

MD

1. Marche de soldats autour d'une forteresse. La marche est à droite. Le monogramme est au bas de l'estampe. H. 2 p. 3 l. L. 8 p. 3 l. (Cat. Sternberg II. No. 1301.)

IR

1. Un fauconnier à cheval. Devant lui, sur le terrain, un homme couché dont le cheval s'est arrêté à gauche. A la gauche du haut, le monogramme. H. 1 p. 5 l. L. 3 p. 3 l. (Cat. Sternberg II. No. 1302.)

D. B. 1593.

1—3. Sujets de la Passion. Trois pièces:
— 1. La Cène.

— 2. Le Christ au jardin des Oliviers.
— 3. La résurrection.
Au bas, les initiales ci-dessus avec la date de 1593. Pièces à l'eau-forte fortement mordues. H. 18 p. 6 l. L. 11 p. 9 l. (Catalogue Sternberg II. No. 1303.)

---

1. Un Cavalier. En armure complète et chevauchant vers la droite. De la gauche il tient un écusson d'armoiries avec quatre lions dans le champ (ces lions sont affrontés deux à deux). Le casque dont il est coiffé porte pour cimier une tête de taureau entre deux cornes. Le monogramme est à la droite du bas. H. 4 p. 7 l. L. 3 p. 3 l. (Catal. Sternberg II. No. 1304. Brulliot Dict. I. No. 242. Nagler, Mon. I. 364.) Cette pièce semble appartenir à une suite.

---

1. St. François de Paule. Demi-figure à gauche; il est appuyé sur un bâton et un nimbe de rayons entoure sa tête. Au bas, le chiffre, et dans la marge: S. FRANCISCVS DE PAVLA. H. 3 p. 8 l. L. 2 p. 6 l. Marge 2 l. Pièce médiocre. (Brulliot Dict. I. No. 441.)

1596.
(Bartsch IX. 589.)

Bartsch décrit de ce graveur une copie de la Vierge couronnée d'étoiles d'Albert Durer, B. No. 32, avec l'année 1589. On peut y ajouter la pièce suivante:
2. L'homme de douleurs. Copie en contre-partie d'après A. Durer, B. No. 3, signée du monogramme ci-dessus avec la date de 1596. H. 4 p. 4 l. L. 2 p. 9 l.

1. **Mercure.** Il est debout, le corps un peu à droite, mais la tête tournée à gauche, appuyant la main droite sur la hanche et de la gauche tenant un grand caducée qui du terrain s'élève jusqu'à la marge d'en haut. En haut, à gauche, beaucoup de petites figures. Le monogramme est au bas sur une petite tablette appuyée à un tronc d'arbre. H. 3 p. 1 l. L. 1 p. 10 l. (Brulliot Dict. III. App. No. 296.)

1587.

1. **Allégorie sur les tentations de la vie.** Une figure de femme, les mains levées, dans un paysage au milieu duquel on voit des fantasmagories de tout genre. A gauche, un rocher avec une potence et une roue. Avec l'inscription suivante, à la marge du bas:

Die gerechten hand anfechten vil
Doch Gott jhr zuflucht bleiben wil
Ein Mensch so aller trubsal frei
Weis nix auch selbst nit wer er sey.

Et à côté, une tablette avec le chiffre et la date de 1587. H. 2 p. 5 l. L. 3 p. 3 l. Berlin.

2. **Abraham caressant Agar.** Copie en contre-partie d'après George Pencz, B. No. 6. Au milieu du bas, le chiffre sans la tablette, accompagné de la date de 1583. Dans la marge du bas, on lit:

Optimus est ludus cum virgine ludere nudus.

H. 4 p. 5 l. marge incluse L. 2 p. 11 l. (Brulliot Dict. II. No. 2369.)

1568.
◇ ANNA ◇
R.

Nagler, dans son ouvrage intitulé Die Monogrammisten I, 457, dit que le graveur sur bois George Matheus d'Augsbourg eut une fille nommée Anne, qui non-seulement l'aida dans ses travaux, mais grava elle-même sur cuivre, tandis que son père se trouvait à Rome vers 1560. C'est pourquoi l'auteur croit pouvoir attribuer à cette fille les pièces signées comme ci-dessus, en expliquant le R par Roma.

1. St. George. Il est debout au milieu de l'estampe, armé de toutes pièces, tenant un étendard de la gauche et faisant un mouvement de la droite. Derrière lui, le dragon mort est renversé sur le dos et le casque du Saint est sur le terrain à droite. Dans le fond, quelques édifices. La signature est à la droite du haut et du même côté, au bas, se trouve une tablette vide. H. 4 p. 2 l. L. 2 p. 7 l. (Brulliot Dict. III. No. 77.)

$\mathcal{SAP}$

1. Jean Bach. Portrait d'un fou; demi-figure un peu tournée vers la droite et louchant. Il joue du violon. Dans le fond à gauche, une fenêtre; à droite, une table avec l'inscription:

> Hier sieht du geigen Hannsen Bachen,
> Wenn du es hörst so must du lachen.
> Er geigt gleichwol nach seiner Art.
> Und tregt ein hipschen Bachen Bart.

Sous la table, un écusson avec une marotte et le chiffre du graveur. Pièce médiocre à l'eau-forte. H. 15 p. 8 l. L. 11 p.

ℒ 1570.

Nous connaissons de ce graveur sur cuivre des copies d'après George Pencz et Hans Sebald Beham. Les premières portent la date de 1570.

1. David voit Bethsabée au bain. Le roi est à droite; à côté de lui, le chiffre de Pencz, celui du graveur et la date de 1570. Copie de la gravure de Pencz, B. No. 21. H. 1 p. 10 l. L. 2 p. 10 l. Berlin.

2. Salomon adorant les idoles. Il est tourné vers la droite,

où on voit le monogramme de Pencz, puis la marque du graveur suivie de la date de 1570. Copie de la gravure de Pencz, B. No. 22. H. 1 p. 10 l. L. 2 p. 10 l. Berlin.

3. Les danseurs de noces. Copie d'après H. S. Beham. (Brulliot Dict. I. No. 2852.) H. 1 p. 11 l. L. 1 p. 4 l. Dresde.

⋀ꝒB 1569.

Ce monogramme semble appartenir au même graveur auquel Bartsch (IX, 529) attribue la copie des trois paysans d'après Albert Durer, avec un monogramme composé des mêmes lettres que le chiffre ci-dessus et la date de 1567. Nous lui donnerons par conséquent encore la pièce suivante:

2. Marcus Curtius. Il s'élance à cheval vers la gauche dans l'abîme d'où sortent des flammes. A gauche dans le fond, un édifice très-élevé. A la droite du haut, sur une tablette, on lit l'inscription: MARCVS CVRSVS ROMBNO. Ensuite le chiffre surmonté de la date de 1569. H. 4 p. 6 l. L. 3 p. 3 l. (Coll. Detmold.)

⋀ ⋀ 1592.

(Bartsch IX. 239.)

La copie d'après H. Aldegrever, B. No. 113, représentant la Pauvreté, est décrite par Bartsch sous le premier de ces monogrammes. Le second, qui paraît appartenir au même graveur, se trouve sur la pièce suivante:

2. Le Jugement de Salomon. Copie en contre-partie d'après Aldegrever, B. No. 29. Sur la marge du bas, on voit gravée à rebours l'inscription: Salomo causam inter duas mulieres dirimit. 1. Regum 3. H. 4 p. L. 2 p. 3 l.

3. Le Christ bafoué. Copie en contre-partie d'après la gravure sur bois d'Albert Durer, Bartsch No. 9, sans les édifices ou les montagnes dans le lointain. Au bas à droite, le premier des mono-

grammes ci-dessus, puis l'inscription: Ecce homo nil dicis; dic
Ecce Deus, cadet ira 1592. Nulla, Deum et hominem,
turba necare potest. Pièce gravée à l'eau-forte sur acier. H.
7 p. L. 4 p. 10 l.

Sur les épreuves postérieures, on a effacé le chiffre et le millésime
pour y substituer le monogramme de Dürer avec la date de 1512.

Gravures de Maîtres anonymes Allemands et Néerlandais du XVI. Siècle.

Additions à Bartsch X. 123 — 166.

' Bartsch décrit sous une même rubrique les gravures des maîtres anonymes allemands et néerlandais du XVI. Siècle, et avec assez de raison, puisque dans le fait il est souvent impossible d'indiquer avec certitude ce qui appartient à l'une ou à l'autre des deux écoles. Nous suivrons donc l'exemple de notre devancier, avec cette différence pourtant que nous chercherons souvent à déterminer les écoles d'une façon plus précise. Mais comme Bartsch, après avoir divisé en huit catégories les 133 pièces qu'il donne, commence chacune de ces catégories par le No. 1, ce qui donne lieu à beaucoup d'inconvénients pour la recherche des différentes pièces, nous donnerons à notre catalogue des gravures qui lui sont restées inconnues un numéro progressif à partir du chiffre total de son catalogue, c'est à dire du No. 133.

Annotations à Bartsch.

P. 126. No. 11. La Vierge allaitant l'enfant Jésus. La taille fine, mais maigre, de cette pièce rappelle la manière d'Alaert Claas, et la cassure des plis dans la draperie, le style en usage à cette époque dans les Pays-Bas. Cependant les figures des deux anges sont empruntées à la gravure d'A. Durer, B. No. 15. Des épreuves récentes portent la fausse date de I.X.6.A. H. 5 p. 9 l. L. 4 p.

P. 142. No. 6 — 10. Amours et enfants qui jouent. Ces pièces sont traitées dans la manière d'Albert Altdorfer, auquel on les attribue à Munich.

P. 143. N. 11. Neuf enfants avec un char de triomphe. Pièce traitée absolument dans le même style que les précédentes et que Bartsch avait déjà attribuée à Altdorfer en la décrivant dans l'oeuvre de ce maître sous le No. 48.

P. 143. No. 1. On trouvera dans notre catalogue sous le No. 215 cinq autres pièces du maître qui a exécuté cette petite gravure ronde.

P. 157. Nos. 27, 29, 32, 34, 35, 39. Ornements. Ces pièces spirituellement exécutées à l'eau-forte sont d'un seul et même maître, dont on trouvera d'autres gravures du même genre dans notre catalogue, sous les Nos. 251—255.

P. 160. No. 37. Montant d'ornement. On en trouvera plus bas encore trois du même maître, formant une suite que nous décrirons sous les Nos. 251—255.

P. 160. No. 38. Montant d'ornement. Cette pièce semble appartenir au maître ℳℱ 1536.

P. 166. No. 1. François I. La description que donne Bartsch de ce portrait correspond parfaitement à celle d'un portrait de Charles V dont un exemplaire se trouve à Berlin. Il doit donc exister deux portraits très-ressemblants de ce prince, à moins que Bartsch ne se soit trompé de nom.

Additions à Bartsch.

I. Sujets de la Bible.

134. La Création d'Eve. L'Eternel, agenouillé à gauche près d'Adam couché, du côté duquel s'élève la première femme les mains jointes et priant. A droite près d'un arbre, un cerf est couché, derrière lui un boeuf et un autre cerf. Dans le ciel le soleil, la lune et les sept planètes. Pièce ovale oblong dans un carré dont les coins supérieurs contiennent deux têtes d'ange, les coins du bas des oiseaux fantastiques. H. 1 p. 10 l. L. 2 p. 4 l. (Coll. Detmold.)

135. Le péché originel. Eve est assise sur une branche d'arbre et présente la pomme à Adam qui est debout derrière elle. A la gauche du haut, le serpent tient une autre pomme dans la gueule. Copie en petit de la gravure de Lucas de Leyde, B. No. 8. H. 2 p. 5 l. L. 1 p. 9 l. (Coll. Detmold.)

136. Même sujet. Adam vu presque de dos est debout à gauche et reçoit la pomme des mains d'Eve, qui se tient à droite et

porte la main gauche vers le haut pour prendre l'autre pomme que le serpent lui présente. Dans le fond boisé, on voit couchés à droite un cerf, à gauche un boeuf. A droite, une pierre qui paraît avoir été destinée à recevoir un monogramme. Pièce à hachures très-fines et dans laquelle les pieds et les arbres sont traités dans le style de Durer. H. 4 p. 3 l. L. 2 p. 11 l. Cobourg.

137. **Le jeune Tobie.** Il est assis les pieds dans l'eau et contemple avec étonnement quelque chose (le poisson) que lui indique l'ange debout derrière lui. Devant lui une grosse grenouille. De l'autre côté de l'eau, dans une maison, un ange chasse avec une épée trois oiseaux. Pièce ronde exécutée à guise de nielle. Diamètre 1 p. 2 l. Berlin. (V. à ce sujet le Nielle No. 825.)

138. **Judith.** Elle s'avance vers la droite tenant de la main gauche la tête d'Holopherne, de la droite l'épée. A droite, deux tentes. Pièce ronde traitée dans la manière de Jacques Binck, de 1 p. 6 l. de diamètre. (Cab. Detmold Cat. No. 31.)

139. **L'annonciation aux bergers.** Dans le haut à droite, un ange avec une banderole où on lit: Gloria in excelsis Deo. Dans le fond à gauche, près d'un bois, un berger assis avec une cornemuse et près de lui un bouc qui bute contre un arbre, puis des moutons. Sur le devant à gauche, un autre berger assis, vu de dos; un troisième debout s'appuie sur un arbre; tous ont les yeux dirigés vers l'ange. Pièce finement taillée dans le goût de Cranach. H. 3 p. 3 l. L. 2 p. 6 l. Berlin.

140. **La visitation.** Ste. Elisabeth est debout à gauche et prend la main de la Vierge de la droite, tandis qu'elle lui pose la gauche sur l'épaule. Paysage montueux; à droite, une vieille tour, à gauche, une maison avec cheminée. Pièce à l'eau-forte dans le style de Durer. H. 3 p. 6 l. L. 2 p. 4 l. Cobourg.

141. **La Nativité.** La Vierge est agenouillée à droite devant l'enfant Jésus couché dans un panier. A gauche St. Joseph avec une lanterne et, entre les deux, le boeuf et l'âne. Au-dessus d'un toit en ruines on voit l'étoile et plus bas un ange qui annonce à deux pasteurs la naissance du Christ. Pièce ovale. H. 2 p. 4 l. L. 1 p. 11 l. Berlin.

142ª. **L'adoration des rois.** La Vierge, assise à gauche, tient sur les genoux l'enfant Jésus dont le plus vieux des trois rois, agenouillé, saisit la main gauche. Derrière celui-ci, le deuxième roi est debout tenant sa barrette à la main; enfin, plus à droite, le plus jeune des mages portant une corne à boire. St. Joseph est debout derrière la Vierge, dont la tête est illuminée par les rayons de l'étoile. Cette pièce ronde de 3 p. de diamètre appartient au commencement du XVI. Siècle. Dresde.

142ᵇ. La fuite en Egypte. La Vierge avec l'enfant chevauche vers la droite; derrière elle un âne qui brait. Joseph marche devant eux et à gauche on voit un petit chien. Un idole tombe du haut d'une colonne. Pièce avec très-peu de hachures, d'une exécution archaïque et médiocre et qui paraît appartenir au commencement du XVI. Siècle. H. 2 p. 6 l. L. 1 p. 10 l. (M. Germ.)

143ⁿ. Le repos en Egypte. D'après la gravure sur bois d'A. Durer dans la Vie de la Vierge, No. 90. Cette pièce est du même maître que le No. 1 de Bartsch X. 143; ronde de 1 p. 8 l. de diamètre. (M. Brit.)

143ᵇ. L'histoire de St. Jean-Baptiste. Cette gravure est divisée en huit compartiments, trois de chaque côté et deux au milieu représentant le baptême du Christ et la Prédication de St. Jean. Un grand nombre de spectateurs se trouvent à côté des compartiments latéraux, dont ceux de droite en haut représentent la Visitation et la Naissance du précurseur; ceux de gauche la Décollation et Hérodiade à table. Dans le compartiment avec la Prédication se trouve une petite tablette qui devait recevoir plus tard le nom du graveur. Pièce médiocre de l'école néerlandaise. H. 7 p. 11 l. L. 5 p. 10 l. Dans le Mss. du frère Trudon.

144. La Cène. Le Christ, assis à l'extrémité supérieure de la table, distribue l'hostie et le calice. Au bas, à droite, sur fond blanc, la date de 1533. H. 2 p. 10 l. L. 1 p. 11 l. (Mus. Germ.)

145. Même sujet. Le Christ embrasse de la gauche St. Jean, qui repose sur sa poitrine et lève la main droite. Judas est assis à gauche sur le devant et à l'extrémité du banc, tenant la bourse. A droite, cinq apôtres, et sur le devant, une cruche. Dans le fond, une fenêtre. Beau travail dans le style néerlandais. Pièce ronde de 4 p. de diamètre. Berlin.

146ⁿ. La trahison de Judas. Il embrasse le Christ à droite, tandis qu'à gauche St. Pierre coupe l'oreille à Malchus; derrière celui-ci, deux soldats. Les deux lignes de bordure ont un léger encadrement de feuillage. Pièce très-médiocre. H. 2 p. 9 l. l. 2 p. Catalogue Drugulin No. 2126.

146ᵇ. La Flagellation. Le Christ, tourné à droite et la tête de profil, est attaché plus fortement à la colonne par un bourreau qui se tient derrière lui. A droite, un second bourreau le frappe avec des courroies; entre ses jambes se trouve un petit chien. Pièce exécutée dans la manière d'Alaert Claassen. H. 6 p 6. l. L. 4 p. 7 l. Berlin.

147ᵃ. Le Christ en croix. Aux deux côtés, la colonne et l'échelle avec une banderole où on lit: O CRVX AVE SPES VNICA. Le crucifix est dans un médaillon entouré de flammes, au milieu desquelles on voit l'enfant Jésus qui se flagelle au-dessous du globe du monde et de la croix. H. 2 p. 3 l. L. 1 p. 5 l. Berlin.

147ʰ. Le Calvaire. Le Christ en croix entre les deux larrons, avec quatorze autres figures et plusieurs inscriptions. A la droite du bas, un chartreux est agenouillé devant une cassette avec l'inscription: F. Carth. 𝕃𝔅 In Buxhaim. Puis, à gauche, une grande tablette avec l'inscription: 1570. Sculpta haec est effigies gratia Venerandi domini Caspari Kindelman Abbatis religiosissimi in Ottenhaim; ensuite, sur une mitre, les initiales F. C. K. (frater Caspar Kindelman). Enfin, sur un cartouche, au bas, une inscription latine de deux lignes. Mauvaise gravure à l'eau-forte d'un style très-rude et qui paraît avoir été exécutée par un amateur. H. 11 p. 2 l. L. 9 p. 7 l.

148. Le Christ pleuré par les siens. Le corps du Sauveur est sur les genoux de la Vierge, qui est soutenue à droite par St. Jean; à côté de lui, Joseph d'Arimathie tenant une boîte à parfums. A gauche, la Madeleine avec deux saintes femmes. La croix en forme de T se voit dans le fond. Pièce de la première moitié du XVI. Siècle. H. 2 p. 8 l. L. 1 p. 10 l. Liége.

149. Même sujet. Le corps du Christ est sur les genoux de sa mère. A gauche, près de la tête du Sauveur, St. Jean en pleurs et une sainte femme. A gauche, deux autres pleureuses. Dans le fond, l'arbre de la croix auquel est appuyée une échelle. Gravure finement exécutée dans le style de la haute Allemagne. Pièce ronde de 1 p. 6 l. de diamètre. Liége.

150. Même sujet et presque même composition que ci-dessus, mais en contre-partie. A gauche, une des saintes femmes, à droite l'autre avec St. Jean en larmes. Pièce ronde dans un triangle avec une tête d'ange dans les coins d'en haut et d'en bas. Travail médiocre. H. 2 p. 6 l. Léige.

151ᵃ. La résurrection. Le Christ s'élève, en bénissant, du sarcophage aux côtés duquel on voit deux soldats endormis. Dans le fond, à gauche, on aperçoit trois têtes de gardiens du sépulcre et une quatrième à droite. Cette pièce forme le pendant du No. 149; ronde de 1 p. 6 l. de diamètre. Liége.

151ᵇ. **La descente du St. Esprit.** Au milieu de l'estampe, la Vierge, de plus fortes proportions que les autres figures, est assise sur un trône, les mains jointes et couronnée d'une auréole. A ses côtés et derrière elle, onze des apôtres, tandis que le douzième est assis sur le devant avec un livre. En haut, le Saint-Esprit. Travail médiocre de la première moitié du XVI. Siècle. H. 3 p. 5 l. L. 2 p. 7 l. (Dans le Mss. du frère Trudon.)

152. **La Conversion de St. Paul.** Il tombe, à droite, de dessus un cheval qui se cabre. A gauche, un cavalier, vu de dos, s'enfuit. Au-dessus d'eux, des flammes venant du ciel. Gravure d'une taille un peu raide, ronde de 2 p. de diamètre.

II. Vierges et Saints.

153ª. **La Vierge à la chouette.** Elle est assise à droite sous un arbre dans une robe très-ample et tient sur le genou droit l'enfant Jésus qui a une poire à la main. Sur une branche de l'arbre perche une chouette, entourée de quatre oiseaux. Dans le paysage, on voit courir deux chiens, tandis que devant la Vierge posent tranquillement quatre lapins et un petit chien. Au milieu, la date 1770. Pièce un peu raide de l'école de la haute Allemagne. H. 2 p. 10 l. L. 3 p. 10 l. Paris.

153ᵇ. **La Vierge aux indulgences.** Demi-figure placée sur le croissant et portant sur le bras gauche l'enfant Jésus qui tient une pomme. La Vierge est entourée d'une auréole flamboyante. Dans la marge du bas, on lit:
Ave sanctissima Maria mater Dei etc. in quo non dubito libera me ab om̄ malo et ora pro me pecā. Amen. Sixtus pp. 4. concessit undecim millia annō p. qualibet vice. Les plis du manteau sont à cassures raides, dans l'ancien style allemand; l'impression est très-forte. H. 6 p. 3 l. L. 4 p. 1 l. Collect. privée du roi de Saxe, à Dresde, où cette pièce est rangée parmi les gravures italiennes.

153ᶜ. **La Vierge, l'enfant Jésus et Ste. Anne.** Les deux Saintes femmes sont assises sur une espèce de chaise longue, la Vierge à droite, Ste. Anne à gauche; elles tiennent l'enfant Jésus entre les deux. En haut, le Saint-Esprit. Pièce ronde de 3 p. de diamètre. Dresde.

153ᵈ. La Sainte famille. Au milieu et près de Ste. Anne la Vierge assise allaite l'enfant Jésus. Derrière elles on lit, sur des banderoles volantes : JOACHIM, SALOME, CLEOPHAS, JOSEPH ; et tout près sont un homme et une femme. Aux pieds de la Vierge, quatre petits anges, dont celui du milieu tient une mandoline, font de la musique. Imitation, mais en contre-partie, faite dans les Pays-Bas de la gravure sur bois d'A. Durer, B. No. 97.

154. La Vierge et St. Bernard. Demi-figures. La Vierge, assise derrière une table couverte de fruits, tient l'enfant Jésus assis sur un coussin et presse son sein nu ; à droite, St. Bernard en adoration et les mains jointes ; au-dessus de lui, on lit dans une banderole :
            beewift battu beest cen morder.
Gravure néerlandaise de la fin du XVI. Siècle. H. 3 p. 2 l. L. 2 p. 9 l. Liége.

155. Mater dolorosa. La Vierge est assise tournée vers la droite, les mains jointes et le sein percé de sept glaives. Au-dessus, sur une banderole : SICVT. LILIV. INT. SPINAS. H. 1 p. 9 l. L. 1 p. 6 l. Liége.

156ª. Les sept douleurs de la Vierge. Au milieu et sous un arc, le crucifiement et au-dessous, dans sept médaillons, des sujets de la passion où la Vierge paraît toujours un glaive dans la poitrine. Travail néerlandais du commencement du XVI. Siècle. H. 2 p. 2 l. L. 1 p. 9 l. Liége.

156ʰ. Mater dolorosa. La Vierge est assise les mains croisées sur la poitrine au-dessous de sept médaillons représentant les sept douleurs. En haut: La Circoncision, la Fuite en Egypte, le Christ parmi les docteurs ; à droite: Le Portement de croix, le Crucifiement, la Descente de croix, la Mise au tombeau. Les draperies rappellent jusqu'à un certain point le style de Durer. H. 3 p. 8 l. L. 2 p. 10 l. Pièce médiocre.

157. Le Rosaire. La Vierge tenant dans ses bras l'enfant Jésus nu, est debout sur le croissant et foule aux pieds la tête du serpent. Elle est entourée d'une auréole en forme d'amande (mandorla), tandis qu'un rosaire renferme le tout et que cinq petits anges tiennent les instruments de la Passion. Au bas, un écusson avec un coeur percé d'une flèche. A gauche est agenouillé le pape Clément VII entouré d'ecclésiastiques ;- à droite, l'empereur Charles V accompagné de rois et de princes. Sur le devant d'un autel, on voit les armoiries papales des Médicis et de l'empire. Travail néerlandais du commencement du XVI. Siècle. H. 10 p. 4 l. L. 7 p. 9 l. (Mus. Brit.)

158. E c c e h o m o. Demi-figure couverte d'un manteau, la tête couronnée d'épines, avec trois rayons de lumière. Le Christ est un peu tourné vers la gauche et dans ses mains liées tient une branche de palmier. Le fond est une salle avec pilastres et fenêtres gothiques. Au bas: 𝕰𝖈𝖈𝖊 𝖍𝖔𝖒𝖔. Cette pièce paraît avoir été copiée d'un original plus ancien, dans le style de Ludwig Krug. H. 3 p. 9 l. L. 2 p. 8 l. Berlin.

159ª. L a S a i n t e T r i n i t é. Dieu le père, assis sur son trône, tient sur les genoux le corps de son fils. En haut, le Saint-Esprit et de chaque côté, un petit ange en prière. Pièce d'un beau dessin dans le style de Durer. H. 3 p. 6 l. L. 2 p. 5 l. Liége.

159ᵇ. M ê m e s u j e t. Dieu le père, vêtu d'un large manteau, est assis sur les nuages et tient le Christ en croix de plus petites proportions; devant lui plane le St. Esprit dans une auréole circulaire. Des rayons remplissent les coins du haut. Travail néerlandais médiocre de la première moitié du XVI. Siècle. H. 3 p. 2 l. L. 2 p. Dans le Mss. du frère Trudon.

159ᶜ. L ' a s s o c i a t i o n d e s S a i n t s. Dans le haut, Dieu le père entouré d'anges en adoration. Au-dessous de lui, le St. Esprit sur un soleil flamboyant. Plus bas, le Christ ressuscité avec l'étendard de la croix, entouré de Saints. Enfin, tout à fait au bas, sur le terrain, un ermite qui puise de l'eau à une source dont l'eau sort d'une gargouille à trois têtes. A droite, quatre petits démons qui se lamentent. H. 8 p. 3 l. L. 5 p. 10 l. Travail néerlandais médiocre. Dans le Mss. du frère Trudon à Liége.

159ᵈ. L ' a d o r a t i o n d u S a i n t S a c r e m e n t. La Sainte Hostie est exposée sur l'autel dans un ciboire gothique; aux côtés, deux anges avec des encensoirs. Dans le haut, sur des nuages, à gauche, Dieu le père, à droite le Christ, tous deux dans l'action de bénir; au-dessus et entre les deux, le St. Esprit. Au bas, en adoration, à gauche, le Pape avec les dignitaires de l'Eglise; à droite, l'empereur avec quatre courtisans. L'exemplaire que nous décrivons paraît avoir été rogné du bas, puisqu'on n'y voit que la moitié des figures. Pièce médiocre de l'école néerlandaise exécutée vers la moitié du XVI. Siècle. H. 7 p. 11 l. L. 5 p. 6 l. Dans le Mss. du frère Trudon.

159ᵉ. L ' e m p e r e u r e t l ' i m p é r a t r i c e a u p i e d d e l a c r o i x. L'empereur, à gauche, tient une épée, l'impératrice, à droite, lève la main droite, tous deux sont tournés vers la croix qui s'élève au milieu et dont le sommet porte une couronne d'épines, tandis que la croisière est ornée d'un grand coeur au milieu duquel est l'enfant Jésus assis tenant un fouet et des verges. Le coeur est entouré d'une auréole de lumière d'où sortent en haut les mains, au bas les pieds du Christ. Deux demi-colonnes torses aux côtés soutiennent un arc orné de petits génies et de dragons. Pièce non signée, mais qui appartient à l'école du maître S. H. 3 p. 1 l. L. 2 p. 2 l. Dans le Mss. du frère Trudon à Liége.

160ⁿ. Le Christ accompagné de six Saints. Il est au milieu, tenant sur les épaules un agneau. A gauche, Ste. Agnès, Ste. Cécile et une autre jeune Sainte. A droite, Ste. Rosalie, un Saint guerrier tenant un coeur et un Saint adolescent avec un calice. Au-dessus de leurs têtes est suspendue, selon le style ancien, une petite draperie à guise de guirlande. La gravure entière est d'un style très-archaïque et le dessin en est faible. H. 2 p. 5 l. L. 4 p. 4 l. Liége.

160ᵇ. St. Michel. Il est debout tourné vers la droite, enveloppé d'un manteau ondoyant à gauche et lève l'épée pour frapper Satan étendu à ses pieds et dont le corps est déjà percé d'une lance ornée d'une croix. Fond de riche architecture avec des anges de chaque côté. Encadrement à fleurs dans le goût néerlandais. Pièce médiocre. H. 3 p. 6 l. L. 2 p. 9 l. Mss. du frère Trudon.

160ᶜ. Même sujet. L'ange est debout tourné vers la gauche et perce de sa lance en forme de croix le dragon étendu à ses pieds. Vigoureux travail du commencement du XVI. Siècle. H. 1 p. 6 l. L. 9 l. Dresde. (Heinecken No. 190.)

160ᵈ. St. Jean l'évangéliste. Il s'avance vers la gauche et tient de la main gauche un calice d'où s'élève un serpent, tandis qu'il bénit de la droite. Pièce ronde dans un encadrement de huit arcs de cercle. Diamètre 1 p. 5 l. Dresde. (Heinecken No. 177.)

161. St. Jacques le majeur. Il est vu de face, tenant de la main gauche un bourdon de pèlerin sur lequel il appuie aussi la droite. Son chapeau est orné d'une coquille. Fond de paysage avec une tour. Gravure médiocre de l'école de Lucas de Leyde. H. 3 p. 6 l. L. 2 p. 2 l. Liége.

162. St. George. Il est debout devant le dragon mort, tenant sa lance de la gauche et étendant la main droite. Encadrement de baguettes brisées. La figure est empruntée à Albert Durer. H. 2 p. 11 l. L. 1 p. 9 l. Berlin.

163. Même sujet. Le Saint en armure complète est tourné à gauche; il s'appuie de la main gauche sur un bouclier et tient un étendard de la droite. Le dragon se voit dans le fond, et sur une colline la jeune princesse à genoux, la tête entourée d'une gloire; au bas S. GEORGIVS. Bon travail, de l'école de la haute Allemagne. H. 4 p. 7 l. L. 3 p. 1 l. Berlin.

164. Même sujet. Il s'élance vers la gauche, l'épée levée, tandis qu'une lance de tournoi tombe aux pieds de son cheval. Le dragon sur le devant est tourné à droite, où se trouve la princesse à genoux, tenant son agneau attaché à un cordon. Fond de paysage avec une tour, d'où le roi et la reine contemplent la scène. Pièce ronde de 2 p. 3 l. de diamètre.

165. Même sujet. Le Saint s'élance à cheval vers la gauche, l'épée levée. Une lance de tournoi est sur le terrain à droite. Le dragon est à gauche, tourné vers la princesse agenouillée dans le paysage et qui tient l'agneau par un cordon. A droite, un château fort avec le roi et la reine. Pièce ronde de 1 p. 10 l. de diamètre. Paris.

166. Même sujet. St. George s'avance au pas vers la droite et l'épée levée dans la main droite. Aux pieds du cheval, le dragon se tord dans les convulsions de l'agonie. Dans le fond, à gauche, la princesse en prière, avec l'agneau. Sur la hauteur, à droite, un château avec le roi et la reine. Belle pièce finement travaillée de la première moitié du XVI. Siècle. H. 2 p. 10 l. L. 2 p. 2 l. Liége.

167. St. Sébastien. Il est debout percé de quatre flèches et deux anges tiennent une couronne au-dessus de sa tête. Dans le paysage rocailleux, un fleuve près duquel on voit trois villes. Le mur à droite est hors de perpendiculaire. Pièce ronde de 2 p. 11 l. de Diamètre. Paris.

168. St. Christophe. Vêtu en paysan allemand, il arrive sur le bord de l'eau, tenant l'enfant Jésus sur les épaules. Sans fond de paysage. Dans le haut, le millésime 1520. Belle pièce dans le style de B. Beham. Berlin.

169. Même sujet. Le Saint, marchant vers la gauche et sortant de l'eau, tourne la tête vers l'enfant Jésus, qu'il porte sur les épaules; celui-ci, tenant le globe du monde, bénit St. Christophe. Dans le haut, la date de 1523. L'ermite en petit est à gauche. H. 3 p. 7 l. L. 2 p. 5 l. Berlin.

170ⁿ. Les Saints Ermites Paul et Antoine. Ils sont assis l'un vis à vis de l'autre à une table ronde. Le premier tient une coupe sous le robinet d'une auge d'où coule du vin, et St. Antoine remplit sa coupe de celle de son compagnon, sans doute pour indiquer que celui-ci est le premier des ermites. Sur une hauteur, on voit un crucifix entouré de pampres. A gauche, un corbeau volant porte dans son bec un pain. Travail néerlandais, un peu grossier de la première moitié du XVI. Siècle. H. 9 p. 3 l. L. 6 p. 11 l. Mss. du frère Trudon.

170ᵇ. St. Antoine ermite. Demi-figure tournée à droite, tenant de la main droite un bâton, de la main gauche, un livre ouvert. A gauche, le pourceau. Fond de paysage, avec une cabane à droite. Pièce en forme de demi-lune. Hauteur du milieu 11 l. L. 2 p. 1 l. Cat. Drugulin. No. 2133.

170ᶜ. St. Augustin. Il est debout à droite en ornements pontificaux et contemple l'enfant assis sur le rivage de la mer et qui lui montre la cuillère. L'enfant a une auréole en forme de croix. Dans le fond, une ville sur une montagne. On lit dans le haut S. AV-GVSTINVS. Pièce médiocre. H. 2 p. 11 l. L. 2 p. Berlin.

171ᵃ. La Messe de St. Grégoire. Le Saint est agenouillé à gauche devant l'autel, sur lequel on voit la figure du Christ s'élevant d'un sarcophage. Un diacre tient le manteau du pape, tandis qu'un second fait tinter une clochette. Dans le coin à gauche, un évêque est agenouillé devant un prie-Dieu et dans le fond au-dessus d'un mur d'appui, on aperçoit un autre évêque avec quatre ecclésiastiques. H. 2 p. 11 l. L. 2 p. Travail un peu rude du XVI. Siècle. Dans le Mss. du frère Trudon à Liége.

171ᵇ. St. Martin. Il s'avance à cheval vers la gauche et se tourne pour diviser son manteau et en donner la moitié au pauvre estropié, qui est debout au milieu de l'estampe. Pièce traitée dans le même style que celle décrite par Bartsch X. 143 No. 1. Ronde de 1 p. 4 l. de diamètre. Musée Brit.

172. Même sujet. Il chevauche vers la droite et partage de son épée le manteau, dont il donne la moitié à l'estropié nu, sans jambes, qui est à gauche. Travail de l'école de la haute Allemagne. H. 3 p. 3 l. L. 2 p. 3 l. Liége.

173. St. Benoît. Il est debout, tourné vers la droite, tenant de la main droite une crosse d'abbé et de la gauche un livre sur lequel pose un calice d'où s'élève un serpent. Le terrain est parqueté et un tapis couvre le fond. Deux colonnes latérales portent un arc à plein cintre. Au bas, sur un listel, une inscription commençant:

Mox benedicte pater &c.

Pièce presque à simple contour et d'un travail médiocre néerlandais du commencement du XVI. Siècle. H. 3 p. 3 l. L. 2 p. 4 l.

174. St. Wolfgang. Le Saint évêque est tourné à gauche, tenant sur le bras droit le modèle d'une église avec la crosse épiscopale, de la gauche une hache. Sur le terrain, quatre pierres, dont une porte le millésime 1514 à rebours. En haut, un ornement léger. Travail de la haute Allemagne dans la manière de Burgkmair. H. 5 p. L. 3 p. 3 l. Musée Britannique.

175. St. Trudon. Il est vêtu en abbé, tenant du bras droit un modèle d'église et dans la main gauche une palme. Deux colonnes ornées, mais très-étranglées vers le haut, soutiennent une architrave. On lit au bas:

O DRVDO TRVDE LONGIVS MONSTR. SALVTIS &c.

Pièce médiocre d'un travail néerlandais. H. 3 p. 10 l. L. 4 p. 6 l. Liége.

176. St. Nicolas. Le Saint évêque de Bari est assis devant un rideau et bénit les trois enfants qui se trouvent dans une baignoire et qui tous portent la tonsure. H. 2 p. 9 l. L. 2 p. 2 l. Travail néerlandais. Dans le Mss. du frère Trudon.

177ᵃ. St. Quirin. Il est vu de face en armure complète, tenant la bannière aux neuf tourteaux et dont il appuie la hampe sur un gros homme étendu à ses pieds. A gauche est agenouillé un chevalier avec sa femme; à droite, une autre femme à genoux, tenant un cierge, et derrière elle, un perclus. En haut des ex voto est une banderole vide, mais où l'on voit écrite à l'encre l'inscription:

Beatus Guilhelmus heremita et confessor.

néanmoins la bannière avec les tourteaux indique évidemment qu'il s'agit ici d'un Saint-Quirin. H. 5 p. L. 3 p. 5 l. Liége.

177ᵇ. St. Gérard. Il est debout armé de toutes pièces et couvert d'un manteau, tenant de la droite un modèle d'église, de la gauche, une crosse d'abbé. A gauche est agenouillé un moine de petites proportions et les mains jointes. Au bas, dans un cartouche, Scte gerarde ora pro nobis. H. 2 p. 10 l. L. 2 p. Pièce imprimée en rouge, du milieu du XVI. Siècle. Mss. du frère Trudon.

178. St. François. Il est debout sous un arc gothique soutenu par deux colonnes. De la main gauche, il tient un livre et lève la main droite. Au bas, sur une banderole:

for po ...... francisci prgi nostri.

H. 4 p. 4 l. L. 3 p. 5 l. Liége.

179. Un Saint évêque. (St. Benigne?) Il est tourné à gauche, tenant de la main droite une grosse clé et de la gauche une crosse épiscopale. Le fond se compose d'un arc surbaissé porté sur deux colonnes. Pièce ronde de 1 p. de diamètre, exécutée dans le style d'un nielle. Musée britannique.

180. Ste. Marguerite. Elle est tournée vers la gauche, la tête couronnée d'une guirlande de roses. De la gauche, elle tient un livre et de la droite, un crucifix. Derrière elle, le dragon. Dans le fond de paysage est représenté le sujet de l'Enfant prodigue paissant les pourceaux. Les coins du haut contiennent des pampres. H. 5 p. L. 3 p. 4 l. Liége.

181ᵃ. Ste. Geneviève. La Sainte est debout tournée vers la gauche, tenant de la main droite un livre et de la gauche un cierge qu'un petit démon cherche à éteindre, mais qui est rallumé par un petit ange. Le sujet est encadré d'une arabesque terminé en cintre Au bas, S. GENOVEFA. Travail médiocre de l'école néerlandaise. H. 3 p. 4 l. L. 2 p. 5 l. Liége.

181ᵇ. Ste. Gertrude de Nivelle. La Sainte est debout dans un paysage tournée vers la gauche, tenant de la main droite un livre; de la gauche, la crosse d'abbesse. Quatre souris l'entourent; une d'elles grimpe sur son vêtement. Pièce cintrée ayant aux côtés et en haut neuf sujets pieux, parmi lesquels, au bas, un pape qui tient une corne et l'apôtre St. Jacques le majeur. Les sept autres compositions dans des médaillons représentent des sujets de la vie de Ste. Gertrude commençant par un tournoi et terminant par une absoute. En haut, deux anges assis sur des rinceaux de pampres tiennent deux écussons, celui de gauche ayant dans le champ un ours, celui de droite, un arbre sec. Travail néerlandais du milieu du XVI. Siècle. H. 7 p. 11 l. L. 5 p. 9 l. Mss. du frère Trudon.

182. Saints et objets divers. Planche d'essai d'un apprenti graveur ou d'un orfévre. On y trouve, la Véronique et le St. George d'après Martin Schongauer, le Petit courrier d'après A. Durer; Ste. Anne, la Vierge et l'enfant Jésus sur fond noir, deux sujets de bordure &c. H. 7 p. L 4 p. 5 l. Dresde.

III. Mythologie et sujets allégoriques.

183. Le triomphe de Bacchus. Il est assis sur un char traîné par deux chevaux conduits par deux hommes. Deux femmes avec des tro-

phées et des musiciens avec des cors marchent devant l'Amour tenant une tête de Janus et debout sur le devant du char, que deux Satyres poussent par derrière. A gauche, trois Satyres, dont l'un donne à boire à un jeune garçon. Plus en arrière, deux femmes et un enfant. Pièce traitée dans le style des petits maîtres. H. 1 p. 10 l. L. 6 p. 6 l. Paris.

184. Hercule. Il porte deux colonnes vers la droite. Dans le paysage, on voit encore les colonnes debout près du détroit de Cadix. H. 2 p. 10 l. L. 1 p. 8 l. Berlin.

185. Orphée. Armé de toutes pièces et couronné d'une guir-lande, il joue du violon. A droite, un cheval et plusieurs petits ani-maux. A gauche, dans une maison, quatre femmes sont assises à table, et dans le paysage, on voit deux cavaliers au galop. Pièce traitée dans le genre d'un nielle, ronde de 1 p. 2 l. de diamètre.

186. Le jugement de Pâris. Il est couché à droite, com-plétement armé, près d'une fontaine derrière laquelle on aperçoit Mercure avec la pomme d'or. Les trois déesses s'avancent de la gauche. Vénus présente un vase, Pallas joue du violon. Médaillons dans un carré entouré d'ornements et avec de petits Amours dans les coins. Original de la gravure décrite par Bartsch X. 134. No. 3. mais en contre-partie et de plus petites dimensions. H. 2 p. 2 l. L. 2 p. Paris.

187. Sélène. La déesse s'avance à gauche sur des nuages, en élevant de la droite le pan de sa robe; à côté de sa tête aux che-veux épais on voit la lune. La déesse est entourée d'une auréole de lumière. H. 2 p. 10 l. L. 1 p. 11 l. Berlin.

188. Satire sur la papauté. Le pape, en ornements ponti-ficaux, a trois têtes; celle du milieu coiffée d'une tiare, celle de gauche d'un turban, celle de droite d'un bourrelet. Il donne de l'ar-gent à un lansquenet qui tient une hallebarde à laquelle sont attachés des balais en flamme. En haut, le millésime 1555. H. 7 p. 3 l. L. 4 p. 7 l. Berlin.

189ª. Le duc d'Albe et les provinces néerlandaises. Riche composition faisant allusion à l'état des Pays-Bas à cette époque. Le duc d'Albe est assis sur un trône, sur les gradins duquel on lit:

Der Stul des Duc de Alba, Des bapsts lütenant.

Derrière lui, le cardinal de Granville lui applique un soufflet aux oreilles et près de celui-ci un démon tient la tiare et la couronne. Devant le duc d'Albe sont agenouillées les provinces néerlandaises qui pleurent; et les États, les doigts sur la bouche et ayant pour jambes des pilas-

tres, se tiennent debout à côté d'elles. Dans le fond, on voit des tor-
tures, l'exécution de Horn, d'Egmont &c. A côté de plusieurs inscrip-
tions allemandes; on trouve la suivante en français:
Ici en ce pourtrait se peult vraiement veoire pour une
memoire eternel toute la persecution fait par le duc
Dalbe aux Évangelistes du pais bas depuis lan 1576 ius-
que apresent &c.
Au bas, se trouve également l'adresse:
Gedruckt buiten civilien anno 1569.
H. 8 p. 2 l. L. 10 p. 6 l.   Coll.   Sotzmann à Berlin.

189b.   La Mort.   Un squelette demi-figure, les mains croisées
sur la poitrine, sort du terrain; dans la bouche niche un serpent;
des souris, des grenouilles et des serpents rampent autour de lui.
On lit en haut dans une banderole:
Spiegelt u. o. menschen slym der eerden want weir ben
moet ghi oot gi werden.
Et dans un listel au bas:
Vreest den heer en doet hem eere
Den dach van sterven haest hem leere.
H. 4 p. 3 l. L. 2 p. 9 l.   Liége.

190.   Symboles de la mort.   On voit sur le terrain une
bière soutenant un cercueil sur lequel pose une tête de mort, avec
trois banderoles contenant autant d'inscriptions:
por doet ghy wel — tut es... swel — whil du van sonden.
Au bas, l'inscription:
En hbept i dise werrelt itz zeer
dit himskē blyft it nimmermeer.
Pièce néerlandaise médiocre.   H. 3 p. 2 l. L. 2 p.   Liége.

IV. Amorins et enfants.

191—194. Quatre petites pièces rondes dans le style des petits
maîtres, de 1 p. 2 l. de diamètre. Berlin.

— 191. L'Amour tourné à gauche décoche une flèche; il a les
pieds attachés par un ruban.

— 192. L'Amour marche sur des vases à gauche et tient une
boule à la main. Un poignard est suspendu à son cou.

— 193. L'Amour vu de face est assis sur un coussin et joue
de la flûte.

— 194. L'Amour coiffé d'un chapeau à plumes court vers la droite; il tient de la main droite le couvercle d'une coupe, qu'il porte dans la gauche.

195. Cupidon. Il est assis sur un coussin, tourné à droite et lance une flèche. A droite, une tablette vide. Pièce ronde de 1 p. 7 l. de diamètre. Berlin.

196ᵃ. Deux enfants et la mort. La mort assise entre les deux enfants embrasse celui de gauche qui lui offre une pomme. A côté de l'autre enfant, un squelette. Pièce ronde de 1 p. 1 l. de diamètre. Paris.

196ᵇ. L'Amour. Il est assis jouant de la guitare. A la gauche du bas, le millésime 1567. 8°. (Coll. Meyer. No. 1108.)

196ᶜ. Cinq petits Amours, dont deux tiennent des vases, et un bouc. En bas, à droite, la date de 1538. 8°. obl. (Coll. Meyer 1109.)

V. Histoire et Genre.

197. Pyrame et Thisbé. Pyrame est étendu sur un mur près d'un rocher avec des arbres, la tête à droite. Cette figure est une imitation du corps du Christ dans la gravure de Marc-Antoine La Vierge pleurant le corps mort de J. C., B. No. 35., mais en contre-partie. Thisbé nue est debout à gauche et s'enfonce l'épée dans le sein. Dans le fond, on voit le lion avec le vêtement, et plus loin, un château derrière des arbres. Ouvrage médiocre dans lequel le nu est travaillé avec des points. H. 9 p. 6 l. L. 7 p. 2 l. (Musée Brit.)

198. Lucrèce. Demi-figure richement vêtue à la mode du XVI. Siècle. Elle tourne la tête à gauche et s'enfonce dans le sein l'épée dont elle dirige la pointe de la main droite. En haut, à droite, sur fond noir, une tablette avec lignes ondoyantes. H. 2 p. 10 l. L. 2 p. 1 l. Berlin.

199. Même sujet. Lucrèce est nue assise sur une pierre et le corps de profil à gauche, tandis qu'elle regarde le spectateur. Elle s'enfonce des deux mains l'épée dans le sein. En haut, à gauche, la date de 1522. Pièce traitée dans le style de Beham. Berlin.

200. Mutius Scevola. Il est vu de face dans une attitude mouvementée et tient la main gauche dans les flammes qui s'élèvent d'un brasier. Aux côtés, deux colonnes. Pièce ronde traitée dans le

goût de Jacques Binck et formant pendant avec la Judith No. 138. Diamètre 1 p. 6 l. (Cat. Detmold No. 32.)

201. Banquet. A une table ronde richement servie est assis un homme à côté d'une jeune femme qu'il embrasse. Celle-ci porte la main dans la poche de son compagnon; près d'elle un jeune enfant. A droite, également assis à la même table une femme richement vêtue à côté d'un jeune homme. A gauche, trois musiciens et un petit garçon qui fait danser un ours. Pièce ronde de 1 p. 7 l. de diamètre gravée par le maître du No. 1. Bartsch X. 143. Musée Britannique.

202. Deux hommes et une femme. Elle est assise à une table à gauche. L'homme qui est au milieu tient une cruche, l'autre joue de la flûte. Pièce ronde du même maître que la précédente. Diamètre 10 l. Musée Britannique.

203. Trois couples. Ils sont assis à ciel ouvert. La femme de gauche présente un verre de vin à son amant, celle du milieu joue du luth; celle de droite met la main dans la poche de son compagnon. A ses pieds, une levrette et derrière un arbre un fou. Fond noir. Pièce ronde du même graveur que la précédente. Diamètre 1 p. 6 l. Musée Britannique.

204ª. Le jeune homme chassé. Des femmes armées de balais et de bâtons chassent d'une maison un jeune homme en chemise. Une vieille femme regarde d'une maison à droite. Pièce finement traitée, ronde de 1 p. 7 l. de diamètre. Musée Britannique.

204ᵇ. Un jeune homme conduisant une dame. Ils s'avancent vers la gauche. Autour d'eux une banderole avec les initiales H. M. C. G. A. W. A droite une fleur. Fond blanc. Pièce ronde de travail allemand du XVI. Siècle. 1 p. 9 l. de diamètre. Dresde.

205. Le Moine chassé. Une femme lui montre la porte ouverte tandis qu'une autre lui frappe sur la tête avec un soufflet. Un cavalier et une dame assis à une table richement servie contemplent ce spectacle avec étonnement. On lit en haut;
WI. HEBBE. PANE. RVEMT. NV. HET. JANT. HOE. LEEP. GECAPT.
      WY MAKENT APT. 1521.
H. 1 p. 11 l. L. 2 p. 9 l. Paris.

206. Deux femmes et un jeune homme. Elles sont assises nues auprès du jeune homme, qui cherche à saisir une guirlande qu'elles tiennent au-dessus de lui. Aux côtés, des petits génies. Pièce ronde à guise de nielle et sur fond noir. Diamètre 1 p. 3 l. Musée Britannique.

207. **Deux hommes avec trois femmes.** Les premiers sont richement vêtus et se voient assis à table près de leurs compagnes, dont celle de droite joue du luth. L'homme à gauche tient un livre et embrasse la femme qui se trouve à côté de lui, tandis que celle de gauche tient une coupe. Pièce ronde dans le style de Lucas de Leyde. 1 p. 10 l. de diamètre. Musée Britannique.

208. **Le jeune couple et le fou avec des lunettes.** Un jeune homme est assis à côté d'une femme qui lui offre une coupe, tandis qu'il la saisit par l'épaule en tenant devant lui un cahier de musique. Dans le fond un fou avec des lunettes. On voit au milieu un arbre et à droite une fontaine avec des maisons. Pièce ronde de 1 p. 10 l. de diamètre. Musée Britannique.

209. **Deux hommes et une femme.** Ils sont assis à une table ronde à côté d'une femme qui verse du vin dans une coupe. L'homme de gauche joue de la flûte et un troisième entre par la porte. Sur le devant, un chien ronge un os. Pièce ronde de 1 p. de diamètre. Musée Britannique.

210. **La femme nue.** Elle est assise sur un banc tournée vers la gauche et cachant sa nudité de la main droite. Fond à hachures perpendiculaires. H. 3 p. 2 l. L. 2 p. 3 l.

211. **Le jeune homme et les courtisanes.** Il est assis sur un lit tenant une femme sur ses genoux et portant la main sur le sein d'une autre qui s'avance vers lui. Celle-ci est vue de dos. Pièce traitée dans le goût de Jacques de Barbary, mais le costume est allemand. H. 3 p. 1 l L. 3 p. Berlin.

212. **La joueuse de luth.** Elle est debout tournée vers la gauche et joue d'un grand luth. Sur sa longue robe elle porte un tablier. Dans le paysage, à droite, une église, à gauche, un taillis. Pièce à l'eau-forte de la seconde moitié du XVI. Siècle. H. 4 p. 9 l. L. 3 p. 6 l. Berlin.

213. **La joueuse de guitare.** Elle est assise sur un banc garni d'un coussin, vue de face, et joue de la guitare. Derrière elle, une table sur laquelle se trouve un livre de musique, une plume et de l'encre. Dans le fond de la chambre, à droite, la moitié d'une fenêtre. Pièce à l'eau-forte du même graveur et formant pendant avec la précédente. H. 4 p. 9 l. L. 3 p. 6 l. Berlin.

214. **La femme au crible.** Elle est tournée à gauche dans un paysage, tenant devant elle un crible sur lequel danse un petit fou, tandis que des cavaliers et des juges, ainsi que l'artiste lui-même,

tombent par les ouvertures. A côté, une petite figure de soldat tenant une épée, la poignée en l'air, sur l'épaule; un autre, également en petit, s'enfuit avec une lance. Le costume de la femme est semblable à celui que l'on trouve dans le No. 212 et 213 et cette pièce à l'eau-forte est indubitablement du même maître. H. 11 p. 11 l. L. 10 p. 1 l. Berlin.

215. Les cinq médaillons. Ils se trouvent sur une seule feuille dans l'ordre suivant: a b c d e ; celui du milieu étant plus petit que ceux des coins. Chaque médaillon contient un couple avec banderole vide. La feuille entière mesure 3 p. 8 l. de hauteur sur 2 p. 7 l. de largeur. Paris.

a) Un vieillard s'avance vers une vieille femme.

b) Un jeune homme assis à une table, près d'une femme qui partage une pomme avec lui.

c) Un couple assis chante sur un livre de musique.

d) Autre couple assis près d'un flacon de vin.

e) Un jeune homme couché près d'une femme assise.

216. La jeune femme et la Mort. Une jeune femme nue se regarde dans un miroir et cache sa nudité avec une feuille. La Mort, à droite, la saisit par derrière. Pièce ronde avec double ligne de bordure de 2 p. 11 l. de diamètre. Paris.

217. Un soldat en conversation avec un autre homme. Il est armé d'une hallebarde et s'entretient avec l'homme à droite. Dans le fond, un couple qui s'embrasse. Pièce ronde de la haute Allemagne; diamètre 1 p. 6 l. Musée Britannique.

218. Une famille de soldat. A droite, un lansquenet debout, tenant de la main gauche une pique et de la droite un flacon rond et plat. Il se tourne vers une femme à gauche qui porte un petit caniche et s'avance vers lui; à côté d'elle, un petit garçon tient un coq. A la gauche du haut, un écusson avec la date de 1531 à rebours. Pièce d'un travail grossier. H. p. 6 l. L. 1 p. 10 l. Berlin.

219. Onze soldats. Ils ont tous de larges pantalons. Deux d'entre eux s'exercent à lever de longues perches; au milieu deux juges, avec un chien à leurs côtés. A droite un fifre, à gauche un tambour. H. 1 p. 10 l. L. 2 p. 11 l. Berlin.

220. Exercices du camp. Quatre hommes combattent avec des perches; deux avec des épées. Pièce finement exécutée. H. 1 p. 2 l. L. 6 p. 6 l. Berlin.

221. **Bataille d'hommes nus.** Onze personnes se trouven dans la mélée. Un prisonnier enchaîné s'enfuit vers la gauche, où une femme embrasse un autre prisonnier, tandis qu'une seconde le débarrasse de ses liens. Belle pièce. H. 1 p. 9 l. L. 5 p. 9 l. Berlin

222. **Trois soldats.** A gauche un fifre, au milieu un tambour, à droite un porte-enseigne. A côté d'eux s'élève un cep de vigne. Au milieu du haut, le soleil. H. 5 p. 4 l. L. 5 p. 7 l. Paris.

On en trouve une mauvaise reproduction à l'eau-forte, ainsi qu'un nielle (Duchesne No. 277).

223. **Un porte-enseigne.** Il est vu de face tourné vers la droite, une cartouchière sur la poitrine et tenant une bannière de la main droite, tandis qu'il lève la gauche. Dans le fond à droite, un château sur l'eau. A la gauche du bas, une tablette avec la date de 1521 et une place vide pour un monogramme. H. 2 p. 3 l. L. 1 p. 6 l.

224. **Un lansquenet assis.** Il est vu de face, regardant vers la droite, et tient une épée en travers devant lui, tandis qu'il saisit une lance de la droite. A gauche, deux troncs d'arbres; à droite un pont avec une tour. Dans le fond, la mer et de grandes masses de rochers. Pièce d'un travail un peu maigre de la haute Allemagne et qui semble être le pendant de celle décrite par Bartsch X. 149. No. 16. H. 3 p. 11 l. L. 2 p. 10 l. Bâle.

225. **Combat contre un lion.** Deux cavaliers et trois fantassins combattent contre un lion. Celui s'élance contre le bouclier rond d'un homme renversé à terre. Fond à hachures croisées. Pièce ronde dans le style de B. Beham. 3 p. de diamètre. Bâle.

226. **Danse de paysans.** Un homme danse avec une femme. Celui-ci est à droite sur le devant, la seconde à gauche en arrière. Le paysan porte sur sa barrette une pipe placée en travers. Bonne pièce dans le genre de Barthélemi Beham. H. 2 p. 1 l. L. 1 p. 6 l. Berlin.

227. **Danse de paysans.** Un vieux paysan danse avec une jeune fille couronnée d'une guirlande. A droite, un arbre. Pièce dans le style de Beham, ronde de 1 p. 6 l. de diamètre. Berlin.

228. **La vieille paysanne et le paysan.** Elle s'avance appuyée sur une béquille vers la gauche, où un paysan lui porte la main sur le sein en même temps qu'il lui présente une bourse. Pièce à l'eau-forte de l'école néerlandaise vers le commencement du XVI. Siècle. H. 3 p. 1 l. L. 2 p. 3 l. Paris.

Gaînes de poignard.

229—231. Trois gaînes de poignard sur une même feuille. H. 5 p. 9 l. L. 2 p. 9 l. Bâle.

a) En haut un tambour sous un arc, au milieu un enfant qui prend de la bouillie avec une cuillière; au bas, une arabesque.

b) En haut, un porte-enseigne; au bas, une arabesque.

c) En haut, un fifre; au bas, un Satyre soufflant dans une corne. Entre les deux dernières gaînes une tablette avec la date de 1522.

230. Deux côtés d'une gaîne. Sur le premier, la figure allégorique de l'Amour, tenant un coeur élevé; sur le second, celle de la Force, vue de face et embrassant une colonne. En haut, ornements de feuillage, L. du haut 1 p. 11 l., du bas 1 p. 6$^{1}/_2$ l. H. 3 p. 2 l. Cat. Detmold No. 324. où cette pièce est attribuée à Albert Claes.

231. Deux côtés de gaîne avec mascaron au bas. En haut, deux hommes parlant à une femme debout à gauche et qui tient du bras droit un vase. Au-dessous le buste de Jules-César dans un médaillon et ornements de feuillage. H. 7 p. 5 l. L. 1 p. 4 l.

232. Deux extrémités de gaîne terminant en bouton.

a) Un guerrier debout avec épée et bouclier; dans le bouton, une tête de lion.

b) Un homme en armure avec un sceptre; dans le bouton, une tête de Méduse. H. 2 p. 7 l. L. 9 l. Berlin.

233. Gaîne au St. Christophe. Il s'avance vers la droite portant l'enfant Jésus qui le bénit; le Saint est entouré d'un ornement gothique. H. 4 p. 9 l. L. 7 l. terminant en pointe. Dresde.

234. Autre gaîne au St. Christophe semblable à la précédente, mais plus en petit. H. 4 p. 6 l. L. 6 l. finissant en pointe. Dresde.

235. Gaîne à la Vierge folle. Elle est nue, cachant sa nudité avec la main, tandis qu'elle laisse tomber la droite avec la lampe éteinte. Au bas, des colonnes; en haut, une banderole vide. H. 4 p. 8 l. L. 8 p. terminant en pointe. Dresde.

236. Gaîne à la femme nue. Elle est assise tournée vers la droite et tient devant elle un vêtement qui ne cache point sa nudité, tandis qu'elle contemple une fleur qui s'élève du milieu d'un crane et d'un sablier. En haut, une banderole avec les lettres W. I. C. F. H. 5 p. 6 l. L. 9 l. Dresde.

237. Autre gaîne à la femme nue. Elle est tournée à gauche debout sur un globe et tient devant elle une draperie. Au

bas, des ornements de feuillage. En haut, une banderole avec les initiales W. M. H. 5 p. 6 l. L. 7 l. Dresde.

238. Gaîne avec Mars et Vénus. La garde du poignard est ornée de deux masques d'enfants, l'un en haut, l'autre en bas et de deux queues de dauphin. Sur la gaîne, Mars et Vénus; celle-ci est vêtue. Au bas, un ornement de feuillage. H. 10 p. 4 l. L. du bas 1 p. Berlin.

239. Gaîne avec l'École d'Athènes. Au bas l'Amour est assis entre deux chimères, l'une en haut, l'autre en bas. H. p. 6 l. L. du haut 10 l., terminée en pointe. Berlin.

240. Gaîne avec la femme au miroir. Elle est tournée à droite, tenant, de la gauche, un miroir rond et, de la droite, une corne d'abondance. Au-dessus d'elle un écusson vide. Au bas, un ornement avec deux dauphins. H. 6 p. 1 l. L. 7 l. finissant en pointe. Berlin.

241. Gaîne avec la dame sur une boule. Elle est debout tournée à droite, et lève l'index de la main gauche. Au-dessus d'elle une banderole à enroulements; au bas, un coeur ailé dans un ornement. H. 5 p. 9 l. L. 10 l. terminée en pointe. Berlin.

242. Même sujet de plus petites dimensions avec la différence que la dame est debout sur une console. Travail du même maître que la pièce précédente. H. 3 p. 10 l. L. 6 l. terminant en pointe. Berlin.

243. Gaîne aux deux paysans lutteurs. Celui de gauche montre une banderole en haut avec les lettres A. K. V. L. A. W. I. Au bas, une tige de fleur à vrille. H. 4 p. 7 l. L. 1 p. 1 l. arrondie du bas. Berlin.

244. Gaîne avec une femme nue debout sur les ailes d'une tête de chérubin. Au-dessus d'elle une banderole; au bas un ornement avec deux dauphins au-dessous. Travail médiocre. H. 4 p. 6 l. L. en haut 1 p. 7 l. en bas 10 l. la partie inférieure dans l'exemplaire de Berlin se trouve enlevée.

245. Gaîne au fou avec la femme nue. Il saisit la femme qui est coiffée d'un chapeau à plumes. En haut, un ornement avec une tablette à gauche portant la date 1252 (1552). H. 4 p. 2 l. L. du haut 1 p. 2 l. du bas 1 p. Berlin.

246. Gaîne au singe. En haut, un enfant dans un rinceau de feuillage; au bas, un singe assis vu de face. H. 4 p. L. du haut 11 l. du bas 9 l. Berlin.

247. Gaîne à l'homme déliant la ceinture d'une femme. Il est debout à droite et embrasse la femme richement vêtue dont il délie la ceinture. Au bas un monstre ailé. H. 4 p. 5 l. L. 11 l. finissant en pointe. Berlin.

248. Gaîne à la femme tenant une tête de mort. Elle foule du pied gauche un autre crâne. Au bas, un ornement de feuillage. H. 4 p. 6 l. Berlin.

249. Gaîne à trois feuilles en forme de rose. Elles ont trois ouvertures chacune représentant des yeux et une bouche et ressemblent à des masques. Au bas un crâne de taureau sur le corps d'une chimère. H. 3 p. 4 l. L. au haut 11 l. au bas 8 l. Berlin.

250. Gaîne à l'ornement de feuille de chardon avec sept enroulements. H. 5 p. L. du haut 1 p. terminant en pointe. Dresde.

VII. Ornements.

251. Montant d'ornement. Au bas, un Sphinx terminant en feuillage et tourné vers la droite, portant un petit Amour qui le saisit par le bras gauche. En haut, un homme nu au milieu de rinceaux, surmonté d'un vase d'où sortent des flammes. Belle gravure du même maître que celui des pièces décrites par Bartsch X. 157 sous les Nos. 27, 29, 32 et 35 et auquel nous devons les suivantes; 252 — 55.

252. Autre montant. Au bas, deux demi-figures de femmes terminées en rinceaux. Elles portent un casque et un bouclier et sur les épaules un enfant très-mouvementé qui semble vouloir atteindre un crâne d'animal au milieu. En haut, des ornements de feuillage. Belle pièce du même maître que la précédente. H. 3 p. 7 l. L. 3 p. 1 l. Berlin.

253. Autre montant. Aux côtés, deux animaux chimériques avec des ailes terminées en têtes d'aigle. Ils ont, pendus au cou, des masques de vieillards. Au milieu, une espèce de candelabre d'où sortent des feuillages. Pièce du même maître. H. 3 p. 7 l. L. 3 p. 1 l. Berlin.

254. Autre montant avec ornements de feuillage du même graveur. H. 4 p. 7 l. L. 1 p. 4 l. Berlin.

255. Autre montant. Moitié, à reproduire en double. Des

rinceaux touffus s'élèvent du corps de sphinx d'une femme sur laquelle
est un Amour à cheval qui l'embrasse du bras droit. Au milieu, la moitié
d'un crâne de bélier avec un bâton passé dans les trous des yeux et
terminé par la moitié antérieure d'un chien soutenant un homme qui
se tient aux rinceaux auxquels est suspendu un pot à feu. Fond
à hachures horizontales. Belle pièce. H. 8 p. L. 1 p. 6 l. Cab. Detmold No. 37.

256. Autre montant. Au bas, un Amour, milieu du feuillage,
assis à droite, élevant la main gauche et saisissant une branche de la
droite. Pièce traitée dans le style d'Aldegrever. H. 3 p. 11 l. L.
1 p. 3 l. Berlin.

257. Autre montant. Au bas, deux masques avec des pattes
et des queues. Au milieu, deux animaux ailé à têtes de cheval et
avec le train de derrière d'un lion. En haut, deux masques affrontés
avec des feuilles dans la bouche. H. 3 p. 3 l. L. 1 p. 1 l. Berlin.

258. Autre montant. Au bas, un sphinx à buste de femme,
vu de face et tenant, les bras élevés, un collier de perles. Il porte
un vase sur la tête. En haut, des ornements. H. 8 p. 10 l. L. 10 l.
Berlin.

259 — 261. Trois pièces d'une suite dont Bartsch a décrit
la première; Vol. X. p. 160. No. 37. H. 4 p. 2 l. L. 1 p. 11 l.
Berlin.

— 259. Au bas, la demi-figure d'une femme dont le sein nu est
orné de plusieurs rangs de perles. Son voile s'attache à l'ornement
du milieu sur lequel on voit une satyre femelle de la bouche de laquelle sortent deux cornes d'abondance entrelacées de serpents. A ses
côtés deux hérons.

— 260. Deux figures fantastiques d'homme à mi-corps sont placées
l'une au-dessus de l'autre. En haut, deux satyres affrontés soufflent
dans des cornets.

— 261. Au bas, un masacron cornu et barbu; au-dessus, deux
hommes barbus à mi-corps et demi-nus, mais rattachés par une draperie qui leur passe sur la poitrine. En haut, un autre mascaron
entre deux figures fantastiques barbues, à seins de femme.

262 — 264. Trois listels avec arabesques. D'un bon travail,
large et léger. H. 8 p. 7 l. L. 1 p. 7 l. Berlin.

— 262. Au-dessus, un ornement de feuillage; au bas, une tête
d'enfant ailée.

— 263. En haut, un Cupidon décochant une flèche vers la gauche.

— 264. Au bas, un guerrier en armure, l'épée levée. En haut, un porte-enseigne. Sur la bannière, une gourde, des dés et des cartes.

265 — 266. Deux listels avec arabesques d'un beau travail. Berlin.

— 265. Au bas, un vase sur un piédouche, avec des anses ressemblant à des dauphins. En haut, une tablette et deux oiseaux. H. 6 p. 8 l. L. 1 p. 7 l.

— 266. Demi-ornement. Au bas un piédouche en forme de bélier ailé supportant un vase dont les anses représentent un dragon. H. 6 p. 8 l. L. 1 p. 11 l.

267. Montant d'ornement. Aux côtés d'un bâton terminé en feuillage se tiennent deux femmes ailées à jambes velues terminées en serres et posées sur un rinceau; à côté d'elles, deux serpents. H. 8 p. L. 1 p. 6 l. Berlin.

268. Autre montant d'ornement. Au bas, deux femmes à mi-corps terminant en queue, avec des ailes, mais sans bras. En haut, deux petits Amours également sans bras. L'ornement de feuillage se termine par deux belles fleurs. H. 2 p. 10 l. L. 2 p. Berlin.

269. Autre montant. A côté d'un vase et sur des rinceaux se tiennent deux Amours tournés en dehors et levant chacun un bras. H. 2 p. 1 l. L. 1 p. 5 $\frac{1}{2}$. Berlin.

270. Autre montant. Au bas, deux demi-figures de femme ayant pour bras des banderoles enroulées. Au-dessus d'elles, trois vases dans du feuillage. H. 3 p. L. 1 p. Berlin.

271. Ornement. Au milieu du bas, la demi-figure d'un homme à longues oreilles ayant pour bras des rinceaux de feuillage soutenus d'un côté par un petit Amour, de l'autre par une petite fille ailée. Au-dessus d'eux, deux cornes d'abondance surmontées chacune d'un cygne. H. 1 p. 10 l. L. 1 p. 5 l. Berlin.

272. Autre ornement. Sur deux cornes d'abondance en sautoir se tiennent deux petits enfants soufflant dans des cornets. Au milieu du haut, un hibou perché sur une boule. Fond obscur. H. 1 p. 6 l. L. 1 p. 2 l.

273. Autre ornement. Au bas, deux femmes à mi-corps élevant leurs bras terminés en rinceaux qui se croisent en encadrant le haut. H. 1 p. 8 l. L. 1 p. Pièce du même travail que la précédente.

274. Ornement à guise de frise. Au milieu, un écusson ayant pour supports un satyre et une femme à pattes de lion et

terminant en rinceaux avec des fleurs fantastiques. H. 1 p. 10 l. L. 4 p. 11 l. Berlin.

275. **Autre frise d'ornements.** Au milieu, un écusson entre des rinceaux dont l'extrémité est tenue par deux enfants portant chacun un cornet à bouquin. H. 1 p. L. 2 p. 11 l. Berlin.

276. **Autre frise.** Un Amour étendant les deux bras s'avance rapidement sur une banderole à enroulements. H. 7 p. L. 2 p. 2 l.

277. **Autre frise.** Au milieu, la demi-figure d'un Satyre ayant pour bras des rinceaux. Deux Amours, aux côtés, se tiennent aux feuillages qui sortent en dehors. Fond noir. Pièce traitée dans le style de Beham. H. 1 p. L. 3 p. 1 l. Coll. Detmold.

278. **Autre frise.** Au milieu, un homme barbu armé d'un sabre chevauche un hippocampe portant sur la croupe une femme nue. Sur des chevaux marins, deux hommes à droite; un troisième à gauche. H. 1 p. 6 l. L. 3 p. 8 l. Coll. Detmold No. 38.

279. **Ornement pour un fermoir.** Au milieu un bâton orné de pampres sur lequel s'enroulent deux rinceaux. H. 4 p. 3 l. L. du haut 1 p. 7 l. du bas 11 l. Berlin.

280. **Autre fermoir.** Une femme debout, coiffée d'un bonnet et tournée à droite, tient, du bras gauche, un luth et, de la main droite, un cadran solaire. En haut, le soleil darde ses rayons. H. 2 p. 11 l. L. 9 p. Berlin.

281. **Extrémité inférieure d'une gaine.** En haut, un guerrier armé d'épée et de bouclier. Au bas, un bouton d'ornement avec tête de lion. H. 2 p. 7 l. L. 9 l. Berlin.

282. **Autre ornement semblable.** En haut, un homme en armure tenant un sceptre; au bas, un bouton avec tête de Méduse. H. 2 p. 7 l. L. 9 l. Berlin.

VIII. Animaux, Écussons et Vases.

283. **Un ours assis.** Il lèche une de ses pattes de devant et se gratte avec l'autre. Belle pièce et d'un beau travail. H. 1 p. 9 l. L. 2 p. 6 l. Berlin.

284. **Un pourceau.** Il est tourné à gauche, le groin levé et se voit suivi de trois petits. Du même maître que la pièce précédente. H. 1 p. 5 l. L. 2 p. Berlin.

285. **Un cerf-volant.** Le scarabée est dirigé à droite. Du

même maître que les pièces précédentes. H. 1 p. 6 l. L. 2 p. 3 l. Berlin.

286. Un sanglier. L'animal se dirige à droite. Pièce dans le même style que les précédentes mais un peu moins finement exécutée. H. 1 p. 9 l. L. 3 p. 3 l. Berlin.

287. Un renard. Il est tourné à gauche. Traité comme la pièce précédente. H. 2 p. 1 l. L. 3 p. 8 l.

288. Une chouette avec des oiseaux. Elle est perchée au milieu, attaquée par six oiseaux. A gauche, un écureuil et quatre autres oiseaux. A droite un perroquet et six oiseaux. Fond blanc. H. 8 p. L. 5 p. 9 l. Berlin.

289. Armoiries de Henri Ribisch. Coupé, au premier un chevron accompagné d'une tête arrachée de lion, baillonée d'un anneau; au second deux fasces. En haut, la date de 1529. Au bas l'inscription:

Caesaris Henricus Ribisch Maximilianis muneribus caput
hoc acre leonis habet.

Pièce ronde de 4 p. 7 l. de diamètre. Dresde.

290. Écusson au lion tenant trois glands. Le lion est couronné et tient de sa patte dextre trois glands. L'écusson est timbré d'un heaume ayant pour cimier un des glands du champ entre deux cornes chargée chacune de trois glands. H. 3 p. 3 l. L. 2 p. 3 l. Berlin.

291. Écusson aux bêches et à la tête de mort. L'écusson, au lieu de heaume, est timbré d'une tête de mort avec lambrequins et sablier. En haut, une banderole; au bas, des lys. H. 2 p. 6 l. L. 2 p. 1 l. Berlin.

292. Deux écussons d'armoiries tenus par une femme richement vêtue et coiffée d'un chapeau à plumes. L'écusson de gauche est au lion couronné sur une montagne, celui de droite à trois marteaux. A gauche, et à rebours, le millésime 1521. Pièce ronde de 2 p. 2 l. de diamètre. Berlin.

293. Un vase à boire (Pokal). Il est en forme de poire, porté sur des branches et des feuilles et couronné de quatre fleurs. H. 11 p. 6 l. L. 7 p. 8 l. Dresde.

294. Titre très-orné d'un livre. Insigne ac plane novum opus etc. MDLI et en allemand:

Ein New kunstbuch dar Innen kunstreich contrafeet
unnd bildnus von allerley Trunckgeschirn etc. Jetzund

erst von newen auszgangen unnd gedruckt zu Nurnberg.
Anno Christi 1551.

En haut, dans un demi-cercle, on voit Jupiter assis sur l'aigle
dans les nuages. A gauche, la chute de Phaéton. Dans les ciels, une
portion du Zodiaque avec les signes du scorpion, du capricorne, du
sagittaire et du lion. Au bas, un paysage avec la mer. Les autres
parties de l'encadrement sont ornées de figures très-fantastiques.
H. 11 p. 3 l. L. 7 p. 9 l. Berlin.

Le livre dont nous venons de donner le titre n'est jamais passé
par nos mains mais nous en connaissons les huit gravures suivantes représentant des vases d'un riche dessin et gravées à l'eau-forte d'une
pointe fine et très-spirituelle. Aucune d'elles ne portent une marque.

295. Un flacon à ventre de poire; au milieu, un cercle d'ornements formant un écusson timbré d'un heaume, ayant pour cimier une
coupe entre les deux ailes d'une tête de chérubin. H. 12 p. L. 6 p. 1 l.

296. Un vase à boire (Pokal) richement orné. Dans la partie
inférieure on trouve, deux fois représenté, Hercule tuant l'Hydre de
Lerne et, dans les trois compartiments du haut, un jeune guerrier au
milieu et deux femmes tenant des banderoles. H. 16 p. 3 l. L. 7 p. 11 l.

297. Un cruchon. Sur la partie la plus large, une mer peu-
plée de tritons et d'animaux marins et, au milieu, une Néréide près
d'une grosse écrevisse. Vis à vis de l'anse, un Satyre. En haut, Neptune
tient un gros poisson qui vomit un homme. H. 9 p. 5 l. H. 6 p.

298. Un flacon à panse richement ornée. Au milieu, un médaillon coutenant un trophée et, au-dessus, une tête de chérubin. Sur
le goulot, un petit génie entre deux cornes d'abondance. H. 10 p. 3 l.
H. 4 p. 9 l.

299. Riche vase à boire (Pokal) à compartiments. Vers le
milieu de la panse, trois figures ailées sous trois arcs. Au milieu, un
homme barbu entre deux femmes presque nues. H. 10 p. 11 l. L.
5 p. 6 l.

300. Autre semblable. Au bas, trois grenouilles assises sur
de petits disques. Au milieu, un mascaron et, aux côtés, des écussons
avec tête de mort et sablier. H. 12 p. 5 l. L. 6 p. 2 l.

301. Un candelabre. Parmi les ornements du pied on trouve
des coquillages. Dans les deux arcs de la tige, des hommes vêtus.
En haut, une bougie allumée. H. 10 p. 9 l. L. 6 p. 7 l.

302. Vase à boire (Pokal). Sur la première division du pied

trois coquillages, sur la seconde trois perles. Sur le renflement du corps, deux têtes de chérubins.

Ces objets, composés avec beaucoup de fantaisie, sont souvent attribués à Wenceslaus Jamitzer de Munich, mais ses travaux d'argenterie sont de plus fortes proportions et d'un plus beau dessin. Il n'est point probable que cet artiste ait gravé lui-même, puisqu'on ne retrouve jamais les initiales W. I. dont il marquait ses pièces d'argenterie.

IX. Portraits.

303. L'empereur Henri II. et sa femme Cunégonde. Ils tiennent entre eux le modèle de la Cathédrale de Bamberg. Au-dessus d'eux, la Vierge et l'enfant dans une gloire; à gauche, Dieu le père; à droite, le St. Esprit. Au-dessous de l'église, la vue d'une ville; puis trois écussons, à l'aigle de l'empire, au lion et au fuselé de Bavière.   Pièce à l'eau-forte gravée sans doute pour quelque livre. H. 4 p. 7 l. L. 3 p. 7 l. Berlin.

304. Marguerite de Bourgogne. Elle est agenouillée à droite, devant un prie-Dieu. A gauche, derrière elle, Ste. Marguerite et, sur le devant, un petit épagneul. Au-dessus d'un mur d'appui on voit, dans un riche édifice, une dame avec sa suite, qui présente à genoux quelque chose à un homme. Le tout sous un baldaquin orné d'une frange. Pièce à l'eau-forte d'un style franc et large et qui dans la composition et le dessin rappelle Bernard van Orley. H. 12 p. 4 l. L. 9 p. 10 l. Dans la marge du bas, une inscription latine: Ergo nigra dies &c. 1531. Dans la bordure, les armoiries de Bourgogne. H. 5 p. 6 l. Musée Britannique.

305. Ferdinand I. Le portrait de l'empereur est dans un médaillon soutenu par un homme et une femme aux membres de lion et de taureau et terminant en feuillage. H. 1 p. 2 l. H. 3 p. 10 l. Berlin.

306. Le docteur Martin Luther. Il est à cheval, les yeux bandés et conduit au Wartbourg par un chevalier entre deux cavaliers, l'un devant et l'autre derrière. Dans un bois on voit deux autres cavaliers. Dans les nuages, le Christ avec un petit ange portant une croix; la lune est à droite. A gauche, la ville d'Eisenach, à droite, le Wartbourg. H. 6 p. 2 l. L. 9 p. 3 l. Berlin.

307. Le docteur Martin Luther. Il est en armure complète

de chevalier, portant une grande épée, dans un paysage où l'on voit dans le fond la ville de Worms. On lit en haut:

Dr. Mart. Luth. in Pathmo 1521

et à la gauche du bas, sur une pierre, le millésime MDXCVIII. A droite sur le terrain, un livre ouvert avec deux textes de St. Matthieu et St. Jean. Pièce à l'eau-forte. H. 9 p. 10 l. L. 6 p. 10 l. Berlin.

308. Erasme de Rotterdam. Demi-figure dans une niche. Il est vu de profil, tourné à droite, et tient devant lui un livre dans lequel il écrit. Dans les coins du haut; ERAS — ROTE. Au bas, une inscription grecque suivie d'une autre en latin terminée par la date de 1530. Belle pièce au burin. H. 6 p. 5 l. L. 4 p. 7 l. Paris.

309. Le docteur Michel Roeting. Buste de face à gauche dans un médaillon, avec barbe courte. On lit sur le fond à gauche:

D. Michel Röting Senator N. Obeit 20 May Ao. 1588.

Aetatis suae 94.

Dans le portrait il est représenté à un âge moins avancé, vers celui de 60 ans. Belle pièce ronde de 2 p. 3 l. de diamètre. Berlin.

Appendice.

Épreuve d'une gravure sur métal.

310. Antoine Peffenhausen et ses trois fils. Il est agenouillé à droite, ayant devant lui son bonnet; à côté de lui l'écusson de ses armoiries, à trois cuissarts timbré d'un heaume ayant pour cimier une demi-figure d'homme tenant un marteau et un casque. Devant lui sont agenouillés ses trois fils, Anthony, Tobanes (?) et Anthony. Les deux Anthony portent, au-dessus de leurs têtes, chacun une croix pour marquer qu'ils sont défunts. Au-dessus de la tête du père on lit l'inscription;

Antonius Beffenhauserz blattner.

En haut, dans les nuages, une grande tablette porte l'inscription:

Anthony Peffenhausen ain blattner ward ich. O du hailige Drifaltigkeit Erbarm dich über mich.

Ces inscriptions sont à rebours, en blanc sur fond noir. L'épreuve récente paraît avoir fait partie d'une tablette votive, à traits très-forts et qui semble avoir été gravée par Peffenhausen lui-même dans le style des armuriers de son époque.

Rectification.

Bartsch (IX. 576.) fait mention d'une copie d'après Albert Durer repésentant l'Oriental et sa femme et marquée du monogramme ci-dessus; mais il ne savait pas que cette pièce à l'eau-forte est de Jean Gottlieb Prestel qui s'est servi de ce chiffre sur les 15 copies exécutées d'après A. Durer et cela dans le but de ne pas induire les amateurs en erreur. Heller, dans son ouvrage sur Durer, donne une description exacte de ces copies d'après la collection de Francfort, et nous renvoyons à ce qu'il a dit à ce sujet.

Gravures sur bois de divers Maîtres Allemands du XVI. Siècle.

№ 1525.

Gravure sur bois.

1. St. Sébastien. Il est attaché à un arbre, le corps percé de quatre flèches. Quatre anges s'occupent à arracher les flèches et à détacher le Saint de l'arbre. Fond de montagnes. Le chiffre, accompagné de la date de 1520, se trouve sur le tronc de l'arbre, en haut à droite. H. 5 p. 6 l. L. 3 p. 9 l. (Cat. Stengel I. No. 211.)

Ce monogramme est celui du dessinateur des figures anatomiques gravées sur bois dans l'ouvrage du médecin et mathématicien Jean Eichmann surnommé Dryander qui mourut, en 1560, professeur à Marbourg. La première édition porte le titre suivant:
Anatomiae, h. e. corporis humani dissectionis pars prior, in qua singula quae ad caput spectant recensentur membra etc. Omnia recens nata. Per Joannem Dyrandrum, Medicum et Mathematicum. Item Anatomia Porci, ex traditione Cophonis; Infantis, ex Gabriele de Zerbis. Marpurgi apud Eucharium Cervicornum 1537 m. Junio. 4°.
Cette partie contient 20 planches dont les 16 premières représen-

tent 21 vues diverses du crâne et du cerveau, tandis que les quatre
autres, avec divers dessins de la poitrine et des poumons, appartiennent
à la seconde partie du même ouvrage qui parut en 1541. Les gravures
sur bois sont marquées tantôt d'un C B entrelacés, tantôt d'un G au-
dessous de G V B, quelquefois de V B ou d'un G dans un cercle et
sont datées de 1536 et 1537. Ces gravures ont été ensuite reproduites dans l'ouvrage intitulé:
Der gantzen Artznei gemeiner Inhalt. Frankfurt am
  Mayn, bei Christian Egenolff, 1542. Mense Martio. fol.
et de nouveau chez le même imprimeur en 1557.

On peut consulter à ce sujet „Choulant's Geschichte der Anato-
mischen Abbildungen. Leipzig 1852. 4°." p. 32. Nous n'avons vu,
pour notre compte, que les pièces suivantes appartenant à l'édition
Allemande.

Gravures sur bois.

1. Squelette d'homme. Au-dessous, une explication commen-
çant ainsi:
In diesem Bilde wurden alle gebeine des Menschen vorn-
                her beschawet etc.
Suivent, jusqu'au No. 24., les articulations des différentes parties.

2. Crâne vu de profil à gauche. Sur la plinthe servant
de support on lit: HOMO. BVLLA. Le chiffre, composé du G dans
un cercle et surmonté de la date de 1536, se trouve sur une pierre
carrée. Cette pièce se voit au verso de la précédente   H. 4 p. 5 l.
H. 4 p. 7 l.

3. Crâne de trois quarts à droite, appuyé sur un sablier
que soutient une pierre carrée sur laquelle la marque est gravée à
gauche. Sur la plinthe, l'inscription INEVITABILE FATVM. Pièce de
mêmes dimensions que la précédente.

4. Crâne vu par dessous, sans la mandibule inférieure. Au-
dessous, une vue de la clavicule et de l'omoplate. Pièce non signée,
au verso de la précédente.

5. Crâne ouvert, tourné à gauche, avec une partie du cerveau.
Pièce non signée.

6. Une tête avec vue intérieure de la bouche; la
langue est représentée encore une fois à part. Le chiffre est à droite;
pièce carrée de 4 p. 5 l., au verso de la précédente.

G Z 1511. 1515.

Gravures sur bois.

1. Le Christ en croix. A gauche, la Vierge; à droite, St. Jean. Fond de paysage. A gauche, une tablette avec le premier des monogrammes ci-dessus et la date de 1515. H. 9 p. L. 6 p. 9 l.

Cette gravure se trouve devant le Canon de la Messe dans le : Missale ordinis Sti. Benedicti reformatorum nigrorum monachorum per Germaniam.

In fine :

Elaboratum est praesens opus Hagenoie p. Thomam Anshelmum Badensem Anno incarn. MDXVIII. Gr. in-fol. La composition indique l'école de Hans Baldung Grün.

2. St. Benoit. Il est représenté en évêque, tenant un livre sur lequel on voit un verre brisé et, dans la gauche, une crosse. Le Saint est sous un arc avec colonnes, richement orné de figures. H. 8 p. 4 l. L. 5 p. 9 l.

Cette pièce se trouve sur la seconde feuille du même Missel et du même artiste que la précédente.

Le même livre porte, sur le titre, une très-belle marque de libraire et, dans le corps de l'ouvrage, plusieurs initiales dont 12 ont 3 p. 7 l. de hauteur sur 2 p. 1 l. de largeur et paraissent avoir été exécutées par le même graveur. (Voyez Becker, Deut. Kunstblatt 1851. p. 13.)

3. Sujets de l'Histoire sainte. Ils sont mentionnés par Christ qui ajoute qu'ils sont marqués du troisième des chiffres ci-dessus que l'on pourrait également prendre pour un C et un Z.

4. Titre avec huit enfants dansants. Le premier des chiffres ci-dessus se trouve à côté de trois autres enfants, dont l'un joue de la flûte, l'autre du tambour. H. 8 p. 6 l. L. 5 p. 5 l. (Brulliot II. No. 1142.)

M. G.

(Bartsch IX. 423.)

Bartsch nous dit que ce graveur sur bois a copié, d'après Jost Amman, le No. 23. de son oeuvre. Nous trouvons également cette mar-

que, avec le couteau, sur des sujets de l'ancien Testament de la Bible
de 1569. Dans le Catalogue de Sternberg, on trouve cité de lui sous le
No. 1420. I. la pièce suivante.

2. **Dieu le père sur son trône.** Devant lui quatre démons.
A gauche, le chiffre M. G. 1552. 8°. Au revers, se trouve un texte
en langue tchèque. H. 4 p. 3 l. L. 5 p. 8 l.

ᛋ 1520.   𝐈𝟓𝐙𝐎
           𝐂 ᛟ

(Bartsch VII. 472.)

Ce graveur sur bois, dont le travail est assez rude, fut occupé principalement dans l'imprimerie de Ludwig Trutebul à Halberstadt et nous
avons de lui quelques pièces qui se trouvent dans la **Nieder-Sach-
sischen Biblia Dudesch. Halberstadt 1522, 1523. in-fol.**
Bartsch ne connaissait de lui que le St. Jérôme qui se trouve dans la
seconde partie de ce même ouvrage. Wichmann-Kadow, dans les Archives
de Naumann II. p. 252, mentionne quelques autres gravures sur bois
du maître, dont aucune cependant ne porte son monogramme.

Gravures sur bois.

2. **Le péché originel et le premier homme chassé du
paradis terrestre.** Deux compositions sur une même feuille non
signée, mais avec la date de 1520 sur le premier des deux sujets.
H. 4 p. 6 l. L. 7 p. 1 l. Berlin.

3. **Arabesque avec sept enfants dans du feuillage.** Ceux du
milieu tiennent deux écussons dont le premier coupé; au premier,
une rose, au second, une fasce; le second, au poisson volant. Fond à
hachures. Au milieu du bas, le second des chiffres ci-dessus avec la
date de 1520. H. 4 p. 5 l. L. 7 p.

4. **Bordure de titre de la „Biblia dudesch dat ander
deell."** Au milieu d'arabesques de feuillage, on voit aux quatre coins
des petits anges dont les deux du bas jouent de la trompette. Au milieu
du bas, deux écussons avec la première des marques ci-dessus. H.
11 p. 3 l. L. 8 p. 1 l. Berlin.

5. **Bordure de titre de l'ouvrage „Van den guden Wercken."**

Halberstadt 1521. 4°. Dans l'encadrement sur fond noir, on voit en haut une femme nue. Au bas, deux autres figures dont l'une porte un casque; aux deux côtés, figures d'animaux et arabesques. En haut, la date de 1520.

6. Bordure pour le titre de l'ouvrage Tauler's Predigten in niedersächsischer Sprage. Halberstadt 1523. in-fol.

Ce titre forme portail avec deux colonnes. En haut, deux enfants tenant des guirlandes; au bas deux anges sonnant de longues trompettes; au milieu, la date de 1521. H. 9 p. 4 l. L. 6 p.

7. Armoiries de Tauler. Elles sont surmontées d'une croix avec le chapeau de Cardinal. Au bas, le millésime 1520. H 7 p. 2 l. L. 5 p. 10 l. Elles se trouvent dans le livre cité plus haut.

H. W. G.

(Brulliot Dict. II. No. 1280.)

Nous connaissons de cet excellent graveur sur bois deux pièces qui, ainsi que l'indique Brulliot, ont été exécutées d'après Virgile Solis. Le même écrivain ajoute qu'il y avait aussi un enlumineur avec le même chiffre qui s'occupait à colorier et à rehausser d'or les gravures sur bois d'Albert Durer et qu'il croit avoir appartenu à la famille des Glockenton.

1. St. Jean à Pathmos. Il est assis, tourné à gauche, et regarde la Vierge qui, avec l'enfant Jésus, lui apparaît dans les nuages. Le grand et beau paysage du fond montre dans le lointain la mer, à gauche, une haute montagne. La marque est à la gauche du bas. H. 7 p. 2 l. L. 14 p. 2 l. Dresde.

2. Une chasse au cerf. Au milieu, un large ruisseau où nage un cerf poursuivi par les chiens. A droite, trois chasseurs à cheval et trois veneurs à pied avec des chiens. Dans le fond, un cavalier et une dame à cheval. A gauche, une forêt. Le chiffre se trouve au bas. H. 3 p. 6 l. L. 8 p. Dresde.

I. K.,   K̇,   ·K·,   ↔K⤸,   I. K.

Jacques Kerver de Paris (?), Graveur sur bois. 1537—1567.

(Bartsch IX. 157.)

Bartsch décrit de ce graveur sur bois 145 pièces auxquelles Brulliot (Dict. I. No. 2566 et II. 1,552) en ajoute encore une couple d'autres en faisant observer qu'aux initiales I. K. se trouve quelquefois ajouté le couteau de graveur. Il combat ensuite victorieusement l'opinion qui attribue ces initiales à Jacques Koebel et se montre aussi peu convaincu de la justesse de l'opinion émise par Zani (Encyclopédie P. II. Vol. VII. p. 105) d'après Christ et Gori, qui les donne à Jacques Kerver, après avoir décrit du maître une copie de la Cène d'après A. Durer. Cependant le docteur Nagler dans son Dictionnaire et Wichmann-Kadow (dans les Archives de Naumann I. 49) se rangent à cette dernière opinion, en observant que Jacques Kerver de Paris s'est longtemps arrêté sur les bords du Rhin, qu'il y a exécuté les gravures sur bois qui portent le chiffre I. K. et qu'il ne retourna dans sa ville natale qu'en 1540. Voici ce que dit à ce sujet le dernier des écrivains que nous venons de mentionner:

     „Il est généralement reconnu que Jacques Kerver était le fils puiné de l'imprimeur Thielmann Kerver si connu par ses éditions d'Heures. Il est probable que ce jeune homme passa plusieurs années de sa vie dans sa patrie d'origine, qu'il ait vécu en Alsace et qu'il y ait exécuté les travaux que nous connaissons de lui et qui révèlent l'influence de l'école du haut Rhin, mais surtout celle de Bâle dans ses rapports avec Hans Holbein. Il paraît également s'être arrêté à Francfort s/M. et y avoir été employé comme graveur sur bois pour les imprimeries du temps. Il est aussi prouvé que, plus tard et probablement vers 1540, Jacques retourna à Paris pour y diriger, d'abord en société de son frère Jean, l'imprimerie et le négoce de son père. Grässe (Lehrbuch der Liter.-Geschichte. P. I. Vol. III. p. 253) le compte, en 1536, parmi les imprimeurs de cette époque."

     Ces notices sur la vie de Jacques Kerver se basent, comme on le voit, sur des conjectures qui ont seulement en leur faveur un certain degré de vraisemblance mais qui, pour devenir une certitude, exigent des recherches ultérieures. Il n'y a de positif que ceci: le maître I. K.

a certainement gravé en Allemagne d'après les dessins de plusieurs artistes; — Jacques Kerver a publié en 1540, dans la rue St. Jacques à Paris, des éditions portant la marque ⚹ sur une cassette ornée supportant deux coqs becquetant un épi. Il adopta plus tard la Licorne assise et tenant devant elle un écusson avec un signe analogue mais surmonté des initiales I K. *) Il publia, en 1546, 1554 et 1561, diverses éditions de la traduction française du livre de Colonna: Hypnerotomachie ou Discours du Songe de Poliphile. in-fol. Ces éditions contiennent les copies des gravures sur métal par un artiste de l'école de Fontainebleau et ces copies sont marquées I K. ce qui pourrait faire croire que Kerver a également gravé sur métal. C'est aussi le cas pour la petite pièce du St. Boniface de 1546.

Voici le Catalogue des gravures sur bois que nous connaissons jusqu'ici du maître J K, puis celui des gravures sur métal de Jacques Kerver de Paris.

Gravures sur bois.

1. Joannis Boccatii de Certaldo insigne opus de claris mulieribus etc. Bernae. M. Apiarius 1539. in-fol.

Ce livre contient 15 gravures sur bois dont deux reproduites deux fois et dont plusieurs sont marquées I K.

a) Le péché originel, avec la date de 1537.
b) La mort de Sémiramis.
c) Europe avec le taureau d'Agénor.
d) Thisbé et Pyrame.
e) Arachné changée en araignée. (2 fois.)
f) Cérès enseignant l'agriculture.
g) La Sibylle de Tivoli et Auguste.
h) La Sibylle brûlant ses livres.
i) La mort de Lucrèce. (Brulliot I. 2566.)
k) Thomyris avec la tête de Cyrus. (2 fois.)
l) Clélie s'enfuit avec les otages.
m) Les femmes des Cymbres tuant leurs enfants.
n) La papesse Jeanne. (Bartsch, No. 2.)

---

*) Voyez Brunet, Manuel du Libraire. Paris 1843. III. P. pp. 414 et 415.

Cette dernière gravure paraît avoir été publiée d'abord comme feuille volante avec le titre: Von hurebobst, et l'inscription:

Ihr liebe christent höret des,
Eyn hur ist der babst gewest,
Hat absolfiert und litaneyt etc.

2. Schimpff und Ernst durch alle Welthändel (de S. Paulus). Bernae. M. Apiarius 1542. fol.

Ce livre contient, avec plusieurs gravures sur bois d'autres maîtres, trois pièces signées I K., le péché originel et la papesse Jeanne, mentionnées plus haut, puis la suivante:

a) Le jugement de Salomon.

b) La marque du libraire Apiarius de Berne, un ours grimpant sur un arbre pour y chercher du miel et attaqué par les abeilles. Ces deux pièces paraissent avoir été exécutées d'après des dessins de H. Holbein. (R. Weigel, K.-C. No. 18395.)

3. Wappen des heiligen röm. Reichs Teutscher Nation etc. Jacob Koebel. Francfurt a/M. — Cyriacus Jacobus z. Bart. 1545. — Idem 1579.

144 pièces représentant des soldats portant des drapeaux avec les armoiries des seigneurs allemands. (Bartsch No. 1.) Le soldat avec les armoiries de l'évêque de Mayence se trouve reproduit au verso du titre de la Chronique de Gaspard Beuschen. Franckfurt a/M. Cyriac. Jacobus 1551. fol. (W.-Kadow l. c.)

4. In Dioscoridis historiam herbarum certissima adaptatio etc. Argentorati. (W. Rihel.) 1545. Sur le verso du titre se trouve une gravure sur bois représentant un homme debout au milieu d'arbres fruitiers, à ses pieds une hache et plus bas le chiffre I K. H. 9 p. 10 l. L. 6 p. 3 l.

Il est probable que les nombreuses figures de plantes dans le même livre, quoiqu'elles ne portent aucune signature, sont du graveur I K. (Brulliot, Dict. II. 1552.)

5. Plutarchus von Cheronea .... Von den leben und Ritterlichen thaten der allerdurchleuchtigsten Manner etc. Durch Hieron. Boner etc. Colmar, B. Grieninger 1541. in-fol.

Les 13 gravures sur bois in-fol.-obl. de ce livre ont été attribuées au maître quoiqu'une d'entre elles seulement porte la signature I K. Dames reçues par des princes et des chevaliers. (R. Weigel, K.-C. No. 19444.)

6. **Noé endormi et bafoué par un des ses fils.** A droite, la marque I K. Catalogū anon. et principum per D. Anselm Ryd. Bern. in-fol. 1540.

7. **La Cène.** Près d'un panier se trouve une tablette avec la date de 1567 et au-dessous les initiales I K. Copie d'après A. Durer, B. No. 53. H. 7 p. 6 l. L. 10 p. 8 l. (Zani Encycl. P. II. V. VII. p. 105.)

8. **Vue de la ville d'Eger.** A la droite du bas, le monogramme formé de I K. entrelacés. Cette gravure se trouve dans la Cosmographie de Sebastien Munster. Bâle, Henric Petri. 1550. H. 8 p. 4 l. L. 12 p. 8 l. (Bartsch IX. 40 No. 1.)

9. **Les armoiries de Christophe Baron de Wolckenstein et Roduegg etc.** Dans un ornement de feuillage; le signe à droite. H. 7 p. 3 l. L. 5 p. 3 l. (Wiechmann-Kadow. l. c. p. 53.)

10. **Marque du libraire Cyriaque Jacobus zum Bart de Francfort a/M.** Ecusson portant dans le champ un dextrochère tenant un coeur couronné. H. 2 p. 4¹/₂ l. L. 1 p. 11 l. (W.-Kadow. l. c. p. 56.)

11. **Listel en forme de frise.** Deux Satyres avec bonnets de fou tiennent l'un vis à vis de l'autre deux thyrses ornés de rinceaux. Au milieu, le chiffre I K. et la date de 1540. Dans la manière de Holbein. (W.-Kadow. l. c. p. 53.)

Gravures sur métal
de J. Kerver de Paris.

12. **Hypnerotomachie, ou discours du songe de Poliphile** déduisant comme amour le combat à l'occasion de Polia etc. Paris pour Jacques Kerver 1546. fol. Deux autres éditions en 1554 et 1561. Ce livre, comme nous l'avons dit, contient des reproductions signées I K. des gravures italiennes sur métal dans le goût de l'école de Fontainebleau. (Brunet, Manuel et R. Weigel K.-C. No. 13378.)

13. **Testamentum Vetus et Novum cum quibusdam annotat.** Joannis Benedicti Paris. Theol. Parisiis, apud Jacob. Kerver sub Unicornu in via Jacobea. 1560. 2 vol. 8°.
Sur le titre la marque de libraire que nous avons déjà décrite. Avec plusieurs petites gravures. (V. Wiechman-Kadow. l. c. No. 9, p. 53.)

20*

14. St. Boniface. Cette petite pièce porte comme suscription:
S. Boniface. Au bas, les initiales I K. à coté du millésime 1546.
H. 1 p. 11 l. L. 1 p. 2 l. (Wiechmann-Kadow. l. c. No. 6.)

HW, H✶W, H✶W

(Bartsch VII. 470.)

Ce graveur sur bois, à en juger par les costumes, vivait dans la
seconde moitié du XVI. Siècle. Sur la gravure représentant un arquebusier et qui appartient à une suite, on trouve le nom de Hans Gulden-
mundt qui a dû en être l'éditeur.

Gravures sur bois.

De la suite à laquelle appartient le Fifre décrit par Bartsch sous
le No. 2, on a retrouvé encore les pièces suivantes:

3. Un arquebusier. Figure entière, tournée à gauche, tenant
son arme sur l'épaule et une épée au côté. Il a sur la tête un chapeau
à plumes, porte des manches à plis crevés et de larges pantalons. On
lit en haut, sur deux lignes:

Schaut bin ich nicht ein waydlich knecht
Wie sind mein hoses mir so recht etc.

Au bas l'adresse: hans Guldenmunt, et à droite sur un tronc
d'arbre, les initiales H W. H. 10 p. 10 l. L. 6 p. 3 l. Berlin.

4—5. Un trompette et un fifre dans le même costume
que l'arquebusier. Sur le fifre, le second des monogrammes ci-dessus.
Berlin. Wolfegg.

6. Un porte-enseigne vu de face et marchant à droite, avec
le même costume. Au bas, sur une tablette, le second chiffre. H. 12 p.
5 l. L. 8 p. 3 l. Munich.

7—20. Divers lansquenets. Deux ont avec eux des femmes,
un autre un enfant. Ces 14 pièces ont en partie le second chiffre
et sont presque au simple contour. A cette suite appartiennent encore
d'autres sujets d'une autre main et d'une taille plus raide. — Wolfegg.

H. W. (Bartsch IX. 442.)

(Bartsch IX. 442.)

Il ne serait possible de décider si les gravures sur bois qui portent ce chiffre sont du même maître que celui des précédentes, contrairement à l'opinion de Bartsch, qu'en comparant les deux oeuvres. Elles pourraient bien n'être que des travaux, d'après un autre dessinateur, du maître dont nous venons de décrire les pièces, ou appartenir encore à Hans Weigel de Nuremberg, qui s'est également servi des mêmes initiales.

Gravures sur bois.

1. La Sainte Trinité, Bartsch No. 1. Cette pièce est une assez bonne copie d'une belle gravure signée Sebastian H. qui se trouve dans le Cabinet de Berlin.

2. La passion de Notre Seigneur J. C. Cette grande gravure sur bois se compose de trois planches avec nombre de sujets. A gauche, l'Entrée dans Jérusalem; au bas, la Cène; en haut, la Trahison de Judas. En bas à droite, le Portement de croix, en haut, le Crucifiement, la Mise au tombeau, la Résurrection etc. Au bas, sur la troisième planche, le monogramme sur une tablette. H. 13 p. L. 30 p. 3 l. On en trouve des épreuves récentes dans la Collection Derschau. Feuille C. 25.

H. W., I. W.
Hans Weigel.

Cet artiste était natif d'Amberg et, à en juger par ses travaux bien connus, nous devrions le compter parmi les dessinateurs et les graveurs sur bois. Cependant Paul Behaim, dans son Catalogue, ajoute à propos du chiffre I K. la notice suivante:

Hans Weigel in Holz und Kupfer 1555,

ce qui ferait croire qu'il a aussi gravé au burin. Quant à la date de 1555, elle se rapporte à la Carte du duché de Wurtemberg gravée sur bois et qui parut en cette même année. Hans Weigel s'établit à

Nuremberg où il fonda un négoce de Cartes géographiques et de Gravures et y mourut en 1590. Nous avons déjà dit, à propos des deux maîtres précédents, que leurs gravures pourraient être aussi bien attribuées à Hans Weigel.

Gravures sur bois.

1. **Sampson, David et Salomon, séduits par les femmes.** in-fol. (Nagler No. 6.)

2. **Le Crucifiement,** entre les deux larrons. Au milieu, la Vierge, St. Jean et la Madeleine. A droite, un chevalier; sur le devant, un groupe de soldats jouant aux dés les vêtements du Christ. Au pied de la croix, le chiffre I W, des ossements humains et un dragon. H. 10 p. 7 l. L. 7 p. 4 l.

3. **Le vaisseau de l'Église.** Le Christ tenant sa croix est entouré des évangélistes, des apôtres et des pères de l'église. Les adversaires de la religion attaquent le vaisseau. Au bas, des vers allemands et l'adresse: Gedruckt zu Nürnberg durch Hans Weigel. Gr.-in-fol.-obl. (Nagler No. 5.)

4. **Femme nue endormie.** Copie d'après H. S. Beham. fol. (Nagler No. 7.)

5. **Deux cavaliers avec des chevaux emportés.** Celui de gauche a été jeté par terre, son cheval rue. Celui de droite court après son cheval qui s'enfuit. Sur le devant, un chien; à droite, la signature. Pièce ronde, de 3 p. 1 l. de diamètre. On en trouve des épreuves récentes dans la Coll. Derschau C. No. 32.

6. **Jean Frédéric électeur de Saxe.** Il est à cheval; au bas l'adresse:
Gedruckt zu Nürnberg durch Hanns Weigel, Formschneider. Gr.-in-fol. (Nagler No. 1.)

7. **Ivan Wasilievitsch.** Grand duc de Russie. Avec des vers imprimés et la marque H W. Gr.-in-fol.

On trouve aussi, avec la marque I W, cette pièce dont on veut qu'il existe aussi une reproduction gravée sur cuivre, ce que l'on conteste néanmoins. (Nagler No. 2.)

8. **Hans Sachs.** Le poète est assis dans une chambre ayant devant lui un livre où l'on voit: 5876 Gedicht. Alt 69 Jar. 1563. Au-dessous des vers imprimés de Ketner. H. 7 p. 8 l. L. 5 p. 8 l. (Nagler No. 3.)

9. Les armoiries des Grabener; pour cimier un hibou et aux côtés deux génies. A la gauche du bas, les initiales H W. H. 3 p. 1 l. L. 3 p. 11 l. (Nagler No. 9.)

10. La carte du duché de Wurtemberg 1555. Gravure sur bois. fol.-obl. (Nagler No. 10.)

11. Livre de costumes: Habitus praecipuorum, tam virorum quam foeminarum singulari arte depicti. — Trachtenbuch; darin fast allerley und der fürnembsten Nationen etc. mit allem vleiss abgerissenn seyn etc. Gedruckt zu Nuremberg bey Hans Weigel Formschneider etc. Anno MDLXXVII. fol. Cet ouvrage contient 219 planches de costumes et une gravure finale représentant St. Jean Baptiste prêchant dans le désert.

Dans une édition postérieure du même livre, le texte est imprimé en caractères mobiles. L'édition suivante contient quelques changements.
Habitus praecipuorum populorum — olim singulari Johannis Weigelii proplasti Norimberg. arte depicti et excussi, nunc vero debita diligentia denuo recusi. D. i. Trachtenbuch etc. Ulm 1639. In verleg. Joh. Goerlins etc. gedruckt durch Balthasar Kühnenen. etc. in-fol. (Nagler. No. 11.)

D. S.

Nous ne connaissons de ce maître que certaines gravures sur métal traitées dans le style de la première moitié du XVI. Siècle. Brulliot dans son Dict. II. No. 640, décrit quelques listels et vignettes d'un bon travail sur bois marqués des initiales ci-dessus.

Il s'agit probablement de gravures sur métal que l'on distingue difficilement des gravures sur bois de l'époque.

Gravures sur métal.

1. L'homme de douleurs. Il lève les bras pour montrer ses plaies et a une simple draperie sur les reins. Dans l'arc du haut et dans une niche, à gauche, la Vierge agenouillée et, au-dessus d'elle, le St. Esprit; à droite, le Christ donnant sa bénédiction. Au bas de la niche de droite, un écusson avec les instruments de la passion et les initiales D. S. Pièce sur métal. H. 12 p. 6 l. L. 4 p. 11 l.

2. La Vierge. Elle porte sur le bras gauche l'enfant Jésus légèrement vêtu, et se trouve entourée d'une auréole flamboyante dans une niche. L'enfant pose le bras droit sur le sein de sa mère et regarde le spectateur. Sur l'arc, l'Annonciation avec deux figures, l'une à droite, l'autre à gauche. Au milieu: Ave gracia plena. Gravure sur métal. H. 12 p. 3 l. L. 4 p. 10 l.

Appendice.

3. Les armoiries de la ville de Bâle. L'écusson est tenu par un grand basilisc. Au haut, sur une tablette, BASILEA 1511. Au bas, les initiales D S. Gravure sur bois taillée de main de maître et qui paraît devoir plutôt être attribuée à Hans Baldung Grun qu'à notre artiste. H. 7 p. 10 l. L. 5 p. 2 l.

Au verso une liste des fêtes mobiles de l'Eglise.

George Mattheus d'Augsbourg.

Graveur sur bois.

(Bartsch IX. 426.)

Bartsch décrit de ce maître trois planches en clair-obscur.

1. La fuite en Egypte, avec l'adresse: IORG MATHEIS FVRMSCHNEIDER VA. AUGSPVRG.

2. Marthe conduit la Madeleine vers Jésus. Copie de la gravure de Marc-Antoine d'après Raphaël. Pièce signée d'un M. (Bartsch XII. 37. No. 12.)

3. Actéon changé en cerf. D'après une composition de Lucas Penni. Pièce signée IORG MATHEVS. (Bartsch XII. 106. No. 1.

On pourrait en conclure que, bien que natif d'Augsbourg, il a demeuré longtemps en Italie où il s'est formé comme artiste. Une autre gravure inconnue à Bartsch, et représentant un Dromadaire, prouve également qu'il a visité Lyon. Si le portrait de Luther, signé: Joerg Formschneider 1551. lui appartient également, comme il est tont probable, nous avons ainsi quelques données positives sur sa vie d'artiste.

_____

Gravures sur bois.

4 — 7. **Quatre sujets de la passion de J. C.** Pièces rondes de 9 p. de diamètre. (Brulliot Dict. III. No. 881.)

— 4. **La Flagellation.** Le Christ est attaché à la colonne au milieu d'une salle. A gauche, sous une porte, un homme tient les vêtements du Sauveur, signée MATHEVS. F.

— 5. **Le couronnement d'épines.** Le Christ est assis au milieu, entouré de sept bourreaux dont trois lui pressent la couronne d'épines sur la tête. A gauche, un quatrième lui présente le roseau. Dans le fond plusieurs soldats. Cette gravure appartient à la suite, quoiqu'elle soit marquée d'un b.

6. **Le Christ en croix.** Pièce non signée.

7. **La descente de croix.** Sans marque.

Ces gravures, exécutées dans le goût italien, doivent avoir été copiées d'après des originaux plus anciens et dans lesquels la porte de Jérusalem était cintrée tandis qu'elle est carrée dans la copie. Ces originaux ont dû être de plus petite dimension et ne mesurer que 8 p. 7 l. de diamètre.

8. **Un Dromadaire.** Dans un paysage rocailleux, avec l'inscription: **Dromadaire faict après le naturel à Lion par George Mathieu.** fol.-obl. (Rudolphe Weigel K.-C. No. 18129.)

_____

Appendice.

9. **Portrait du Dr. M. Luther.** Pièce signée: Joerg Formschneider 1551. (Nagler. K.-L. VI. 463.)

_____

Ⓡ 1550.

Gravure sur bois.

1. **Justinus Gobler.** Figure presque à mi-corps, de trois quarts à droite, et regardant un peu en dehors. Il est vêtu d'une robe de damas et le cou est orné d'une chaîne avec médaillon. Il a la main droite sur un mur d'appui et tient un rouleau de papier dans

la gauche. En haut, le monogramme et la date; au bas, en caractères mobiles:

Tali Justinus Goblerus imagine vivus,
Attigit aetatis ter tria lustra suae.

H. 7 p. 10 l. L. 5 p. 2 l.

Cette gravure se trouve dans un livre petit in-fol. publié en 1568 à Francfort s/M. par les héritiers Egenolff. Le dessin de ce portrait est très-bon et le monogramme paraît être celui du dessinateur.

Ces initiales ont été attribuées à Diettrich Winhart, peintre de Munich, mais qui vivait à Heidelberg où il se trouvait au service du Palatin Otto Henri qui mourut en 1559. A tout évènement il ne faudrait point le confondre avec le graveur sur bois de Ratisbonne qui a exécuté la grande Vue de cette ville d'après les dessins du peintre Franz Kirchner en 1589, et qui est également signée D. W.

Gravures sur bois.

1. **Loth et ses filles.** Il est assis avec l'une d'elles dans un pli du terrain, tandis que l'autre est debout tenant une cruche. Dans le fond, la ville de Sodome en flammes. Au bas, à droite, les initiales D W. sans date. H. 4 p. 6 l. L. 6 p. 6 l.

2. **Othon Henri, Palatin, électeur de Bavière.** Demi-figure de face. Dans le fond une tapisserie entre deux colonnes dont celle de gauche porte la signature et celle de droite le millésime 1558. Au bas, sur un écusson imprimé à part, les armoiries de l'électeur et la date de 1558; au-dessus des trois lions du cimier, les lettres O. H. P. C. (Otto Henricus palatinus comes.) La tablette du haut est vide. H. 4 p. 11 l. L. 5 p. 10 l.

I. C.

Gravures sur bois.

1. **Hercule étouffant Anthée.** Le héros est vu de face, un peu tourné à droite. Il soulève Anthée dont le bras et la jambe sont étendus, à droite. Le fond blanc a une division horizontale. La signature se trouve au milieu du bas. H. 8 p. 6 l. L. 4 p. (Brulliot Dict. II. No. 1365.)

(Bartsch IX. 419.)

Ce graveur sur bois qui a travaillé d'après Virgile Solis et Jost Amman, a aussi employé comme monogramme un poisson qui tient dans la bouche l'initiale dont il s'est servi plus ordinairement et paraît avoir vécu, pendant quelque temps du moins, à Cologne, puisqu'il a exécuté à cette époque plusieurs gravures pour les imprimeurs de cette ville. On n'a point encore découvert son nom qui, à en juger par le brochet (Hecht) et l'initiale, pourrait avoir été celui de Hecht.

Gravures sur bois.

1—9. **Sujets de l'écriture Sainte.** Ces gravures d'après les dessins de Virgile Solis, se trouvent dans la Bible Allemande de Dittenberg, imprimée à Cologne en 1564.

— 1. Visite de la reine de Saba au roi Salomon.

— 2. Elie enlevé au Ciel.

— 3. Siége de Jérusalem par Nabuchodonosor.

— 4. Les Juifs rebâtissent les murs de Jérusalem.

— 5. Esther et Assuérus.

— 6. Mardochée sur le cheval du roi.

— 7. Les malheurs de Job.

— 8. Troisième chapitre de Daniel.

— 9. Quatrième chapitre du même prophète.

La plupart de ces gravures portent, avec l'initiale du maître, la signature de Virgile Solis.

10. Alphabet d'initiales romaines pour la même Bible. Les lettres D, I, O, R et S qui, ainsi que les autres, représentent des sujets bibliques, portent l'initiale du graveur. H. 2 p. L. 1 p. 7 l. (Voyez Merlo, p. 548.)

11. Sujets de la bible, d'après Jost Amman, dans l'édition suivante: Biblia, das ist die ganze heilige Schrift D. Martin Luther. Frankfurt am Mayn 1565. Durch Georg Raben, Sigmund Feyerabend und Weygand seinen Erben. in-fol. (Bartsch IX. 366.)

12. Neuf sujets des Métamorphoses d'Ovide d'après les dessins de Virgile Solis. H. 2 p. 3 l. L. 3 p.

Elles se trouvent dans l'ouvrage imprimé à Francfort s/M. par les éditeurs de la Bible que nous venons d'indiquer. (Bartsch IX. 321.)

13. La Vierge, St. Roch et St. Sébastien. La Vierge à mi-corps, tenant l'enfant Jésus dans les bras, se trouve entre les deux Saints. En haut, l'Annonciation avec Dieu le père qui fait descendre le Saint Esprit sur Marie. L'ange est emprunté à une gravure de Martin Schongauer. Le monogramme au poisson est au milieu du bas. H. 14 p. 2 l. L. 10 p. 2 l. (Brulliot Dict. II. 2844.)

14. Marque d'imprimeur de Jean Birckmann. Elle représente le Sacrifice d'Abraham dans un ovale avec de jolis ornements. L'initiale ħ se trouve entre les jambes du patriarche. Dans le livre intitulé B. Clementis Romani opera. Coloniae Agrippinae 1569. (Merlo p. 548.)

15. Même sujet, plus en petit, dans un ovale sans ornements. La signature est en haut, à gauche. H. 1 p. 10 l. L. 1 p. 6 l. Au bas l'adresse:

Coloniae apud Joannem Birkmannum et Wernerum Richwinum. Anno 1563.
(Voyez Merlo p. 548.)

HP.

(Brulliot Dict. I. No. 2464.)
Merlo p. 550.

Nous ne savons rien autre chose de ce dessinateur ou graveur sur bois sinon qu'il a travaillé vers le milieu du XVI. Siècle pour les éditeurs de Cologne.

Gravures sur bois.

1. Daniel explique à Nabuchodonosor le songe du grand arbre, puis Daniel dans la fosse aux lions. Deux grandes feuilles destinées à être réunies. Sur la première DA. CA. V. Sur la seconde DA. CA. VI. La signature se trouve à droite, sur la feuille de gauche, de manière à être au milieu sur l'ensemble. H. 12 p. 6 l. L. 35 p. 7 l. (Brulliot I. No. 2464.)

2. La Trinité et plusieurs Saints. En haut, Dieu le père avec le Saint Esprit entre deux anges agenouillés, avec les instruments de la passion. Au milieu, le Christ en croix, entre la Vierge et St. Jean. Derrière des colonnes on voit les statues de deux Saints. La partie inférieure de la gravure a une inscription de deux lignes: Respice me etc. Au-dessous, les Apôtres Pierre et Paul. Au milieu du bas, une tablette avec le monogramme. H. 4 p. 10 l. L. 3 p.

Cette gravure sur bois se trouve à la fin du livre intitulé: Institutio catholica. Per Joannem Gropperum. Coloniae excudebat Jaspar Gennepaeus 1550. p. 8°. (Merlo p. 550.)

(Brulliot Dict. I. No. 2060.)

Il est douteux si ce monogramme R. F. indique un artiste qui a vécu à Cologne ou qui s'y est arrêté seulement quelque temps, comme le veut Merlo d'après une de ses gravures qui a paru dans cette ville en 1578. Les initiales au-dessus de l'écusson se rapportent certainement au nom de Jean Leisentrit, Decan.

Gravures sur bois.

1. Le Christ en croix adoré par un Seigneur. Sur une banderole l'inscription: Fili dei miserere mei et, au-dessous de la tête du fidèle, JO. LEI. DEC. BVD. AE. XLV; à ses pieds le millésime MDLXXI. Dans l'encadrement on lit: HIC DOLOR ET LABOR EST etc.

MDLXXI. Le monogramme se trouve entre la croix et l'homme agenouillé et, sur le pied de la croix, on voit un écusson surmonté d'un chapeau. H. 3 p. 9 l. L. 2 p. 4 l. La marge inférieure a 3 p.

2. Jean Leisentrit. Buste dans un ovale, de trois quarts à droite, la tête couverte d'un bonnet et vêtu de fourrures. Dans les quatre coins de l'ovale à riches ornements, on voit autant d'écussons dont celui du bas, à droite, montre les deux signatures ci-dessus. Autour l'inscription:

V. P. D. JOANNES LEISENTRITIVS. ADMIN. S. M. etc. DECANVS. BVDISS etc. AETAT. ANNO QVINQVAGESIMO PRIMO.

H. 5. p 7 l. L. 4 p. 5 l. Ce portrait se trouve dans le livre intitulé: Catholisch Pfarbuch, durch den Ehrwirdigen Herrn Johan Leisentrit. Zu Cöln, durch Maternum Cholinum. Anno 1578, (Merlo p. 555.)

H 1551.

(Bartsch IX. 431.)

Nous n'avons aucun renseignement sur cet artiste et nous ne pouvons savoir si le monogramme ci-dessus indique le dessinateur ou le graveur sur bois des pièces où il se trouve, quoique nous penchions pour la première opinion, puisque le chiffre en question n'est jamais accompagné du couteau de graveur.

Gravures sur bois.

1. La parabole de la semence. Le Christ est en conversation avec cinq de ses disciples près d'un arbre, à droite. Le semeur est sur le champ tout près où six oiseaux becquettent le grain. Le monogramme est à la gauche du bas. H. 4 p. 8 l. L. 4 p. 8 l.

2. La parabole du Vigneron. Le maître de la vigne est à droite et montre à un ouvrier les autres déjà occupés au travail. Le Christ est à gauche, avec cinq de ses disciples. Le monogramme est à la gauche du bas. Mêmes dimensions que la pièce précédente. La composition dans ces deux gravures est bonne, mais la taille en est un peu maigre dans le style de celle de Brosamer. D'après le

texte au verso, on doit conclure qu'elles ont servi à quelque livre ascétique allemand.

3. Réunion sur une place publique. A gauche est assis
l'empereur sur un trône, entouré des électeurs, des princes, de car_
dinaux et de courtisans. Un héraut indique avec une baguette l'inscription sur une tablette:

Deos colunto, legibus pareto, suprema salus populi lex
esto. L. XII.

H. 2 p. 10 l. L. 6 p. 6 l. (Bartsch No. 1.)

4. Marque de libraire. Dans un écusson, un lion tient un
ballot. L'écusson est timbré d'un heaume ayant pour cimier une
femme tenant d'une main un sablier surmonté d'un crâne, de l'autre
une fleur. L'écusson est entouré d'un ornement carré d'arabesques,
ayant des médaillons dans les coins du haut, avec le buste de Charles V.
à gauche, celui de François I. à droite. Sur une tablette le millésime
1551 et, à la droite du bas, le monogramme. H. 5 p. 2 l. L. 4 p. 1 l.
Cette gravure sur bois a été employée dans un livre imprimé par
Franz Behem, Libraire à St. Victor près de Mayence.

7. Ecusson d'armoiries. Au lion coupé d'argent et de
sable. Timbré d'un heaume ayant pour cimier une femme tenant un
sablier et un crâne d'une main, une branche de l'autre. Le monogramme est à la droite du bas, suivi de la date de 1551. H. 4 p.
11 l. L. 4 p. (Cat. Sternberg II. No. 1305.) Epreuve récente.

HI 1559—1564.

(Bartsch IX. 432.)

Comme pour le graveur précédent, nous ignorons si ce monogramme est celui d'un dessinateur ou d'un graveur. A la pièce décrite
par Bartsch et représentant une famille allemande, nous ajouterons les
suivantes.

Gravures sur bois.

2. L'empereur Ferdinand I. Demi-figure dans un médaillon entouré d'une couronne de lauriers, avec l'inscription:

Ferdinandus I. D. G. El. Rom. Imp. etc.

Dans le fond, à gauche:

Obijt Viennae Anno 1564. Die...July.

Le monogramme est en haut, sur un pilastre. Pièce ronde de 5 p. 9 l. de diamètre.

3. Un héraut d'armes. Il est debout, vu de face; le monogramme est à la droite du bas, près d'un écusson d'armoiries.

4 — 6. Porte triomphale élevée en l'honneur de Ferdinand I. et sous laquelle on voit défiler des troupes. 3 feuilles. (Cat. Sternberg II. No. 1421.)

7. Les armoiries des Rosenberg. (Cat. Sternberg II. No. 1421.) Une de ces quatre feuilles est signée du monogramme avec la date de 1563.

VW, vW.

(Bartsch IX. 564.)

Bartsch ne connaissait de ce graveur sur bois qu'une belle grande pièce représentant une partie de traineaux et signée VW. D'après une communication du Comte A. Bielke de Stockholm, dans les Archives de Naumann II. p. 253, cette pièce appartiendrait à l'ouvrage intitulé: Della Cavalleria, das ist Gründlicher und ausführlicher Bericht von allem was zu der löblichen Reuterey gehörig und einem Cavalier zu wissen von Nöthen. Insonderheit von Turnier und Ritterspielen etc. durch den Weyland Woledlen etc. Georg Engelhard Löhneyss auf Remlingen und Newndorff, Erbgesessen etc. Gedruckt (3e. Ed.) zu Remlingen 1624.

Le titre est gravé au burin et porte, au revers, le portrait à l'eau-forte de l'auteur dans un ovale entouré des écussons de sa famille. L'ouvrage contient, outre 9 grandes pièces du maître VW, une quantité de gravures sur bois plus petites intercalées dans le texte, puis deux grandes gravures à l'eau-forte d'un bon style, mais d'un autre maître et qui ne sont point signées. Elles représentent, la 1ère: Une marche pour se rendre au tournoi à pied; la 2e, le tournoi même. Les neuf grandes gravures sur bois portent les inscriptions suivantes en allemand:

1. Wie ein bahn sol geziert und zugerichtet sein. (Sans le chiffre.)

2. Wie der zug zum Ringrennen soll auff der bahn ziehen. (Sans chiffre.)

3. Kampff mit den Werff-Angeln.

4. Das Kopfrennen. (En haut, près du château, les initiales L. G.)

5. Das Quintanrennen. (Sans le chiffre.)

6. Das Freyturnier. (A la droite du bas, la signature U W.)

8. Das Scharfrennen und Krondelstechen. (Sur la tribune, au milieu, les initiales V W.)

9. Die Schlittenfahrt und mascaradische Aufzug. (Au milieu, la signature V W. Bartsch No. 1.)

Brulliot mentionne le premier des monogrammes ci-dessus et le second accompagné du couteau de graveur, comme existant sur des pièces avec sujets de l'ancien Testament et ajoute à ce sujet que le même maître se serait également servi des monogrammes VVV et WV. Ces gravures sur bois se trouvent dans une édition de la Bible de Luther, donnée en 1670 à Nuremberg par C. Endler, et il en conclut que la gravure décrite par Bartsch est d'un maître plus ancien. Cependant ces pièces nous semblent toutes appartenir à un même maître qui, à en juger par le style de ses compositions, doit avoir vécu dans la seconde moitié du XVI. Siècle.

Gravures sur bois.

Sujets de l'ancien Testament pour une bible allemande in-fol. Ces pièces sont entourées de quatre listels dont ceux des côtés contiennent des figures. On n'en connait que les cinq pièces suivantes:

a) Les frères de Joseph apportent à Jacob le vêtement taché de sang.

b) La coupe de Joseph est trouvée dans le sac de Benjamin.

c) Les Juifs sont maltraités par les Egyptiens.

d) Le prophète Isaïe au lit de mort d'Ezechias.

e) Le roi David dansant devant l'arche.

Ces gravures sur bois sont bien traitées et portent toutes le premier des chiffres ci-dessus. H. 4 p. 1 l. L. 5 p. 11 l.

3. Cinq poissons. Ils portent tous des signes et des lettres singulières. A la gauche du bas, se trouve le second des chiffres ci-dessus et en haut, en caractères mobiles, l'inscription:

Die seltzahm gezeichnete Fische. —
puis dans le coin, à droite, Fol. 63, ce qui semblerait indiquer que
cette pièce appartient à quelque ouvrage d'histoire naturelle. H. 5 p.
9 l. L. 4 p. 7 l.

I^E., I^L 1558—1579.
(Bartsch IX. 565.)

Cet excellent graveur sur bois vivait durant la seconde moitié du
XVI. Siècle à Cologne où il travailla principalement pour les éditeurs
Quentel et Calenius et d'après plusieurs maîtres. Merlo, qui dans son
histoire de la vie et des ouvrages des Artistes de Cologne décrit
(p. 548) plusieurs pièces du maître, n'a pu decouvrir quel était son nom.

Gravures sur bois.

1. **Châtiment des Philistins et restitution de
l'Arche d'alliance. Samuel I. Chap. VI.** La signature se trouve
sur le dernier gradin du temple, à droite. Pièce ayant servi pour une
bible latine. H. 4 p. 2 l. L. 5 p. 8 l.

2. **David au camp de Saül.** Le monogramme est au haut de la
tente, à gauche. Pièce de mêmes dimensions que la précédente et
ayant servi au même ouvrage.

3—9. **Sujets de l'ancien et du nouveau Testament**
et gravure de titre pour la Bible catholique de Jean Dietenberger qui
parut, en 1564, à Cologne chez Quentel et Calenius. On en trouve
des éditions postérieures, de 1571 et 1575.

Les gravures sur bois de l'ancien Testament sont au nombre de
103 et, pour le nouveau, de 31. Elles n'appartiennent point toutes à notre
maître et Bartsch en décrit trois auxquelles nous ajouterons les suivantes, sans chercher à donner la serie complète, n'ayant point entre
nos mains la bible en question.

3. **Le titre principal.** (Catholische Bibel, trewlich
verteutscht durch D. Johan Dietenberger. Got zu lob und
der Röm. Kais. Majestät zu allergnädigsten wohlgefallen
und gemainer Teutscher Nation zu gutem, jetzo mit scho-

nen ansehenlichen Figuren geziert; und in dise herliche
Form gestellt.)

Le large encadrement porte, au milieu du haut, la Création
d'Eve, entre l'aigle simple et double de l'empire. Aux côtés, les huit
compositions suivantes:

Le Péché originel.

L'Arche de Noé.

Le Sacrifice d'Abraham.

Moise recevant les tables de la loi.

L'Annonciation.

La Nativité.

l'Adoration des Mages.

Le Massacre des Innocents.

Au bas, dans trois ovales, les armoiries des électeurs de Mayence,
de Cologne et de Trèves. A gauche, le paysan et, à droite, là vierge
de Cologne avec la date de 1564, et au milieu, avec deux lions pour
supports, l'écusson de Quentel et Calenius. H. 11 p. 10 l. L. 7 p. 9 l.

Ce titre se trouve répété devant le nouveau Testament.

4. La Cène. H. 3 p. 11 l. L. 5 p. 2 l. B. No. 1.

5. Christ devant Anne. A gauche, on voit dans une cour
St. Pierre se chauffant au feu. Le chiffre est aux pieds d'Anne.
Mêmes dimensions que la pièce précédente.

6. Le Christ devant Hérode. Celui-ci est représenté sortant de son palais. Au-dessous de lui, la signature. Mêmes dimensions.

7. Le Couronnement d'épines. B. No. 2.

8. Le Christ montré au peuple. B. No. 3.

9. L'Apôtre Saint Paul avec un messager. Le monogramme est à la droite du bas. Cette pièce se trouve reproduite
quatre fois dans le nouveau Testament. (Voyez Merlo p. 549.)

10. Les Sept Sacrements. Des fonds baptismaux s'élève
un tronc portant six médaillons avec les sujets des autres sacrements et surmonté d'un crucifix au-dessus duquel on voit Dieu le
père accompagné du St. Esprit. Au bas, à côté du prêtre qui donne
le baptême, se trouve le monogramme; belle pièce. H. 5 p. 3 l. L.
3 p. 3 l.

Cette même composition avec plusieurs autres petites gravures
sur bois, qui en partie appartiennent au maître ℋℰ, se retrouve dans
le livre intitulé:

Compendium catechismi catholici. Per D. Georg. Eber.

21*

Coloniae apud Gervinum Calenium et Haeredes Joannis Quentelij. Anno 1576.

Dans l'édition de Cologne 1582 de la Bible de Dittenberger, on a reproduit plusieurs des petites gravures du Catechisme d'Eber en y ajoutant plusieurs autres pièces d'égales dimensions. Plusieurs d'entr'elles, entre autres les évangélistes Mathieu, Luc et Jean, portent le monogramme HE à côté du chiffre du dessinateur Antoine Silvius. Le titre est une imitation de la bordure de Holbein avec le Jugement dernier, au haut et la Separation des Apôtres, au bas. (Merlo 549.)

11. Tour de la Justice et de la Paix. Sur cette tour les deux figures allégoriques se donnent les mains. Au bas et aux côtés d'un écusson d'armoiries, la Miséricorde et la Vérité. Le monogramme se trouve sur la banderole de la Paix; au bas, Psal. 84. Pièce sans bordure. H. 7 p. 3 l. L. 4 p. 10 l.

12. Le Chartreux Laurent Surius. Demi-figure écrivant dans le livre placé sur une table devant lui les mots: In te Dne speravi nō confundar in aeter. Sur le montant d'un crucifix, le monogramme. H. 5 p. L. 4 p. 6 l. Pièce employée pour le 3e. Vol. de l'ouvrage intitulé: De probatis Sanctorum historiis imprimé en 1579, à Cologne par Calenius et les héritiers Quentel. (Merlo. 549.)

13. Les armoiries de l'électeur de Mayence. Écusson richement orné, surmonté de la date de 1558, et accompagné d'une inscription de cinq lignes. Cette pièce se trouve au verso du titre de l'ouvrage: „Postillae sive Conciones D. Johannis Feri. Coloniae apud haeredes Arnoldi Birkmanni. Anno 1558." (Merlo p. 548.)

14. Marque des éditeurs Quentel et Calenius. Dans un écusson richement orné, on voit Sampson qui déchire la gueule du lion. Le monogramme est au-dessus du lion qui supporte les armoiries. H. 3 p. 4 l. L. 2 p. 9 l.

15. Marque de l'éditeur Jean Rinckius, à la Licorne, Cologne. La figure allégorique de la Justice est debout à côté de la licorne couchée à droite, et ayant à côté d'elle le monogramme; en haut, sur une banderole:

IN SANCTITATE ET JVSTITIA CORAM IPSO.

Ovale allongé avec quatre têtes de chérubins dans les coins. H. 1 p. 10 l. L. 2 p. 3 l.

1563.

S F, S H., H F, S H' S F, F

(Bartsch XX. 401, 439, Brulliot Dict. I. 1945. II. 746 et 2484.)

Bartsch parle d'un dessinateur S F. qu'il ne faut pas confondre avec un graveur sur bois qui s'est servi des mêmes initiales et qui a travaillé d'après Virgile Solis, Jost Amman et Tobias Stimmer. Cette observation est d'autant plus juste que nous avons souvent trouvé les initiales S F accompagnées des monogrammes S H F ou B (Bernard Jobin), ces derniers accompagnés du couteau de graveur. Des pièces ainsi marquées se trouvent dans la:
Biblia, das ist die gantze heilige Schrift D. Mart. Luther, Frankfurt am Mayn 1565. Durch Georg Raben, Sigmund Feyerabend und Weygand Hanen Erben. Folio. Plusieurs de ces gravures (H. 4 p. 1 l. L. 5 p. 3 l.) appartiennent à l'ancien Testament, d'autres représentent les évangélistes et une, le Saint Marc, porte, avec la date de 1563, le chiffre.

Brulliot et Merlo sont d'avis que les chiffres ci-dessus appartiennent à un seul et même graveur qui, selon Christ et d'autres, s'appellerait Simon Hueter et qui aurait vécu vers la moitié du XVI. Siècle. Fussli dans son Dictionnaire des Artistes, éd. de 1779 p. 328, fait mention d'un Simon Huters qui a publié un livre de poésies allemandes avec 48 gravures sur bois représentant des batailles et qui, en 1528, le dédia à l'empereur Charles V. Merlo dit encore qu'un Simon Huter, Libraire de Francfort s/M., a publié, en 1566 de concert avec Sigismond Feyerabend, le Livre des Tournois (Turnerbuch) de Ruxner, mais sans mentionner si les gravures de ce livre portent un des chiffres ci-dessus.

Dans la Bible Catholique de Dietenberger, publiée en 1564 par Quentel et Calenius de Cologne, Merlo assure (p. 203) que plusieurs des gravures sur bois portent non seulement le chiffre de Virgile Solis, mais aussi les signatures S F, S H. et S H F. avec le couteau de graveur.

Le même écrivain cite encore à ce sujet le Compendium Catechismi Catholici d'Eber, éd. de 1570, chez Calenius et les héritiers Quentel de Cologne et qui contient plusieurs petites gravures avec le premier ou le second des chiffres ci-dessus. Ces mêmes bois, comme nous l'avons déjà dit, ont été employés en partie pour la Bible de Dietenberg de 1582 en y ajoutant plusieurs autres petites gravures

sur bois qui portent la plupart le quatrième des monogrammes ci-
dessus. Toutes ces pièces sont attribuées par Merlo à un seul et
même artiste du nom de Simon Hueter qu'il faudra probablement distinguer du maître aux initiales S. F. sans le couteau de graveur, d'autant plus que, dans le sujet des „Trois parties du monde" d'après Daniel,
on trouve réunis, en haut, le chiffre S F et, au bas, le chiffre S. HF
avec le couteau.

✠, 15 ✠. 68 ✠.

Cette marque d'une petite croix appartient à un artiste qui a dessiné plusieurs petites compositions pour la Bible publiée par Feyerabend en 1569. Sans être d'une beauté extraordinaire, ces compositions
montrent une certaine habitude de dessin et assez de vie dans les
figures. Deux de ces gravures portent, avec la marque, les dates de
1568 et 1569. Sur la pièce du Roi auquel on coupe les mains
se trouve, avec la petite croix, la signature du graveur HF avec le
couteau. Nous n'avons aucun indice sur notre maître; nous savons
seulement qu'il appartient au groupe de graveurs qui, dans la seconde
moitié du XVI. Siècle, ont été employés par les imprimeurs et les éditeurs de l'époque.[1])

A W.

Brulliot, Dict. II. 179. — Merlo p. 544.

Gravure sur bois.

1. Bordure de titre avec les travaux d'Hercule. Quatre
listels avec treize compartiments. Sur le listel du haut et au-dessus
de la colonne du milieu, se trouve une tablette avec les initiales A W
en blanc sur fond noir. Au bas, sous le sujet central, l'inscription:

---

1) Brulliot se trompe (Dict. I. 3197[1]) quand il attribue la petite croix au graveur
sur bois Jacques Transilvanus. On trouve, il est vrai, de celui-ci des gravures
marquées I T puis †.

Sustine et abstine. H. 4 p. 7 l. L. 6 p. 6 l. Ce titre a servi pour les ouvrages:

— Flavii Josephi Hebraei, Historiographi claris. opera. Interprete Ruffino presbytero. Apud sanctam Coloniam Agrippinam, in aedibus Eucharij Cervicorni, Anno 1524.

— Prisciani Grammatici Caesariensis Libri omnes. Eucharius Cervicornus excudebat, Anno 1528.

— Alexandri ab Alexandro juris periti Neapolitani genialium dierum etc. Coloniae ex Officina Eucharij Cervicorni. Anno MDXXXIX. in-fol.

TW.

(Brulliot, Dict. II. No. 2616. — Merlo p. 554.)

Ce graveur sur bois médiocre était contemporain d'Antoine de Worms et on trouve des gravures des deux maîtres dans les mêmes ouvrages publiés à Cologne. Comme ce chiffre est analogue à celui de l'orfévre et graveur sur-cuivre Telman von Wesel, on pourrait croire que les gravures sur bois dont il s'agit ont été exécutées par lui.

Gravures sur bois.

1. L'adoration des Mages. Deux gracieuses colonnes portent un arc surbaissé avec deux anges qui tiennent des rinceaux. Au milieu, une tablette avec la signature TW. H. 3 p. L. 2 p. 8 l. Cette pièce se trouve sur le dernier feuillet de l'ouvrage; in fine: Enchiridij Johannis Husvirt Sanensis de arte calculatoris. finis. Impensis integerrimi bibliopolae Magistri Godefridi Hydorpii, ciuis Coloniensis.

2. Titre avec Architecture et Anges. Au bas, se trouve la signature sur une boule tenue par un petit Ange assis et qui est armé d'un arc. H. 6 p. 4 l. L. 4 p. 3 l.

On trouve cette pièce dans le livre: Astrolabii instrumenti, geometriaeque tabulae auctiores Auctore Casparo Calb, Philosopho etc.

Au revers on trouve les portraits de quatre savants de l'antiquité, gravés sur bois par Antoine de Worms.

In fine:

Coloniae excudebat Hero Alopecius. Anno 1532.

3. Petits sujets pour les évangiles de St. Mathieu et St. Marc. H. 1 p. 9 l. L. 1 p. 3 l. pour l'ouvrage intitulé Homiliarum doctissimi viri D. Johannis Eckii, publié par Quentel à Cologne en 1534 et 1537. La plupart des gravures qui s'y trouvent sont d'Antoine de Worms. On trouve dans le 1er vol. 11 pièces de notre maître et dont une, l'arrestation de St. Jean Baptiste, Mathieu 11. porte le chiffre T W. Dans le second vol. il a 8 pièces dont celle de l'Hémoroïsse est également signée. On les retrouve encore dans l'ouvrage, Homiliae, primum ab Alcuino levita, jussu Caroli magni in hunc ordinem redactae. Coloniae ex officina Eucharij Cervicorni. Anno 1539. in-fol.

HB FF 1577.

Le maître qui s'est servi du premier de ces monogrammes était dessinateur et graveur sur cuivre. Nous ne connaissons ni son nom ni sa patrie. Nous voyons qu'il a donné les dessins de quelques pièces gravées sur bois par l'artiste que les a signées du second des monogrammes ci-dessus.

Gravure sur cuivre.

1. Danse de dix enfants. A droite, un d'eux est assis jouant de la cornemuse. A la droite du bas, la signature H. H. B. On lit à la marge inférieure:

UBI EST ADOLESCENTIA IBI EST GAVDIVM SINE MALICIA. H. (marge comprise) 3 p. 9 l. L. 7 p. 3 l. (Brulliot, Dict. I. No. 980.)

Gravures sur bois.

1. **Le Christ parmi les docteurs.** Il est assis au milieu, ayant de chaque côté trois docteurs de la loi. La Vierge, accompagnée de St. Joseph, s'avance de la gauche, en parlant à son fils. A la gauche du bas, la signature du dessinateur **H. H. B.** et, au milieu, le monogramme du graveur sur bois. H. 3 p. 11 l. L. 5 p. 2 l.

2. **Un docteur de la loi agenouillé devant l'Arche d'alliance.** Dans le fond, à droite, le Christ entouré de ses disciples apostrophe deux docteurs de la loi. Dans un écusson placé sur une des colonnes au milieu, se trouve la date de 1577. A la gauche du bas, le chiffre du dessinateur puis, un peu plus loin, le monogramme du graveur. H. 3 p. 11 l. L. 5 p. 2 l.

Ces deux pièces appartiennent à une **Postille** en allemand comme il resulte du texte imprimé au verso. Le style et la manière rapellent, avec un talent inférieur, ceux de Virgile Solis.

H̶F̶ 1568—1570.

Ce monogramme, avec ou sans le couteau de graveur et quelquefois à rebours, se trouve sur des gravures avec les dates de 1569 et 1570. Le graveur auquel il appartient a travaillé aux **Emblemata** d'après les dessins de Jost Amman, petites pièces de H. 1 p. 9 l. L. 2 p. 6 l. et qui, dans des épreuves postérieures, se trouvent au nombre de six sur une feuille in 8°. Il a également gravé d'après les dessins de Jacques Lucius Corona, surnommé Transylvanus, et entre autres pour diverses bibles publiées à Wittemberg.

On trouve également sa signature sur des gravures sur bois dans les **Postilles** du Dr. Eck, comme aussi dans l'ouvrage intitulé: **Bairische Landtafeln XXIIII, darinnen das hochlöbliche fürstenthumb Obern und Niedern-Bayrn sambt der anstossenden Herrschafften mit vleiss beschrieben und in druck gegeben durch Philippum Apianum In Ingolstadt MDLXVIII. in-fol.**

Puis dans la Bible Tchèque in-fol. imprimée en 1570 à Prague par George Melantrichius ab Aventino, où les gravures de l'ancien et du nouveau Testament mesurent H. 4 p. 6 l. L. 6 p. 6 l. et sont la plupart d'après les dessins du maître **F.**

Enfin notre artiste a exécuté également des gravures pour les fables
d'Esope. On en connait 72 pièces d'un bon dessin et avec beaucoup
de vie et de mouvement dans les figures, mais d'une taille assez rude
et qui ne prouve pas en faveur du graveur. Ces pièces mesurent
H. 1 p. 10 l. L. 2 p. 6 l., toutes signées IF, mais aucune avec la
marque du dessinateur.

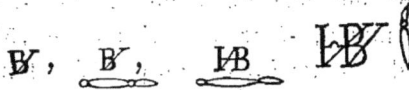

B̶, B̶, I̶B̶ I̶B̶

Bernard Jobin de Strasbourg?
(Bartsch IX. 424.)

L'artiste qui s'est servi de ce monogramme, a travaillé principalement d'après Jost Amman et Tobias Stimmer et, selon Brulliot
(Dict. I. p. 125), ne serait personne autre que le peintre Hans Bocksberger le jeune de Salzbourg, sans que nous ayons cependant aucune
preuve qu'il ait gravé sur bois. Selon Malpé (I. p. 84), Hans Bocksberger serait le fils d'un autre peintre de Salzbourg du même nom et né
en 1540 qui a beaucoup travaillé à fresque dans plusieurs villes de la
Bavière, entre autres à Munich en 1560, puis, en 1579, au château de
Trausnitz à Landshut; il y peignit plusieurs chambres en même temps
que le tambour de l'escalier principal où il plaça les portraits de plusieurs fous, ce qui fit donner à cet endroit le nom d'Escalier des
fous. Sur son portrait in 12°. il n'est mentionné que comme peintre,
avec l'inscription:
Johan Pocksbergius, Pictor in Salisburgens. hujus imagine
vera. etc.
(V. Heinecken, Dict. des Artistes etc. III. p. 69.)

Il nous est prouvé, par beaucoup d'exemples, que Bocksberger a
fourni pour des livres publiés à Frankfort s/M. beaucoup de dessins
qui ont été transportés sur bois par Jost Amman, mais rien ne nous
dit qu'il ait gravé lui-même sur bois. Au contraire nous trouvons
quelques gravures qui, avec la signature de Jost Amman, IA., portent
toujours le troisième des monogrammes ci-dessus, à tort attribué à
Bocksberger. Et d'abord dans l'ouvrage intitulé:
Neuwe biblische Figuren desz Alten und Newen Testa-
ments, geordnet und gestellt durch den fürtrefflichen

und Kunstreichen Johann Bocksperger von Salzburg, den jungern, und nachgerissen mit sonderbarem Fleiss durch den auch kunstreichen etc. Jost Amman. Gedruckt zu Francfurt am Mayn MDLXVIII. 4°. obl.

Cet ouvrage contient 133 sujets de la Bible, (H. 4 p. 1 l. L. 5 p. 7—8 l.), dont quelques-uns sont marqués du 3ᵉ et du 4ᵉ des mogrammes ci-dessus.

Ces mêmes gravures sur bois se retrouvent dans la:
Biblia, das ist die ganze heilige Schrift D. Martin Luther. Frankfurt am Mayn 1565. Durch Georg Raben, Sigmund Feyerabend und Weygand Hanen Erben. Fol.

Dans l'édition de 1569 du même livre, on trouve des sujets de la vie de Josué, qui pour la première fois portent le second des monogrammes ci-dessus avec la signature du dessinateur S. F.

On fait mention sur le titre de l'ouvrage:
Ein new Thierbuch — Durch Georg Schallerum von München ganz fleissig geschrieben — Frankfurt am Mayn bei Martin Lechler in verlegung Hieronymi Feierabends 1569. 8°.
que Hans Bocksberger a dessiné les animaux (die Thiere in visirung gestellt) et que Jost Amman les a reproduits (gerissen). Quelques-unes seulement des 104 gravures qui s'y trouvent sont marquées des initiales I A, mais aucune ne porte le monogramme de l'inventeur qui paraît n'avoir point eu de part à l'édition.

Dans la préface de la seconde édition de 1579, Feyerabend dit avoir fait composer les figures d'animaux par Hans Bocksberger „auquel il ne connaissait personne que l'on put préférer pour cela", puis dessiner par Jost Amman de Zurich. On trouve une observation analogue dans l'ouvrage:
Newe tirische figuren. — Frankfurt am Mayn durch G. Raben und Weygand Hanen Erben. 1576.
et dont deux autres éditions parurent chez les mêmes libraires en 1572 et 1573.

Dans ces éditions les gravures 17, 21 et 63 portent les trois premiers monogrammes, tandis que celles avec les numéros 29, 56 et 81 ont, avec le I A de Jost Amman, la signature du graveur sur bois F O.

Comme Nagler l'a fait observer tout le premier, on pourrait être mis sur la voie de découvrir l'artiste qui s'est servi de ce monogramme

en lisant une notice qui se trouve dans la préface du livre intitulé:
Newe künstliche Figuren Biblischer Historien gründlich
von Tobia Stimmer gerissen, durch J. F. G. M. (Johann
Fischart genannt Menzen) Basel bey Thomas Gwarin MDLXXVI. 4°.

Dans cette préface, Fischart dit que Gwarin l'a prié d'ajouter des
vers aux figures bibliques et que son beau-frère Bernard Jobin l'a
aidé en cela et il dit plus loin que Jobin „selbst solche figuren zum schneiden und trucken helfen faertigen" (qu'il a
aidé à tailler et à imprimer ces figures). Bien qu'un fort petit nombre
de ces gravures portent le monogramme ℬ, on pourrait y voir un
BI au lieu d'un BV et l'attribuer à Bernard Jobin; mais il sera toujours douteux que l'on puisse lui donner le chiffre composé d'un H
et d'un B., quoiqu'il importe de savoir que le quatrième de ces monogrammes se rencontre sur les gravures d'un livre publié dans la
haute Alsace, où vivait Jobin, et principalement sur la représentation
d'un poêle dans l'ouvrage intitulé:
Holzkunst. — Verzeichniss der Figuren vnnd neuwen
Ofen von der ursprung der Newen Holzkunst. Gedruckt
in obern Elsass durch Peter Schmidt. 1564. in-fol.

Il semble que, plus tard, Jobin n'ait jamais signé aucune de ses
gravures sur bois, quoiqu'il y travailla jusqu'à un age très-avancé
comme on le voit par la notice qu'en 1580 il prit pour apprenti Nicolas Nehrlich le jeune. Joachim Camerarius parle de lui comme d'un
graveur sur bois dans la préface du Livre de Simples de Matthioli
qu'il publia revu et augmenté le 19 Fevrier 1586, et il résulte clairement que les figures dans le livre intitulé:
Novae Tobiae Stimmer Sacrorum bibliorum figurae . . .
Newe biblische Figuren etc. mit Lateinischen und Teutschen Versen ausgelegt (par Fischart). Gedruckt zu Nuremberg bei B. Jobin 1590,
ont été gravées par Th. Gwarin et P. Jobin d'après les dessins de
Tobie Stimmer.

Nous ne savons point la date de la mort de Jobin; elle a dû arri-
ver avant 1597 puisqu'à cette époque on fait mention de ses héritiers
dans les régistres.

Bartsch décrit, dans son Catalogue de l'œuvre de Jost Amman et
de Tobias Stimmer, les gravures sur bois qui portent les monogrammes
ci-dessus. On pourra également consulter, à ce sujet, le livre de Nagler
Die Monogramisten I. No. 2096. Nous nous contenterons d'in-

diquer ici quelques grandes gravures sur bois exécutées probablement par Bernard Jobin et qui, à tout événement, sont sorties de son atelier.

    1. Vue de la Cathédrale de Strasbourg. On trouve en haut des vers qui se rapportent à la ville, à la Cathédrale et à ses hautes tours et qui se terminent par la notice „Bernhard Jobin in Truck gebracht“. H. 19 p. 8 l. L. 13 p. 10 l.

    2. L'horloge astronomique de la Cathédrale de Strasbourg. Avec l'inscription:
Aigentliche Fürbildung und Beschreibung des neuen künstlichen Astronomischen Urwerkes zu Strasburg im Mönster das MDLXXIIII. Jar vollendet, zu sehen.
A gauche, une description en vers qui termine:
Welchem, auf das man bass mög fasen, Hat Bernhrt Jobin solcher masen, Scheinlich das Werk fürmalen lasen.
H. 21 p. 1 l. L. 13 p. 7 l.

Appendice.

    3. Portrait de Jean Forster, Docteur en Théologie. Ce portrait est gravé sur bois d'après un dessin de Lucas Cranach et porte le quatrième des monogrammes que nous avons donnés plus haut, mais sans le couteau du graveur sur bois.
Voyez Brulliot, Dict. I. No. 126.

M

On trouve de ce dessinateur ou graveur des compositions tirées de l'ancien et du nouveau Testament et qui, en partie signées également du monogramme de Bernard Jobin $\mathcal{B}$, se trouvent dans une Bible publiée à Luneburg en 1637. Ces bois semblent néanmoins d'une date plus ancienne et avoir été employés déjà dans quelque autre ouvrage. Brulliot dit de plus, dans son Dictionnaire (I. No. 2602), que l'on trouve ce même chiffre sur d'autres sujets bibliques entourés d'une marge, avec petites figures de Saints et fleurs entrêmelées, qui ont servi pour une **Postille** de George Scherer publiée à Linz en 1602 et qui mesurent avec la marge ornée H. 4 p. 8 l. L. 5 p. 10 l.

Nous avons de plus retrouvé du même maître la gravure sur bois suivante.

1. **Simon et Anne prophétisent devant la Vierge Marie.** Ils sont debout près de la table des sacrifices et la Vierge, le sein percé d'un glaive, se voit à gauche. Derrière elle, quatre autres personnages. Au bas, le monogramme ci-dessus. H. 2 p. 10 l. L. 5 p. 2 l.

Cette pièce appartient à un livre de Sermons en allemand qui, d'après une note manuscrite sur le verso de la gravure sur bois, aurait été publié en 1574.

Ṙ I R.

Ce graveur sur bois dont le nom est resté inconnu, appartient à l'école de Saxe et vivait dans la seconde moitié du XVI. Siècle. Christ (p. 372. T. F. p. 189) affirme qu'il a trouvé les initiales I R, avec le couteau, sur des gravures sur bois dans une bible de 1550. Nous avons nous même vu le premier des chiffres ci-dessus sur une composition de l'Apocalypse, dans la Bible publiée en 1569 chez Feyerabend de Francfort s/M. On trouve également le premier monogramme sur le portrait de Sibylle, femme de Jean Frédéric I. de Saxe, d'après le dessin de L. Cranach le jeune et décrit par Bartsch (VII. p. 296, No. 137) qui a oublié de mentionner le nom du graveur. Brulliot a vu aussi les initiales I R, accompagnées du couteau de graveur, sur la 37e. feuille d'un livre de Costumes publié en 1600 à St. Gall par George Strauch. Le même écrivain mentionne encore, dans son Dictionnaire (I. No. 2664 b), trois gravures sur bois représentant des vieilles femmes, portant le même monogramme et qui se trouvent dans un livre in-4°. avec le titre suivant:
Abbildung derer VIII ersten Durchlauchtisten Grossmächtigsten Herzogen zu Sachsen etc. Auch der beygefügten Zehen-Alter der Menschen männlichen und Weiblichen geschlechts. Mit ihren Studiis, Verrichtungen und Zuneigungen ordentlich beschrieben. Gedruckt im Jahr 1702.

Les bois plus anciens ont été sans doute employés ici pour une édition postérieure, puisque le style de la composition appartient évidemment à la fin du XVI. Siècle. Nous nous contenterons d'indiquer ici la seule pièce der Zehen-Alter qui est venue à notre connaissance.

1. Les dix dégrés de la vie humaine; sur chaque gradin se trouvent une figure d'homme et une autre de femme dans l'ordre suivant.

a) Un garçon chevauchant un dada; une fille tenant une poupée et un berceau; souscription:

Zehen Jahre ein Kind.

b) Un jeune homme avec un faucon sur le poing; derrière lui, un taureau:

Zwanzig Jahr ein Jüngling.

— Une jeune fille jouant du luth.

Zwanzig Jahr ein Jungfrau.

c) Un homme en armure complète; derrière lui, un lion:

Dreissig Jahr ein mann.

— Une jeune femme se contemple dans un miroir; à gauche, un paon:

Dreissig Jahr ein Frau.

d) Un homme tenant à la main une bourse; derrière lui, un renard avec une oie dans la gueule:

Vierzig Jahr wolgethan.

— Une mère de famille tient une petite fille. Devant elle, une poule avec ses poussins:

Vierzig Jahr ein hertzen-mutterchen.

e) Un homme avec un drapeau; derrière lui, un taureau couché:

Funfzig Jahr stille stan.

— Une femme lisant dans un livre; à gauche, une cigogne.

f) Un homme à longue barbe blanche; à droite, un coq.

Sechzig Jahr gehts alter an.

— Une femme portant une cruche et des assiettes. Devant elle, une oie.

g) Un vieillard coiffé d'une bonnet de fourrure. Devant lui, à droite, est assis un chien:

Siebenzig Jahr ein Greis.

— Une vieille femme filant à un roue; à droite, un aigle. (Cette pièce porte le monogramme.)

Siebenzig Jahr ein alt Mütterchen.

h) Un vieillard avec un bâton et un chapelet; devant lui, un chat:

Achtzig Jahr nimmer weiss.

— Une vieille femme dans la même position; devant elle, un hibou.

i) Un vieillard marche à l'aide de deux béquilles, conduit par un enfant:

Neunzig Jahr der Kinder Spott.

— Une vieille appuyée également sur deux béquilles. Devant elle on voit voler une chauve-souris.

k) Un vieillard assis auquel la mort montre un sablier:

Hundert Jahr gnad dir Gott.

Une vieille femme assise avec les mêmes accessoires.

Cette division est également signée du monogramme à la droite du bas.

H. 6 p. 6 l. 5 p.   Berlin.

Johan Thüfel, Jacob Lucius Corona Transylvanus et autres.

Nous trouvons dans la Bible ayant pour titre:
Biblia etc. Deutsch D. Martin Luth. cum gratia et privilegio, Wittenberg MDLXXII, Gedruckt durch Hans Luft.
In-fol.
des gravures sur bois avec les monogrammes de divers dessinateurs
et graveurs de l'école de Saxe, tels que nous les avons donnés ci-
dessus. La Clef avec la date de 1558 et accompagnée d'un petit
diable, se trouve sur le sujet des Trois enfants dans la fournaise
(H. 4 p. L. 5 p. 4 l.). Comme, sur une autre pièce, cette même clef
est accompagnée des initiales I T, on y pourrait voir la confirmation
de l'opinion de Christ et Malpé qui donnent ce monogramme, ainsi que
le troisième et le quatrième, au maître Jean Thüfel ou Teufel,
mentionné par Jobin dans sa préface aux „Portraits des papes" de
T. Stimmer, publiée en 1573 et par Steinmeyer dans le livre de gravures qui parut à Francfort s/M. en 1620.

Comme on trouve ordinairement la date de 1558 ajoutée à la marque de la clef, il s'ensuivrait que les bois ainsi signés ont été exécutés bien avant la date de la Bible que nous venons de citer, quoique ce même chiffre ne se trouve point sur les illustrations de la Bible publiée par Lufft en 1550.

Le maître à la clef était à tout événement dessinateur, puisqu'on voit, sur une gravure représentant l'évangéliste Saint Marc, un monogramme accompagné du cinquième des chiffres ci-dessus composé d'un *d* et d'un *b* avec le couteau.[1]) Ce maître *d b* paraît avoir été pareillement dessinateur puisqu'on trouve sa marque, (la sixième ci-dessus) accompagnée du septième chiffre II C, sur une gravure de l'Apocalypse représentant l'Ange qui verse une des coupes de la colère divine. On trouve également, sur une autre pièce, ce chiffre *d b* accompagné des initiales I. L. C. T. du graveur sur bois. Ces initiales indiquent le maître Jacques Lucius Corona Transylvanus (Jacques Lucius de Cronstadt en Transylvanie) qui a exécuté plusieurs gravures sur bois d'après Lucas Cranach[2]) et qui, en 1564, se transféra de Wittemberg à Rostock où il grava sur bois, d'après les dessins du peintre de la Cour Cornelius Cromeny, en 1578, l'arbre généalogique des ducs de Mecklembourg, comme nous le dit Wiechmann-Kadow dans les Archives de Naumann II. pp. 231 et 251.

On trouve aussi, dans cette édition de 1572 de la Bible de Lufft, plusieurs gravures signées de la clef dans une tablette et des initiales C G avec le couteau, indiquant le graveur sur bois. On ne connait point le nom de ce dernier maître qu'il faudra se garder de confondre avec le dessinateur dont nous avons déjà parlé.

(Bartsch IX. 420.)

Bartsch, en nous donnant le second de ces monogrammes, nous dit que ce graveur sur bois a travaillé d'après Jost Amman. Brulliot

1) Brulliot dans son Dictionnaire 1. No. 3267 a mal dessiné ce monogramme en lui donnant l'apparence d'un ornement.
2) Voyez Brulliot D. II. No. 1570. Ce maître s'est également signé quelquefois Jacob Siebenbürgen.

IV.   22

ajoute qu'il a gravé également d'après T. Stimmer et autres dessinateurs contemporains et qu'il a signé ses oeuvres des deux autres chiffres
ci-dessus. Nous citerons de lui la pièce suivante qui se trouve dans
un Ancien Testament en Allemand de la seconde moitié du XVI. Siècle.

1. Sampson enlève les portes de la ville de Gaza. Il
s'avance vers la gauche. Dans le fond, à droite, la ville. A la gauche
du bas, la première des marques ci-dessus sur une pierre. H. 4 p. 3 l.
L. 5 p. 7 l.

Gravure sur bois.

1. Ste. Famille. La Vierge, demi-figure à gauche, tient
devant elle l'enfant Jésus assis sur un coussin. Ste. Anne (ou Ste.
Elisabeth) lui offre un oeillet pour prendre lequel il étend la main.
A côté de lui, trois petits Anges qui chantent et, plus haut, deux autres
qui tiennent une draperie en forme de rideau. Au-dessus du groupe,
le Père éternel et le Saint Esprit. Aux côtés s'élèvent, des arbres
dans les branches desquels trois anges, de chaque côté, font de la
musique. H. 14 p. 6 l. L. 10 p. 9 l. Berlin.

Bonne pièce de l'école de la Haute Allemagne et peut-être de celle
de Cranach.

✠. C. W. F. 1586.
Zacharias Wehm de Dresde.
(Bartsch IX. 561.)

Nous trouvons, pour la première fois, des détails précis sur ce
peintre, qui nous sont donnés par Schuchardt dans les Archives de
Naumann pour 1855, p. 101, quand il nous informe que l'Electeur
Auguste de Saxe le plaça, en 1571, dans l'atelier du jeune Cranach
qu'il ne quitta qu'en 1581 pour retourner à Dresde. Depuis cette date
il reçut de ce prince une provision d'un florin par semaine et peignit
pour lui divers ouvrages, entre autres son portrait, demi-figure de gran-

deur naturelle en armure, signé Z. W. F. 1586 qui se trouve actu-
ellement dans la bibliothèque royale de Dresde. Dans la collection
de gravures de la même ville, on conserve de lui un dessin représentant divers monuments et signé des mêmes initiales avec la date de
1591. Bartsch ne cite de ce maître qu'une seule gravure sur bois marquée de son chiffre et de celui du graveur sur bois W. W. avec le
couteau. Brulliot, Dict. I. No. 2901.ᵃ), mentionne de lui une autre
gravure sur bois, d'où il résulte que Wehm n'a été que dessinateur
sans avoir gravé lui-même.

Additions à Bartsch.

Gravure sur bois.

2. **Auguste, électeur de Saxe.** Demi-figure un peu tournée
à droite, tenant, de la main gauche, le pommeau de son épée et appuyant la droite sur la hanche. Dans le fond, un rideau et une colonne
sur le piédestal de laquelle se trouve, au milieu, le chiffre du dessinateur et, plus à droite, le monogramme du graveur WF avec le couteau.
On lit au bas:
VERA IMAGO ILLVSTRISSIMI PRINCIPIS etc. AVGVSTI, DEI GRA-
TIA, DVCIS SAXONIAE.

Et au bas des vers latins:
Exprimit Augusti vivos ars aemula vultus etc.
H. 4 p. 5 l. L. 3 p. 4 l. Sans la bordure avec les inscriptions.

On trouve de cette pièce des épreuves avec des inscriptions en
Allemand, entre autres, en haut:
Des Durchlauchtigsten Hochgebornen Fürsten und Herrn,
Herrn Augusti Hertzogen zu Sachsen etc. eigentlich Bild-
nis.

Ensuite 18 lignes de vers:
Ist einer zu rühmen hier auff Erdt etc.
signés: Balthasar Mentzius von Nimeck, et plus bas l'Adresse:
Bey Paull Hellwighen, Buchführer zu Wittenberg.
(Voyez Schuchardt, Arch. p. 103.)

MW MW

(Bartsch IX. 434.)

Ce graveur sur bois, un peu grossier dans son travail, nous a laissé plusieurs pièces représentant des vues de villes allemandes et des sujets historiques traités dans le style maniéré italien adopté dans les Pays-Bas et auxquels appartient la Conversion de St. Paul sur trois planches, décrite par Bartsch. Une gravure de Costumes, la Fiancée, qui parut à Nuremberg chez Wolff Drechsel et qui semble être le No. 11 de la suite des Dames allemandes, nous démontrerait que notre artiste aurait, dans ses pérégrinations, également visité cette ville et qu'il y aurait demeuré quelque temps.

Additions à Bartsch.

Gravures sur bois.

2. L'Histoire des trois enfants dans la fournaise. Suite de 4 feuilles reproduite, au nombre de 3, dans la Collection Derschau où la première manque. La composition appartient décidément au style maniéré néerlandais. Le monogramme se trouve sur l'ouverture de la fournaise, dans le No. 4. Chaque pièce mesure 9 p. 8 l. sur 14 p.

3. Le prophète Jonas. Il est assis sous le calebassier et parle à un personnage également assis, devant lequel se tient une femme debout. Paysage avec troupeaux. Pièce non signée, mais absolument traitée dans le même style que la précédente et de mêmes dimensions. On en trouve des épreuves récentes dans l'ouvrage de Derschau.

4. La Circoncision. Pièce in-4°. (Cat. Sternberg II. No. 1422.)

5. Le Portement de croix. Le Christ, affaissé sous le poids de la croix, est soutenu par un des bourreaux placés derrière lui. A gauche, Ste. Véronique, de profil perdu, est agenouillé avec le voile; à droite, un enfant qui tient trois clous. Les Saintes femmes et le peuple sortent des portes de la ville. La signature M W se trouve sur un des spectateurs. Grande pièce. H. 26 p. L. 17 p. 6 l.

On en trouve de nouvelles épreuves dans la Collection Derschau F. 2. avec la notice qu'Albert Durer avait reçu en présent la composition de cette pièce durant son voyage d'Italie et que son frère André l'avait fait graver après sa mort. Il s'en trouvait encore une autre gravure sur bois plus grande avec la date de 1527.

6. Le Christ en croix. Le crucifix est au milieu de l'estampe; à gauche, sont agenouillés 38 hommes et jeunes gens; à droite, 16 femmes et jeunes filles. Dans le fond une ville. Le chiffre est au milieu du bas. Pièce sur deux feuilles. H. 9 p. 6 l. L. 27 p. 4 l.

D'après une observation de Sandrart, cette pièce aurait été gravée d'après un tableau de la famille de Brederode. (Brulliot, D. II. 2074). On en trouve des épreuves récentes dans l'ouvrage de Derschau.

7. L'homme de douleurs. Figure à mi-corps, ou presque jusqu'aux genoux, et embrassant la croix. Le chiffre est à la droite du bas. H. 10 p. 7 l. L. 7 p. 5 l.

8. Un officier, avec timbaliers et trompettes, à cheval. Le monogramme se trouve sur la housse des timbales. 3 feuilles gr. in-fol. (Voyez Collection Sternberg, Cat. II. No. 1422[b]).

9. Six femmes attelées à la herse. Pièce signée. in-fol.-obl.

10. Femmes dans une aire d'oiseleur. Elles sont occupées à prendre des hommes. Pièce signée, in-fol.-obl.

Ces deux gravures satyriques sont citées dans la Coll. Sternberg. (Cat. II. No. 1423.)

11. Dames allemandes dans le costume du XVI. Siècle. Plusieurs pièces portent le monogramme du maître, à la gauche du bas. H. 15 p. 4 l. L. 9 p. 6 l. (Brulliot, Dict. II. No. 2074.)

12. Vue de la ville de Brème avec les noms des principaux édifices. 3 feuilles sur la dernière desquelles se trouve la signature. H. 9 p. 3 l. L. 39 p.

On en trouve des épreuves récentes dans la Coll. Derschau, avec la remarque que l'on conserve encore plusieurs bois de ce maître avec des vues de villes.

13. Buste composé de plusieurs instruments d'Agriculture. Il représente un homme à longue barbe dont la tête est tournée vers la gauche. Au-dessous des divers instruments d'agriculture, se trouve une charrue. La signature, accompagnée d'un écusson d'armoiries, se voit au bas. H. 13 p. L. 9 p. 1 l.

A 1552.
Gravure sur bois.

.1. La Cène. Le Christ est assis au milieu à une table; Judas est sur le devant avec une bourse à la ceinture; sur le siége de celui-ci se trouve le monogramme accompagné de la date ci-dessus. Suscription:

DESIDERIO DESIDERAVI etc.

et dans la marge du bas:

DOMINVS JESVS IN EA NOCTE etc.

H. 13 p. 6 l. L. 8 p. 11 l. La marge supérieure a 9 l., l'inférieure 1 p. 4 l. (Brulliot, Dict. I. No. 497.)

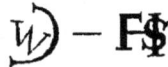

Le dessinateur de la gravure sur bois que nous allons décrire semble appartenir à l'école de Lucas Cranach et cette pièce se trouve d'abord dans la version allemande de la Bible ou mieux du prophète Daniel, qui parut en 1580 chez Hans Lufft à Wittemberg et ensuite dans l'opuscule:

Die Propheten alle Deutsch. D. Mart. Luther. Wittenberg
1532.

Gravure sur bois.

1. Le songe de Nabuchodonosor. A droite, une figure colossale d'homme en armure complète, tenant, de la droite, un sceptre et la gauche appuyée sur un bouclier. Dans le fond, un palais où l'on voit le roi dans son lit. Plus en arrière, une ville. Le monogramme C. W. se trouve en haut, à gauche; le second chiffre, qui est probablement celui du graveur sur bois, est sur le bouclier. H. 6 p. L. 4 p. 2 l. (Brulliot, Dict. I. No. 1505.)

TABLE ALPHABÉTIQUE

DES MAÎTRES MENTIONNÉS DANS CE QUATRIÈME VOLUME.

TABLE DES MONOGRAMMES

23

1525—1570. 113.

1516. 155.

A. L. André Luning 1579—1598. 224.

A.·H S. 188.

1592. 266.

A. M. Alexandre Mair 1576—1614. 246.

15   38. Hiob (Job) Magdebourg 231.

A·M   G.M. et M inv. et sc. 257.

1566. 262.

M3   MZ 1566—1570. Mathias Zündt 194.

165.

1568.

◇ ANNA ◇
·R·   264.

261.

1541   162.

298.

265.

1538—1540.   160.

A. Summer 1567. 191.

A W. 326.

Ant. de Worms 149.

1522—1545. 62.

170Z 40.

BB   B-P. B. Beham 68.

1543   166.

I. Binck 86.

D B 1566. 73.

1541—1565. 193.

BF 162.

1590. 259.

259.

1589. 261.

fecit J. Binck 87.

HB. H-B H-B. H. Brosamer 32.

148.

HB fecit J. Binck 97.

H. S. Beham 72.

1569. 193.

B BI BI B-H BI
Balthasar Jenichen 200.

B. I. M. 165.

ℬB 99.

ΛB ΛB MB ᴪ ᴪ
M. Beytler 1582. 243.

Nb 1525. 299.

RB RᵥB 1530—1550. 134.

B. T 164.

B⸲ , B⸲ , ᴫB ᴫB ∫ 330.

G₊ 1561. 61. 65.

ℓ ℓ 163.

GF 1595—1599. Gaspard Fraisinger
d'Ingolstadt, en Bavière 241.

CD 1534—1539. 41.

G 1520.　I5ZO C5 302.

CG G ᴫ 171.

CH 1504. 154.

ᵢᴄⱫ₆ LC 1508

Luc. Cranach le vieux 1.

Luc. Cranach le jeune 24.
1540

C. R. R 1544. 185.

C. S. C.S C 1583. S Con-
rad Saldorfer. 1563—1583. 209.

*C*S* C. S. C. S. Ch.

Stimmer? 211.

S C 155.

1521. 108.

C W M 141.

W 109.

W — FS 342.

D. B. 1593. 262.

DC Jean de Gourmont 66.

1517 HD HD 1540. HD
1544—1546. 160.

DS 338.

EH 1559—1564. 319.

FsD et P. B. 224.

ΛD 262.

D. S. 311.

DW 176.

DW 5ₕ 5ₕ 8ₕ 314.

DW 176.

E. A 1506. 40.

HE 1529. 157.

23*

ђ, ђ, 315.

H, E. H.   H F. Erasme Hornick 189.

ISE 1571. 170.

156.

168.

260.

F. B.   ℔ Franz Brun 176.

°FC°Z° 44.

FF   ℱ Franz Friederich 1581. 228.

E   Œ   ℨ   ℱ   G.F. 107.

HF 1527 111.

MF 1536. 136.

HF 1568—1570. 329.

1551
PF
PHF⚬ Pierre Holtz-meyer 229. 230.

FL. 109.

*I*L*D*
317.

F 1561. 185. 329.

1S3ᖾ
299.

ℭ P   ℭ P 1510—1540. G. K. Proger 137.

GL.   1523—1540. G. Leigel? G. Lang 59.

M   M G 1596. 1597. 242.

P G G. Pencz 101.

℘. P. Gottland 1548—72. 56.

Ⓡ 1550. 313.

G ± S   ℭ
ℭ 1569—76. G. Scharffenbergk 66.

G. S. 148.

б V б 164.

G. W. 1541—1619. George Wechter de Nuremberg 207.

G Z 1511. 1515. 301.

H 1528. 157.

HB   ℱ 1577. 328.

154.

H. G.   *1583*   Henri

15 G. Goed. f. 96.

Goedig de Brunswick 232.

H 169.

H.E., HL 1558—1579. 322.

HH 43. 162.

HS HSF H. S. 1593. 241.

HK HK 1515 - 1527. Hans Klein
128.

HK 1524. 129.

HL 1558. H. Lautensack? 178.

HM. 1543—1550. H. Meyer? 54.

HP. 316.

HR 98.

HH 216.

HH 1566. HH 223.

HH 131.

H. S. Hans Sibmacher 212.

HSV 264.

WH 230.

HW,   H✱W,

H✱W 308.

H. W. G. 303.

H. W., I. W. Hans Weigel 309.

HW 309.

HW 169.

W 1559. 237.

I 163.

I B ·I·B· 97.

I. C. 315.

I. H. V. E. 166.

I.K., ·K, ·K, ✱K

I. K. Jacques Kerver de Paris? 304.

M 333.

NJ. 163.

IR 262.

R I R. 334.

R 261.

·I·S· 1534. 158.

S 1556. 162.

I T, *1558*, T, T,

B, B, XC

C G. Johan Thüfel, Jacob Lucius
Corona Transylvanus et autres. 336.

W W 173.

L 134.

M, M M ML

MF Melch. Lorch 180.

M M M 337.

NM 225.

1570. 265.

fecit.   Laurent Strauch 217.

175.

George Mattheus d'Augsbourg 312.

Marx Anton Hannas 253.

148.

M. G. 301.

·M·K·, 1565—67. 188.

1551. 318.

^M^ 175.

226.   1577—1586.

1590. 227.

et — 1577—1590. 112.

Martin Pleginck. 1594. 244.

61, 65.

. 1540—1543. M. Treu? 52.

67.

M W   MW 340.

Nic. Solis 124.

NS, SN, 40.

N. Nw. NwM NwM W. N. Wilborn 139.

P. B. 176.

1588.   Ph. Uffenbach 238.

S S 1534.   64.

194.

1524—1535. 111.

261.

P. W.   P. W.   V. B

       Pierre Weinher 1570—1581. 235.

1587. 264.

R. K. F. 175.

1513. 155.

130.

170.

S B 1515. 109.

S. F. 1575. 262.

1563.
S F,   S.F.,   F.F,

S F,   SF,   F 325.

SŌ. 1524. 113.

S G

A 164.

S P. 1513. 155.

Y VS Virg. Solis 115.

丌 丌
1521 156.

T W. Telman von Wesel? 327.

173.

VG 1534. 157.

V H 1557. 179.

V W, v W. 320.

W. C. I. E. F. 1586. 240.

W. S. 1587—1597. Wolf
Stiber ou Stüber 221.

W S et H ⊂⊃ F. 237.

  165.

W. C. W. F. 1586. Zacharias
Wehm de Dresde 338.

166.

Le maître au gland.
169.

1526. 157.

39.

J. Halneren 136.

60, 65.

⊞, 15 ⊞, 68 ⊞. 326.

Leipsic, imprimerie de J. B. Hirschfeld.

www.ingramcontent.com/pod-product-compliance
Lightning Source LLC
Chambersburg PA
CBHW071628270326
41928CB00010B/1821